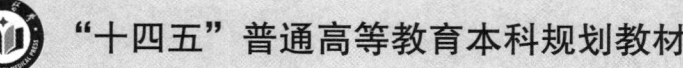 

"十四五"普通高等教育本科规划教材

供本科护理学类专业用

护理礼仪与人际沟通

（第2版）

主　编　赵爱平　胡晋平

副主编　郭记敏　孟红燕　郑　洁　齐　丽　庄淑梅　石红丽

编　委　（按姓名汉语拼音排序）

范燕燕（滨州医学院护理学院）
郭记敏（北京大学护理学院）
胡晋平（北京大学第三医院）
胡　菁（上海杉达学院国际医学技术学院）
吕岩岩（遵义医科大学珠海校区护理学系）
孟红燕（苏州大学苏州医学院护理学院）
潘玲玲（皖南医学院第一附属医院弋矶山医院）
彭小燕（湖南医药学院护理学院）
齐　丽（齐齐哈尔医学院护理学院）
石红丽（徐州医科大学护理学院）
吴　雷（昆明医科大学护理学院）
杨金伟（哈尔滨医科大学护理学院）
袁晓玲（上海交通大学护理学院）
张召弟（长治医学院护理学院）
赵爱平（上海交通大学医学院附属仁济医院／上海杉达学院国际医学技术学院）
赵海丽（青海大学附属医院）
赵志欣（内蒙古医科大学护理学院）
郑　洁（山西医科大学护理学院）
庄淑梅（天津医科大学护理学院）

秘　书　潘玲玲（皖南医学院第一附属医院弋矶山医院）

插　图　高磊青（上海交通大学医学院附属仁济医院）

北京大学医学出版社

HULI LIYI YU RENJI GOUTONG

图书在版编目（CIP）数据

护理礼仪与人际沟通 / 赵爱平，胡晋平主编. —2 版. —北京：北京大学医学出版社，2024.1（2025.6重印）
ISBN 978-7-5659-2995-3

Ⅰ. ①护… Ⅱ. ①赵… ②胡… Ⅲ. ①护理 - 礼仪 - 高等学校 - 教材 ②护理学 - 人际关系学 - 高等学校 - 教材 Ⅳ. ① R47

中国国家版本馆 CIP 数据核字（2023）第 243715 号

护理礼仪与人际沟通（第 2 版）

主　　编：赵爱平　胡晋平
出版发行：北京大学医学出版社
地　　址：（100191）北京市海淀区学院路 38 号　北京大学医学部院内
电　　话：发行部 010-82802230；图书邮购 010-82802495
网　　址：http://www.pumpress.com.cn
E - m a i l：booksale@bjmu.edu.cn
印　　刷：北京信彩瑞禾印刷厂
经　　销：新华书店
责任编辑：郭　颖　　责任校对：靳新强　　责任印制：李　啸
开　　本：850 mm×1168 mm　1/16　　印张：16.75　　字数：478 千字
版　　次：2017 年 11 月第 1 版　2024 年 1 月第 2 版　2025 年 6 月第 3 次印刷
书　　号：ISBN 978-7-5659-2995-3
定　　价：55.00 元

版权所有，违者必究

（凡属质量问题请与本社发行部联系退换）

第 3 轮修订说明

国务院办公厅印发的《关于加快医学教育创新发展的指导意见》提出以新理念谋划医学发展、以新定位推进医学教育发展、以新内涵强化医学生培养、以新医科统领医学教育创新；要求全力提升院校医学人才培养质量，培养仁心仁术的医学人才，加强护理专业人才培养，构建理论、实践教学与临床护理实际有效衔接的课程体系，提升学生的评判性思维和临床实践能力。《教育部关于深化本科教育教学改革全面提高人才培养质量的意见》要求严格教学管理，把思想政治教育贯穿人才培养全过程，全面提高课程建设质量，推动高水平教材编写使用。新时代本科护理学类人才培养及教材建设面临更高的要求和更大的挑战。

为更好地支持服务高等医学教育改革发展、本科护理学类人才培养，北京大学医学出版社有代表性地组织、邀请全国高等医学院校启动了本科护理学类专业规划教材第 3 轮建设。在各方面专家的指导下，结合各院校教学教材调研反馈，经过论证决定启动 27 种教材建设。其中修订 20 种教材，新增《基础护理学》《传染病护理学》《老年护理学》《助产学》《情景模拟护理综合实训》《护理临床思维能力》《护理信息学》7 种教材。

修订和编写特色如下：

1．调整参编院校

教材建设的院校队伍结合了研究型与教学型院校，并注重不同地区的院校代表性；由知名专家担纲主编，由教学经验丰富的学院教师及临床护理教师参编，为教材的实用性、权威性、院校普适性奠定了基础。

2．更新知识体系

对照教育部本科《护理学类专业教学质量国家标准》及相关考试大纲，结合各地院校教学实际修订教材知识体系，更新已有定论的理论及临床护理实践知识，力求使教材既符合多数院校教学现状，又适度引领教学改革。

3．创新编写特色

本着"以人为中心"的整体护理观，以深化岗位胜任力培养为导向，设置"导学目标"，使学生对学习的基本目标、发展目标、思政目标有清晰了解；设置"案例""思考题"，使教材贴近情境式学习、基于案例的学习、问题导向学习，促进学生的临床护理评判性思维能力培养；设置"整合小提示"，探索知识整合，体现学科交叉；设置"科研小提示"，启发创新思维，促进"新医科"人才培养。

4．融入课程思政

将思政潜移默化地融入教材中，体现人文关怀，提高职业认同度，着力培养学生"敬佑生命、救死扶伤、甘于奉献、大爱无疆"的医者精神，引导学生始终把人民群众生命安全和身体健康放在首位。

5．优化数字内容

在第 2 轮教材与二维码技术初步结合实现融媒体教材建设的基础上，第 3 轮教材改进二维码技术，简化激活方式、优化使用形式。按章（或节）设置一个数字资源二维码，融拓展知识、微课、视频等于一体。设置"随堂测"二维码，实现即时形成性评测及反馈，促进"以学生为中心"的自主学习。

为便于教师、学生下载使用，PPT 课件统一做成压缩包，用微信"扫一扫"扫描封底激活码，即可激活教材正文二维码、导出 PPT 课件。

第 2 轮教材的部分教材主编因年事已高等原因，不再继续担任主编。她们在这套教材的建设历程中辛勤耕耘、贡献突出，为第 3 轮教材建设日臻完善、与时俱进奠定了坚实基础。各方面专家为教材的顶层设计、编写创新建言献策、集思广益，在此一并致以衷心感谢！

本套教材供本科护理学类专业用，也可供临床护理教师和护理工作者使用及参考。希望广大师生多提宝贵意见，反馈使用信息，以逐步完善教材内容，提高教材质量。

前　言

护理礼仪是护理人员外显的素质修养，也是护理人员职业道德的具体体现。沟通技能是护理人员的核心能力之一，护患沟通是一项专业技能，是护士人文素质、语言修养、观察分析、职业素养的综合体现。护理礼仪和护患沟通是护理从业人员必备的技能。

本教材编写以"五术"医学人才培养要求为指导思想，融入思政元素，结合护理学本科教学质量国家标准，对接护士执业资格考试大纲和临床护理岗位能力需求。因此，教材编写以院校合作方式，由学院资深教师和医学院校附属医院中富有临床实践及教学经验的教师组成编委队伍，着力编写符合护理岗位任务要求、兼具学科指导意义的受广大师生欢迎的优质教材。

本教材共分十二章。前五章为护理礼仪篇章，后七章为护患沟通篇章。编写基本体例为导学目标、正文、小结、思考题；在严格把握内容深度，突出"三基"（基础理论、基本知识和基本技能），体现"五性"（思想性、科学性、先进性、启发性和适用性）的基础上，强调理论和实践相结合，以案例分析为引导，辅以知识链接和名人名言、人文关怀小故事、科研小提示、整合小提示，使学习者既能拓宽知识面，又能接受人文思政教育。为确保教材的新颖性和可读性，适应护理专业发展，在护患沟通技巧章节，引入了加拿大卡尔加里大学教育和医学系沟通学教授Kurtz及英国剑桥大学临床医学院沟通研究室主任Silverman开发的Calgary-Cambridge会谈指南，以具体简明的方式构建护患沟通的框架，从如何开始到结束沟通，对每个步骤所需技巧及关键点进行详细解析，并附以具体实例，更利于学习者理解与应用。

本书内容突出护理岗位任务要求的实践性和临床沟通能力的应用性，故适合护理专业人员核心能力培养，既可作为护理学专业本科学生的教材，也可以作为临床护理人员的指导用书。

本书全体编者本着严谨、认真的态度，数次修稿，精益求精，旨在为广大护理专业师生呈现高质量的护理专业教材。在此，谨向本书全体编者致以衷心感谢！

本教材的编写参考和引入了国内外有关教材、论著的新理论、理念和方法。在此，谨向有关作者深表谢意！

囿于编者水平以及编写时间，教材中难免有不当或疏漏之处，恳请读者费心惠予斧正，我们诚挚感谢。

赵爱平　胡晋平

目 录

- 第一章　礼仪与护理礼仪 ………… 1
  - 第一节　礼仪概述 ……………… 2
  - 第二节　护理礼仪 ……………… 10

- 第二章　护理礼仪的实践 ………… 18
  - 第一节　护士的仪表礼仪 ……… 19
  - 第二节　护士的服饰礼仪 ……… 29
  - 第三节　护士的举止礼仪 ……… 40

- 第三章　护理礼仪与护士职业形象　55
  - 第一节　形象概述 ……………… 56
  - 第二节　护士职业形象 ………… 61
  - 第三节　护士职业形象的塑造 … 71

- 第四章　社交礼仪 ………………… 79
  - 第一节　日常会面礼仪 ………… 80
  - 第二节　交通礼仪 ……………… 89
  - 第三节　通信礼仪 ……………… 93
  - 第四节　求职礼仪 ……………… 99

- 第五章　护理工作礼仪 …………… 108
  - 第一节　病房接待礼仪 ………… 109
  - 第二节　门急诊接待礼仪 ……… 112
  - 第三节　护理工作中的其他礼仪 …… 115

- 第六章　人际关系 ………………… 121
  - 第一节　人际关系概述 ………… 122
  - 第二节　人际关系的影响因素及发展策略 ……………… 128
  - 第三节　人际冲突 ……………… 134

- 第七章　人际沟通 ………………… 139
  - 第一节　人际沟通的理论基础 … 139
  - 第二节　人际沟通的基本知识 … 150
  - 第三节　人际沟通模式 ………… 157

- 第八章　护患关系 ………………… 160
  - 第一节　护患关系概述 ………… 160
  - 第二节　护患关系的模式 ……… 162
  - 第三节　护患关系的功能与影响因素 ……………… 163

- 第九章　护患沟通 ………………… 167
  - 第一节　护患沟通概述 ………… 167
  - 第二节　护患沟通的类型 ……… 172
  - 第三节　护患沟通的影响因素 … 175

- 第十章　护患沟通技巧 …………… 183
  - 第一节　开启沟通阶段的技能 … 185
  - 第二节　信息收集阶段的技能 … 189
  - 第三节　健康教育阶段的技能 … 198

目录

第四节 沟通收尾阶段的技能……… 205
第五节 全程沟通技能……………… 206

第十一章 护理工作中与特殊患者的沟通……………216

第一节 与特殊病情患者的沟通…… 217
第二节 与疾病特殊时期患者的沟通………………… 223
第三节 与特殊情绪患者的沟通…… 228

第十二章 与儿童及老年患者的沟通……………236

第一节 与儿童患者的沟通………… 237
第二节 与老年患者的沟通………… 244

参考文献 256

中英文专业词汇索引 258

第一章 礼仪与护理礼仪

第一章数字资源

导学目标

通过本章内容的学习,学生应能够:

◆ **基本目标**
1. 准确表述礼貌、礼节、礼仪、护理礼仪的概念及其特征。
2. 举例说明礼仪的基本原则。
3. 举例说明礼仪的表现形式和基本功能。
4. 简述护理礼仪的作用。
5. 依据礼仪的基本原则,完善个人与他人交往过程中的礼仪规范。

◆ **发展目标**
1. 在遵循礼仪基本原则的基础上,建立良好的人际关系。
2. 运用所学知识,在临床护理工作中规范个人言行,提升护理礼仪。

礼仪是人类文明的结晶,它随着社会的进步逐渐形成。尽管中外礼仪因东西方地理环境、历史文化背景的不同而存在一定的差异,但总体来看,其反映人们追求真善美的愿望是一致的,基本礼仪为社会各阶层人士所共同遵守的准则与行为规范。在当今人际交往日益频繁、精神文明蔚然成风的时代,礼仪也是一个民族和国家文明程度的重要标志。学礼、知礼、用礼,不仅是每个具有现代意识的人的主观意愿,而且是整个人类共同生活的客观需要。随着生物医学模式向生物-心理-社会医学模式的转变,护理理念也随之发展,要求护理人员实施"以患者为中心"的整体护理,满足患者身体、心理以及社会等各方面的需求。这就要求护理人员不仅要有高尚的道德修养、精湛的护理技术,还应具备相关的礼仪知识,在为患者提供护理服务的过程中,使患者充分感受到被尊重、被关注,从而进一步提高护理服务质量。

案例 1-1

一位专业水平优秀的学者到某高校考察。一天,他应邀到该校某教授办公室交流学术问题,双方是初次见面。此学者对自己的专业表现极有信心,国外同行对其研究造诣也未表示异议。双方交谈了一会儿,教授电话响起,在对该学者示意后就到办公室外接听电话。这位学者闲来无事,便随意翻阅起教授书桌上的书籍文件,就像在图书馆翻阅

案例 1-1（续）

杂志一样。教授接听完电话后返回，再见到学者时却谈兴大减，借故结束了这场谈话。此学者很疑惑，不知道为什么自己突然不受欢迎了。

请回答：
1. 该学者突然不受欢迎的原因是什么？
2. 你认同"护士只要护理技能过硬即可，礼仪修养不重要"的说法吗？

第一节　礼仪概述

中国素以"礼仪之邦"著称于世，在以儒家文化为主流的中国传统文化中，"礼"占着相当重要的位置。在五千余年的历史演变过程中，形成了一整套的礼仪思想和礼仪规范。重礼仪、守礼法、行礼教是中华民族世代相传的优秀文化特质。在现代生活中，礼仪更是越来越受到重视并被普遍应用。知礼懂礼、守礼行礼不仅是个人或组织树立自身形象、赢得他人和社会尊重的前提，同时也是事业成功的重要条件。

一、礼仪的起源与发展

礼仪的形成和发展经历了一个从无到有、从低级到高级、从零散到完整的渐进过程。几千年的历史发展过程中形成了许多具有广泛社会性与强大号召力的优良道德规范、人际交往的礼节仪式及生活准则，这些已成为中华民族共同的财富。

（一）礼仪的起源

关于礼仪的起源，说法不一。归纳起来有五种：一是天神生礼仪；二是礼为天地人的统一体；三是礼是人的自然本性；四是礼为人性和环境矛盾的产物；五是礼生于理，起源于俗。

1. 从理论上来说，礼产生于人类协调主客观矛盾的需要　礼的产生，可以追溯到远古时代。人类为了生存与发展，必须与大自然抗争，不得不以群居的形式存在。在群体生活中，男女有别，老少有异，这既是一种天然的人伦秩序，又是一种需要被所有成员共同认定、保证和维护的社会秩序。这种为缓解群居成员内部及与自然间的矛盾，逐步形成的一系列的"人伦秩序"就是最初的礼。

2. 从具体形式上看，礼产生于原始宗教的祭祀活动　原始社会生产力水平极为低下，人类处于愚昧状态，认识自然界的能力有限，从而对自然界充满了神秘莫测感和恐惧敬畏感，于是便形成了人类早期的宗教和祭祀活动。祭祀活动就是人类为表达对自然界的崇拜之意而举行的以祭天、敬神为主要内容的仪式。随着人类对自然与社会关系认识的逐步深入，人类对天地鬼神的崇拜逐渐扩展到人类自身，开始转移到那些与自然界斗争中创造了奇迹的"英雄"身上，如"治水有功的大禹""尝百草的神农氏"等。他们都成为人类心目中的"神"，进而受到人类的祭祀、祈祷和赞颂。随后，祖先也成为人类崇拜的对象，于是人类开始虔诚地向这些"神灵"和"祖先"打恭跪拜，表达祈祷、致福。这些仪式在祭祀活动的历史发展中不断得到完善，形成了相应的规范和制度，便产生了原始的礼。

（二）礼仪的发展

从历史发展的脉络来看，中国礼仪漫长的演变历程大致可以分为礼仪的萌发时期，礼仪的形成时期，礼仪的发展和变革时期，封建礼仪的形成、强化与衰落时期，以及现代礼仪时期五个阶段。

1．礼仪的萌发时期——夏朝以前（公元21世纪前） 礼仪起源于原始社会时期，在长达100多万年的原始社会历程中，人类逐渐开化。在原始社会中、晚期（约旧石器时代）出现了早期礼仪的萌芽。例如，生活在距今1.8万年前的北京周口店山顶洞人，就已经知道打扮自己。他们用穿孔的兽齿、石珠作为装饰品，挂在脖子上。这一时期的华夏先民在社会生活中已逐渐形成了一些对后世具有影响的礼仪规范，包括原始的政治礼仪、敬神礼仪、婚嫁礼仪、宗教礼仪等。其中，敬神礼仪尤为重要。具体内容包括：在交往中已注重尊卑有序、男女有别，制订了明确血缘关系的婚嫁礼仪，制订了祭天敬神的祭典礼仪，制订了一些在交往中表示礼节或恭敬的动作等。

2．礼仪的形成时期——夏、商、周三代 原始社会形成的礼仪，经历夏、商、周三代的演变发展日趋完善。在这一时期，统治阶级为了维护本阶级的利益，将原始的宗教礼仪发展成符合奴隶社会需要的礼制，礼被打上了阶级的烙印。在这一阶段，中国第一次形成了比较完整的国家礼仪和制度。古代的礼制典籍多撰修于这一时期，如全面介绍周朝典章制度的《周礼》，是中国流传至今的第一部礼仪专著。《周礼》详细介绍了六类官名及其职权，六官分别称为天官、地官、春官、夏官、秋官、冬官。其中，春官主管的五礼即吉礼、凶礼、宾礼、军礼、嘉礼，是周朝礼仪制度的最重要内容。吉礼，指祭祖的典礼；凶礼，主要指丧葬礼仪；宾礼，指诸侯对天子的朝觐及诸侯之间的会盟等礼节；军礼，主要包括阅兵、出师等仪式；嘉礼，包括冠礼、婚礼、乡饮酒礼等。由此可见，许多基本礼仪在商末周初已基本形成。此外，成书于商周之际的《易经》和在周代大体定型的《诗经》，也有一些涉及礼仪的内容。

3．礼仪的发展和变革时期——春秋战国时期 春秋战国时期是我国奴隶社会向封建社会转型的时期。在此期间，相继涌现出以孔子、孟子、荀子为代表的学者，对礼仪的起源、本质和功能进行了系统的阐述，第一次在理论上全面而深刻地阐述了社会等级秩序划分及其意义，以及与之相适应的礼仪规范、道德义务。

孔子是中国古代大思想家、大教育家。他把"礼"看成治国、安邦、平定天下的基础。他认为，"治国不以礼，犹无耜而耕也""不学礼，无以立""质胜文则野，文胜质则史，文质彬彬，然后君子"。他要求人们用道德规范约束自己的行为，做到"非礼勿视，非礼勿听，非礼勿言，非礼勿动"，倡导"仁者爱人"，强调人与人之间要有同情心，要互相关心，彼此尊重等。孔子编订的《仪礼》，详细记录了战国以前贵族生活的各种礼节仪式。《仪礼》与前述《周礼》和孔门后学编的《礼记》，合称"三礼"，是中国古代最早的礼仪著作。

孟子是战国时期儒家主要代表人物。在政治思想上，孟子把孔子的"仁学"思想加以发展，提出了"王道""仁政"的学说和"民贵君轻"说，主张"以德服人"。在道德修养方面，他主张"舍生而取义"，讲究"修身"和培养"浩然之气"等。他把"礼"解释为对尊长和宾客恭敬和礼貌，即"恭敬之心，礼也"，并把"礼"看作人的善性发端之一。

荀子是战国末期的大思想家。他主张"隆礼"重法"，提倡礼法并重。他说："礼者，贵贱有等，长幼有差，贫富轻重皆有称者也。"荀子指出："礼之于正国家也，如权衡之于轻重也，如绳墨之定曲直也。故人无礼不生，事无礼不成，国家无礼不宁。"他还提出，不仅要有政治，还要有法治。只有尊崇仪礼，法制完备，国家才能安宁。荀子重视客观环境对人性的影响，倡导学而至善。

4．封建礼仪的形成、强化与衰落时期——从秦汉到清末时期 在我国长达两千多年的封建社会中，尽管在不同的朝代，礼仪文化具有不同的社会政治、经济、文化特征，但礼仪均是维护封建社会等级秩序的工具，为统治阶级所利用。这一时期的重要特点是：尊君抑臣、尊夫抑妇、尊父抑子、尊神抑人。

西汉初期，叔孙协助汉高祖刘邦制定了朝仪之礼，突出发展了礼的仪式和礼节。而西汉思想家董仲舒把封建专制制度的理论系统化，提出"唯天子受命于天，天下受命于天子"的"天人感应"说。他把儒家礼仪具体概括为"三纲""五常"。"三纲"即"君为臣纲，父为子纲，夫为妻纲"；"五常"即"仁、义、礼、智、信"。汉武帝刘彻采纳董仲舒"罢黜百家，独尊儒术"的建议，使儒家礼教成为定制。汉代时期孔门后学编撰的《礼记》问世，其中记录了古代风俗、古代饮食居处进化概况、家庭礼仪、服饰制度、师生关系，还有教导人们道德修养的途径和方法，即"修身、齐家、治国、平天下"。《礼记》是封建时代礼仪的主要来源。盛唐时期，《礼记》由"记"上升为"经"，成为"礼经"三书之一（另两本书为《周礼》和《仪礼》）。宋代封建礼制进一步发展了封建礼学理论，把道德和行为规范作为封建礼制的核心，提出了对女子道德礼仪的标准，即"三从"与"四德"，"三从"指未嫁从父、既嫁从夫、夫死从子；"四德"指"妇德、妇言、妇容、妇功"。宋代礼仪发展的另一个特点是家庭礼仪的研究硕果累累，在大量家庭礼仪著作中，以北宋史学家司马光的《涑水家仪》和南宋理学家朱熹的《朱子家礼》最为著名。明代，交友之礼更加完善，而忠、孝、节、义等礼仪日趋繁多。清代逐渐接受了汉族的礼制，并且使其复杂化，导致一些礼仪显得虚浮、繁琐。在漫长的历史演变过程中，封建礼仪一方面起着调节、整合、润滑人际关系的作用，制约着人们的行为，使人们有秩序地参与社会生活，达到稳定社会的目的；另一方面，它逐渐成为妨碍人类个性自我发展、阻挠人类平等交往、禁锢思想自由的精神枷锁。

5．现代礼仪时期——民国时期至今　1911年辛亥革命以后，受西方资产阶级"自由、平等、民主、博爱"等思想的影响，中国传统礼仪的规范和制度受到强烈冲击。"五四"新文化运动清算了腐朽、落后的封建礼教，符合时代要求的礼仪被继承、完善并得以流传，同时国际上通用的礼仪形式开始流行于上层社会，后逐渐普及于民间。新中国成立后，逐渐确立了合作互助和男女平等的新型社会关系，而尊老爱幼、讲究信义、以诚待人、先人后己、礼尚往来等中国传统礼仪中的精华，则得到继承和发扬。改革开放以来，中国的礼仪建设进入新的全面复兴时期。从推行文明礼貌用语到积极树立行业新风，从开展成人仪式教育活动到制定市民文明公约，各行各业的礼仪规范纷纷出台，岗位培训、礼仪教育日趋红火，讲文明、重礼貌蔚然成风。各类涉及礼仪的报刊应运而生，介绍、研究礼仪的图书、辞典、教材不断问世。未来，随着社会的进步、科技的发展和国际交往的增多，礼仪必将得到新的完善和发展。

二、礼仪及相关概念

（一）礼

"礼"（propriety）的本意为敬神，后引申为敬意的通称。礼是一个非常宽泛的概念，但其本质是"敬"，含有关心、友好、敬重、谦恭和体贴之意。在《中国礼仪大词典》中，礼被定义为特定的民族、人群或国家基于客观历史传统而形成的价值观念、道德规范以及与之相适应的典章制度和行为方式。在一般的表述中，与"礼"有关的最常见的词有三个，即礼貌、礼节和礼仪。在大多数情况下，它们被视为一体，混合使用，但从内涵上来说，它们之间既相互联系，又有区别。

（二）礼貌

礼貌（courtesy）是指人与人交往过程中相互表示敬意和友好的规范行为和精神风貌，是个人待人接物的外在表现。按东汉经济学家赵岐的解释："礼者，接之以礼也；貌者，颜色和顺，有乐贤之容。"司马光则进一步要求："凡待人无贵贱贤愚，礼貌当如一。"因此，礼貌是通过人的语言、仪表、仪容及举止等外在表现来体现对交往对象的恭敬谦虚，并且在社会交往中，无论对什么人都要一视同仁，讲究礼貌，不可有高低贵贱之分。

（三）礼节

礼节（etiquette）是指人们在日常生活和工作中，相互表示问候、祝愿、致意、慰问以及给予必要的协助与照料的惯用形式。《礼记·儒行》中记载"礼节者,仁之貌也",即"仁儒之外貌"。礼节是礼貌的具体表现,具有形式化的特点,主要指日常生活和工作中的个体礼貌行为,包括待人的方式,招呼和致意的形式,公共场合的举止、风度和衣着等。礼节是社会文明中行为文明的组成部分。从形式上看,它具有严格规定的仪式;从内容上,它反映着某种道德原则,反映着对人的尊重和友善。《简明不列颠百科全书》中认为:礼节是规定社会行为和职业行为的习俗和准则的体系。任何社会单位,都有由法规维持和实施的公认的行为准则,也都有为习惯和社团压力所强迫实行的行为规范。对违反礼节的人,不作正式的审讯或判决,但要受到群体中其他成员的责难。不论社会的物质水平如何,任何一个有高度层次结构的社会,都有它的礼节。根据这种礼节,每个人都知道应该怎样对待别人,也知道别人会怎样对待自己。礼节虽然不同于法律,但它是人与人之间约定俗成的"法",它是人们在社会交往中必须遵循的表示礼仪的一种惯用形式。

(四)礼仪

礼仪(manners)是人们在各种社会交往中所形成的用以美化自身、敬重他人的行为规范和准则,以礼貌和礼节的形式来体现。

通常讲的"礼仪"是"礼"和"仪"两个字的合成词。但中国最早的"礼"和"仪"常常被分开使用。将"礼"和"仪"连用始于《诗经·小雅·楚茨》:"为宾为客,献酬交错,礼仪卒度。"中国古代的"礼"和"仪"从本质上讲是道德教化,它不仅是道德的重要内容,也是道德的重要表现形式。西方国家的礼仪一词源于法语,原意是"法庭上的通行证"。在古代法国,法庭规则通常被写在进入法庭的通行证上,发给进入法庭的每个人,让他们了解并在进入法庭后严格遵守。后来,"礼仪"一词进入英语,演变成"人际交往的通行证"。它有三层含义:一是指谦恭有礼的言词和举动;二是指教养、规矩和礼节;三是指仪式、典礼和习俗等。

纵观古今中外对于"礼仪"含义的理解,可以看出站在不同的角度,对于"礼仪"这一概念可以做出种种界定。为了更完整、更准确地表述"礼仪"这一概念,可从不同的角度加以表述。从个人修养的角度看,礼仪是一个人的内在修养和素质的外在表现。也就是说,礼仪即教养,素质体现于对礼仪的认知和应用。从道德的角度来看,"道德仁义,非礼不成"。礼仪可以被界定为为人处世的行为规范,或者是标准做法、行为准则。从交际角度来看,礼仪是人际交往中实用的一种艺术,也可以说是一种交际方式或交际方法;从民俗角度来看,礼仪既是人际交往中必须遵守的律己敬人的习惯形式,也可以说是在人际交往中约定俗成的示人以尊重、友好的习惯做法,是待人接物的一种惯例;从传播的角度来看,礼仪是一种在人际交往中进行相互沟通的技巧;从审美角度来看,礼仪是一种形式美,它是人的心灵美的必然的外化。

在以上对礼仪各种界定的基础上,可以认为礼仪就是一个人、一个组织乃至一个国家和民族内在的精神文化素养的显示,也是协调人际关系的约定俗成的行为规范。

礼貌、礼节和礼仪三者尽管名称不同,但其本质都是指在人们相互交往中表示尊敬、友好的行为,三者都属于"礼"的范畴。礼仪在层次上要高于礼貌、礼节,其内涵更深、更广,由一系列具体的礼貌、礼节所构成。

三、礼仪的基本原则

具体的礼仪规范内容庞杂,又因民族、地域不同而存在很大的差异。但无论何人、何时、何地,在行礼致仪时都有需要共同遵循的基本原则。礼仪的基本原则是人们在处理人际关系时的出发点和应遵循的指导思想,它是保证礼仪正确施行和达到礼仪应有目标的基本条件。

(一)遵守原则

礼仪是在人类共同生活、相互交往中自然形成的,它的规范是人们共同认可,并为维护社会生活稳定而存在和发展的。它客观上反映着人们的共同利益,社会中各个民族、各个党派、各阶层人士都应自觉、自愿地遵守礼仪，以礼仪去规范自己在交往活动中的言行举止，否则就会受到公众的谴责，交际也就难以成功。

（二）自律原则

礼仪规范由对待个人的要求与对待他人的做法两大部分组成。自律即是对待个人的要求，是礼仪的基础和出发点。学习礼仪知识，不仅能使人们更多地了解和掌握具体的礼仪规范，还能使人们在内心逐渐树立起一种道德信念和行为修养。这种信念是一种内在的力量，可使人们不断提高自我约束的能力，从而做到在没有任何监管的情况下，能够自我要求、自我约束、自我控制、自我对照、自我反省、自我检查，这就是自律的原则。礼仪不是一种客套、一种工作，而是人们对自我意识的道德要求、自我素质的自然流露、自我修养的自觉行为。只有每个人都按照要求严格规范自己的言行，人与人之间才能和谐交往。

> **知识链接**
>
> **礼仪小故事——心中有礼**
>
> 一天，苏轼和佛印禅师开玩笑地说："我看你像牛粪。"佛印禅师却平静地说："我看你像如来。"苏轼不解，这和尚怎么以德报怨呢？其妹苏小妹说："心存牛粪，看人都如牛粪；心存如来，看人都是如来。"
>
> 这则故事告诉我们：心存善念，才有善行；心中有礼，才会真正施礼于人。

（三）尊重原则

礼仪规范中对待他人的做法是礼仪的重点和核心，在对待他人的做法中，首要是要敬人之心常存，不可失敬于人。尊人是对待他人的一种态度，是礼仪的感情基础。这种态度要求承认和重视每个人的人格、感情、爱好、职业、习惯、社会价值以及应享有的权利。尊人从社会角度来说，是一个重要的道德规范；对个人来说，则是一种良好的道德品质。正如孟子所说："恭敬之心，礼也"，意为：对别人恭敬、尊重，是礼的表现。尊人之心的精神渗透在交际礼仪的方方面面，如使用"您、请、谢谢、对不起"等礼貌用语；进别人房间时要先敲门，得到允许后方才进入等。我国古代专门论述礼仪规范的《礼记·曲礼》开宗明义的第一句也是"勿不敬"。这些都充分说明了尊人的地位和意义。

真正的尊人是发自内心的一种高尚情感的自然流露，是一种自觉自愿的行为，并不是阿谀奉承、溜须拍马。一个懂得尊人真谛的人也必然是一个有自尊品质的人，只有具备这种品质的人，才能将礼仪的艺术完满地表现出来，成为受社会欢迎的人。

> **知识链接**
>
> **礼仪典故——以尊重换尊重**
>
> 在南北朝时期的齐国，有一个名叫陆晓慧的人，他才华横溢，博闻强识，为人更是恭谨亲切。他曾在多位君王手下当过长史，可以说是一个高高在上的人了，然而他却从来不把自己看得很高，前来拜见他的官员，不管官职大小，他都以礼相待，一点儿也不摆架子。如果客人离开，他更会起身亲自将对方送到门外。
>
> 有一个幕僚看到这种情景，难以理解，就对他说："陆长史官居高位，不管对谁，哪怕对老百姓也是彬彬有礼，这样实在有失身份，长史何必这样麻烦呢？"陆晓慧听了不

以为然地轻松一笑，说道："欲先取之，必先与之。我想让所有的人都尊重我，那我就必须尊重所有的人。"

陆晓慧一生都奉行这个准则，所以得到非常多人的尊重和支持，他的政绩也远远地超过别人。

（四）真诚原则

苏格拉底曾经说过："不要靠馈赠来获得一个朋友，你必须贡献你诚挚的爱，学习怎样用正当的方法赢得一个人的心。"真诚是人与人之间相处的基本态度，是一个人外在行为与内在道德的统一，是打开交往对象心灵的金钥匙。在运用礼仪时，务必诚信无欺，言行一致，表里如一。只有这样，才能使对方感受到自己施礼时的尊敬与友好，赢得对方的信任并接受。不能把运用礼仪作为一种道具和伪装，口是心非、言行不一，更不能阳奉阴违，当面一套、背后一套。

（五）平等原则

公平对等是建立良好人际关系的必要条件，是指尊重交往对象，对任何交往对象都必须一视同仁，给予同等程度的礼遇。不能因为交往对象彼此之间在年龄、性别、国籍、文化、地位、身份、财富或者关系的亲疏远近不同而厚此薄彼，区别对待，给予不同的待遇。在礼仪上，只有辈分、长幼、主宾的不同，而无贫富、尊卑之别。正如孔子告诫人们要"上交不谄，下交不渎"。不论职位高低、权力大小、财富多寡，在人格上都是平等的。

（六）宽容原则

在交往活动中运用礼仪时，既要严于律己，更需宽以待人，不过分计较对方礼仪上的得失。在人际交往中，由于每个人的处境、国度、信仰、情感、个性以及认识问题水平的差异，反映到礼仪上，都可能有自己的特点。对此要加以尊重，不要过分苛求，多体谅他人，多理解他人，而不要求全责备，斤斤计较，一味要求他人服从自己的意愿或按照自己的要求敬礼施仪。在人际交往中，要有容人之短、海纳百川的胸襟与度量，给对方个人行动和自我判断的自由，这实际上也是尊重对方的一种具体体现，这样才能赢得对方的交往意愿，正如孔子所说："宽则得众。"

（七）适度原则

运用礼仪时要遵循适度的原则。适度就是要把握分寸，大方得体。凡事过犹不及，无论是运用礼仪表达尊敬还是显示热情，都需掌握一个"度"的问题。既要彬彬有礼，又不能低三下四；既要热情大方，又不能轻浮谄媚；既要诚挚友好，又不能虚伪客套；既要优雅得体，又不能夸张造作；既要尊重习俗，又不能粗俗无礼。假如做得过头或做得不到位，都不能正确地表达自己的本意。

（八）从俗原则

每个民族在历史发展过程中形成并保持着自己特有的礼仪规范和形式，存在着"十里不同风，百里不同俗"的现象。从俗就是交往各方都应尊重相互之间的风俗、习惯，了解并尊重各自的禁忌，即做到"入乡随俗"，与绝大多数人的习惯做法保持一致。入乡随俗可以给人以亲切感、友善感。反之，如若目中无人，自以为是，唯我独尊，随意批评或否定他人不同于己的做法，则会给人以陌生感、距离感，有时甚至还会引起不必要的麻烦。

四、礼仪的表现形式

礼仪的内涵需要通过人的语言、仪表、体态以及各种媒体等方式表现出来。礼仪的表现形式多种多样，一般可以将礼仪分为四类：语言礼仪、仪表礼仪、体态礼仪和媒体礼仪。

（一）语言礼仪

语言礼仪即通过语言形式表现出来的礼仪。语言包括有声语言和文字语言两类。俗话说"面由心生、音由心起"。在人际交往中，有声语言的声音有高低、语速、语气、声调的变化，不同的声音传递着不同的情感信息。人的内心充满尊重和敬意，声音才会表达出真实、朴实、自然和诚意。如需轻柔时勿高昂，需低沉时勿喧哗，同时也要注意声音的抑扬顿挫、和谐有致。文字语言是指通过书信、贺电、函电、请柬等形式传递感情信息的方式。文字语言虽是一种无声语言，但却有一种"见字如晤"的沟通效果。文字语言的措辞、修饰、表达方式、书写形式等是否符合礼节性和规范性，是一个人礼仪修养的外在流露。

（二）仪表礼仪

仪表礼仪即人们在其外表，包括容貌、服饰、风度等方面表现出来的礼仪，是一个人精神面貌的外在体现。它涵盖了人作为社会之人的全部的美，将人内在的心灵美与外在的形象美有机地统一在一起。仪表堂堂，风度翩翩，历来为人们所赞美和青睐。在人际交往的初级阶段，仪表是最能引起对方注意的，它不仅给人以视觉上的享受，同时也给人以人格上的尊重。在仪表礼仪中需注意服饰化妆要与个人的身材、气质、年龄、职业、身份以及周围的环境相一致。

> **知识链接**
>
> **礼仪小故事——仪表的效应**
>
> 美国行为学家迈克尔·阿盖曾做过一个实验，当他以不同的装扮出现于同一地点时，得到的反馈是完全不同的：当他身着西装以绅士的面孔出现时，无论是向他问路还是打听事情的陌生人多是彬彬有礼、颇有教养的人士；而当他扮成流浪者的模样时，接近他进行对话或借钱的人多以无业游民居多。

（三）体态礼仪

通过体态语所展现出来的礼仪，称体态礼仪。体态语也称为身体语言，是通过表情、眼神、举止行为以及交往中的空间距离等符合礼仪规范的细节，来表达感情、传递信息的一种交流方式。体态礼仪是一种无声但却有形的语言，它可以表达人的某种思想，展示人的修养。据心理学研究分析，因为体态语看起来更真实、更直观，一个人的体态所表达的信息和情感有时要比有声语言更具有说服力和感染力。在与人交往时，无论你是否愿意流露出不想流露的信息，身体语言都会毫无掩饰地传递出来。体态礼仪一般受民族、文化、风俗习惯等因素的影响，存在着较大的差异。但从总体上讲，在体态礼仪方面应注意：忌松垮，忌冷淡，忌傲慢，忌轻佻。

（四）媒体礼仪

媒体礼仪就是通过各种媒介物所展现出来的礼仪。如通过名片、请柬、礼品、信函等媒体展现出的礼仪。媒体礼仪需禁忌：重礼轻义；送礼不分对象，不择礼品；礼贿；媒体礼仪粗俗。

在行礼致仪的过程中，不同形式的礼仪既可以单独使用，也可以混合使用。其中，语言礼仪、仪表礼仪和体态礼仪三种礼仪形式是礼仪的直接表现，而媒体礼仪则是通过一定的媒介物间接表达出来的礼仪。如通过名片介绍自己、悬挂国旗、致送礼品等。礼仪的划分也不是绝对的，它们之间有交叉重叠的现象，有些礼仪形式，如信函礼仪，既包括语言礼仪，如信函使用的称谓，又包括媒体礼仪，如整洁的信封和纸张等。

五、礼仪的基本功能

礼仪在社会交际、个人发展、社会安定及国家兴旺中具有不容忽视的价值。具体来说，礼仪的价值主要体现在其功能与作用上，礼仪的主要功能包括五个方面，即沟通功能、协调功能、塑造功能、维护功能和教育功能。

（一）沟通功能

《礼记》中有："入境而问禁，入国而问俗，入门而问讳。"可见，礼仪本身就是一种特殊的语言，犹如社交活动中的一把钥匙，凭着它就能够自如地打开各种交际场的大门。同时，一个人如果能通达不同场合的礼仪知识，就能更容易地与交往对象打成一片，使其觉得此人熟悉他们、理解他们、尊重他们，从而乐于与此人交往，彼此之间的了解与信任就有了一个良好的基础。此外，礼仪行为本身就是一种信息性很强的行为，每一种礼仪行为都可表达一种甚至多种信息。热情的问候、亲切的微笑、文雅的谈吐以及得体的举止等礼仪行为传递着一种亲和的信息，可唤起交往对象沟通的欲望，利于彼此建立起好感和信任。

科研小提示

有文献报道，有效的沟通可以帮助沟通对象解决心理和生理问题，起到治疗的作用，又称为"治疗性沟通"。

（二）协调功能

礼仪是人际交往的润滑剂，是化解矛盾、增强感情的催化剂。遵循一定礼仪规范的交往，不仅在出现矛盾的场合能够以"礼"感人，消除双方的心理隔阂，拉近双方距离，起到化解矛盾、平息事态的作用，还有助于促进建立和加强人与人之间相互尊重、友好合作的新型关系，使人际关系更加和谐，社会秩序更加有序。

在人与人之间的交往中，各个交往主体之间源于自身的利益，必然会不断产生矛盾。解决矛盾的方法有多种，但有些矛盾如果通过"礼仪"的方法，如双方都持真诚、理解的态度，通过摆事实、讲道理、平衡利害关系，动之以情、晓之以理，互谅互让，那么，不但可使矛盾得以合理解决，不伤双方和气，取得"双赢"的结果，而且还会使双方成为更加亲密的合作伙伴。

（三）塑造功能

礼仪有助于提高人们的自身修养，完善人格，塑造美好形象。礼仪在行为美方面指导着人们不断地充实和完善自我，并潜移默化地熏陶着人们的心灵。人们的谈吐越来越文明，装饰打扮越来越富有个性，举止仪态越来越优雅，并符合大众的审美原则，能体现出时代的特色和精神风貌。正如英国哲学家约翰·洛克所言："礼仪的目的与作用使得本来的顽梗变柔顺，使得人们的气质变温和，使他敬重别人，和别人合得来"；"没有良好的礼仪，其余一切成就都会被人看成骄傲、自负、无用和愚蠢"。一个人讲究礼仪，就可以变得充满魅力，能够广交朋友。对于一个组织来说，社会形象已成为一个组织立足社会的必备条件，也是一个组织向社会介绍自己的最好名片。在竞争日益激烈的社会中，良好的社会形象有助于产生很好的社会效益和经济效益。

个人礼仪蕴含的道德意义

一个企业要招聘员工，条件苛刻，待遇优厚，吸引了许多应聘者，其中不乏条件优秀者。招聘当天，前来应聘的人络绎不绝，形色匆匆，忙着准备面试。人群中有一位应聘者，在上楼时，看见一位老人坐在轮椅上准备上楼，当时很多人都急着去面试，无人顾及这位老人。只有他停下脚步，将老人送到楼上后，才去面试。最后，这位应聘者被录用了，聘用他的人正是那位"轮椅"老人。老人说："我录用他，就是从他关心帮助别人的言行中，看到了他有善良的心灵和高尚的品德。"

（四）维护功能

礼仪就其本质而言，是社会的道德规范，对于人们的社会行为具有规范和导向作用，维护着社会正常生活。正如《礼记·曲礼上》所言："夫礼者，所以定亲疏、决嫌疑、别同异、明是非也。""道德仁义，非礼不成；教训正俗，非礼不备；分争辩讼，非礼不决；君臣上下，父子兄弟，非礼不定；宦学事师，非礼不亲；班朝、治军、莅官行法，非礼威严不行；祷祠祭祀，供给鬼神，非礼不成不庄。"一言以蔽之，礼仪是人们的行为准则，一切社会交往都必须以礼仪为规则，在维护社会秩序方面，礼仪有时能够起到法律所不能起到的作用。社会的发展与稳定，家庭的和谐与安宁，邻里的融洽，同事之间的信任与合作，都依赖于人们共同遵守的规范与要求。社会交往中运用礼仪的人越多，社会的文明程度自然就越高，社会就会更加和谐稳定。

（五）教育功能

礼仪是人类社会进步的产物，是人类文明的结晶。礼仪是传统文化的重要组成部分，蕴含着丰富的文化内涵，体现着社会的要求与时代精神。礼仪通过评价、劝阻、示范等教育形式纠正人们不良的行为习惯，倡导人们按礼仪的规范要求去协调人际关系，维护健康、正常的社会生活。遵守礼仪原则的人，客观上在起着榜样的作用，无声地影响和教育着周围的人。社会生活中的各种礼仪形式，如婚礼、开学典礼、开业典礼等更是具有强化教育作用的活动，能够使人们潜移默化地受到礼仪文化的熏陶，从而影响个人的礼仪素养。

随堂测 1-1

第二节　护理礼仪

礼仪是一个人道德水准、文化修养、交际能力的外在表现，也是一个社会文明程度、道德风俗、生活习俗的反映。礼仪是在平等的基础上构建的一种彼此之间相互对待的关系，其核心问题是尊重以及满足相互之间获得尊重的需求。随着经济的发展、社会的进步、人们生活水平的提高，各个行业的服务意识日渐增强。职业道德教育和职业礼仪教育是各个行业人力资源管理的重要内容。学习、应用礼仪也成为顺应时代、合乎民意的重大举措，尤其职业礼仪教育更是各个行业常抓不懈、不断提高服务质量的重要内容之一。

医疗卫生行业作为一个特殊的服务行业，肩负着维护人民生命健康的重任。随着医学模式由生物医学模式向生物-心理-社会医学模式的转变，正在遭受疾病折磨的患者对护理行业的要求不仅限于护理问题处理的准确性，而是希望在此基础上获得舒适的服务体验。这对所有护理从业者提出了更高层次的要求。护理从业者不仅需要具备扎实的专业理论知识，还需要了解丰富的人文学科知识。结合护理工作的特点，在工作中倡导礼仪文化，注重护士的道德修养，开展护理礼仪教育至关重要。

第一章 礼仪与护理礼仪

一、护理礼仪相关概念

（一）职业礼仪

职业礼仪（professional etiquette）是人们在工作岗位上应当遵守的行为准则。在多元文化背景下，作为现代职场人员，不知礼，则必失礼；不守礼，则必被视为无礼。规范职业礼仪不仅是市场经济发展的需要，也是时代发展的必然产物。

职业礼仪可体现相关行业风采，根据行业特点可将职业礼仪划分为政务礼仪、商务礼仪、服务礼仪等。政务礼仪常被称为国家公务员礼仪，主要是其在各种公务活动中应遵守的行为规范；商务礼仪主要指公司、企业从业人员以及其他一切从事商业、经济活动的人士在各种商务往来中应遵循的行为规范；服务礼仪是各类服务行业从业人员在工作岗位上应遵守的行为规范。

> **知识链接**
>
> **容貌也是商品**
>
> 日本松下电器创始人松下幸之助从前从来都不修边幅，有次他到银座一家有名的理发店理发。店主人说"你是公司形象的代表，却这样不重视衣冠，别人会质疑连主人都这样邋遢，他的公司会好吗？"自此以后，松下幸之助一改过去的旧习惯，开始注意自己的公众形象，并开始重视员工教育，制定员工守则，创作松下的歌曲，使团队凝聚力大大提升，令每个员工都以自己是松下的一员而感到自豪。时至今日，松下电器及旗下其他产品仍然享誉天下，这与松下幸之助长期以来率先垂范，要求员工懂礼貌、讲礼节是分不开的。

（二）护理礼仪

护理礼仪（nursing etiquette）属于职业礼仪范畴，是从事护理工作的人员在整个护理实践中必须共同遵守的文明行为准则和道德规范。护理礼仪不仅是护理人员素质修养的外在表现，也是职业道德的具体体现，对于塑造护士个人形象和群体形象具有重要意义。

现代护理理念下，护士和患者不再是单纯的护理和被护理的关系，而是多了一些多元化的专业互动。护理人员只有具备相应的护理礼仪才能在护理工作中游刃有余，如鱼得水，才能赢得患者的尊重，获得患者的理解和支持。

护理礼仪的系统性还不完善。护理礼仪由人际交往礼仪发展而来，经历了一个从无到有、从凌乱到系统，并不断完善的发展过程。护理礼仪中的各种具体规范和一般社交礼仪相比较，既相互区别，又相互联系、相互制约。比如护理礼仪中融入了许多一般社交礼仪的内容，但是当面对患者时，又有一些特殊的职业要求和规范，在具体护理实践中，任何礼仪规范都不是凝固不变的僵死教条，而应根据具体情况采取应变性、灵活性的原则，随着护理实践的发展不断更新护理礼仪的内涵，完善护理礼仪的规范和形式。

目前护理礼仪的内涵主要体现在三个方面：一是护士群体的整体精神面貌，包括护士队伍中每个成员的仪容、服饰、体态、风度、气质等外在形象，这些外在形象可以反映护理队伍的整体文化底蕴；二是尊重患者及家属，彬彬有礼，体贴周到，做到不卑不亢；三是所有护理活动的规范有序，比如每项操作的护理流程及解释沟通等。

现代护理礼仪不是单纯地表现为护理人员的外表，而是护理工作中一种善良的体现，它要求护理人员将自己善良的本性纳入规矩，加以约束，时时用道德的标尺衡量自己的行为，才能具有优雅的仪态、得体的举止与表情，体现出对他人的尊重、友好和谦和，也表现出自己的谦虚、平和、诚恳和优雅。重视护理礼仪，能提高护理队伍的整体素质，在规范服务中体现护理人员崇高的职业道德。

二、护理礼仪的特征

护理礼仪作为一种特定行业的行为规范，除了具有礼仪的基本特征外，还具有其自身的特征。护理礼仪的特征包括规范性、强制性、传承性、差异性和时代性。

（一）规范性

礼仪的规范性是指人们在社交场合待人接物时所必须共同遵守的行为规范，是人们在一切社交场合必须采用的一种"通用语言"，是衡量他人、判断自己是否自律敬人的尺度。护理礼仪是护理人员必须遵守的行为规范，是在法律、规章、制度、守则等原则基础上，要求护理人员可以做什么，不可以做什么。护理礼仪要求护理人员在岗期间在待人接物、律己敬人、行为举止等方面必须遵循护理职业标准和行为规范。护理礼仪约束着护理人员在工作场合的仪容仪表、言谈话语、行为举止等，使之合乎护理职业礼仪的要求。比如护士工作时着淡妆，护士服清洁、平整、合身是护士职业行为规范的一项内容。

（二）强制性

护理服务由一系列专业性很强的护理操作技术组成，只有严格遵循完整的专业技术操作规范才能完成服务。因此，护理人员在实施护理服务过程中，必须摒弃不正确、非专业的语言和行为，在严格遵循操作技术原则的基础上为患者提供优质护理服务。护理礼仪的诸多内容以法律、规章、制度、守则等原则为基础形式，因此护理人员在工作中，就有了强制的约束力，对不遵守者要予以惩处，以保持护理礼仪的严肃和尊严。比如接触患者前后严格执行手卫生消毒，在病区内不得大声喧哗，不得私下讨论患者隐私。

（三）传承性

礼仪是人类在长期生活中形成和确认的，是维护正常社会秩序的经验结晶，它必然世代相传。护理礼仪也是建立在医疗护理传统礼仪的基础上，由一代代护理人员在长期的护理工作过程中逐渐摸索而形成的礼仪文化。这里的传承不是原封不动地全盘承接，而是要求护理人员对既有礼仪的扬弃，即把符合社会进步需要的积极的内容进行改造、吸收、升华和发展，还包括把其他民族、国家的礼仪进行去粗取精的改造，赋予本民族、本国家特色之后进行借鉴和引进。

（四）差异性

由于不同民族、不同地区发展的不平衡，不同人群的交往习惯、礼仪规范迥然有异。而同一民族、同一地区也因发展程度的不同，其礼仪从表现方式到表达内容迥然有别。此外，护理人员面对的服务对象在年龄、受教育程度、性格以及病情等方面的具体情况也千差万别。因此，护理人员要在尊重服务对象及其礼仪文化的基础上，根据具体的情境提供符合服务对象现实需要的护理服务。这样才能真正做到"以患者为中心"，为患者提供更贴心、个性化的服务。

（五）时代性

护理礼仪不是一成不变的，它随着社会的发展而不断更新。一方面，源于社会自身的进步而使礼仪不断完善发展；另一方面，随着世界经济的国际化倾向日益明显，各个国家、各个地区、各个民族之间的交往日益密切。在医疗卫生领域的交往中，各国的医疗护理礼仪也在不断地相互影响，相互渗透，使护理礼仪不断被赋予新的内容。随着时代的进步，护理礼仪必将更加文明、简洁、实用，以适应新形势下新的要求。

三、学习护理礼仪的意义

随着社会的进步、科技的发展以及医疗模式的转变，人们对医疗卫生服务的质量要求越来越高，护理礼仪已成为医疗卫生行业文化建设的重要组成部分。南丁格尔曾说过："护士就是没有翅膀的天使。护士走路的艺术、谈话的艺术、操作的艺术，都会给患者带来不同的心理感受，而我们希望的是带给患者幸福、安宁和健康。"一个优秀的护理工作者不仅要具备广博的专业知识、精湛的专业技能，还要有良好的人文道德修养。在护理工作中运用护理礼仪不仅能够塑造良好的职业形象，融洽护患关系，对营造和谐的医疗环境也可起到不可忽视的作用。

（一）塑造良好的护理专业形象

形象指形体和意象，是具体事物精神实质的外在反映，是其本质特征的外在体现。护理专业形象是护士群体或个人在护理实践中的外表、思想、语言、行为、知识等的外在体现，包括有形的外在形象和无形的内在形象，是护士在与服务对象相接触的过程中形成的。

人际交往中，礼仪是衡量一个人文明程度的准绳。护理礼仪不仅可展现护理人员的交际技巧，还可反映其气质风度、道德情操、阅历见识和精神风貌，更能体现一个人的教养。教养反映素质，素质又体现在细节中，护理人员在工作中学习礼仪，恰到好处地运用礼仪，不仅是个人形象的展现，而且是人类文明的标志之一。护理人员在工作场所的仪表风度、言谈举止、衣着服饰不仅是单纯的个人行为，而且代表着一个医疗机构，甚至是整个医疗行业职业群体的形象。护士良好的形象不仅会使医院给公众留下深刻印象，而且也是医院整体形象的重要组成部分。

护理礼仪是护理人员良好医德的外在反映，也是医院文化的具体体现。在护理活动中，如果每个人都能自觉遵守职业道德，运用护理礼仪，传播医院文化，充分表达对患者及公众的尊重、重视和友好，就能够使患者在医疗环境中感受到家的温暖和亲人般的关怀，这将有利于提高医疗卫生行业在社会公众心目中的地位和声誉，有利于护理学科的发展。而负面的护理专业形象不仅可影响个体从事护理专业的选择，也会影响社会对护理专业的评价，甚至可能影响护理专业的社会地位，护理学科及专业发展。护理专业形象塑造是每位护理人员的责任和义务，从现在做起，加强护理礼仪修养，用礼仪约束自己的行为，提高自身专业素质，不仅是个人实现的需要，也是护理事业发展的需要。

（二）建立密切的护患关系

护患关系是在特定条件下，通过医疗、护理等活动与服务对象建立起来的一种特殊的人际关系。护患关系与护理效果密切相关，因此，构建和谐、平等、信任的护患关系是护理人员的重要职责。护理礼仪在护患关系中起着重要的桥梁作用，可促使交往双方得到情感沟通，促进双方交往成功。由于社会环境的影响，再加上交往初期难免的戒备心理，想要建立良好的护患关系，护士需要具有良好的礼仪修养和积极有效的交流技巧。护理人员的仪表仪容能构建良好的第一印象，这是护患关系建立初期最重要的影响因素，甚至会影响后续的治疗和护理效果。俗话说"初次相见，相貌为先"。得体的仪容仪表凝聚着护士的自信和骄傲，是情感传递的途径之一，还能愉悦身心，展现护士特有的精神风貌。在接诊患者时，护理人员文雅得体的举止、热情温和的语言、规范准确的操作能够向患者进一步表达自己的尊重、友好、善意与专业，会给患者留下良好的印象，得到患者更多的信任、理解、配合和支持，也可使患者得到心理上的满足和慰藉，易使双方产生情感上的共鸣，从而密切护患关系。

（三）提高护理服务质量

护理质量是指护理人员为患者提供护理技术服务和基础护理服务的效果及满足患者对护理服务一切合理需要的综合，是在护理过程中形成的客观表现，直接反映护理工作的职业特色和工作内涵。护理人员的服务对象是患者，良好的护理礼仪和有效的护患沟通有利于提高护理质

量。临床护理中，护理人员是患者在住院期间获取信息的重要来源。一个具有良好礼仪风范的护理人员，能够很快获得患者的信任，利于护患之间信息的交流。护理人员通过护患之间有效的信息交流，可以为患者提供有针对性的心理护理和健康教育。护士在查房、治疗和生活护理等日常护理活动中展现的沟通技巧和专业技能，不仅能缓解患者的病痛，还能从细微处满足患者的心理需求，强化护理行为效果，从而提高护理工作效率和护理质量。

（四）建立融洽的护际关系

护际关系是反映护理人员素质及工作状态的重要标志。医疗护理服务过程中，护理人员在为患者提供整体护理服务时，也需要与其他医务工作者协作配合。由于护士大多为女性，情感细腻，情绪反应快，对事物变化和人际关系感受敏锐。加之工作紧张，任务繁重，长期轮班导致生物钟受到影响，护士自身的心理紧张，以及情感上易怒、郁闷，这些负性心理都会影响护士之间正常的人际交往。护理礼仪有助于建立和谐的护际关系。

1．与医生的关系　医护关系是护士为了患者的健康和安危，与医生共同建立起来的工作性人际关系。随着护理学成为一门独立学科，医护关系模式已由传统的"医生主导－护士从属"的模式转变为现代的"独立－协作"模式，并形成"并列－互补"的新型医护模式。医生和护士是工作上的合作伙伴，相互配合、共同完成对患者疾病的治疗，并以促进患者康复为最终目标。

树立良好的护士自身形象是处理医护关系的基础。护士在护理活动中应加强专业知识学习，提高自身业务水平，以便实现更好的医护协作。我国《护士条例》明确指出，护士应正确执行医嘱。对于医生医嘱，护士要进行判断，如果认为医嘱有问题，不能贸然执行，要与医生核实，确保医嘱正确才能执行。医护沟通时应陈述事实，避免指责，注意沟通场合；向医生报告病情时要注意沟通礼仪，注意时间、场合，沟通时注意语言表达方式，不把主观意见和感情色彩带到语言中。良好的专业技术和对患者高度负责的精神，有利于赢得医生的尊重与信任。

2．与护士的关系　加强护理礼仪教育有利于拉进护士之间、护士与上级护理管理者之间、护士与实习护生之间的关系，从而创设融洽、和谐的工作氛围，有利于保障医院和谐发展。护理人员间的交往是全方位、多层次的，具有主动性的特点，礼仪在其中是不可缺少的协调媒介。通过礼仪规范彼此的交际活动，可更好地向交往对象表达自己的尊重、敬佩、友好和善意，增进彼此的了解与信任。

同事之间一个亲切的微笑、一句简单的问候、一句关切的话语，都可以拉近彼此之间的距离，形成愉悦的工作氛围。工作中仪容整洁、精神饱满、行为干练，都可以争取他人的信任，利于彼此协作。

四、学习护理礼仪的方法

礼仪在很大程度上可以反映出一个人的风度和修养。这种修养不是与生俱来的，也不是自发形成的，而是在后天的不懈努力和精心教化下，不断学习、充实、摄取各方面知识的过程中，在人际交往的过程中自觉修炼而成的；同时礼仪修养也不是一蹴而就的，而是在实践中逐渐学习、积累而成的一种自觉、自然的行为过程。因此，护理礼仪修养的养成需要长期的知识积累、情操熏陶和不断实践。

（一）从思想上认识礼仪的重要性

随着我国社会主义物质文明建设的迅速发展，社会主义精神文明建设越来越引起人们普遍而高度的重视。护理服务是社会精神文明的"窗口"行业，学习必要的护理礼仪知识，培养良好的礼仪修养是现代医学和社会进步的必然要求，在现代护理工作中，加强护理礼仪修养的培养，是提高护理人员素质的一个重要手段，也是提高护理服务质量的一个重要途径。

1．医院护理文化建设的需要　医院文化是医疗工作中经过持续倡导和培育而生的一种群体文化，由医院物质文化、行为文化、制度文化和精神文化4个方面组成。而护理文化是医院护理群体在一定历史条件下和社会环境中，在为患者提供护理、保健服务过程中创造的全部物态服务文化和意态服务文化的总和。

"以人为本"是护理文化建设的突破口。护理工作面对的是患者和家属，作为护理人员，要以患者的利益为出发点，贯彻"以患者为中心"的服务宗旨，使之成为医院护理服务文化建设的体现，成为护理人员行为的准则。护理人员礼仪素质的培养和提高，是医院护理文化建设的重要内容。

2．护理模式转变的需要 随着科技水平的不断提高，医疗技术的不断发展，医学模式已从过去的生物医学模式，转变为现代的生物-心理-社会医学模式；护理模式也由原来的"以疾病为中心"的功能制护理转向"以人的健康为中心"的整体护理。作为一名护理人员，在诊断疾病和护理患者过程中，不能把注意的焦点完全集中在生物因素上，要更关注诸多社会因素以及心理因素对患者健康的影响。而人的社会需求和心理需求又是全方位、多层次的，其中护士留给患者的第一印象，如言谈举止、服务程序都会在患者心中留下深刻的印象，这种印象会成为一种心理应激因素，影响患者对医院整体情况的认识。而第一印象的塑造与护理礼仪息息相关。

3．满足人的高层次需求的需要 马克思指出："人的本质不是单个人所固有的抽象物，在其现实性上，他是一切社会关系的总和。"从社会关系的不同领域可以划分为经济关系、政治关系、法律关系、伦理道德关系、宗教关系等，也可简单分为物质关系和精神关系两大类。护患关系是包含精神在内的特定社会关系，是社会关系中一种特殊的服务与被服务的关系。这种关系通过护士与医生、护士与患者的交往方能表现出来。护理服务实践要达到预期目标，就需要护患相互配合，遵循一定的规范，彼此之间以礼相待，否则就可能无法达到预期目标。

护理礼仪要符合马斯洛的"需要层次理论"。著名心理学家马斯洛将人的需要从低到高分为生理需要、安全需要、爱与归属的需要、尊重的需要和自我实现的需要五个层次。当人的基本需要得到满足后，就会产生高层次的需要。满足患者高层次需求离不开护理礼仪的规范和指引。例如，护理工作中，得体的仪容仪表，礼貌的言谈举止，专业的健康指导有利于建立信任的护患关系，有利于护理工作的顺利开展，使患者有良好的就医体验，进而促进患者康复。

思想决定行动，行动决定习惯。护理人员要首先从思想上认识到学习礼仪的重要性，才能不断鞭策自己通过主动学习、认真模仿和实践，逐渐将护理礼仪内化为一种行为习惯。

(二) 多渠道学习礼仪相关知识

护理礼仪从表面看不外乎一些举手投足、一颦一笑、表情达意的简单动作和形式，似乎不存在高深的学问和技能技巧，但事实并非如此。要具备优雅的风度气质，就必须具有一定的礼仪相关知识。主要包含三方面的内容。

1．扎实的专业基础知识 护理专业是一个特殊的服务行业，护理人员是集脑力劳动与体力劳动于一身的专业技术人员，必须具备扎实的专业基础知识，否则就无法从事护理工作。

2．广博的人文知识 "中国肝胆外科之父"吴孟超先生曾言："一个好医生，眼里看的是病，心里装的是人。"现代护理中，对患者的护理更强调"护人"。人是既具有生物属性、又具有社会属性的高级动物，因其各自的出生背景、成长经历、所受教育、所处环境、经济地位、社会地位、职业特点的不同，有着十分复杂的心理现象，这在患病期间表现尤为突出。作为现代护理理论框架中的护理礼仪，是一门综合性应用学科，作为一名护理人员，除了要具备扎实的专业基础知识外，还应具备心理学、伦理学、社会学、人际沟通学等人文学科知识，以全面提高个人文化素养，更好地理解和感悟礼仪在护理工作中的意义。俗话说"百里不同风，千里不同俗"，只有具备广博的人文知识，才能避免出现事与愿违、弄巧成拙的尴尬场面。

3．丰厚的礼仪学知识 要使专业知识及人文知识这种内涵较深的基础文化表现出来，护理人员还要掌握礼仪的基础理论、基本知识等礼仪学知识。真正理解礼仪、礼貌、礼节的含义，把握好礼仪的作用和功能，掌握各种礼仪的基本要求。具备丰厚的礼仪学知识，对练就良好的礼仪行为与技巧可以起到基石作用。

知识大爆炸时代为学习带来了极大的便利性。教材的多样性，媒体的普及性，互联网的便捷性使护理人员可以有多种学习途径。护理人员应时时留心观察，处处积累学习，充分利用资源，通过课堂听讲、课下阅读图书资料、利用广播电视和网络资源等多种途径全面获取有关礼仪规范的知识。

（三）重视理论联系实际，积极参加礼仪实践

随着现代护理学理论体系的不断完善，护理礼仪的学科范畴逐渐明确。护理礼仪本身是一门实践性很强的应用学科，具有实用性和可操作性，学习礼仪的目的在于应用，而应用是否得体又要在理论中得以验证。理论联系实际是学习并掌握礼仪知识和技能的最佳方法。

护理礼仪是一门应用性学科。研究和完善护理礼仪理论的最终目的是在护理工作中加以应用，如护理礼仪中要求护士淡妆上岗，可以组织护理人员集中学习、小组练习。仪容修饰不仅能达到扬长避短的效果，而且护士对面色和唇色的修饰能够使其容光焕发，充满活力，使患者心情舒畅，唤醒其追求美的天性，树立战胜疾病的信心。

护理礼仪是一门实践性学科。护理人员要主动将护理礼仪知识运用于日常生活和护理实践中，不断实践学习，做到"知行合一"。只有在掌握理论的基础上，反复训练，重复体验，将理论知识充分运用于实践，在实践中学习，才能有好的学习效果。每个人在工作和生活中的对错成败、酸甜苦辣，无一不与其自身素质、思想行为、良好习惯有着密切关联。护理人员在护理实践中，应用敬人、真诚、适度、自律等礼仪原则规范自己的言行，并将礼仪原则和规范运用到自己的生活和学习中，时刻对照检查，以便于及时发现问题，找到不足，如荀子所言"积土成山，积水成渊，积善成德而神明自得"。

在实践中学习护理礼仪。护理人员在应用护理礼仪的同时，也可以从实践中进行学习。实践作为学习礼仪的一个具体过程，不仅可以使护理人员加深对礼仪的了解，强化对礼仪的印象，还可以对礼仪起到检验的作用，并且可据此判断个人掌握、运用礼仪的实际水平。同时，在实践过程中，应树立护理礼仪榜样，号召所有护理人员向其学习，交流实践经验和心得体会，从而取长补短。

（四）努力提高自身修养

一个人的礼仪行为是由其礼仪素质所决定的，也就是说一个人的礼仪行为是其基本文化素质的外在体现。学习运用礼仪，不是单纯的动作表演、姿态训练以及语言的规范，它必须以个人的良好素质为基础。一个人不管先天条件多么优越，后天训练多么严格，如果不努力提高自己的内在素质，礼仪对其而言也只是一种缺乏内涵的机械模仿和外在堆砌。因此，护理人员在学习礼仪时，不可将其孤立和封闭起来，而应将礼仪学习和其他科学以及文化知识的学习结合起来。作为现代护理理论体系框架中的护士礼仪，是一门综合性的应用学科，与现代护理理论中的其他学科密切相关，尤其与人类学、伦理学、心理学、社会学、公共关系学以及美学等学科息息相关。护理人员要不断提高自身的道德修养，严格遵守护理职业道德规范，注重个性的自我完善，培养健康的性格和灵活应变的交往能力，保持健康积极的心态，做知书达理之人，将学习礼仪、运用礼仪真正内化为个人的自觉行为和习惯做法。

总之，加强礼仪修养必须在不断提高内在素质的基础上，注重理论联系实践，采用多种途径不断完善自我，才能真正达到"秀外慧中"的自然流露。学习护理礼仪应从服务礼仪的理论知识学习开始，结合医疗护理服务的特点，重点提高护理人员的人文素质，并坚持在护理服务中应用于服务对象。在医疗护理服务中彰显人文关怀，充分体现"以患者为中心"的服务理念，真正做到爱护患者、尊重患者，从而为构建和谐的医患关系做出应有的贡献。

护理礼仪不像法律那样严苛,不像道德那样肃然。护理礼仪表现为对患者一句真诚的问候,对老人一次自然亲切的搀扶,对同事一个会心的微笑。护理礼仪存在于无声的表情中,在严谨的操作里,在推车发药时,在站坐俯行的规范举止中,在开朗乐观、有理有度的生活和工作中。

小 结

礼仪是人们在各种社会交往中所形成的用以美化自身、敬重他人的行为规范和准则。学礼、知礼、用礼,不仅是每个具有现代意识的人的主观意愿,而且是整个人类共同生活的客观需要。护理礼仪已成为医疗卫生行业文化建设的重要组成部分,在护理工作中运用礼仪不仅能够塑造良好的职业形象,融洽护患关系,而且对营造和谐的医疗环境有着不可忽视的作用。

思考题

1. 礼仪在社会交往和工作中有哪些作用?
2. 结合工作实际,你能列举一个事例来说明传统礼仪对你的影响吗?
3. 作为一名护生,请简单阐述应如何塑造良好的护理礼仪。

(石红丽　吕岩岩)

第二章 护理礼仪的实践

第二章数字资源

导学目标

通过本章内容的学习，学生应能够：
◆ 基本目标
1. 描述仪表礼仪的基本原则，化妆的基本原则，护士着装和配饰的基本原则。
2. 复述化妆礼仪中应该注意的问题，一般着装的基本原则。
3. 列举护理人员各种姿态的基本要领、动作分类、训练方法以及禁忌的姿态。
4. 解释美的含义，化妆的作用。
5. 概括服装的要素与功能，配饰的分类。
6. 结合护理职业要求，学会面部修饰的方法，掌握简易的化妆技巧。

◆ 发展目标
把握得体的护士工作发式及服饰，展现良好的护士职业形象。

礼仪是人类精神文明的重要标志，是个人素养的直接体现，是内在修养外在表现的重要因素。在护理工作中，礼仪是一种无声的语言，护理礼仪既是护士尊重患者的形式，也是护士赢得患者尊敬和爱戴的方式，同时也是21世纪护理人员应具备的职业素质要求。一位仪态端庄、态度温和、稳重宁静的护士能够给人以亲切、信任、温暖和舒适的感受；反之，衣冠不整、蓬头垢面、不修边幅的护士会给人以马虎、轻率、不负责任的印象。规范的护理礼仪能使护理人员在护理实践中充满自尊心、自信心、责任心，并在独自工作时能够用"慎独"精神严格约束自己，从而减少差错的发生，保证护理工作质量。

案例 2-1

小杨是某医院的一名实习护士，她非常注重自己的仪容仪表。近期她要去新的科室实习，为了给新同事和患者留下良好的第一印象，她周末染了深栗色的头发，做了色彩斑斓的美甲。周一早上上班前，她很早起床化了漂亮的浓妆、戴了精致的耳钉，精神焕发地去上班。每个从她身边经过的人都能闻到一股浓浓的香水味，甚至还有患者被香水味刺激得直打喷嚏。

案例 2-1（续）

请问：
1. 小杨会给同事与患者留下良好的第一印象吗？
2. 护士小杨的仪表修饰有什么问题？
3. 你认为护士小杨应该如何规范仪表？

第一节　护士的仪表礼仪

仪表是指人的外貌或容貌。在人际交往开始时，仪表是彼此传达出的最直接的第一信息，因此仪表礼仪在社会交往过程中尤为重要。仪表在护士的职业形象中同样占有非常重要的地位，朝气蓬勃、可亲自然的护士形象可以给患者带来如沐春风之感，为患者缓解病痛，唤起患者对美好生活的向往。因此，护士学好仪表礼仪知识，加强仪表礼仪的训练和培养，是十分重要的。

仪表是人的形体、容貌、健康状况、姿态、举止、服饰、风度等的综合外表，是个体修养的外在体现。仪表美的内涵包括自然美、修饰美和内在美。自然美即一个人的外貌，是无须修饰而流露出的清新洒脱之美，与个人的遗传因素有关；修饰美是指根据个人特点，对仪表进行恰当、规范的修饰，从而达到扬长避短、塑造美好形象的效果；内在美指人的内心世界的美，是人的思想、品德、情操、性格等内在素质的具体体现。通过后天自我学习和修炼，可以培养内在高尚的情操和高雅的气质，从而达到秀外慧中。

一、仪表礼仪的基本原则

1. **适度性原则**　要求在仪表修饰时能把握尺度、掌握分寸。
2. **协调性原则**　是指仪表修饰应与整体及环境相协调。
3. **表现个性原则**　要求在恰当修饰仪表的基础上突出自己内在的气质，彰显个人的魅力和特点。
4. **仪表与素质统一原则**　指内外兼修，表里如一。

二、妆容

在日常的工作和生活中，保持端庄大方、整洁简约的个人形象既是对自己的尊重，也是对他人的尊重。护士在护理患者的过程中，自然、健康、恰到好处的妆容可以使患者产生信任感，从而获得患者的尊重和配合。

（一）面部保养

面部皮肤犹如一面镜子，可以折射出一个人的身体状况、年龄等。由于受到遗传和环境等因素的影响，每个人的皮肤状况可能各不相同，但是通过后天的护理和保养，能够使皮肤光滑、滋润。因此，必须根据自身皮肤的性质和状况选择不同的保养措施。通常来说，面部保养主要包括以下几个方面。

1. 保持皮肤充足的水分　身体缺水，是造成皮肤干燥、粗糙的重要原因之一，应多喝水、多吃含水分多的食物。尤其是干性皮肤者，要视环境情况选择合适的皮肤滋养品，以减少水分蒸发，防止皮肤干燥而产生皱纹。

2. 注意保护皮脂膜 皮脂膜是皮肤的重要屏障之一，主要为弱酸性。在日常清洁皮肤时，禁用含碱性成分的清洁产品洗脸，防止皮肤酸碱度被破坏以致皮脂膜失去正常的保护功能。

3. 保证适当的睡眠时间 夜间是皮肤自我修复与更新的最佳时间，睡眠不足会加速皮肤的老化。由于特殊的工作性质，夜班成为护士工作的重要组成部分。因此，护士更应合理安排工作，科学利用空闲时间，制订好睡眠计划，保证充足的休息时间，以防止睡眠不足带来的肌肤老化问题。

4. 避免刺激 尽管每个人的皮肤特点受先天条件的影响很大，但也不可忽视外界环境的影响，如强烈的紫外线、肆虐的寒风都会加速皮肤的老化。因此，在紫外线照射强烈的环境中要注意做好防晒，冬季出门可以通过佩戴帽子、口罩、头巾等避免寒风的刺激。此外，吸烟、过度饮酒都会使皮肤衰老，护士无论从身体健康还是个人形象的角度，都应避免吸烟、酗酒。

5. 保持良好的心态 人的皮肤状态与心理状况息息相关，心情愉悦是美容的基础。好的心情不仅可以使人更加热爱生活，享受生活，更可以使人拥有健康的身体和良好的个人形象。护士在日常工作中，有时会因工作压力大、环境恶劣导致心情不佳，此时要学会保持良好的心态，调控情绪，以保证自己时刻都拥有阳光乐观的心情来面对工作和生活。

（二）面部修饰

面部修饰主要是指对眉部、眼部、耳部、鼻部、口部、颈部等局部的修饰。由于这些局部位于面部非常醒目的位置，因此对人的整体形象起到了至关重要的作用。保持整洁、干净的面部是良好的卫生习惯，更是护士职业礼仪中最基本的要求。护士在为患者进行服务之前，应保持洁净自然的面容，并进行合理规范的修饰。

1. 眉部的修饰 眉毛是五官之首，与面部其他部位相比，眉部是精气神的第一要素。干净、美观、修剪得当的眉毛可以增加人的赏心悦目之感；反之，则精气神会大打折扣。

（1）眉形的美观：眉形的美观与否对每个人都很重要。形态优美的眉形会使人显得有活力、有精神，而不够美观的眉形如残眉、断眉、过于稀疏或不加修剪的眉毛则会给面部形象减分。因此，个人应根据自身脸型和眉毛的特点对眉毛进行适当的修饰。

（2）眉毛的梳理：仅拥有美观的眉形远远不够，还应该在每次化妆前针对眉毛的走向用眉梳对眉毛进行认真梳理，使其井然有序，呈现最佳状态。

（3）眉部的清洁：在面部清洁时也要注意对眉毛的清洁，防止眉部出现死皮、灰尘等异物。

2. 眼部的修饰 眼睛是心灵的窗户，是在人际交往过程中被他人注视时间最长、次数最多的部位，也是面容修饰最为重要的地方，因此做好眼部的清洁与保养就显得尤为重要。修饰眼部时应注意及时清除眼部分泌物，不可直接用手揉搓眼睛，保持眼部的清洁卫生，注意对眼病的预防和治疗。佩戴框架眼镜的护士应注意及时擦拭和清洗眼镜片，保证镜片的清洁。在镜架的选择上，首选能体现护士职业形象的简洁、大方的款式，其次要注意符合个人的脸部特征，保证佩戴舒适。镜片应尽量无色，在工作及社交场合，如非眼疾等特殊原因，按惯例不应戴墨镜，以免使他人感受到不受尊重。选择隐形眼镜时，要避免使用"美瞳"等有色隐形眼镜，因其与护士端庄、大方的职业形象不符。

3. 耳部的修饰 耳朵是接收声音信息的重要器官，也是面部修饰中容易引人注意的部位。在日常生活中，应保持良好的习惯，定期对耳垢进行清理，保持耳部的清洁。男性耳毛易随年龄的增长变得浓密，要注意定期修剪。另外，护士在岗位上尤其是在与患者接触时应避免清理耳垢，避免给患者造成不雅之感，缺乏修养的举止会降低患者的信任度。

4. 鼻部的修饰 鼻部居于面部的正中，自古就有"颜面之王"的美称，鼻部的美观与否对一个人的整体面貌形象起着重要的作用。在修饰面部时，要注意对鼻部的清洁，避免异物堵塞鼻孔，还要注意定期清理"黑头"。同时，要注意鼻毛的修剪，避免鼻毛过长甚至外露而影响美观。此外，护士在工作岗位中清理鼻涕等异物时，应用手帕或纸巾遮挡，避免当众抠挖鼻孔、擤鼻涕等不雅行为。

5．口部的清洁　保持口腔卫生，避免口腔异味是礼仪修养的基本要求，应做到认真刷牙、定期洁牙。保证每天至少刷牙两次，餐后用牙线剔牙、认真漱口。上班前应避免进食蒜、葱、韭菜等气味刺鼻的食物。胃肠疾病引起的口腔异味要及时治疗，与人交谈时注意闭口呼吸，避免正面近距离说话。同时，护士应注意对唇部皮肤的保养，保持嘴唇的清洁滋润，避免开裂、起皮。男性护士若无特殊宗教信仰和民族习惯，最好不要蓄须，要及时修剪。无论在公共场合还是工作岗位，都应避免发出哈欠、吐痰、呃逆等不雅声音。

6．颈部的修饰　颈部属于面容的自然延伸，是在面容保养时最容易被忽略的部位，也是最容易暴露年龄的部位，因此在日常生活中对颈部的保养就显得十分重要。在对面部进行清洁和保养时，切勿忘记对颈部的保养，防止颈部皮肤过早老化而与面容产生反差。

> **知识链接**
>
> **首因效应**
>
> 　　人们在交往过程中，通常都会给彼此留下"第一印象"，彼此会根据第一印象来判断对方，这就是心理学上所谓的"首因效应"。首因效应普遍存在于人们的日常生活中，对人们生活、工作、学习、人际交往等方面都会产生潜移默化的影响。人们初次见面时，通过对方的仪态、穿着、谈吐、举止、表情等，获取与之相关的信息，以自己的价值观判断标准相对应，来判定对彼此或好或坏的第一印象，这种先入为主的第一印象会在很大程度上影响到之后的交往行为。简而言之，人们在初次交往过程中，留下的第一印象是深刻且持久的，先入为主的第一印象不一定都是正确可靠的，却是人脑中最牢固的印象所在，"以貌取人"就属于首因效应。仪容是首因效应关键的组成要素，中国历来就有"文质彬彬，而后君子"的古训，在时代发展的今天，仪容仪表是一张无字却无比重要的名片，是人与人交往的基础。

（三）化妆礼仪

俗话说"三分容貌，七分装扮"。适度地化妆可以增加一个人的魅力，展示良好的职业形象。化妆是一门科学，更是一门创造美的艺术，它有着一定的方法和步骤，需要遵循一定的原则和礼仪规范。如今，化妆已成为社交的基本礼仪，代表着对他人的尊重，符合文明礼仪的规范。在护理岗位中，恬淡适宜的职业妆容不仅可以体现高尚的职业风貌和情操，展示护士奋发向上、救死扶伤的职业精神，更可以改善护患关系，促进患者疾病的康复。

1．化妆的作用　化妆是指使用化妆品，按照一定的方法、步骤和技巧对自己进行修饰、装扮，使容貌变得更加靓丽的一种修饰方法。化妆是人们审美需求的表现，在现代社会人际交往过程中，化妆越来越受到人们的重视。化妆的作用主要有以下几方面。

（1）美化容貌：化妆可以改善皮肤的光泽度，弥补面容先天的缺点和不足，更可以使五官变得更加靓丽、生动，展现人的内在气质。

（2）增强自信：化妆即为自己美容。美丽的妆容可以唤起女性生理和心理上的潜在活力，通过化妆，可以使容貌更加美丽，光彩照人。化妆后，人们会更加欣赏自己，悦纳自己，精神焕发，促进自我调解来自外界的各种压力，从而在交往中更加自信和潇洒自如。

（3）弥补不足：化妆能够通过运用色彩的明暗和色调的对比关系造成人的视错觉，从而达到弥补面部不足的目的，更好地发挥面容上的优势，遮掩容貌的瑕疵，使人在社交中更好地展示自我形象。

2. 化妆的基本原则

（1）美观的原则：化妆的目的是使容貌更加美丽，因此在化妆时要注意扬长避短，恰到好处地发挥自己容貌的优点，遮盖不足，切不可任意发挥，随性涂抹。

（2）自然的原则：俗语说"妆成有却无"，化妆的最高境界就是"自然"，化妆时应注意不要过分美化，要使外表看起来真实，看不出美化的痕迹，好似"天生丽质"。

（3）得体的原则：化妆是生活中的一门艺术，适度且得体的妆容能够凸显一个人的审美观、独特气质和修饰技巧。化妆应根据不同的时间、地点、场合和身份选择不同形式的妆容，达到锦上添花的效果。

（4）协调统一的原则：化妆虽然是对五官进行逐一的修饰，但在化妆的过程中应注意整体效果，根据个人的脸型、肤色、年龄，采用不同的化妆手法与修饰技巧，要与环境、场合、服装、发饰协调一致，塑造和谐统一的整体感。

3. 护士妆容　护士的职业要求既不能浓妆艳抹，又要与工作紧密贴合，既能掩盖上岗前气色不佳、精神不振的面容，又能以最美好的护士形象示人。因此，护士职业妆应遵循自然、协调、美观的原则，从整体上表现出护士端庄、清新、高雅、朝气蓬勃的气质。

4. 化妆礼仪中应注意的问题　化妆是修饰仪容的一种高级方法，是热爱生活、尊重自己和他人的表现。在化妆过程中，只有遵循一定的礼仪规范，才不会与化妆的初衷相悖。

（1）切勿当众化妆：化妆属于较私密的个人行为，应在工作前完成，补妆应在化妆间或更衣室等无人场所进行，切勿在办公室、护士站、病房等公共社交场合化妆。在大庭广众之下化妆，是一种很不庄重的行为，既是对他人的不尊重，也会影响自己的形象。特别是当有男士在场时，当众化妆会有吸引异性之嫌，容易造成误解。

（2）体现职业特点，切勿离奇出众：护士的职业妆体现的是爱岗敬业的工作态度和精神，切不可为了寻求标新立异，将自己的妆容脱离角色定位。怪异、出格的妆容只会有损职业形象和个人形象。

（3）切勿浓妆艳抹：有人过分追求精致，将自己的妆容故意化得过浓、过重。但这种浓妆艳抹的修饰非但起不到美化形象的效果，时间久了还会对面部肌肤造成损害，更有损职业形象。

（4）切勿借用他人的化妆品：化妆品属于私人物品，借用他人的化妆品既不卫生，也不礼貌，应该避免。

（5）切勿使用香气过重的化妆品：在工作岗位中使用一种或多种不同气味的香气过重的化妆品，不但会给患者带来不适，由此影响患者的心情，而且会让人产生反感，显得个人品位低俗。

（6）切勿使妆面出现残缺：在化妆后、出汗后或用餐后都要注意自查妆容，若妆容出现残缺现象，应及时避人补妆；否则，以残妆示人既不礼貌，也有损自己的形象。

（7）切勿随意评论他人妆容：由于民族文化、审美情趣、个人素质和容貌肤色等差异，每个人的化妆风格各有重点和特色，切勿自以为是，随意对他人的妆容加以评论和非议。

（8）要及时彻底卸妆：化妆品中含有多种化学物质，长期使用对皮肤有一定的损害，不能使化妆品在面部过夜。临睡前要用卸妆乳或洁肤产品及时、彻底卸妆，再用温水冲洗干净，涂上少许面霜保护面部皮肤。

（9）男士也应通过化妆美化自己：化妆并非女士专属，男士在日常的工作和生活中，也应该保持健康、自信、整洁的精神面貌。男士化妆主要以护肤保养为主，着重肌肤健康、有活力。根据特定场合的要求可以使用少量香水，进行眉毛、鼻毛的修饰，胡须的修剪，以及唇部的滋润保养等。

> 知识链接

胭脂的历史

胭脂是中国古代女性常用的化妆品。古时胭脂又被称作燕脂、焉支或燕支等，实际上是一种以"红蓝"为名的花朵，它的花瓣中含有红、黄两种颜色，等到花开之时人们便将其整朵摘下，然后在石钵中反复杵槌，滤去黄汁后，便成为鲜艳的红色染料。

关于胭脂的由来，主要有两种不同的说法。一种是据《中华古今注》中记载：胭脂起自于商纣时期，燕地妇女采用红蓝花叶汁凝结为脂而成，因是燕国所产而得名。另一种说法为：胭脂原产于中国西北匈奴地区的焉支山，匈奴贵族妇女常以"阏氏"（胭脂）妆饰脸面。在公元前139年，汉武帝为了加强中原与西域少数民族的联系，派张骞出使西域。张骞此行，带回了大量的异国文化，包括西域各族的生活方式和民族风物。据说，胭脂就是从此时引进内地的。

唐代以后，尽管女性的妆容服饰风俗发生了很大变化，但涂抹红妆的习俗并未衰败。辽代妇女的红妆，虽不见于文载，但实例却屡有发现。考古发掘报告中就曾记载，辽宁法库叶茂台辽墓壁画和山西大同十里铺辽墓壁画中所绘的妇女双颊都涂有红粉，反映了当时的风尚。这种习俗一直延续到清朝末年，由于女子教育的兴起，青年学生纷纷崇尚素服淡妆，才改变了这种妆饰现象。

> 知识链接

职业淡妆化妆技巧

1. 修眉：用修眉刀刮除杂乱眉毛，修整眉形。
2. 洁面：用温水配洗面奶彻底清洁面部。
3. 护肤：将化妆水轻轻拍于面部及颈部，再轻抹乳液或面霜。
4. 上粉底：采用点按压的方式均匀涂抹至面部及颈部，对于肤色较暗部位要重点涂抹，使肤色整体均匀。
5. 定妆：将适量散粉轻轻按压于面部及颈部，涂抹均匀，然后用粉刷刷去多余散粉，粉量宜少、宜薄。
6. 画眉：确定出眉头、眉峰、眉尾的位置，画出眉毛轮廓，描眉一般要做到两头淡、中间浓，再用眉刷轻刷眉毛，使眉毛更自然。
7. 涂眼影：眼影最好选用浅咖啡色，从上眼睑外眼角向内眼角方向1/4处轻轻晕染，外眼角颜色稍浓，向内慢慢变淡。
8. 画眼线：眼线紧贴睫毛根部。画上眼线时，自内眼角向外眼角方向画，眼尾处可稍向外提拉延伸；画下眼线时，自外眼角向内画至距内眼角1/3处。
9. 涂睫毛膏：取适量睫毛膏沿睫毛根部向上提拉，使睫毛增长并向上弯曲。
10. 涂腮红：用腮红刷蘸取腮红，以颧骨为中心，斜向上轻扫，用量宜少，颧骨位置颜色稍重，向原有肤色自然过渡。
11. 涂口红：颜色应接近唇色，上唇从两侧向中间涂，下唇由中间向两侧涂，涂完后用纸巾吸去多余口红，并检查牙齿有无被沾染。
12. 整体修饰：化妆完毕后，检查整体妆容是否完整匀称、和谐自然。

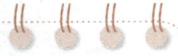

> **知识链接**
>
> **生命的化妆**
>
> 《生命的化妆》是台湾著名作家林清玄的一篇散文,也是他的代表作之一。文章主体是作者与一位化妆师的对话与作者的感悟。在文章中,化妆师向作者诠释了"化妆"的内涵。文章中这样写道:"化妆只是最末的一个枝节,它能改变的事实很少。深一层的化妆是改变体质,让一个人改变生活方式。睡眠充足、注意运动与营养,这样她的皮肤就会得到改善、精神充足,这比化妆有效得多。再深一层的化妆是改变气质,多读书、多欣赏艺术、多思考、对生活乐观、对生命有信心、心地善良、关怀别人、自爱而有尊严,这样的人就是不化妆也丑不到哪里去,脸上的化妆只是化妆最后的一件小事。我用三句简单的话来说明,三流的化妆是脸上的化妆,二流的化妆是精神的化妆,一流的化妆是生命的化妆。"
>
> 化妆师告诉我们一个哲理:人不应该只在表面上下功夫,更应该注重内在气质的培养,要通过各种方式使自己的内心世界丰富起来,使自己的生命更有意义,更加灿烂。

三、头饰

头发为人体之冠,日常生活中保持秀发干净、健康、清爽,不仅是个人卫生习惯的需要,也是人际交往过程中必须要掌握的礼仪原则。由于职业特点,护士在工作岗位中更要使头发时刻给人以整洁、庄重、美观、大方、优雅之感,这样才能体现职业魅力。因此,拥有整洁、端庄的职业形象,首先要从头发开始。护士的头饰礼仪主要包括头发的清洁与养护、发型的选择和工作发式。

(一)头发的清洁与养护

干净、清爽的秀发离不开平时的清洁与养护,保护头发要从梳理、修剪、清洁、按摩、养护等几个方面着手。

1. 头发的梳理与修剪 梳理头发是人们每天必做的事,能够刺激头皮神经末梢,通过大脑皮质调节头部的神经功能,缓解头部神经的紧张状态,促进血液循环,加快新陈代谢,摆脱邋遢之感,塑造健康向上的形象。按照常规,护士一般在以下情况需要梳理头发:上班前、换装上岗前、摘下帽子后、下班回家前及其他必要时。在梳理头发时需要注意一些基本的礼仪:首先,梳发为私人事宜,当众梳发有损护士形象,应尽量避免;其次,梳发时难免会产生断发、脱发、头皮屑等,切勿随意丢弃;此外,由于梳发时容易产生头皮屑,因此梳发应该在换装前完成。

除了每日必需的梳理头发之外,修剪头发也应定期进行,使头发能时刻保持整洁、清爽,并有一定的造型。一般说来,男性护士不提倡留长发。

2. 头发的清洁 良好的职业形象不仅要求护士要将头发梳理整齐,保持头发整洁、清爽,更要求对头发进行及时、定期的清洗,使头发无异味、头皮屑,避免头发看起来"油光可鉴"。

洗发能去除头屑和头上的污垢,保持头发的清洁卫生,避免异味,促进血液循环,有利于头发的生长。对头发定期适度的清洗不仅可以保持清洁、使头发乌黑亮丽,更有助于护士塑造整洁、端庄的职业形象。洗发的次数可以根据个人头发的性质、环境、季节来定。人的发质可以分为油性、中性和干性三种。总体来说,油性发质要比中性和干性发质清洗的次数多,宜每天1次,中性发质每周2~3次,干性发质每周2次。洗发时水温最好控制在38~40℃,以个人感觉舒适为佳。水温过高会损伤头发，也会对头皮、皮脂腺造成损害；水温过低，洗过的头发无光泽，缺乏飘逸感，也易使寒气入侵头部，影响身体健康。洗发液的选择除了应适合自己发质以外，还应具备营养柔顺头发、刺激小的特点，最好选择弱酸性的洗发液。洗发时，先用梳子将头发梳顺，再将洗发液挤硬币大小倒在手掌心，在手心揉搓出泡沫后涂在头发上，以指腹揉搓和按摩头发与头皮，用温水漂洗头发至无泡沫为止。然后，用护发素以不沾染头皮的方式从靠近头皮处至发梢均匀涂抹，再以清水冲洗干净，用干毛巾擦干，注意切勿用力揉擦，避免揉断头发。最后，用电吹风将头发吹出造型。

3．头发的按摩与养护　要想拥有健康、亮丽的头发，单靠梳理和定期清洗是远远不够的，秀美的头发需要平时的保养与护理。

（1）坚持按摩：头皮之于头发就好比土壤之于大树，没有健康的头皮就不可能有健康的头发，因此，要增进头发的健康就要坚持经常用手按摩头皮。按摩方法：伸开十指，手呈弓形，沿发际由前额向头顶到脑后，再由两鬓向头顶依次做环状揉动。按摩时用力要均匀、手法要轻柔，要使头皮在指腹的揉动下自然地活动，若按摩得当，头皮会发热并有紧缩感。如果是油性头发，按摩时用力要轻，防止过度刺激头皮，使油脂分泌增多。如果是干性头发，按摩时可以使用成分安全的护发精油，使头发光泽、顺滑。长期坚持按摩头皮，不仅能够消除疲劳，还可以使头发乌黑亮泽。

（2）加强养护

1）饮食养护：头发和人体的其他部位一样，需要补充充足的营养，才能保持健康状态。平时要多吃富含维生素、微量元素、优质蛋白的食品，如蔬菜、水果、鸡、鱼、蛋、奶等，此外，芝麻、核桃等各类坚果和海带、紫菜等海产品也是美发的上佳食品。因为蔬菜、水果富含的维生素有助于促进毛囊健康，防止毛发干燥脱落，可起到延缓脱发的效果；高蛋白食物的补充能起到增强头发的光泽、弹力等作用，可以预防头发的分叉和断裂；海带、紫菜等海产品富含丰富的钾、钙、碘等，可以促进脑神经细胞的新陈代谢，预防白发过早出现。

2）病态头发的养护：头皮作为头发赖以生存的土壤，其生态系统的平衡是头发健康生长的根本。一旦由于疾病、环境、工作生活压力、营养、心情、睡眠等各种原因导致生态系统出现失衡，就会出现头皮屑过多、头发分叉、断发、脱发、过早白发等病态问题，需采取一定的措施加以预防和护理。①头皮屑过多的护理：头皮屑是由真菌感染引起的，单纯的清洁头发并不能有效去除头皮屑，除了要选用具有抑菌效果的洗发产品外，还应注意调节头皮油脂平衡。②头发分叉的护理：分叉的头发失去光泽，弹性降低，发梢有毛躁感。可以加强头皮的按摩，使用护发素，多食用营养食物，并在分叉处上方 2～3 cm 处将分叉的头发剪掉，以保持美观，切勿用手强力撕拽。③断发的护理：断发往往是由于皮脂腺分泌减少，头发得不到润泽而变得干燥所致，平时除了加强饮食营养、定时按摩头皮、经常梳理头发增加血运以外，还要注意在梳理头发时切勿过度拉伸头发。④脱发的护理：由于新陈代谢的原因，每个人每天脱落几十根头发属于正常现象。但是脱发量如果过大，就应该引起注意。对皮脂腺分泌旺盛、遗传因素、头发保养不当、缺乏营养、精神过度紧张、心情不佳等原因导致的脱发应予以对症防治。⑤白发的护理：浓密而乌黑的头发使人显得年轻，可是白发如果过早出现，难免会让人有未老先衰之感。白发的过早出现除了与遗传有关外，更多的是与营养不良、某些微量元素的缺乏、疾病、心理等因素有关，应及时治疗护理。

3）防止日光暴晒和其他有害物质的刺激：①过度的日晒会使头发变黄变枯。因此，在烈日下应注意戴遮阳帽或打遮阳伞，避免阳光直接照射头发。②海水中的矿物质和游泳池中的氯元素对头发有一定的腐蚀作用。在游泳时，一定要戴泳帽，游泳后要将头发用清水及时冲洗干净，并使用护发素养护头发。③染发、烫发或拉直头发都会对头发造成一定的损伤，烫发的时间间隔最少在 3 个月至半年以上为好；染发剂中的化学物质有损皮肤健康，尽量少染为佳。

④经常用吹风机也会使头发变得枯燥。正确的做法是：将头发吹到七成干即可，吹风机的温度不要过高，操作时风筒要离头发15cm以上。

4. 头发的美化　在日常生活和工作中，人们为了塑造良好的形象，经常会采取一定的方式对自己的头发进行美化。常用的做法有：烫发、染发、佩戴假发和使用发饰等。无论采取哪一种方式，一定要考虑性别、年龄、发质、工作性质等特点，遵循适度、自然、协调统一的原则，才能真正打造自身的完美气质。一般说来，不提倡护士染发、佩戴假发，在戴燕尾帽时发饰应精致、素雅，切勿花里胡哨，影响整体形象。

（二）发型的选择

头发经过清洗、修剪、梳理之后，会按照人们的主观意愿呈现出一定的造型，即发型。发型对个人的仪表礼仪起着重要的作用，它是一个人文化修养、社会地位、个人品位以及精神状况的综合体现。适合的发型可以扬长避短、提升气质、增添个人魅力，而不适宜的发型只会使个人形象"大打折扣"。因此，根据不同脸型、发质、体型、年龄、职业、服饰等选择合适的发型，使个人的整体形象做到和谐统一就显得尤为重要。

1. 根据不同脸型选择发型　每个人的脸型都不尽相同，合理的发型设计与美化可以在一定程度上修饰脸型甚至弥补脸型的缺陷。通常可将脸型分为：鹅蛋脸、圆脸、方脸、三角脸、倒三角脸、菱形脸、长脸等。

（1）鹅蛋脸：鹅蛋脸即椭圆形脸，一般认为鹅蛋脸是东方女性最标准、最完美的脸型。其发型的选择范围比较宽，几乎任何发型都适合。

（2）圆脸：应注意表现脸型的轮廓，可以将头顶部的头发梳高，使头发自然下垂遮住两侧面颊，使脸颊宽度减少，从视觉效果上拉长脸型。要避免头发遮住额头，分发线最好是中分或三七分，可分散圆脸的直觉，使脸部轮廓显得更加协调。

（3）方脸：方形脸的人在选择发型时应注意遮盖面部突出的棱角，以增加柔和感。切忌将头发随意披散，这样会使脸型的不足更加明显，正确的做法是分发线侧分，并使分发线向头顶延伸，头发在脸颊处往前梳以盖住较宽的脸部。

（4）三角脸：为上尖下宽的三角脸选择发型时应注意脸型的整体协调，在修饰时要避免头发紧贴头皮，尽可能增加额头两侧头发的分量，可采用中分，使头发掩盖尖窄的额头，以达到增宽前额的效果。

（5）倒三角脸：上宽下尖的倒三角脸适合多种发型，注意切忌将前额全部暴露。

（6）菱形脸：在修饰时可以增加头顶及两侧的发量，可以通过烫发等方式使头发尽量蓬松，同时用头发遮住颧骨。

（7）长脸：长脸的人较适合蓬松、柔软的发型，可以选择用刘海盖住额头，也可以增加头部两侧的发量，使脸型显得更加饱满。

2. 根据不同发质、发量选择发型　每个人的发质、发量因为遗传、营养、养护等因素各有不同。在选择发型时不能盲目跟风，只有根据自己的发质、发量特点选择合适的发型才能达到比较满意的效果。发质偏硬且多的人适合俏丽的短发，由于头发的弹性较好，烫发也可以达到较满意的卷曲效果；而发质偏软且较少的人头发缺乏弹性，即使烫发也不易定型，因此对于这种头发来说留长发自然散开或者梳成发髻都是不错的选择。

3. 根据不同体型选择发型　人的体型有高、矮、胖、瘦之别，发型是体型的重要组成部分，正确地选择发型可以扬长避短，更好地展示个人的整体魅力。

（1）体型瘦高者：这种体型的人一般来说颈部也比较长，因此不适合将发髻盘高或将头发削减得过短。自然披散长发或卷曲的波浪式长发能够调和视觉效果，对瘦高的体型起到较好的协调作用。

（2）体型矮胖者：这种体型的人不适合长发或两侧蓬松的发型，应使发型持有向上的趋势，露出脖颈以增加视觉上的高度，可以选择有层次的短发，起到拉长身高的效果。

（3）体型高大者：适合简洁明快的短发，对长发、中发、束发、盘发可酌情选择。

（4）体型矮小者：精巧别致的短发及盘发对体型矮小者有拔高身高的效果，切勿考虑长发发型与蓬松发型。

4．根据不同年龄、职业选择发型　发型是一个人文化修养和社会地位的体现，因此在选择发型时，年龄、职业是需要考虑的重要因素。

（1）年龄：一般说来，青年学生的发型以自然美为主，要简洁、青春、活力，体现青年人的朝气蓬勃；中年人的发型以成熟稳重为主，一般可以依据自己的喜好和职业而定；老年人的发型要能体现老年人庄重、大方的气质，不宜留披肩长发，避免给人一种幼稚的感觉。

（2）职业：职业女性应该选择典雅、稳重的发型，以体现干练、成熟的特征为重；职业男性应以沉稳、干练为原则选择发型，不宜留过长或过短甚至是光头的发型，以免无法让人产生信赖之感。

5．根据不同服饰选择发型　在选择发型时，服饰也是需要考虑的因素之一。根据不同的服饰选择不同的发型才能达到个人形象的整体统一，如果发型与服饰不协调，则会让人感觉"不伦不类"，破坏整体美。例如，在比较庄重的场合穿礼服时，女性可将头发挽成低发髻，显得端庄、高雅；在着运动装时，则可以将长发束起成马尾，给人以活泼、灵动的感觉；穿连衣裙时可以将头发束起或自然披散；穿棉麻服装时，可以将头发梳成麻花辫偏在肩膀一侧或自然散开，给人以书卷气；而穿具有异国情调、色彩丰富的服装时，可以选择长波浪，或者选用同色系丝巾将头发包裹。总之，服饰的款式、颜色多种多样，根据服饰选择合适的发型，可以很好地展现个人魅力，给人们带来美的享受。

（三）护士工作发式

护士的工作发式除了要遵循美观的基本原则外，还应与护士的岗位职责要求、工作环境相一致。整洁、简练、方便、自然是护士工作发式的总体要求。护士帽是护士圣洁和高尚的职业象征，展现了护士的职业形象美，因此护士的工作发式不仅要符合岗位的职业规范，还应与护士帽相协调，体现出护士整洁、素雅、端庄、自然的美；既能方便护士进行各种护理操作，又能够体现护士庄重、严谨的风格和救死扶伤、朴实高雅的职业精神。护士帽分为燕帽和圆帽两种，其对护士的发式有不同的要求。

1．佩戴燕帽时的发式　护士佩戴燕帽时，要求头发前不过眉，侧不掩耳，下不过肩，后不及领；不能长发披肩，如果为长发，应该盘起，或用发网罩住绾成髻在脑后；如为短发，不宜超过耳下 3 cm，否则也应盘起或使用网罩。切忌前额头发高于燕帽，甚至看不到燕帽的正面。佩戴燕帽时，帽子要戴正，不能歪斜，帽沿距发际 4～5 cm，用发夹将帽子固定于脑后，发卡不得显露于帽子的正面，最好使用白色的发夹或者与帽子同色的发夹，发网应与头发同色系或深色，切勿选用鲜艳、夸张的发饰，以免给患者带来不必要的视觉刺激。

> **知识链接**
>
> **护士帽变迁史：藏在帽子里的美丽与奉献**
>
> 护士帽洁白无瑕、坚挺，两翼如飞燕状，所以又被称为燕尾帽。它是护理职业的象征，有如一道圣洁的光环，以无声的语言告诉人们，我是一名为人民健康保驾护航的护士，衬托着白衣天使崇高的使命。只有成为正式的护士才有资格佩戴护士帽，才能为患者做护理工作。
>
> 多数史料认为，最早使用护士帽的是南丁格尔，在 1854 年克里米亚战争时期，她要

求参加救治的护士都佩戴特殊的护士帽,这种源自修女的帽子成为患者获得安慰的身份标识。克里米亚战争后,南丁格尔护士学校在圣托马斯医院成立,同样对护士的着装做了严格要求,实习生必须戴上由南丁格尔辅助设计的短方形帽子。

随着历史进展和医院发展以及护士发型的改变,护士帽也随之发生变化。早期各国护士帽并不统一,样式众多。最初为长帽,后方有布料,能覆盖护士大部分头发。此后几经发展,成为现在大家更熟悉的护士帽,也就是燕尾帽。如今,由于护士帽有易脱落、带来污染隐患等弊端,一些专家认为护士帽的象征作用超过了实际作用。因此,近些年一些国家和地区逐渐取消了护士必须佩戴护士帽的硬性规定。但无论如何,护士帽作为"白衣天使"的象征,里面蕴藏的是护士职业的美丽与奉献,我们不能遗忘!

2. 佩戴圆帽时的发式 在手术室、ICU、传染病房、烧伤病房、隔离病房、供应室等特殊科室工作时,为了无菌操作、保护性隔离和职业防护,要求护士佩戴圆帽。佩戴圆帽时,头发要全部束在帽子里面,不露发际,前不遮眉,后不外露,不戴头饰;帽缝要放在后面,边缘要平整,帽顶要饱满。另外,男护士无论在何种科室工作都一律佩戴圆帽,要求不剃光头,也不可以留长发。

四、肢体修饰

在日常的工作生活中,人们比较注重头面部的修饰,却往往忽略了对肢体的修饰。但是在人际交往过程中,护士的肢体语言丰富,会给患者传达丰富的信息,因此它被称为"人的第二张脸"。由此可见,肢体的修饰也是礼仪中的重要组成部分,每一个护士都应该学习肢体各部位的修饰方法。

(一)手臂的修饰

在护士的日常工作中,和患者接触最多的就是手臂,它在护士进行各项护理操作时始终处于最明显的位置。因此,对手臂修饰的礼仪加以规范尤为重要。

1. 手臂的清洁与保养

(1)手:手是手臂的中心部位,在工作和生活中,手也是接触人和物品最多的部位,为了患者和自身的卫生与健康,应当勤于洗手和护手。在进入和离开病房前、接触患者前后、接触清洁无菌物品前、处理污染物品后、操作前、操作后都应当按照"七步洗手法"进行规范洗手,然后涂以适量的护手霜以保持手部皮肤的滋润。此外,护士在工作中出于职业防护的考虑,应避免用手接触自己的头面部,如用手揉眼睛、抠鼻孔、剔牙齿、挖耳朵等,这样做既不雅观也不卫生。

(2)肩臂:在非常正式的政务、商务、学术、外交场合中,根据社交礼仪的规范要求,肩部及其以下的手臂不能暴露在衣服之外。随着社会的不断进步,人们对着装礼仪的要求也越来越高。腋毛就属于"个人隐私",无论男士还是女士,在正式的社交场合中,切勿将腋毛外露,这是非常失礼的表现。护理工作者更不能在工作岗位中着无袖护士服。另外,在穿着短袖服装时,尤其是女士,如果个人的毛发生长旺盛,手臂的体毛过长会影响美观,应该用专门的脱毛工具将体毛去除。

2. 手臂的化妆与装饰 自古以来,手臂的化妆与装饰就是整体修饰中非常重要的组成部分,现代女性也喜爱通过对手臂的妆饰来增添美感。但是护理职业对于从业人员的美感却有着特殊的要求:手臂的妆饰应以朴素、庄重为美,杜绝怪诞与艳丽。首先,护士不可以留长指甲。因为在从事护理工作时,长指甲既不方便操作,也容易藏污纳垢,无论出于对患者负责还是护士自身职业防护的考虑，都应该及时修剪指甲，使其长度不超过指尖，在修剪指甲时，应注意同时清理甲沟部位的皮肤。其次，对指甲不要过于修饰，不要使用有鲜艳颜色的指甲油，因为指甲油不仅会造成污染，甚至还有可能和某些药品发生化学反应而造成危险。最后，护士的手臂不可以佩戴任何首饰，因为护士每天要接触不同的患者，接触各种被污染的物品，手臂上佩戴首饰很有可能造成患者的院内交叉感染，更有可能给自身的健康带来危害。

（二）下肢的修饰

在现代社会的人际交往过程中，人们常有"远看头，近看脚"等观察他人的习惯。因此，下肢的修饰在仪容整体修饰中同样不可忽视。修饰下肢时应注意以下两点。

1. 下肢的清洁　在任何时候，护士都应该保持下肢的清洁卫生，尤其是脚部。要勤于洗脚、洗袜子，勤剪脚趾甲，鞋子要经常更换。不要穿有残破或有异味的袜子，更不能在他人面前更换，不要在公共场合脱下鞋子搔抓脚部，这样既不卫生，也有损形象。要保持腿部的清洁，若有破损，应采取一定的方法避免使其暴露在患者的面前，以免给患者带来不良刺激。

2. 下肢的美化　首先，在正式场合，男士不应穿短裤暴露腿部；女士在正式场合可以穿裤子或者裙装，但不可穿超短裙或超短裤，裙装要求长度不得短于膝盖，即不得过于暴露腿部。护士在着护士服时，可以配肉色或浅色的长丝袜或者直接穿裤装，不可以不穿袜子或穿只到脚踝的袜子而直接裸露腿部。无论是着长袜还是着裤装，袜口都不能露在裙摆或者裤脚之外。其次，忌在脚趾甲上涂画彩妆。一般在社交场合，无论男士还是女士，都应穿覆盖脚面的皮鞋，不可以穿露趾鞋或是镂空凉鞋。护士上班时应穿护士鞋，并定期清洁保养，使其做到干净、舒适、美观。最后，如果腿部毛发较多，无论男士还是女士最好着长裤，如果女士需要穿裙装，应事先将体毛去除或选择肉色袜子进行遮掩。

随堂测 2-1

第二节　护士的服饰礼仪

> **名人名言**
>
> "见人不可不饰，不饰无貌，无貌不敬，不敬无礼，无礼不立。"
>
> ——孔子

在人际交往中，服饰是一种"无声的语言"，是穿着服装和佩戴饰品的总和。得体的服饰会给人留下良好的第一印象，而良好的第一印象对人们以后发展交往关系和深化沟通都会产生一定的影响。服饰又是人们社会地位、文化修养、经济状况、精神面貌和审美情趣的外在体现，更是一个国家和民族的文明程度、精神面貌和经济发展水平的标志。莎士比亚曾经说过："一个人的穿着打扮，就是地位、教养和阅历的标志。"

护理拥有自身独特的艺术美，而这种美往往是通过护士的形象来实现的。护士的服装、佩饰等都能引发患者的思想活动，对患者的治疗和康复也会起到一定的作用。因此，作为护理人员，无论是从社交礼仪还是职业形象考虑，都更应该规范和学习相关的服饰礼仪。

一、服饰的功能

（一）实用功能

服饰，是对人们所穿的衣服、饰物和携带品的总称。关于服饰的起源，有两种观点。一种观点认为，由于猿人体力劳动和脑力劳动的日益发展，它们身上的毛发也逐渐退化，为了抵御大自然的侵袭，他们采用获得的兽皮、树叶等披挂在身上御寒和防护，于是出现了最早的"服装"。另一种观点认为，服装的起源是由于人们对性概念的认识。从目前考古的研究结果看，人类最原始的服装，不过是围在腰部、遮着臀部和阴部的"布"，借以躲避性的引诱。由此可见，服装最初是为御寒和遮羞而产生的。

（二）补充功能

人们可以通过装饰品等后天的修饰手段，弥补和掩盖自己身体的不足之处，并在视觉上将自身优势展露和突出出来，如直线条的服饰使人产生延伸感，而横线条使人产生扩张感。随着服饰款式多样、色彩的增多，制作工艺的提高及新型材料的不断开发，可使人们能充分利用服饰达到补充、美化人体外观的目的。

（三）传递功能

服饰是一种无声的语言，可以反映人的社会地位、健康状况、文化、个性、习惯、爱好以及宗教信仰等。一个人的服饰可以部分传递其"非语言信息"。如选择何种穿着打扮反映其个人的爱好等。对于一些特殊的情况，人们还可以通过选择服饰来实现沟通的目的，比如参加重要的社交活动、演讲讲座、洽谈生意或求职应聘时，人们会特别注意选择自己的服装，使其能够充分起到显示自身形象的作用。

（四）识别功能

对于特殊行业和职业的服装可直观体现着装人的社会角色，如军装、警服、护士服、飞行服等各类工作制服，以及与之相配套的各种徽章和标记物等。如医院在护士帽上标以不同数量的蓝杠或红杠，区别护理人员在其单位中的职位角色。

（五）影响功能

同一个人穿着打扮不同，给人留下的印象也不完全相同，对交往对方产生的影响也会不同。特别在初次见面时，人们总会先注意到对方的外表而产生第一印象，从而直接影响双方人际沟通上的表达。即便对于人们自身，穿着不同的服装向自己发出的信息也是不同的。有心理学家曾经做过这样的实验，研究同一群人穿着不同服装时的自我感觉，结果发现，如果人们穿着明显比周围人优越，较为高级，则人们的自尊感会明显上升，会增强自信心，并认为能给别人以良好印象；相反，如果穿着寒酸，人们的自尊感会明显下降，此时他们会怀疑别人对自己的判断，进而怀疑自己的能力。

二、服饰的基本原则

（一）"TPO"原则

"TPO"原则是服饰礼仪的基本原则之一，即时间（time）原则、地点（place）原则、场合（occasion）原则。只有兼顾这三项原则，才能使服饰穿着获得协调统一、大方得体的效果，给他人留下良好的印象。"TPO"原则也是国际服饰礼仪的通用标准之一。

1. 时间（time）原则 包括三项内容。

（1）时代的发展：着装应符合历史的发展规律和时代的要求，不同时代的人们对着装的审美标准也是不同的，生活在每个特定时期的人们的着装，都要与时代潮流保持同步。因此，得体的服装既不能过分落伍，也不可过分超前，以免拉大与人群的心理距离。

（2）季节的变换：服装的选择要适应季节气候的特点，四季不同的气候变化对人们着装的要求是不同的，也会对人们的生理、心理产生一定的影响。如夏天的服饰的款式、面料以及色彩一般应以简洁、凉爽、透气和吸汗为原则，不宜有过多繁琐的装饰，以免使人产生烦躁、闷热的感觉，而冬季的服装则以保暖、御寒、得体为主。因此，着装还要把握季节的特点，切忌冬装夏穿，或是夏装冬穿，既不美观，也不利于健康。

（3）时间的差异：主要指每天早上、日间和晚上三段时间的变化。一般来说，早上穿着相对舒适、随意的家居服或运动、休闲服；日间工作时，应根据自身的工作性质和职业特点，选择与之相对应的职业装；而晚间如出席宴请、参加舞会等应穿着与社交场合气氛协调统一的服装，可选择高雅精致的服饰或礼服，还须增加一些饰品修饰。

2．地点（place）原则 包括两个适应。

（1）着装与地点相适应：如要去到某一国家或地区，应充分考虑到这个国家、地区所处的地理位置、自然条件、文化背景、风俗、穿着习惯等，根据这些情况选择合适的服装。如在中东地区，一些国家的妇女都是以黑纱遮面，如果女士到了这些国家没有遵守着装原则，不能够"入乡随俗"，就可能会带来不必要的麻烦或冲突。

（2）着装与环境相适应：如在严肃的地方应穿着整齐、庄重；在休闲的场所穿着以舒适、方便为宜，但如有客人来访，主人应穿戴整齐，如穿睡衣睡裤接待客人，就会显得失礼。

3．场合（occasion）原则 是指服饰要与穿着场合相和谐，要根据不同的场合着装。

（1）工作场合：从事公务活动时的着装，要与职业相协调。一般要注意整洁、庄重、大方、简单，不需过分引人注目，尤其不宜穿暴露太多的服装，如公务人员在工作时穿得花枝招展，过于时髦，就会显得轻佻浮浅，给人带来不信任感。

（2）庄重场合：指参加外事、会议、庆典、仪式等庄严隆重活动时的着装。一般在这些场合，要按规定着装，参加者需穿着比较严肃正式的服装。如男士的中山装、西装或民族服装；而女士可穿各式套装、长裙等。

（3）喜庆场合：通常指欢度节日、亲友欢聚、举办联欢、参加婚礼或出席庆祝会时的着装，这类场合都具有气氛热烈、欢快喜庆等特点。一般参加者应选择鲜艳、时尚、明快的服装。

（4）悲伤场合：指参加亲友葬礼、祭扫陵墓等时的着装。参加者在着装上要素雅、严肃，选择黑色、深色或素色服装，忌大红大绿、华丽时髦。

（5）休闲场合：即非正式场合的着装，如居家、逛街购物、旅游观光、健身锻炼等。一般选择宽松、舒适、随意的服装，也可以是运动装、牛仔装等。

"TPO"是着装的基本原则，随时随地都会用到。掌握并灵活运用该原则，应用科学的服装搭配技巧非常重要，既是对他人的尊重，也能体现一个人良好的修养。

（二）适应性原则

服饰应与自身的性别、年龄、肤色、体型和气质等相适应、相协调，否则会使他人感觉到不美观或怪异化。

1．与性别相适应 着装时要考虑性别，男性应着男装，体现阳刚之美；女性应着女装，体现阴柔之态。

2．与年龄相适应 爱美之心人皆有之，不论何种人群，都有打扮自己的权利，但是要注意不同年龄人的穿着要求，应选择与其年龄段相适应的服装款式和颜色。如儿童可以选择舒适、色彩丰富、活泼可爱、带有卡通图案的服装；青少年衣着常以自然、质朴为原则，款式和线条要简洁流畅，表现出青少年的热情和活力；而中年人的着装要体现成熟、高雅、端庄，主要选择比较正式的西装、套装或有品质的休闲装；老年人则偏重选择以简洁、舒适为主的服装，主要体现老年人的庄重。

3．与肤色相适宜 每个人的肤色受遗传和后天因素的影响都有差异。在选择服装时，肤色也会随着服装色彩的影响而发生微妙的变化。因此，在穿着服装时，要根据自身的肤色选择适合的服装，才能显现出个人的特点，提升自身的形象。不同的皮肤对于服饰颜色的要求是不同的，如肤色偏白的人，整体色彩浅淡、柔和，几乎可以选择任何一种颜色的服装；而肤色偏黯的人，整体色彩偏浓重，应忌穿深色服装，应选择明亮的如桃红、浅黄色等来衬托皮肤的明亮感；肤色发黄者，色彩的纯度低、肤色不透明，宜穿浅色服装，避免搭配红色、紫色、黄土色等衣服，因为这些颜色的衣服会使皮肤看上去更黄，可以选择浅蓝色或宝石蓝色；肤色偏红的人可以穿着浅绿色来中和皮肤的泛红，避免选择过多的红色来装饰自己。

4．与体型相适宜 人的身材和体型千差万别，其差异和缺陷要求人们在选择着装时特别要注意服装的色彩、款式与之协调，选择适宜的服饰。衣服款式、线条设计都可使体型的比例发生变化，产生匀称、扬长避短的效果。如肥胖体型者宜穿深色或直线条服装，避免穿过于宽松或者紧身的服装，色彩多选择有收缩感的深色或冷色；瘦长体型者宜穿浅色或横线条服装，色彩选择以能够产生扩张感的浅色和暖色为佳。

5．与气质相适宜 每个人都有自己独特的个性，因此散发出的气质都是不同的，着装可烘托出个性，从而获得外在形象与内在精神的和谐统一。性格外向的人可选择时尚、个性的服装，而性格保守内向的人应选择简单、规矩的服装。

6．与职业身份相适宜 不同的职业对于服装的要求是不同的，职业的着装应与其职业身份、职业形象协调一致，既体现职业特点，又可以增加其责任感和可信度，还能促进个人对职业的认同，同时也表达对他人的尊重。在办公室可选择简洁干练、大方得体的套装、裙装或商务休闲装，不宜穿过于休闲的运动服或牛仔系列。色彩选择上也要避免过于艳丽的颜色，可选择柔和的服饰颜色。

（三）适度性原则

服饰无论在修饰程度、饰品数量或修饰技巧上，都应自然适度、把握分寸，追求雕而无痕的效果。要想把服装穿得既有品位又得体大方，仅靠了解自己的体型、选择适合的颜色和款式来体现自身的个性是不够的，还需要掌握适度性原则，主要包括适合的色彩、适当的款式和适度的装饰。

1．适合的色彩 人们可以通过色彩的搭配来修饰自身的体型和肤色，但过度的修饰反而会影响整体的效果，因此，多种色彩应搭配和谐，使人们在视觉上产生美感和舒适感。在社交礼仪中有"三色"的原则，即全身的服装颜色不应超过三种，尤其是在正式场合，最好穿明度低、柔和颜色的服饰，如深色套装、白色衬衫、黑色皮鞋等。美的关键在于和谐，色彩要少而统一。

2．适当的款式 著名服装设计师皮尔·卡丹曾经说："简单一些，再简单一些，又简单一些，更简单一些，这就是美的实质。"在服装选择上应考虑到年龄、自身条件、个性、身份和地位等，也要根据社交的目的、场合及环境，选择与之相适应的款式、与周围的环境相和谐。要尽量选择简单、大方的服装，展现出个人的气质和品位。

3．适度的装饰 装饰是一种能动的创造，要有分寸感，贵在无痕。成功的装饰是将精心构思于漫不经心的风格中，"妆成有却无"，既雕琢，又似自然天成，使装饰后的人以自然美的姿态出现。在穿着打扮上，装饰必不可少。装饰时应遵循"点缀要少"的原则，饰品是对服饰的锦上添花、点睛之笔，恰如其分地装扮会使人更具风采和魅力。如果装饰过多，会显得复杂繁琐，有画蛇添足之嫌，破坏整体之美。因此，装饰要适度适宜，首饰的佩戴以少而精为好，甚至有时可以不戴。

（四）整体性原则

需将服饰、妆饰、佩饰和发型看成一个整体，协调一致，营造出整体风采。妆饰和佩饰要兼顾穿着服装的质地、色彩和款式，应与服装相协调。首先，要以服装的主色系为中心基调，妆饰用色和佩饰择色应选择与之相近或相对的色彩，以取得和谐与呼应；其次，还要考虑妆饰和佩饰在款式、质感档次、格调等方面与服饰的协调统一。

（五）合理性原则

不同的国家、不同的地区、不同的民族，其服饰习惯、习俗都有不同，对此一定要了解、尊重、合乎当地习俗。

第二章　护理礼仪的实践

（六）技巧性原则

不同的人对于穿着打扮都有自己独特的见解，无论采用哪种搭配技巧，都应注意整体美。利用服装搭配扬长避短，掩盖自身缺点、展现优势。还应符合自身条件、身份和场合，将服装穿得得体又有品位。

（七）个体性原则

人们性格迥异，所选的服饰也是个人情绪、情感和个性的表达，它与人的文化修养、自身条件、兴趣爱好以及所处的社会环境等密切相关。在选择服装时，不同的人在服装的款式和颜色上都有不同的见解，比如性格外向的人偏好明亮的色彩，喜欢个性、时尚的时装，敢于尝试比较夸张的服装款式；而性格内向的人更喜欢对比度弱的色彩，以及优雅、稳重、朴素的款式。在穿着打扮时，并没有约定俗成的定律，只要符合自身形象、能够彰显个性就可以，切勿"人云亦云"地盲目跟风，结果只能是贻笑大方。

三、服饰的要素

服饰由色彩、面料和款式三个要素组成。

（一）服装的色彩

色彩是作用于人眼的视觉特性，是一种物理刺激。在社会交往中，色彩对交往对象的刺激最快速、最强烈，因此服装的色彩又被称为"服装第一可视物"。在服装色彩选择上要根据自身的特点、时间、场合和个性爱好，还需要兼顾他人的感觉。

1．色彩的基本属性　包括色相、明度和纯度三大属相。

（1）色相：色彩的相貌，是一种色彩区别于其他色彩的独特属性。如人们常说的红橙黄绿青蓝紫都具备其自身独特的色相，如果把它们排列起来形成一个圈，就形成了一个色相环。相邻的两个色相称为同类色；隔一个色相的两个色相称为类似色；相聚180°角的两个色相称为互补色。

（2）明度：色彩的明亮程度，是通过白色和黑色来调节的，分为高明度、中明度和低明度。

（3）纯度：色彩的彩度、鲜艳度是通过添加灰色来调节的。灰色比例越大，色彩的纯度就越低；反之，纯度就越高。

2．色彩的特性　色彩是人的眼睛对物体反射的不同波长的光所产生的印象。当光源发出的光照射到物体上时，一部分光被吸收，剩下的部分光线反射到人的眼中就形成了人们肉眼所见的色彩。色彩的基本特征有以下几种。

（1）色彩的冷暖：根据人的心理感受将颜色分为暖色调（红、橙、黄）、冷色调（青、蓝）和中性色调（紫、绿、黑、灰、白）。暖色调和冷色调因为色相的影响会使人产生亲密或距离、温暖或清冷的感觉。暖色如红色、橙色等会刺激视觉神经，使血液循环加快，使人联想起旭日、火焰等，从而使人有温暖的感觉；而冷色如蓝色会使人联想起海水、天空等，从而产生广阔之感；而绿色、紫色等色给人的感觉是不冷不热，所以将其归为中性色调。色彩的冷暖也是相对的。在同类色彩当中，含色成分多的较暖，反之较冷。因此在夏日可选择冷色调的衣服，从而产生清凉的感觉。

（2）色彩的轻重：不同的色彩刺激，可使人感觉色彩或轻或重。决定色彩轻重感觉的主要是明度和纯度。明度越强，色彩越浅，有轻感和上升感；明度越弱，色彩越深，人的视觉就感觉越重，有下垂感。在所有色彩当中，白色给人的感觉最轻，黑色给人的感觉最重。

（3）色彩的软硬：主要取决于明度和彩度，也是人的一种心理感受。凡是感觉轻而明亮的色彩如粉色，会给人一种安静、柔软之感；感觉重而黯淡的色彩如黑色，会让人感觉坚硬而厚重。

（4）色彩的缩扩：由于色彩的波长不同，给人带来的收缩或扩张的感觉便有所不同，主要取决于色相和明度。一般来说,冷色、深色属于收缩色,暖色、浅色则为扩张色。运用到服装上,冷色、深色可使人看起来更加苗条,而暖色、浅色则会使人看起来更加丰满。

(5) 色彩的华丽和朴素:主要受彩度的影响,彩度高或者明度高有华丽、辉煌的感觉;相反则会有朴素、雅致感。

3. 色彩的象征 不同的色彩通过明度和纯度可使人产生不同的心理感受,有不同的象征意义。

(1) 白色:白色的明度最高,它象征着高雅、亮丽、纯洁,可以使人产生洁白无瑕的神圣之感,但也有孤独、恐惧之感。适用于工装、礼服等。

(2) 红色:红色是三原色之一,最能引起人的兴奋,也是最具动感的颜色。它能使人联想到血液、旺盛的生命力、太阳和火焰,因此红色象征着生命力、热情、喜悦和自信,也有兴奋、危险、攻击性的含义。在很多国家,红色多代表着喜庆和幸福。适用于礼服、运动服等。

(3) 橙色:是介于红色和黄色之间的混合色,是暖色系中最温暖的色彩。橙色是一种欢快、活泼和积极的颜色,可以使人联想到阳光,因此可以给人带来温暖、乐观、兴奋、华丽和辉煌之感,也有放纵、散漫的感觉,是活力的象征。适用于女性和儿童的服装,也用于提示人们引起注意所使用的服装颜色。

(4) 黄色:黄色是红色和绿色的混合色,它的互补色是蓝色,有良好的可视性。给人以轻快、明亮的感觉,会使人联想到向日葵等,有希望、幸福、好奇之感;也会引起幼稚、嫉妒或虚荣的感觉。适用于童装和运动服等。

(5) 绿色:绿色是三原色之一,属中性色,给人以清爽、宁静、放松、稳定情绪和抚慰心灵之感,可使人联想到大自然,象征着青春、活力、朝气、希望、和平和生命。适用于军装、工装和裙装等。

(6) 蓝色:蓝色也是三原色之一,属于冷色,是永恒、宁静、安逸、柔和的象征,可使人联想到天空和海洋,常给人以高远、深邃和广阔的感觉。也可带给人忧郁、沉默和固执之感。职业场合的深蓝色能给人以严谨、权威、庄重和理性的印象,因此蓝色最适合职业服装,如男士西装和女士西服套裙等。

(7) 紫色:是红色和蓝色的混合色,是一种华贵的色彩,在我国传统文化中紫色象征着尊贵,故有"紫气东来"之说。但在服装色彩的运用上,由于中国人肤色普遍较黄,因此要避免选择纯度过高的紫色。紫色同时象征着崇高、神秘、浪漫和品位,但也有忧郁、傲慢的含义。适合于礼服和女性裙装。

(8) 灰色:灰色是介于黑和白之间的色,是一种柔和的色彩,给人以稳重、成熟、平易近人、干练之感,是服装色彩中最能给人以平和、朴实印象的色彩。适合于职业服装和运动服等。

(9) 黑色:是一种低调、百搭的颜色,给人以神秘、冷峻、权威、高雅之感,但也有邪恶、强硬、冷酷和压迫感。在正式社交场合,人们会首选黑色,因为黑色可与任意颜色搭配,从而营造出不同的搭配效果。适用于职业服装、礼服等。

4. 色彩的搭配 由于不同色彩之间明度和纯度的搭配会给人以不同的视觉效果和心理感受,因此,正确合理地运用色彩、科学的搭配可以塑造出最理想的个人形象,达到和谐、唯美的状态。通常有几种常用的色彩搭配方法。

(1) 统一法:采用色相相同、但明度和纯度不同的颜色进行搭配,以创造统一、和谐的美感,给人单纯、朴实、高雅、庄重的感觉,如深灰色配浅灰色、宝石蓝配浅蓝色等。但是由于色系的单一,易使整体形象显得单调、呆板。适用于正式场合特别是公务场合中的着装配色。

（2）对比法：是指选用色相环中反差大的两种颜色进行配色，如冷色调与暖色调，或者为互补色的两种色调进行搭配的方法。它可以使着装在色彩上反差增大，以营造强烈的视觉刺激，突出个性。如红与绿、白与黑等。常见于社交、休闲和运动场合等。

（3）支配法：又称点缀法，是指在应用统一法进行色彩搭配时，在服装的局部如领口、袖口、胸前等处选用其他不同的色彩进行点缀，以达到画龙点睛的效果，使服饰更加生动。但在选用此方法进行色彩搭配时，一定要遵循少而精的原则，突出重点，如果点缀的部位太多，反而会起到"画蛇添足"的效果。

（4）时尚法：由于受到某些时尚元素的影响，人们在一定时期往往会偏爱某种色彩的搭配，从而使其广泛流行。在采用时尚法进行搭配时，一定要结合自身的特点、环境和场合，不可"东施效颦"。

（二）服装的面料

面料是用于制作服装的材料，是服装档次和品位的重要因素之一。它不仅决定着服装的款式和色彩，还直接左右着服装的风格以及表现效果。常用的面料有以下几种。

1．棉布 是各类棉纺织品的总称，具有透气性好、吸汗性强、穿着柔软、舒适、保暖等特点，缺点是不易成型、易皱、易缩等，多用于制作内衣、衬衣和休闲装等，不能做正装。

2．麻布 是以大麻、亚麻、黄麻及剑麻等各类麻类植物纤维制成的一种布料，具有强度高、透气性好、吸汗性好、导热等特点，缺点是舒适性差、粗糙等。可用于制作休闲装、夏装、工作装等。

3．丝绸 是以蚕丝为原料纺织而成的各种丝织物的总称，具有柔软、轻薄、透气、滑爽、穿着舒适、高贵等特点，缺点是易褶皱、易褪色、易吸身等。

4．呢绒 又称毛料，是各类羊毛、羊绒织成的织物的泛称，具有质感挺括、防皱耐磨、柔软细腻、保暖性好等特点，缺点是洗涤较为困难、不宜水洗。多用于制作西装套装、礼服、大衣等各种高档服装。

5．皮革 是经过糅制而成的动物毛皮面料，一般可分为两类。一类是革皮，即经过去毛处理的皮革；另一类是裘皮，即处理过的带有毛的皮革。具有保暖性强的特点，但由于其对洗涤和保存、贮藏的要求较高且价格昂贵，故不易普及。在正式的社交场合，一般不宜穿着皮革制作的裙装。

6．化纤 是化学纤维的简称，是利用高分子化合物为原料制作而成的纤维类纺织品，具有色彩鲜艳、丰富多样、质地柔软、悬垂挺括等特点，缺点是透气性、耐热性、吸汗性差，易产生静电等，通常可用于制作各类服装。

7．混纺 将天然纤维和化学纤维按一定的比例混合而成的织物，具有棉、麻、丝、毛和纤维的各自优点，但在价格上相对低廉，可用于制作各类服装。

（三）服装的款式

服装的款式是指服装的风格、样式、造型和种类，它不仅与着装者自身的年龄、性别、体型、身材有关，还受服装的色彩、质地、时尚流行趋势以及穿着场合和时间的影响，此外，还与穿着者的个人特点、文化、风俗、道德、宗教、职业及嗜好等因素有关。在进行个人的穿着打扮时，要充分考虑上述影响因素，才能选出最适合的服装款式，无声地传递穿着者的信息，反映穿着者的身份、地位、素质和文化水平，给交往对象留下好的印象。按照场合可以将服装的风格分为职业服装、礼服和休闲装三大类。

1．职业服装 按照职业的要求在工作中穿着的服装统称为职业服装，适合于公务场合穿着。职业服装按照工作性质主要分为两类：一类为工装或制服，这类服装有明显的职业标志，能够代表职业形象，体现职业特色，服装的面料、色彩、质地和款式都以简洁、大方为主，如警服、护士服、各类技术工人等；另一类是一般办公环境的职业服装，主要适合于普通办公环境，如男士西装套装、女士裤式套装或套裙等。这些服装款式一般简洁庄重、色彩素雅、做工精致，以体现职业人士的干练、严谨和专业度，使人产生信任感。

（1）女性职业装：职业女性的着装主要体现端庄、稳重、典雅的职业特点，既适合自身的社会角色，也可充分展示自己的能力，赢得他人的信赖和肯定，实现自身的职业目标。一般女士职业装分为西装套装（即外套、衬衫、裤装），以及西装套裙（包括外套、衬衫、半截裙）。选择职业装时，在体现女性本色前提的基础上，应符合工作环境和身份，同时还要注意根据身材、体型、脸型、肤色而选择，在个人风格和职业形象上力求平衡。职业装应凸显庄重、大气的风格，面料一般选择平整、挺括、优质的质量，色彩选择明度低、柔和的素色、单色，忌花哨艳丽的颜色，款式以经典、简洁的风格为佳。

（2）男性职业装：男士的职业装主要指西装，是男士职场上常见的着装，可以体现庄重、传统、权威和信赖感。整套西装包括衬衫、外套、长裤、马甲、领带、腰带、鞋子、袜子等，必要时还需要领带夹等。西装一般以蓝色、灰色居多，也有咖啡色和黑色，但黑色一般作为礼服穿着。款式一般分为：欧式版型，即以双排扣、收腰、肩宽为主要特点；英式版型，通常为单排扣、三个扣子；美式版型，以宽松、肥大为主；日式版型，单排扣式、衣后不开衩。面料多为纯毛或含毛比例较高的混纺面料。

在穿着西装时，要注意以下几点。

第一，三色原则，即全身上下包括领带的颜色不能超过三种；第二，衣袖上的商标要拆掉；第三，要求随时扣好衣扣，以示庄重；第四，保持笔挺、美观，外口袋忌装东西；第五，衬衫衣领要挺括、衣身要平整、衣扣全部扣好、下摆要扎放于裤腰内，领子和袖口比外衣长1~2 cm；第六，领带与外衣一般选用同色系，也可选择弱对比色，领带的图案因穿着场合而定，长短适当，站立时其下端正好触及腰带为宜；第七，领带夹用来固定领带，应夹在衬衣第三、四粒纽扣之间；第八，要穿深色中筒的棉袜或者毛袜，忌白色袜子，一般与裤子颜色一致或深于裤子颜色，穿深色皮鞋，且鞋子、腰带和公文包颜色要统一，一般为黑色。

2．礼服 通常在庆典、酒会、婚庆等隆重的社交场合穿着礼服，突出庄重、大方、华丽、高贵和优雅的气质。一般采用有光泽和质感的丝绒、丝绸或织锦面料，款式和风格多样。黑色是礼服常用的颜色，但由于东方人是黑眼睛、黑头发和黄皮肤，穿着黑色礼服时，难免有沉闷、黯淡无光之感，因此在着黑色礼服时可以少而精地选择色彩亮丽夺目的配饰加以点缀，使整体形象更为生动和具有魅力。

在我国的社交场合中，还可以根据场合和交往对象的特点选择民族服装和传统服装。女士一般为旗袍，男士为唐装，但女士在穿着旗袍时开衩不可过高。

3．休闲装 适合于非正式场合穿着，没有固定的款式和要求，多以棉、麻、丝等舒适面料为主，以舒适、随意、自然为目的，可最大限度地根据个人的爱好和特点进行穿着。在穿着休闲装时要注意整洁，同时兼顾自身的年龄、身份、体型和身材等特点，使休闲装穿得既舒适又美观。

> **整合小提示**
>
> 研究服装美、美感及其规律的学科称为服装美学，是服装艺术类课程中最重要的课程之一。

四、护理人员服饰的要求

案例 2-2

一位即将毕业的护生叶某,凭借其出色的学习成绩和不懈的努力,终于得到了一家著名医院的面试资格。面试前为了给院方留下外形靓丽、时尚新潮的好印象,叶某挑选了一条彩色飘逸的真丝裙和一双露趾高跟凉鞋。当她精神抖擞地在面试官面前出现时,对方却皱着眉头上下打量了她一会儿,结果此次面试没能成功。

问题与思考:
叶某为什么会面试失败呢?

南丁格尔曾经说过:"护士是没有翅膀的天使,是真善美的化身。"护理不仅是一门科学,还是一门艺术。护士的服饰反映其思想品格、文化修养、精神面貌、工作态度、责任感和神圣感等,而且得体的着装、自然健康的护士形象能够给患者的心灵带来美的感受,促进护患沟通,提高人际交往能力,从而保障护理工作的顺利进行。因此,护士的着装不仅要体现护士的职业特点,还应体现出护士的着装礼仪。

（一）护士服的种类和特点

护士服是护士工作时的着装,是护士职业形象的外在体现,是白衣天使的象征。

1. 款式 护士服的款式要美观、简洁、合体、便于操作,面料应平整、挺括、透气,易清洗、易消毒。在临床中各科室根据其工作性质可选择不同的款式,大体分为以下两种。

（1）连衣裙式:体现护士纯洁、端庄、柔美和得体的女性魅力,多用于普通病房和门诊等科室。

（2）分体裤式:分体的护士套装简洁干练、方便操作,多用于手术室、ICU、急诊科等科室。

2. 色彩 不同的色彩会给人带来不同的心理感受,传统的单一白色护士服会对某些患者的视觉和心理需求产生一定的影响,所以医院护士装的颜色在以白色为主调的基础上,可根据不同的病房特点增加不同的色彩。

（1）白色:护士服以白色居多,普通的病房也多采用白色,以体现护士职业的神圣、纯洁和庄重;但白色给人的感觉缺乏亲和力,有严肃和不安感。

（2）淡粉色:适用于妇产科和儿科等,给人柔和、温馨、和谐、有亲和力的感觉,可消除患者的恐惧心理,使人感觉容易接近,从而拉近彼此的心理距离。

（3）淡绿色:多用于急诊科、手术室等,象征宁静、安全、生命和希望,使患者感觉有信心战胜疾病、对生活有希望。同时也体现护士的职业精神。

（二）护士着装的基本要求

护士的着装可引发患者的心理活动,对患者的治疗、康复产生影响。如护士上班时衣冠不整、邋邋遢遢,会直接使患者对其失去信任、产生质疑,进而影响护理工作的顺利进行。因此,护士的服饰选择除了应遵守上述服饰的基本原则外,还要体现护士的职业特点。

1. 职业体现 护士在工作岗位必须着护士服,这是工作的需要,也是护士工作礼仪的要求,要体现工作的严谨性。工作场合之外,不能穿护士服。

2. 干净整洁 护士的工作服穿着时要求整洁、合体、无异物、无异味,衣领、衣边、腰带需平展,无污渍、血迹,衣扣要扣齐。护士身着的工作服代表着护理人员的尊严和责任;服装穿着规范，体现了护理人员严格的纪律和严谨的作风。在工作过程中，如若发现护士服被污染或有破损，应立即更换。

3. 佩戴胸牌 工作牌是护士身份的标识，胸牌上应标明护士的姓名、职称、职务等，既方便患者辨认、监督和询问，也可以约束护士的言行举止，维护护理人员的职业形象。在穿着护士服时必须佩戴胸牌，工牌表面保持干净，避免沾染药液、血液等，如有损坏应及时更换。

4. 端庄简约 护士的服饰应得体、简洁且实用，给患者稳重、平静和信赖的感觉。款式以端庄、穿着舒适、便于操作为主，除了简单的头饰外，护士不允许佩戴如戒指、耳环、手链、手镯、脚链等其他饰品及涂带色的指甲油，同时要经常修剪指甲，维持护士朴素、自然的职业形象。

（三）护理人员服饰的要点

1. 帽子 护士帽是护理人员职业的象征，是一份职业的荣誉和责任感。护士帽可分为燕帽和圆帽两种。

（1）燕帽：一般有方角和圆弧角两种款式，是护士职业的象征。不仅造型甜美、纯真、端庄，更像是白色的光环，圣洁而高雅。燕帽边缘的彩道多为蓝色，象征严格的纪律，是责任和尊严的标志。护士帽上可以有横杠或者斜杠的蓝色彩道，有时也是职务职称的象征，不同医院有不同的标志。一道杠是护士长或者护师，两道杠是科护士长或者主管护师，三道杠是护理部主任或者主任护师。在实际工作中，医院也会根据实际情况设计适合于自身的护士帽。近些年来，为了避免燕帽佩戴时带来的一些隐患和不便，部分医院护士已"脱帽"。

（2）圆帽：适用于急诊、手术室、ICU以及骨髓移植室等对无菌环境要求严格的场所。

（3）工作帽佩戴要求

1）燕帽：适用于女性护士。佩戴时需平整、挺直、戴正，高低适中，前缘距发际线4～5 cm，用白色或浅色发卡固定于帽后，正面不得有发卡。头发要求清洁整齐、前不过眉、后不过肩，如长发应束于脑后，盘起或用网罩罩起，发饰需素雅。

2）圆帽：佩戴圆帽时要求头发全部遮在帽子里面，不露发际，前不遮眉，后遮发际，不戴头饰，帽子的缝隙要放在后面，边缘要平整。男性护士多佩戴圆帽。

2. 衣服 护士服应简洁、美观、庄重、合体，通常以白色为主，即白衣、白裤、白裙。也可根据不同科室、不同工作对象选择不同的色彩和款式，如手术室、儿科、感染科等可选用淡蓝色、淡粉色或米黄色等颜色。护士服应给人以纯洁、轻盈、活泼、勤快以及高雅之感，面料需选择不透明、透气，又易清洗、易消毒的布料。

护士着装时要做到服装整洁、平整，衣扣要扣牢、扣齐，衣领、腰带、袖口、衣边要平展整齐。穿着适体，无油渍、无尘污。内衣领口、袖口和衬裙不宜露在工作服外，夏季着裙装时应注意衬裙不要比工作服长。给人以端庄、稳重和平静的感觉，加上其端庄的举止、优雅的谈吐，可以给患者带来信任、安慰、温暖和希望。相反，即便护士身穿白色工作服，但衣冠不整、不修边幅、满身污渍，呈现出懒散、懈怠之状，仍会失去患者对其的好感，使人产生不信任的心理。

3. 鞋袜 护士鞋应为白色软底平跟或坡跟鞋，有防滑功能，要求干净且舒适，颜色以白色或奶白色为主，与整体着装协调。穿裙式工作服时，要配肉色或浅色的筒袜或连裙袜，忌穿短袜、挑丝、有洞等袜子。袜子不论长短，袜口均不能露在裙摆或裤脚的外边，以肉色或浅色调为宜。

4. 其他 工作时不要用气味浓郁的香水，否则不仅会对患者产生不良刺激，甚至会诱发某些患者出现哮喘等过敏性反应。

五、配饰

配饰是人们在着装时选用和佩戴的装饰性物品。它对于穿着打扮可起到点缀和烘托的作用。在社交礼仪中，配饰与服装、化妆被列为美化自身形象的三大方法。根据服装、化妆及自身特点选择正确的配饰，可以在社交场合中恰当地体现审美、地位、身份、经济状况等个人信息，是一个人修养及品位的体现。

（一）配饰的分类

从广义上来说，能与服装搭配、起到修饰作用的所有物品都可以称为配饰。按照配饰的种类可分为以下几种。

1. 首饰类 主要分为头饰、胸饰、首饰、脚饰和挂饰等。其中，头饰主要包括发饰、耳饰等；胸饰主要是用在颈、胸、背、腰、肩等处的装饰；首饰包括手镯、手链、臂环、戒指、指环等；脚饰包括脚链、脚镯等；挂饰主要有钥匙扣、手机挂饰、包饰等。

2. 其他类 主要有妆饰类（化妆用品类、纹身贴、假发等）、玩偶、钱包、用具类（太阳镜、手表等）、鞋饰、家饰小件等。

（二）配饰的使用原则

在正式场合使用首饰时，需遵循以下几条原则。

1. 数量原则 佩戴配饰时，应注意宜少不宜多的原则。

2. 色彩原则 选择配饰时，一般选择同色系。若同时佩戴两件或两件以上的配饰，应保持色彩一致。佩戴镶嵌类珠宝首饰时，要使主色调保持一致。

3. 质地原则 选择佩戴首饰时，质地上要力求同质。戴镶嵌类首饰时，在保证被镶嵌物质地一致时，也要保证托架的一致。

4. 身份原则 佩戴的配饰要符合自己的身份。要考虑年龄、身份、工作环境等是否协调一致。

5. 体型原则 佩戴配饰时，要根据自身的体型、身材等特点，选择合适的配饰。如脸圆、颈部较短的女士在选择配饰时，可以佩戴能够拉长颈部线条的长项链，切忌选择短、有圆形图案的首饰。

6. 季节原则 佩戴配饰时还要考虑季节的特点。如冬季可选择呢绒质料的帽子和手套，而夏季则选择草编的帽子来遮挡阳光。

7. 协调原则 配饰的选择应与服装的颜色、款式、面料等协调一致。如穿着有民族风情的服饰时，可以佩戴颜色艳丽的丝巾或是有设计感的首饰。

8. 习俗原则 不同的国家、民族和地区有着不同的佩戴习惯，切不可随意非议他人配饰的佩戴方法。

配饰的种类很多，佩戴的方法由于受到多种因素的影响也各不相同，但是只要掌握了以上佩戴原则，就一定能够展示出自己的品位和气质。

（三）护士工作中的配饰

护士在工作中应遵守无菌原则和操作的便利性，不应佩戴与工作无关的饰物。

1. 与护理工作有关的饰物佩戴

（1）带秒针的表：表是护士工作中常用的工具，用于生命体征的测量、药物使用时间的计算和输液滴数的计算等。因此，表是医务人员不可缺少的饰物。护士的表最好是佩戴在左胸前，表上配有短链，用胸针别好。表盘是倒置的，低头或用手托起表体即可查看、计时，这样既卫生，又有利于工作。

（2）发饰：包括发夹和头饰。发夹用于固定护士帽的非装饰物。一般情况下，护士的燕帽需要用发夹固定，发夹的选择应是白色或浅色，左右对称别在燕帽后面；头饰不可佩戴过多或过于醒目，发网罩需素雅、以深色（如黑色、蓝色或咖色）为宜。

（3）胸卡：胸卡即工作证，护士上岗时要佩戴胸卡，并注意保持完整、整洁。歪歪扭扭、粘贴胶布的胸卡会使人觉得不修边幅。一个连自己都照料不好的护士，很难让人相信能照料好患者。因此，胸卡要注意随时调整，最好备用一张，以防破旧或丢失时使用。

2. 与工作无关的饰物佩戴 护理人员的职业服装要尽量体现护士纯洁、朴素、善良的职业情感，饰物对于身着护士装的护理人员来说，无疑会显得过于累赘、奢侈。因此，与工作无关的首饰和其他饰物都不应佩戴。如果要佩戴，耳环的选择应避免过大、过于醒目，以耳钉为好。佩戴项链时，不外露于工作服，而戒指、手链、手镯等会影响护理操作的饰物则不能佩戴。

随堂测 2-2

知识链接

护士服的演变

护士服的演变源于公元9世纪，当时护理工作被视为一种宗教活动，由献身于宗教事业的修女承担，修女们穿着统一的服装，配有面罩。现今的护士帽由此演变而来，象征着"谦虚服务人类"。真正的护士服始于南丁格尔时代，即19世纪60年代末。南丁格尔首创护士服时，以"清洁、整齐并利于清洗"为原则。20世纪初，护士服陆续在我国出现，因护士服装为传统的白色，而我国社会习俗不尚白色，因此，护士服改为粉红色衣裙。20世纪20年代后，随着陈规陋习的破除，护士帽被赋予高尚的意义，此后护士帽的佩戴成为常规，而且只有正式护士才能佩戴护士帽，才有资格为患者提供护理服务。护士服不但要体现美观、大方、清洁、合体，更应表现出护士的重要地位和沉稳平和的气质。20世纪20年代的各地医院里，护士服与护生服样式相同，颜色不一。护生为蓝色，毕业护士为白色。护士着装时，要求其衣、裤、鞋的颜色均为全白，并规定护士除佩戴中华护士会特别的别针外，一律不许佩戴首饰。1928年，在第九届全国护士代表大会上成立了护士服装研究委员会，专门商讨统一全国护士服装的建议，其标准为简单、易洗、雅观、舒适、庄重，并改变了袖口过大等缺点，使护士工作时更为便捷，该委员会将重新设计的护士服样式刊登在《护士季报》上，要求全国护士统一制作，此举为统一我国护士服起到了很大的推动作用。此外，护士、护生、护理员着装有着严格的区分。1948年，中华护士会规定，护士必须穿白色服装、戴白帽，护生着蓝白两色，护理员不得戴帽，不可着蓝白两色服装。

第三节 护士的举止礼仪

案例 2-3

某家医院的门诊大楼，导诊服务台旁，护士小张身穿洁白的工作服，侧身倚在服务台旁边，正在和一位熟人说话。这时，一位患者匆匆走过来，急切地询问护士小张："请问B超室在几楼啊？"护士小张微抬起头，不屑地看了患者一眼，说："前面不是有指示牌嘛，自己看去。"说完，双手抱在胸前，又继续和熟人有说有笑。

> **案例 2-3（续）**
>
> 请回答：
> 1. 护士小张的言行举止是否妥当？为什么？
> 2. 若有不妥当之处，请指出并说明理由和正确的做法。
> 3. 若你是导诊护士，应如何规范自己的行为？

护理人员与患者沟通时的举止礼仪对护患之间思想和情感的交流起着重要作用。良好的举止礼仪能直接反映一个人的内在修养，在人际交往中有着非常重要的定向作用。护士得体的仪表、礼貌的语言、文雅的举止将有利于和患者进行良好的沟通，得到患者更多的信赖和护理工作中的配合，有利于和谐护患关系的建立。护士的举止要符合一定的行为规范，做到"站有站相，坐有坐相"。

名人名言

"在美的方面，相貌之美，高于色泽之美，而秀雅合适的动作之美，又高于相貌之美。"

——培根

一、站姿

站姿，是人们社会交往中一种最基本的仪态。站姿又称立姿或站相，指的是人在站立时所呈现的姿态，是人最基本的姿势，同时也是其他一切姿势的基础。良好的站姿能衬托出美好的气质和风度，给人以挺拔笔直、舒展大方、精力充沛、积极向上的印象。

（一）站姿的基本要领

站姿的基本要领：头正、颈直、挺胸、收腹。具体要求：头正、目光直视正前方、下颌略内收；脖颈挺直、双肩放松并打开；挺胸、双臂自然下垂；收腹、立腰、提臀、双腿并拢、双膝间无缝隙（图2-1）。

（二）医护人员的站姿

医护人员的站姿应该体现出医护人员的稳重、端庄、礼貌、挺拔、涵养，显示出其静态美，这是培养优美体态的起点，也是发展不同质感动态美的基础。

1. 常见的女性医护人员站姿 站立时，要求挺胸、收腹、提臀、脖颈挺直。具体如下：眼正视前方，面部略带微笑，下颌略内收，双臂自然下垂，两手自然放到双腿两侧或交叉于小腹部或中腹部，双腿并拢。长时间使用基本站姿容易消耗体力，可以采用以下几种姿势进行调整。

（1）"V"字步站姿：呈基本站姿，脚跟靠拢，两脚尖平行，"V"字形双脚间距大致10 cm，不宜超越肩宽，两脚尖张角约为45°，呈"V"字状，双手叠放或相握放在腹前，身体重心落于两腿正中（图2-2），或者双手自然放到双腿两侧（图2-3）。

图2-1 基本站姿

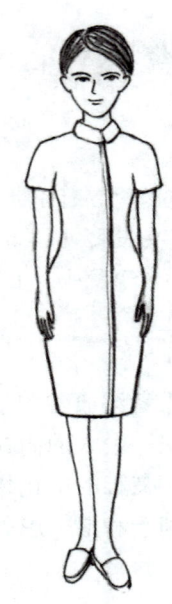

图 2-2　双手叠放或相握放腹前"V"字步站姿　　　　图 2-3　双手放双腿两侧"V"字步站姿

（2）"丁"字步站姿：在"V"字步的基础上移动任意一只脚，将移动的脚后跟靠近后一只脚的脚弓，使其呈 90°，双手叠放或相握放在腹前，后腿膝盖向前腿靠拢（图 2-4）。这种站姿可以巧妙掩饰"O"型腿女士的缺点，并使腿和脚看起来更纤细。

（3）侧位"丁"字步站姿：要求身体各部位协调即可（图 2-5）。

图 2-4　正位"丁"字步站姿　　　　图 2-5　侧位"丁"字步站姿

2. 常见的男性医护人员的站姿　呈挺胸、收腹、立腰、两膝并严、两脚跟靠紧的基本站姿，双脚平行，也可调整为脚掌分开呈"V"字形，双目正视前方、下颌略内收，面带微笑。双手下垂于身体两侧，双手五指合拢贴放于大腿两侧裤缝，也可以将两手放在背后（图2-6）或双手交叉放于小腹前（图2-7）。

如果站立过久，可以双脚轮流后退一步，将身体的重心轮流落在一只脚上，但上身仍需挺直。脚不可伸得过远，双腿不可叉开过大，变换不可过于频繁，膝部不可出现弯曲。

图2-6 两手放在背后"V"字步站姿

图2-7 两手放小腹前"V"字步站姿

（三）禁忌的站姿

1. 全身不够端正 古人用"站如松"来概括对人站立姿势的要求和规范，强调的是站立时身体要端正，忌头歪、肩斜、臂屈、胸凹、腹凸、背弓起、臀撅、膝屈、双手放在口袋里、交叉于胸前或懒洋洋地倚靠在床柜、墙壁等支撑物上，双腿交叉往往给人一种敷衍、轻蔑、傲慢、漫不经心、懒散懈怠的感觉（图2-8）。

图2-8 站姿歪斜不正

2. 双腿叉开过大 与人交谈中站立过久,可采用稍息或丁字步、前后步,双腿适当左右开立进行调节。但出于美观与文明等考虑,忌双腿开立过大,女生尤其应当谨记勿双脚交叉(即别腿站立),既无美感又不雅观。

3. 手脚随意活动 人在站立时,双脚应当规矩,不可随意乱动,尤其在与人交谈时,忌用脚尖乱点乱划、双脚踢来踢去、蹦蹦跳跳、用脚勾东西或蹭身体的某个部位以及脱鞋子等;双手忌随意做小动作,如摆弄衣角或辫梢、咬指甲等。这些动作不但显得拘谨、不大方,给人以缺乏信心和经验之感,且有失仪表的庄重。

4. 表现自由散漫 站立时间过久时,若条件许可,应坐下休息,但不能没有站样,特别是站立与人交谈时,不要随意扶、靠、拉、倚、踩、趴、蹬、跨,因寻找支撑物而显得无精打采,自由散漫。

(四)站姿的训练

正确训练站立姿态的方法可以帮助纠正不良的站姿,常见的站姿训练方式主要分为两种:靠墙法和背靠背法。具体训练要领如下。

1. 靠墙法 训练者按照礼仪规范中站姿的要求站立,站立时其头的后部、双肩、背部、臀的后部、双脚跟的后部与墙壁相贴,即训练者后脑、双肩、臀、小腿、脚跟九点紧靠墙面,并由下往上逐步确认姿势要领。

2. 背靠背法 两位训练者按照礼仪规范中站姿的要求背靠背站立,具体要求为训练者双方头的后部、双肩、背部、臀的后部、双脚跟的后部相贴。

3. 训练时间 每天训练2次,每次训练15~20 min。

4. 训练注意点 女士训练时要求脚跟并拢,脚尖分开不超过45°,两膝并拢。男士训练时则要注意双脚分开站立与肩同宽。训练时注意:①做到立腰、收腹,使腹部肌肉有紧绷的感觉,以达到训练目的。②收紧臀部肌肉,使背部肌肉也同时紧压脊椎,感觉整个身体在向上延伸,从而达到训练正确站姿的目的。③挺胸,双肩放松、打开,双臂自然下垂于身体两侧。④站立训练时使颈部有向上延伸的感觉,双眼平视前方,脸部肌肉自然放松。

在站姿训练中,如果女士的双膝无法并拢,可以继续努力收紧臀部肌肉,不断的训练会使双腿间的缝隙逐步减小,最终拥有笔直的双腿,收到满意的效果。

很多成年人认为年龄大了姿态很难改变,其实不然。骨骼是在肌肉的带动下运动的,进行正确、适量的训练,可以出现形体改变。护理人员坚持每天训练20 min,开始可能很累,会汗流浃背,但坚持一段时间以后,可以体会到健康、挺拔、自信的自身变化。

二、坐姿

坐姿,即人在就座之后所呈现出的姿势。它是一种静态的姿势。生活中无论工作、学习、参加公众活动或私人晚宴都需要高雅、得体的坐姿。无论哪一种坐姿都应端庄、自然、稳定,以展示自己从容、稳重的风度。

(一)坐姿的基本要领

1. 入座要领 入座时也能体现出就座者有无修养。入座时走到座位前,转身后将右脚向后撤半步,轻稳坐下,然后将右脚与左脚并齐,坐在座椅上。若是走向他人对面的座椅落座,可以先用后退法接近属于自己的座椅,尽量不要背对自己将要与之交谈的人。为使坐姿更加正确、优美,应当注意,入座时要轻柔和缓,不得弄出声响。

2. 入座后要领 根据座位的高低调整坐姿。由于坐姿是在站姿的基础上形成的,故除站姿相关要求外,还应注意做到:女士正确的坐姿要求躯干部挺直,下颌略内收,脖颈挺拔,两肩略外展,挺胸,表情自然亲切,目光柔和平视,嘴微闭,两腿自然弯曲,上身与大腿、大腿与小腿之间均呈90°,双膝并拢,脚跟靠紧,脚尖对向正前方或侧前方,双脚可以并拢、平行，也可一前一后并使躯干部与大腿部成一直角。两腿若斜放时，与地面构成45°为佳。只坐椅子面的前1/2～2/3处，双手交叠自然地放在大腿上，两手心朝下或放在胸前桌面上，或扶住座位扶手；男士可双脚打开与肩等宽，双手分别置于两腿近膝盖部位。

3．离座要领　右脚先向后收半步，然后站起。起立要端庄稳重，不要弄出声响。

（二）就座的礼仪

就座，即走向座位直至落座的过程。就座由一系列过程所构成，社交礼仪对其中的各个重要环节均有规范。

1．入座顺序　与他人一起入座时，一定要讲究先后顺序，礼让尊长，即请位尊者先入座；平辈之间或亲友之间可同时入座。抢先入座是失态的表现。

2．讲究方位　即从座位背面左侧走向自己的座位，离开时亦从左侧离开。简称为"左进左出"（图2-9），在正式场合一定要遵守。如果与他人同时就座，应当注意座位的尊卑，并且主动将上座相让于人。

3．落座无声　入座时不管是移动座位还是离开座位，均不能发出响声，以免影响他人。

4．入座得法　着裙装女士入座时，先用双手拢平裙摆，随后落座（图2-10）。

5．离座谨慎　离座前要先有表示，用语言或动作向在座其他人示意后方可起身离座，不要突然起身惊扰他人。起身时动作要轻缓，不要弄出声响或将身边的东西碰翻。

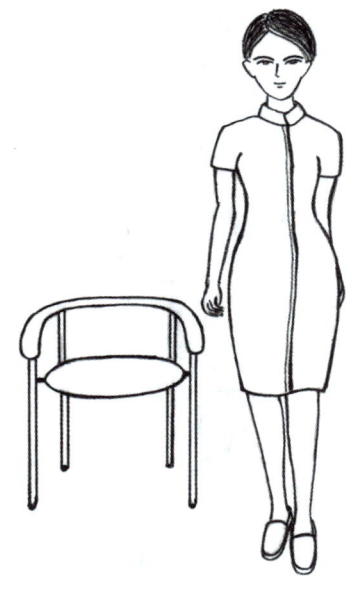

图2-9　左进左出

图2-10　女士穿裙装抚裙

（三）医护人员的坐姿

1．基本坐姿具体要求　上半身要求颈部、胸部以及腰部三者均平直，眼睛平视前方；下半身要求左右两侧大腿要保持平行，膝盖弯曲的角度大致为90°，双足要平放在地面上，女士双手叠放于大腿上，男士可双脚打开与肩等宽，双手分别置于两腿近膝部位（图2-11）。

2．双腿叠放式坐姿　上身保持坐姿，入座后两腿交叉叠放垂地，注意悬空的脚尖应向下（图2-12）。

3．双腿叠放平行式坐姿　上身保持坐姿，入座后两腿叠放成一条直线，双脚与地面呈45°斜放，展现出腿的修长美。适用于较低的椅位（图2-13）。

4．双腿斜放式坐姿　双腿并拢，双脚同时向左侧或向右侧斜放，与地面呈40°左右的夹角，两手重叠置于左腿或右腿上，形成优美的"S"形，适用于较低的椅位（图2-14）。

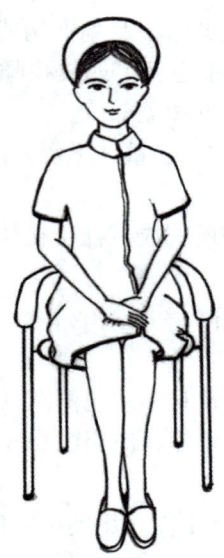

图 2-11　基本坐姿

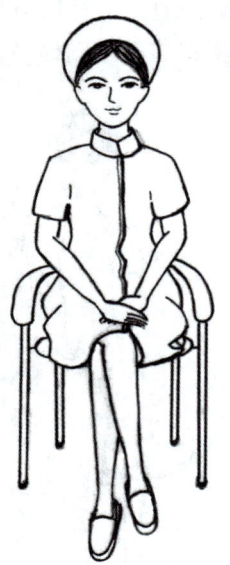 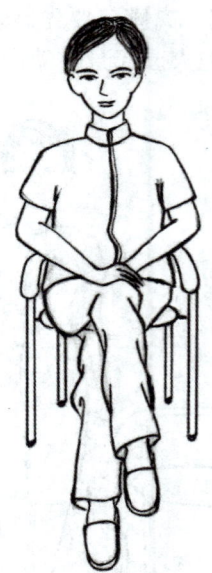

图 2-12　双腿叠放式坐姿

 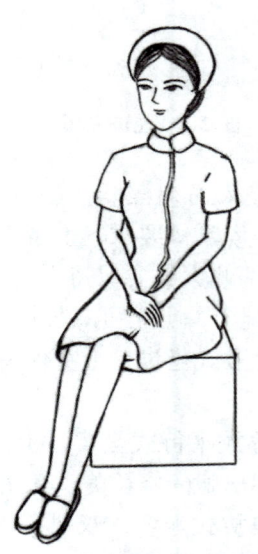

图 2-13　双腿叠放平行式坐姿　　　　图 2-14　双腿斜放式坐姿

5. 脚尖点放式坐姿

（1）正位脚尖点放式坐姿：入座时，双脚自然垂于地面上，脚尖面对正前方，双脚一前一后，后脚脚尖落地，紧靠前脚后跟，双手叠放在大腿上（图2-15）。

（2）侧位脚尖点放式坐姿：可左侧或右侧入座，双脚一前一后，后脚脚尖落地，双手叠放在大腿上（图2-16）。

正确的坐姿，除了要保持腿部的美感以外，还应做到：躯干、背部挺直，下颌略内收，挺胸；双膝、双脚并拢，坐椅子面的前 1/2 ～ 2/3 处。

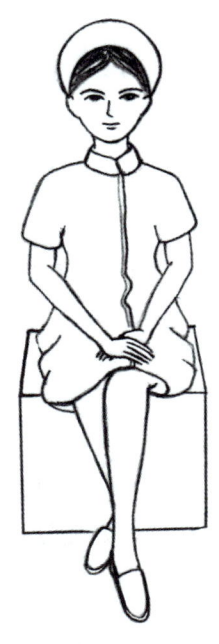

图 2-15　正位脚尖点放式坐姿

图 2-16　侧位脚尖点放式坐姿

（四）不雅的坐姿

为了展示医护人员文明、端庄的仪态，就座后要注意避免以下不雅的姿势。

1. 头部　坐定后，头不宜靠在座位背上，或低头注视地面、左顾右盼、心神不定、摇头晃脑、闭目养神等。

2. 躯干部　坐定后上体不宜过于前倾、后仰、歪向一侧，或无精打采趴在桌上。

3. 手部　坐定后，手部小动作不宜过多，避免出现挖鼻、掏耳、剪指甲、双手抱头或抱膝盖、摸摸碰碰、敲敲打打以及双手夹在两膝之间等。

4. 腿部　坐定后，双腿不宜分开过大或高翘"二郎腿"，不宜反复抖动不止，或将腿架在别的凳子上，久坐后，不能单腿盘坐或双腿盘坐在座位上，不宜勾脚尖，使对方看到鞋底或摇动不止。女士分腿而坐会显得很不雅观（图2-17），同样腿部不宜呈倒"V"字式（图2-18）。

5. 脚部　坐定后，不宜将脚过高抬起，以脚尖指向他人，不宜脱鞋、脱袜或双脚击打地面发出响声而影响他人。

6. 腰部　无论是落座、坐姿中，还是站起，腰部肌肉应始终保持紧张状态。

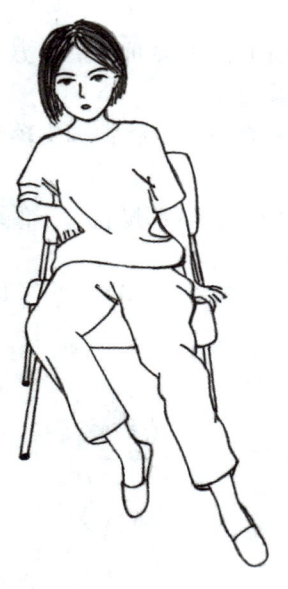
图 2-17　女士分腿坐不雅观

图 2-18　腿部不宜呈倒 "V" 字式

三、走姿

走姿能够体现动态的美感。中国古代对走姿的要求是"行如风"。形容美女的步态常用"其形也，翩若惊鸿，宛若游龙""飘飘兮若流风之回雪"，意思是："（她）体态轻盈柔美，像受惊后翩翩飞起的鸿雁，身体健美柔曲，像腾空嬉戏的游龙""形象飘荡不定，如流风吹起了回旋的雪花"，由此可见，步态可以达到极美的境界。

（一）走姿的基本要领

走姿在站姿的基础上形成，是站姿的动态表现。行走时的基本要求是全身挺拔，挺胸收腹。行走时，要保持优雅的走姿可以记住以下几句口诀："以胸领动肩肘摆，提髋提膝小步迈，跟落掌接趾推送，双眼平视背放松。"走路的美感产生于下肢有节奏地频繁运动与上体稳定之间所形成的对比和谐，以及身体的平衡对称。要做到出步和落地时脚尖都正对前方，抬头挺胸，迈步向前。具体要全面、充分地兼顾以下六个方面。

1．昂首挺胸全身伸直　行走时，要面朝前方，双眼平视，头部端正，胸部挺起，肩部展开，脖颈挺拔，背部、腰部、膝部要避免弯曲，使全身看上去为一条直线。

2．起步前倾重心在前　起步行走时，躯体应稍向前倾，身体的重心应落在反复交替移动的前面脚掌。如此这般，身体就会随之向前移动。即躯干带动大腿，大腿带动小腿而前进，脚跟先落地，然后过渡到脚掌、脚尖。要注意的是：前脚落地、后脚离地时，膝盖一定要伸直，踏下脚时再稍为松弛，并即刻使重心前移，这样走动时步态较优美。

3．脚尖前伸步幅适中　行进时，向前伸出的脚应保持脚尖向前，不要向内或向外，同时还应保证步幅大小适中。步幅是行进中一步之间的距离。正常的步幅为一脚之长，即行走时前脚脚跟与后脚脚尖间相距为一脚长。身高超过 1.75m 的人的步幅约为一脚半长。

4．直线前进自始至终　行进时，双侧脚掌内侧缘始终保持以直线的形状行进，身体平稳，克服左右摇动。

5．双肩平稳两臂摆动　行进时，双肩、双臂都不可过于僵硬呆板。双肩应当平稳，忌摇晃。两臂则应自然地、一前一后、有节奏地摆动。在摆动时，手要协调配合，掌心要向内，摆动的幅度以 30°左右为佳。不要双手横摆或同向摆动。更不应双手于腹前摆动。

6. 全身协调匀速前进 行走时，步伐匀速，要有节奏感。另外，全身各个部位的举止要相互协调、配合，表现得轻松、自然。

（二）医护人员的走姿

医护人员在工作中的走姿应该轻盈、敏捷，展现出医护工作者饱满的精神、端庄、优雅、健美与朝气。以站姿为基础，双肩平衡略后展，两臂自然摆动，摆幅不超过30°。行进时目标要明确，脊背和腰部伸展放松。

医护人员在抢救患者、处理急诊、应答患者呼唤时，为了抢时间，应以"快步走"代替跑步的动作。"快步走"是适用于室内、走廊等不宜跑步的场所为赢得时间而采用的行走方式。快步走时，注意保持上身平稳，步态自然，步履轻快有序，步幅适度，增快频率，给人一种矫健、轻快、从容不迫的动态美。使患者感到医护人员工作忙而不乱，并产生由衷的信赖感。

（三）不良的走姿

(1) 含胸、背驼，颈部前伸、歪头斜肩、耸肩夹臂、甩动手腕、扭腰摇臀、弯膝等容易给人缺乏自信的感觉。

(2) 切忌注意力不集中、左顾右盼、反复回头、身体左右摇摆不止。

(3) 行走时落地力量过大，尤其是穿带铁钉底皮鞋时，脚落地声响过大而妨碍他人，会使人感觉粗鲁而缺乏教养。

(4) 切忌"八"字步态。行走时，若两脚脚尖偏向内侧则构成内"八"字步，若两脚脚尖偏向外侧则构成外"八"字步，这两种走姿都很难看。女性在穿高跟鞋时尤其要注意膝关节的挺直，否则会给人"登山步"的感觉，有失美观（图2-19）。

(5) 上楼不宜低头翘臀，下楼不宜连蹦带跳，不要脚蹭地面，不要双手插裤兜，多人一起行走时不要排成横队。

（四）走姿的训练

行走的姿态极为重要，因为人行走总时间比站立时间多，且一般都是在公共场所进行，人与人相互之间自然地构成了审美对象。"行如风"是指人行走时，如风行水上，有一种轻快、敏捷、自然的美感。训练法如下。

1. 步伐正直 左右脚行走时，双脚内侧缘接近一条直线。

2. 步幅均匀 每步距离大约一脚长度。

3. 步态轻盈 步行时，抬起脚的脚踝应向下用力，使脚掌与地面平行，起步时，身体稍前倾，全身重量落到前脚掌，同时抬起另一只脚。

图2-19 "登山步"走姿

四、蹲姿

一般而言，"蹲"这个动作是指人体下蹲和取地上物品或从低位取物时的动作。欧美国家的人认为"蹲"这个动作是不雅观的，所以只有在非常必要时才采取。

（一）蹲姿的基本要领

蹲姿的运用要优美、典雅。若用右手捡物品，可以先走到物品的左边，右脚向后退半步后再蹲下来。脊背保持挺直，臀部一定要蹲下来，避免弯腰翘臀的姿势（图2-20）。男士两腿间可留有适当的缝隙，女士则要两腿并紧，穿旗袍或短裙时，需更加留意，以免尴尬。

常见的蹲姿通常包括高低式蹲姿及点地式蹲姿两种。

1. 高低式蹲姿 下蹲时左脚在前，右脚稍后（不重叠），两腿靠紧向下蹲。左脚全脚着地，小腿基本垂直于地面，右脚脚跟提起，脚掌着地。右膝低于左膝，右膝内侧靠于左小腿内侧,形成左膝高、右膝低的姿势,臀部向下,基本上以右腿支撑身体(左右可以相互换位)。男士选用这种蹲姿时,两腿之间可有适当距离。

2. 点地式蹲姿 下蹲时右腿在前,弯曲下蹲;左脚在后,脚尖点地,左膝着地,双腿贴紧,臀部向下,身体的重心落在右腿上(左右可以互换)。实际上是半蹲半跪,这种姿势很适合于女士穿短裙时采用。

(二)医护人员的蹲姿

蹲姿是护士常用的一种姿势,如整理下层储物柜、为患者整理床头柜等,一般可用蹲姿。

女士蹲姿的运用要优美、典雅。其基本要求是:一脚在前,一脚在后,两腿靠紧向下蹲,前脚全脚掌着地,小腿基本垂直于地面,后脚脚跟抬起,前脚掌着地,臀部要向下(图2-21)。男士可选用高低式蹲姿,适度分开两腿。

图2-20 弯腰翘臀蹲姿

图2-21 高低式蹲姿

(三)禁忌的蹲姿

采取蹲姿时有下面四种禁忌:
(1)面对他人下蹲,这样会使他人不便。
(2)背对他人下蹲,这样做对他人不够尊重。
(3)下蹲时双腿平行叉开,这种蹲姿好像在上洗手间,故称"洗手间姿势",不够文雅。
(4)下蹲时低头、弯背,或弯上身,翘臀部,特别是女性穿短裙时,这种姿势十分不雅。

五、手姿

手姿又名手势,是指人的两手及手臂所做的动作。其中双手的动作是其核心所在,它既可以是静态的,也可以是动态的。手势是最丰富、最有表现力的体态语言之一。手势语是各国人民在漫长的历史中形成和发展起来的特殊交往方式。德国心理学家冯特曾指出,远古时候人们最初是用手势语表达意思,声音只用来表达感情。如果说眼睛是心灵的窗户,那么手就是人心灵的触角和指向。俗话说:"心有所思,手有所指。"据现代心理学家的研究,人的感情信息有一半以上是凭借人体的外部动作来传递的,其中主要是手的动作。

(一)使用手姿的基本原则

不同的国家和民族,人们往往使用不同的手姿或同种手姿表达不同的含义,因此在运用手姿时要注意遵循以下原则。

1. 使用规范的手姿 手姿的运用要符合规范,以免引起误会。

2．手姿使用宜少忌多　一般情况下手姿使用不宜过多。手姿较多，有时既不能表达自己的真实情感，还可能使对方错误地理解其含义，造成交往双方的误解。

3．手姿使用要求　手姿的使用在礼仪中要求比较规范，一般要求手掌掌心向上，四指并拢，拇指分开。

（二）手姿的分类

手姿的"词汇"十分丰富，表达的意思也非常复杂。通常手势语可分为形象手姿、象征手姿、情意手姿及指示手姿四种类型。其中，形象手姿是用来模拟状物的手姿；象征手姿是用来表示抽象意念的手姿；情意手姿是用来传递情感的手姿；而指示手姿则是指示具体对象的手姿。

1．表达形象的手姿　通过比划事物的形状特点以引起听众的注意，使其有一个具体而明确的印象。如用手比画物品的大小，手臂伸展比划长短、高低等。象形手势语在表达过程中会不自觉地含有夸张的意味，以便烘托气氛，增强感染力。由于各国各民族文化习俗不同，所用的手姿也各有各的含义，同样的手姿在不同的国家可以表示不同的意思。例如，我国表示"我"是用手指自己，一个中国留学生到日本人家里做客，日语有限，每当她要表达"我"的意思时，就用手指自己，但她每指一下自己，她的主人就客气地指给她看厕所在哪里，后来她才明白，这种手姿在日本的意思是"我要去厕所"。因此，在使用手姿语时，一定要注意"因地而异"。

2．表达象征的手姿　主要表达较为复杂的情感和抽象的概念，有特定的所指，也带有普遍性。如："O"型手姿（图2-22），也称为"OK"手姿。即拇指和示指形成圆圈，其他手指略成弯曲状。它的含义在讲英语的国家是"OK"，表示"高兴""赞扬""顺利""了不起"；在法国则代表"零"或"没有"；在日本、缅甸、韩国同时代表"钱"；在印度表示"正确"；在中国表示"零"或"三"；在巴西、俄罗斯和德国，它象征人体上非常隐蔽的孔；在突尼斯，表示无用、傻瓜。因此，在有些国家切记不要使用这个手姿。在菲律宾表示想得到钱或没有钱，用"V"形手姿（图2-23），即示指和中指向上形成"V"形，其他手指自然弯曲握成拳状，掌心向外。在英国、美国及非洲，此手姿的含义是"胜利"。若掌心向内，在西欧各国表示侮辱，有"下贱"之意。这种手姿也代表数字"2"。伸小指（图2-24），在中国表示最小的、倒数第一；在日本表示女人、女孩子、恋人；在印度、缅甸表示想去厕所；在美国、尼日利亚等国表示打赌（图2-24）。

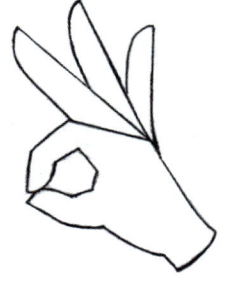
图2-22　"O"型手姿

图2-23　"V"形手姿

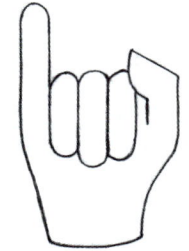
图2-24　伸小指手姿

3．表达情意的手姿　奥地利作家茨威格曾说："在泄露感情的隐秘上，手的表现是最无顾忌的。"如招手表示致意，挥手表示告别，握手表示问好，摆手表示拒绝，搓手表示期待，合手表示祈祷，拍手表示称赞，拱手表示答谢，举手表示赞同，垂手表示听命，手抚是爱，手攥是恨，手指是怒，手甩是憾，手搂是亲，手捧是敬，手颤是怕，手遮是羞等。

4. 表达指示的手姿 用以指明谈论的具体对象，如指明不同的人称、方位、数目和事物等。指示手姿只适用于在谈话时视力可及的范围，如在场的人或物有时虽然距离较远，但也能看见大致的方向或轮廓，如向患者或患者家属介绍病区环境、指示与住院有关的区域时。依据一般的礼貌常识，不应该用手指指点点，如果说话的语气重，就更失礼，甚至会引发矛盾。

（三）基本手姿

1. 垂放 垂放是最基本的手姿。其做法分别为双手自然下垂，掌心向内，叠放或相握于小腹前（男女均可使用），或双手自然下垂，掌心向内，叠放或相握于中腹前（多见于女士、演讲者）。

2. 背手 常用于站立、行走时，男性多用。该手姿既可显示权威，也可镇定自我。其做法是双臂伸到身后，双手相握，同时昂首挺胸。

3. 自然搭放 与他人交谈或接待服务时采用，将手放在身前桌面或床尾档上的一种手姿。这种手姿在站立时和就座时有一定的差异。站立时身体应尽量靠近桌子和床尾，上身挺直，两臂稍弯曲，肘部朝向外侧，两手轻放在桌面上或床尾档上。坐姿时将身体趋近桌子，尽量挺直上身，将双手自然分开，叠放或相握放在桌面上。

4. 持物 指用手拿东西。可用单手或双手。要点是拿东西时动作自然，四指并拢，必要时拇指分开，用力均匀。不应翘起环指和小指，以免给人做作之感。接物时，两臂适当内合，将手自然伸出，两手持物，将东西拿稳，同时点头致意或道谢。递物时，双手拿物品在胸前递出，并使物品的正面对着接物的一方，递笔、刀、剪之类尖利的物品时应将尖头朝向自己，摆在手中，而不要指向对方，不可单手递物。

5. 鼓掌 鼓掌是用以表示欢迎、祝贺、支持的一种手姿，多用于会议、演出、比赛或迎候嘉宾。其做法是以右手掌心向下，有节奏地拍击掌心向上的左掌。必要时，应起身站立鼓掌。但不允许"鼓倒掌"来表示反对、拒绝、讽刺、驱赶之意。

6. 夸奖 夸奖的手姿主要用于表扬他人。其做法是伸出右手，翘起拇指，指尖向上，指腹朝向被表扬者。但在交谈时，不应将右手拇指竖起来反向指向其他人，因为这意味着自大或藐视。也不宜自指鼻尖，因有自高自大、不可一世之意。

7. 指示 是用以引导来宾、指示方向的手姿。即以右手或左手抬至一定高度，五指并拢，掌心向上，以其肘为轴，朝向目标伸出手臂。掌心向上表示诚恳、谦逊。

> **知识拓展**
>
> **护理工作中特殊的举止礼仪**
>
> 护理人员在工作中还需要注意持物与递接物品、推治疗车、推抢救车、拾捡物品、开关门姿势的举止礼仪。
>
> 1. 持物主要包括持治疗盘和病历夹等。持治疗盘时应双手托着治疗盘的底部及两侧，肘关节屈曲90°，治疗盘距离护士胸骨柄前方约5 cm，同时夹紧肘关节。持病历夹时，左手持病历夹右缘上1/3或1/2处，放在侧胸上部1/3处，右手托住病历夹的右下角，病历夹与身体呈锐角。
>
> 2. 递接物品时将物品正面朝向对方，双手递上。递笔和剪刀时，应使尖头部位朝向自己。接受对方双手递过来的物品时，应从座位上站起，双手去接，同时致谢或点头示意。
>
> 3. 推治疗车。护士位于没有护栏的一侧，双臂均匀用力，重心集中于前臂，行进

平稳。注意腰部负重不要过多，行进中随时观察车内物品，注意周围环境，力求安全、平稳。

4. 拾捡东西以节力美观为原则。上身挺直、双脚前后分开，屈膝蹲位，拾捡物品。注意工作服下缘不能触地。

5. 开关门姿势

开门：门前遇人则停步，请人先进，进门要用手开门，双手端物品时用侧背开门。注意不能用脚踢门。

关门：出病房时，要及时将门关好，动作要轻，避免产生不必要的噪声干扰患者休息。

（四）忌讳的手姿

人际交往中，关注手姿礼仪规范的同时，还要注意一些忌讳的手姿。

1. 易于误解的手姿 易被他人误解的手姿有两种：一种是个人习惯，但不通用，不为他人理解的手姿；另一种是因为文化背景不同，被赋予不同含义的手姿，如表示"OK"的手姿在英国和美国表示"OK"，在日本则表示钱，而在某些国家则表示下流之意，故很容易使不了解的人产生误解。

2. 不卫生的手姿 在他人面前搔头、掏耳、抠鼻、剔牙、擦眼、抓痒、摸脚等，这些都极不卫生，令人不快。

3. 不稳重的手姿 在大庭广众之前，手姿不宜过多，动作不宜过大，切忌"指手画脚"和"手舞足蹈"。双手乱动、乱摸、乱放，咬指甲、折衣角、抬胳膊、抱大腿等，都是应当禁止的手姿。

4. 不礼貌的手姿 掌心向下挥动手臂，勾动手指招呼别人，用手指指点他人，这些都是失敬于人的手姿。

随堂测 2-3

小 结

仪表是个体修养的综合展现。它在个人的整体礼仪中占据非常重要的地位，关系着交往双方对各自交往对象的评价与交流。良好的仪表可以表现出护士端庄、亲切、专业、值得信赖的职业形象，赢得患者更多的尊重与配合，促进患者对治疗护理的依从性。服饰是服装和饰品的组合，是仪表的重要组成部分，在人际交往中，服装可以体现一个人的个性、品位与社会地位，反映一个人的文化素养和审美情趣。此外，规范护理人员的举止礼仪，对提高医护人员的整体素质，提高服务质量，具有十分重要的意义。在临床护理工作中，得体的着装、端庄的仪表及举止不仅可以体现护士个人的职业素养，更能展现医疗卫生行业规范的职业形象。

思考题

1. 在临床工作中，护士修饰仪表应遵循哪些原则？
2. 试述护士工作发式的具体要求。

3．试述着装的基本原则。
4．护士在工作中应该如何正确着装？
5．坐姿的基本要领是什么？坐姿有哪些禁忌？
6．在接待工作中，护士应如何接待患者及家属？接待中如何体现得体的语言及举止？

分组情景模拟练习：以小组为单位，每组5人左右，自行设计情景。学生在情景模拟中分别扮演护士、医生、患者、家属或其他人员。并进行自评及互评。

（庄淑梅　张召弟　潘玲玲）

第三章 护理礼仪与护士职业形象

第三章数字资源

导学目标

通过本章内容的学习，学生应能够：
◆ **基本目标**
1. 复述护士职业形象的概念。
2. 简述形象的特征。
3. 列举形象传播的构成要素。
4. 阐释护士角色认知的内容。
5. 分析护士职业形象的分类。
6. 结合案例分析护士形象危机的应对方法。
7. 结合不同临床科室的特点，运用有效方法塑造护士职业形象。
8. 能用恰当的方法有效应对护士形象危机。
◆ **发展目标**
1. 领悟护士职业形象的意义与价值，形成符合专业伦理及职业精神的职业形象观。
2. 培育求真务实、大爱无疆、宽礼待人的护士职业形象。

  伴随着人们对生命安全与身心健康日益增长的关注与需求，护理学科的重要性和实践价值越来越受到重视，护士也越来越多地介入到个体及公众的健康服务与健康管理领域。护士与患者及其家属、护士与其他医务人员、护士与社会的交往和互动也更为频繁与密切，人们在接受护士所提供健康服务的同时，也越来越关注护士所呈现出来的鲜明的职业形象。塑造并展现新时期护士积极、健康、专业的职业形象，不仅是护士及其护理工作对于患者诊疗康复重要性的体现，更是护士职业形象在医疗专业领域及社会公共视野中道德意义和精神价值的体现。良好的礼仪修养与行为实践，无疑是护士职业形象的重要基础和组成部分，而护士职业形象又是护理礼仪的具体表征和展现。

第一节 形象概述

案例 3-1

某医院护士小张,参加工作3年。刚开始工作时,小张认为只要人勤快、工作认真,不出差错,并且积极进取,全心全意为患者提供高质量的护理服务,就是合格的好护士。因此,她上岗从不化妆,忙的时候,常常是匆匆洗把脸、随便拿一件工作服套上就去干活了。随着时间推移,她渐渐注意到,有时患者会用不信任的目光看她,甚至有患者会隐晦地质疑她的操作。经过和护士长的交流,她了解到,有的患者反馈说一看她的穿衣打扮,就不像是能尽职尽责的好护士。小张这时才明白,护士也要内外兼修,过硬的护理技术必不可少,而良好的职业形象也同样重要。聪明伶俐的她,现在上班时衣饰整洁大方,和患者互动时礼貌周到、细心体贴,患者及家属对她的评价是专业精、能力强、形象好,心善貌美、值得信任。病房里的一位患者李大爷,第一天住院就对小张说,"您往那儿一站,就是个好护士的样儿"。

请回答:
1. 该案例中,患者为什么对护士小张说"您往那儿一站,就是个好护士的样儿"?
2. 护士保持良好的职业形象有什么重要意义?
3. 护士该如何塑造职业形象?

一、形象的含义

形象以其鲜明的个性特征和较高的可辨识度,自古以来就受到人们的关注和重视。而随着人类文明和社会经济文化的发展,形象的意义和价值也越来越被人们所认可。注重自身形象的塑造与展现逐渐成为许多个体或社会组织的共识。在医疗卫生领域,护士成为服务于人类生命安全与护佑健康的核心群体之一,从某种意义上讲,对护士形象的追求与塑造已成为维系护士个体、群体、医院及其他卫生组织稳定、持续发展的一种基本目标与手段。护士形象在医疗卫生行为中所具有的重要意义和价值越来越鲜明和突出。

1. 形象的概念 "形象",由"形"与"象"两个词构成。"形",即形体、形状等;"象",意为"象征""物象""肖像""相貌"等,因此,"形象"一词的基本意思是形状、相貌之义。这种形状、相貌可以表示为一个人或物的外部特征,也可以表示为人们在一定条件下对他人或事物由其内在特点所决定的外在表现的总体印象和评价。如在商务印书馆出版的《现代汉语词典》(1995年)中,对"形象"一词的解释为"能引起人的思想和感情活动的具体形状或姿态"。该解释具有两层意思,首先形象是指人、物的相貌、形状、姿态;其次,形象能够作用于人们的感官,使人们产生印象、观念、思想及情感活动。因此,形象包含了事物客观存在与人的主观感受,是内容和形式、物质与精神的整合与统一。

综上,形象的概念,是指事物的具体可感的外在形态,既包括客观事物的色彩、线条、形状、音响等外在形式,也包括客观事物的生命力、气韵、精神等内在气质。就人的形象而言,是指人的外在形态和内在气质的综合体现。人的内在气质是一种心理特征,虽不直接可见,但却可以通过人的仪表、举止、言谈反映出来,从而综合体现一个人的情操、学识、阅历、修养、风度等。

形象可以说从人们的日常生活到职业工作，再到各种社会活动和人际间互动，几乎无处不在。无论是个体还是群体组织，都会以自身形象为媒介，去与他人交往互动，并从人际互动中获得外部反馈，从而得到社会认同，进而感知和体验到自身存在的意义和价值。

2．形象的分类 按照形象的表现形态，可以将形象分为三类，即自然形象、社会形象和艺术形象。

（1）自然形象：自然通常是指与人类社会相区别、相对立的物质世界，如天体中的日、月、星辰；大气中的风、雨、雷电；大地上的山、川、土、石，生态环境中的花草树木、鸟兽鱼虫。自然形象又可以分为两种：一种是完全由自然力塑造的形象，如桂林山水、黄山松石、黄果树瀑布，这些山川林木、奇花异石就好像大自然鬼斧神工所造，非人力所为。这种自然形象虽然不由人塑造，但却承载着人类精神的寄托，表现出人们的认知、情感和审美；另一种是在天然形成的基础上，经由人工改造而成的形象，其基本形态来自大自然，但因经过人的加工而带有人类实践活动的痕迹，如杭州的西湖、昆明的世博园、深圳的锦绣中华等。

（2）社会形象：社会是由多个相互联系的个体所构成，以共同的生活活动为基础，具有一定意义的人类生活的共同体。社会由经济基础和与之相适应的上层建筑构成。社会形象是指带有明显社会内容的形象，也可以说是人们在社会实践活动中展现出来的形象，如企业遵守社会道德风尚，营造出诚信、求实的企业形象，政府行政机关履行行政管理机制和才能，塑造出高效、亲民的新时期政府形象等。社会形象的分类复杂多样，常见的有国家形象、民族形象、城市形象、集团形象、社会楷模形象以及公众人物形象等。

（3）艺术形象：艺术形象是艺术创造者依据形象塑造的要求，通过艺术手段，创造出的具有典型意义的形象。艺术形象是对人、事、物一般性形象的凝练提升，是艺术创造者将主客观统一的审美对象转化为艺术作品的过程。艺术形象不同于自然形象和社会形象，它是对现实形象的一种反应和升华，是按照创作者和艺术家自己的审美要求和审美理想而创造的，体现了艺术创造对现实的思考和艺术追求。艺术形象通常包括文学艺术形象、影视戏曲艺术形象、舞蹈艺术形象等。

3．人的自然形象和社会形象 人既具有自然属性又具有社会属性，因此，人的形象包括了人的自然形象和人的社会形象。

（1）人的自然形象：由人的自然属性所决定，包括个体形象的自然状态，即个体在生理上的不同特征，如形体上的高矮胖瘦，肤色、毛发的红白黑黄，眼耳鼻唇等五官上的不同样貌、形态等一系列生理特征。同时，人的自然形象还涉及人种差异、个体体质等各个方面。

（2）人的社会形象：是指人在一定社会环境下所形成的人格特征、社会职能、价值观念、道德修养、精神情操等方面的形象。人的社会形象比自然形象要复杂得多，不仅包括外部可见的表征，还包含人的心理、精神、名誉等非实体因素所建构的社会形象。由于每个人自身特征的多样性和差异性，其社会形象是一个多层次、多要素、多视角构成的复合体。

基于社会形象的丰富和复杂性，有学者将人的社会形象分解为外饰形象、动作形象、行为形象、心理形象、本能形象、知识形象、智能形象、语言形象、精神形象和名誉形象等，并将这些社会形象和人的自然体形象综合起来，划分为不同的层次。其中，人的自然体形象、外饰形象、动作形象、行为形象等，通常是感性的、直观的、表面的形象，被称为三级形象；而人的本能形象、心理形象多是与生俱来的、内在的，且不容易变化，通常不能通过直观的测定而准确、迅速地获取，被称为二级形象；人的知识形象、语言形象、智能形象主要依靠个人后天的不断努力，并且需经过间接方式才可被确认，它们是个人的思维、智力、心理等形象的综合表现，这些形象被称为一级形象。而人的精神形象统领其他形象，因此又被称为最高级形象。因为精神形象不仅要靠个人自身的表现和间接材料的证明，而且还涉及形象判断者自身的品质。一个人的理想、道德、信仰、情操的水平，对其智能、知识、本能、心理、行为、动作、外饰以至对形象的塑造，都会产生巨大的影响力。

（3）人的形象是自然形象与社会形象的统一：在人的形象构成中，自然形象也可以看作是物质形象，是以具体可感的物体（如个体的躯体、五官、服饰等）所呈现出来的形象，而社会形象则是以精神形象为核心存在于人内心的观念、意识，需通过人的行为或物质载体而呈现出来。精神形象是个体形象的灵魂，物质形象是个体形象的载体。前者是人之所以为人的基础，后者则是人的本质所在，是人形象的内核。一个人的整体形象是二者的统一。一方面，物质形象和精神形象在相互作用过程中，都有着对方无法取代的独立作用。物质形象为精神形象提供外部环境、物质前提、经验基础和器物载体；精神形象则为物质形象提供价值导向、智力支持、思想制衡、精神动力；另一方面，不论物质形象的塑造还是精神形象的塑造，都是作为主体的人的活动，因而具有内在统一性，二者互为条件，并在个人形象的塑造、使用和传播中得到发展。

> **知识链接**
>
> ### 文学艺术中的"形象"
>
> 文学艺术中的"形象"主要是创作者根据现实生活中的各种现象加以选择、综合、加工所创造出来的具有一定思想内容和审美意义的具体生动的"人物形象"，其形象实质上是一种审美形象，即由文学的文本结构所呈现的审美感性形态。文学艺术中的人物形象往往具有典型的精神风貌和性格特征，因而又称典型人物。如鲁迅笔下的阿Q，曹雪芹笔下的林黛玉，夏洛蒂·勃朗特笔下的简爱等。文学形象通常因其所具有的吸引力、感染力和震撼力而充满艺术魅力。

二、形象的特征

形象作为个人或群体组织的外在表现形态，具有以下特征。

1. 形象本质上是人们对真善美的追求　形象塑造和外现作为人类的基本活动方式之一，本质上是对真、善、美的追求。形象的真，是指形象的外在表现与其内在、外在客观状况的一致性。真实而不虚假，真诚而不虚伪，纯真而不造作。形象的善，表现为个体对他人的关注，对他人和社会公共利益的尊重和满足，表现为个人利益与他人利益的一致性。而人对美的追求，总是通过具体的形象实现的，形象的发展与完善即美的外在表现。丰富多彩、具体生动的美的形象是人的智慧、才能和力量的展现，因而可以说形象具有美的本质，人们追求形象的完美和完善，就是对美的热爱和追求。

2. 形象表达了人们对自我的认识和肯定　个体形象的塑造与形成，总是受其对自我认识的制约，并通过具体形象塑造来表达这种自我认识，当个人形象得到他人和社会的认可时，个体的自我获得肯定，这会带给个体积极的自我体验，并促使其进一步塑造和展现自我形象。

3. 形象具有社会规范的作用　人们在社会生活中，总是以一定的角色参与到社会交往和活动中，而形象则包含着特定角色行为内容和行为方式的规定。如家庭中的父母形象，职业领域中的护士形象、教师形象等。这种特定的形象对不同的社会角色进行行为限制，从而保持一定的社会秩序，体现了形象所具有的社会规范性。在社会生活中，个体或群体组织所具有的不同形象实际会成为社会辨识的象征以及社会交往互动的中介。因为形象规定并展示了角色的行为内容和行动方式，从而给互动的另一方提供了可辨识的信息和提示，使双方的互动成为可能，并且可以保证互动顺利进行。

4．形象包含着特定角色的价值取向 对进步精神文化的向往、对社会道德规范的重视以及对人性真善美的追求，一直是人们在社会生活中的基本价值取向。这种基本价值取向是一个人在与他人、与社会的互动过程中形成的，它反过来又影响、制约人们的行为，以使其自身角色行为更符合形象主体的社会期望和规范。在个人及组织的形象中，总是包含着人们既定社会角色的价值取向，并在形象中呈现出其精神需求的内容。如护士的白衣天使形象、警察的钢铁卫士形象、教师的辛勤园丁形象等。

三、形象的塑造与传播

形象的塑造与传播几乎伴随着人类社会的产生，早期先民便开始有了形象塑造活动，但自觉的形象活动则是在工业化，特别是市场经济进入较高发展的时期后才开始出现的。自20世纪以来，社会分工的进一步发展，市场竞争的逐步国际化，使形象越来越成为一个组织或个体在社会生活中进行交往、合作、竞争的有效工具和手段，形象塑造也通过礼仪、公共关系等活动形式日益成为人们的自觉行为。

（一）形象塑造

1．形象塑造的概念 形象塑造是指人在自觉的形象意识指导下，以公众利益为核心，借助传播所进行的对自身形象进行创造或者改造的实践活动。形象塑造包括运用一定的方法和手段，创造出符合人们角色期待和审美意愿的个体或组织形象，也包括对其原有形象进行改造，以使其更加完美。

形象塑造是个体对形象的自觉追求，所塑造的个体形象或组织形象，尽管通常不能给主体带来直接的物质利益或经济效益，但却具有间接的、潜在的经济效益和社会价值。尤其是在信息社会，形象所具有的"眼球效应""注意力效应""名片效应""光环效应"以及由此给个体或组织带来的影响日益显著，这使得形象塑造活动成为现代社会的客观现实要求，其实践性和效益性也越来越受到重视。

2．形象塑造的中介 形象塑造的中介是个体或社会组织的传播活动。形象塑造的最终目的是展现形象主体良好的内在和外在形象，从而获得形象客体的认同和赞誉，以更好地维护双方的利益，促进彼此关系的发展。从一定意义上说，形象塑造活动就是一种个体或社会组织与相关公众或个体的交往、互动行为，而这种交往和互动又是以传播沟通为主要手段的，因此，形象传播是连接形象主体和客体的桥梁。个体或社会组织要在相关社会公众中形成较高知名度和赞誉，就必须依靠传播和沟通使更多的公众了解其形象魅力。所谓"酒好也怕巷子深"，人们越来越清晰地认识到，无论是个人还是组织，把事情做好是基础，同时"做得好还要能说得好"，即塑造并传播自身特征鲜明的形象，也是基本功之一。

3．个体形象塑造的基本内容 个体形象塑造的基本内容包括外在形象塑造和内在形象塑造。外在形象塑造的内容主要包括个体的容貌、形体、服饰、行为举止、语言、社交礼仪等。而各种社交礼仪作为个体的生活行为规范与待人处世的重要行为准则，是个人道德品质、文化素养、教养良知等精神内涵的外在表现，在个人形象塑造中占据重要位置。古代先贤称"不学礼，无以立"，在社会活动与人际互动中，遵循礼仪，依礼行事，一方面可以展现个人良好的道德风尚和精神面貌，另一方面也可以赢得对方的尊重和赞誉，并使个人形象日臻完善。个体内在形象塑造的基本内容，则包括气质、性格、能力、意志、自我意识、道德品质、价值观、知识修养等各个方面。

（二）形象传播

1．形象传播的概念 传播是个人、群体、组织、社会之间通过有意义的符号所进行的信息的传递、接受与反馈等沟通行为的总和，是一种社会性信息交流、互动的过程。形象传播是形象活动的一个基本要素，个人形象是在形象的传播互动中形成的。

2. 形象传播的构成要素 形象传播一般由传播者、传播内容、传播渠道/媒介、传播受众以及传播效果五个方面构成。

（1）传播者：形象传播者是形象传播的起点，也是形象传播活动的中心之一。形象传播者可以是形象主体自身，也可以是相关的职业传播者，如编辑、记者、导演、主持人、制作人等，同时也可以是媒介组织，如报社、电台、电视台、出版社、电影公司等。形象传播者在传播过程中负责收集、整理、选择、处理、加工与传播形象信息。一次形象传播活动能否达到预期的目标，往往首先取决于公众对形象传播者的态度。此外，传播者的可靠程度、权威性以及吸引力等也都会影响传播的效果。

（2）传播内容：对个体或社会组织来说，凡是有助于提高其传播目的、有助于树立良好公众形象的信息，都是形象传播的内容。传播内容的选择和安排直接关系到公众的知觉、注意、理解、记忆和接受，影响着社会公众对形象主体的体验和评价，因此把握信息内容、做好信息传递，是形象传播的关键。为了有良好的传播效果，形象传播内容需具有可信性、新颖性，并兼顾情感诉求与理性诉求。

（3）传播渠道：传播渠道也称传播媒介，形象传播媒介的选择对于传播效果至关重要，特定的媒介往往有其特定的功能，因而要根据形象目标以及形象塑造、传播的对象、传播的内容选择合适的媒介，以提升形象传播的有效性。

（4）传播受众：形象传播受众是传播行为的接受者，也是传播活动中信息流通的目的地，要使形象传播的信息和传播方式被受众认可和接受，就需要对受众的思想观念、文化素质、社会特点、接受方式、兴趣爱好等进行研究。就形象传播而言，受众往往倾向于只选择那些与自己相关的形象信息，因而，关注受众选择过程中所表现出的心理特征和偏好也非常重要。

（5）传播效果：形象传播效果是指传播者发出的信息经媒介传至受众而引起其思想观念、情绪体验、行为方式的变化。就形象传播效果而言，主要包括促成相互了解，引发认知、态度改变，做出积极行为表现和推动关系发展四个方面。

3. 形象传播的途径 根据形象传播的方式和内容，其传播途径主要有人际传播、组织传播和大众传播。

（1）形象的人际传播：人际传播是在两人或多人之间所进行的面对面的信息交流活动。人际传播中除语言外常大量使用表情、姿势、语气、声调等非语言符号，可以更形象地表现传播者的个性特征、情绪状态及思想观念、精神面貌等。人际传播的特点之一是不依赖大众传播媒介作为中介物而进行的直接传播；特点之二是传播具有较大的随意性，传播过程中，传者和受者的位置在交流过程中可随时互换，传播的内容和方式也可根据现实情境随时进行调整和改变；特点之三是反馈迅速。由于人际传播是面对面的直接交流，传受双方都能很容易地获得对方对传播信息的及时反馈，并能积极主动地进行回应。

人际传播与形象塑造的联系体现在人际传播中，个人的交往行为是影响个人自我形象或其所代表的组织形象的重要形式。个人在交往活动中表现的礼仪、态度、知识、修养等，往往直接塑造着对方对自身及其所代表的组织的印象，而良好的人际传播本身是形象塑造的重要组成部分。

（2）形象的组织传播：组织传播是组织内部成员间、组织间及组织与环境的信息互动。根据传播是否具有组织性可分为组织正规传播和组织非正规传播两种类型。组织传播是组织形象塑造工作的一部分，通过良好的组织传播，可以促进组织成员对组织共同的目的、利益、价值观念等方面的认同，进而得以同心协力地完成既定任务。

（3）形象的大众传播：大众传播是职业传播者利用各种媒介广泛、迅速、连续不断地发出传播讯息，以影响人数众多、成分复杂的受众。传统大众传播的媒介主要有报纸、杂志、广播、电视、电影等。随着信息技术的发展，新型的传播媒介如网络论坛、微信公众号、抖音、小红书、快手等新媒体也成为大众传播的常用媒介。大众传播与其他方式的传播相比具有如下特点：一是传播者多是职业传播者；二是信息的传送广泛、快速、连续、公开；三是受众广泛，成分复杂；四是反馈间接、零散、迟缓。在当今社会，大众传播媒介已经深入人们生活的各个角落，为公众提供着消息、知识、思想、见解、广告和各种娱乐活动信息。社会组织及个人只有全面掌握并利用好大众传播媒介，才能达到信息交流、塑造理想形象的最佳效果。

大众传播和形象塑造的联系表现在大众传播媒介所具有的信息传播功能，是开展形象活动的基础，为形象传播者开发信息资源创造了条件，而大众传播媒介所具有的引导舆论功能，也为树立个体或组织形象提供了条件。

随堂测 3-1

第二节　护士职业形象

护理工作是国家卫生健康事业的重要组成部分，护士职业在保障生命安全、维护身心健康方面所具有的不可替代的地位和价值，越来越受到人们的关注和重视，从而推动了整体护理水平和护士职业形象的不断提升和发展，护士职业形象也成为人们感受及评价医疗护理等健康服务的重要内容之一。作为护士在特定社会角色基础上形成并依照社会群体对其专业角色的期待和需求而形成和发展起来的职业形象，护士职业形象的确立和提升，离不开护士在医疗护理实践中所承担的特定社会角色这一现实基础。

一、医护实践中的护士角色

（一）护士角色的概念

1. 角色　角色原本是指演员在戏剧影视舞台上依照剧本所扮演的某一特定人物。当一个演员担当角色时，他就要按照剧情的要求展现这个角色的行为和举止，并使其符合人物的行为模式和社会规范。因此，角色是对某特定身份或社会位置的人的行为期待与行为要求，是一个人在多层面、多方位人际关系中身份及地位的反映。也可以说"角色"是一个人在某种特定场合下的义务、权利和行为准则。

2. 社会角色　由于角色总是和一定社会地位和身份相联系，因而离开了舞台的语境而回归现实社会情境的角色也常被称为社会角色。所谓社会角色，就是由一定的社会地位决定，符合一定社会期望的一整套权利、义务的行为规范或行为模式的承担者，是人的多种社会属性或社会关系的反映。从形象的角度，社会角色则是承担了特定责任、义务和规范，且符合社会期望的一系列行为规范或模式的个人或群体所具有的形象表征。社会角色具有以下几个方面的含义。

（1）社会角色体现其社会地位：社会地位是人们在社会关系体系中所处的位置。在社会关系体系中处于一定社会地位的人必然承担其相应的社会角色，即一个人的社会地位决定了他的角色行为，反过来也可以通过一个人的角色行为来了解其所处的社会地位。

（2）社会角色具有特定的权利与义务：社会对处于特定地位的人都有相应权利、义务的规定，因而所有的社会角色都具有特定的权利和义务，都是权利和义务统一的、动态的表现形式。

（3）社会角色包含特定的社会期望：人们对某一社会角色总是抱有特定的期望，并通常与一定的行为模式相联系。如医生就是要救死扶伤，护士就是要关怀照顾病患，教师就是要为人师表、教书育人，法官就是要刚正不阿、惩恶扬善等。

（4）社会角色反映了人的多种社会属性和社会关系：在现实生活中，每个人都要承担不同的社会角色，如一个护士，除了在医院、社区承担护士这一社会角色外，在家里，她还承担女儿、母亲、妻子等角色；在临床带教时，她是教师角色；在购物时，她是顾客；当外出旅游时，她是游客；而当生病时，她则是患者。一方面，这些社会角色是个体多种社会属性的反映；另一方面，这些社会角色又是个人多种社会关系的反映，因为任何一种社会角色都不是孤立存在的。"护士"这一角色是相对"患者"角色而存在的；"母亲"这一角色是相对"儿女"角色而存在的；"教师"这一角色是相对"学生"角色而存在的。一个人所承担的社会角色越多，其社会联系就越多，社会关系就越复杂，社会属性就越丰富，反之亦然。

（5）社会角色是构成社会群体和社会组织的细胞：社会群体或社会组织是人们通过一定的社会联系而结成的有机整体，而社会角色就是构成这些社会共同体的细胞。如由夫、妻、父、母、子、女等角色组成的血缘群体，称为家庭；由学生、老师、教学管理人员、后勤服务人员等角色相互联系所构成的社会组织，称为学校；由医生、护士、医务管理人员和其他医技人员构成的社会组织，称为医院。在这些社会群体和组织中，社会角色是其最基本的构成单位。

3．护士角色形象 护士社会角色是符合社会期望的有责任、有义务、有规范的一系列行为模式，护士的能力、性格、气质、修养等都在其角色行为中得到了充分的展示。护士能力的高低，护患沟通的技巧如何，执业行为的成功与否，都会被公众根据角色规范的要求及期待加以审视和评价，从而形成一种对护士的综合印象，也就是护士的角色形象。因此，所谓护士角色形象，就是人们对护士这一社会角色承担者综合认识后形成的整体印象和评价。

护士角色形象的内容和形式构成，可以分为内在形象和外在形象。内在形象是护士角色形象中最重要的方面，包括护士的角色责任感、角色认知、角色心理特征和角色技能等，它是护士角色形象的内涵部分；外在形象包括护士在角色行为过程中的衣着服饰、仪表仪容、言谈举止、姿态动作等，它是护士角色形象的外在呈现。在医疗护理实践中，护士角色形象不仅来源于人们对护士所表现出来的看得见、摸得着的外在的观察，更源于人们对护士内在职业精神和道德情操的感知和体验。

> **科研小提示**
>
> 护理科技创新在发展智能化、网联化、数据化等新型技术与方法应用，推动护理创新和发展的过程中，可探讨其应用护理实践的可行性和应用价值来加强护理工作的信息化、数字化建设，提高工作效率和护理质量，从而丰富和提升护士职业形象。

（二）护士角色认知

护士对自身角色的认知是形成护士职业形象的重要前提和基础。护士角色认知包括护士个体对护士角色规范的了解、学习与实践，对护士角色观念的认同与培养，以及护士角色行为的选择与执行。

1．护士角色规范 角色规范是某一社会角色在其个人行为实践中应该或必须遵守的行为准则。它是人们在长期的社会生活中形成的，并在个体的社会实践活动中表现出来，成为调节人们行为的依据。虽然角色规范的形式可能是潜在的，但是它的作用却是外显的。在日常生活中，每个人都在自觉或不自觉地遵守角色规范，使自己的行为符合自己所担任角色的要求，符合社会的标准。或者说，只要个体生活在现实社会中，就永远不能摆脱角色规范的约束和调节。因此，从某种程度上可以说，角色规范比社会规范更具体，与人们的现实生活更贴近，对人们生活的影响也更大。

护士的角色规范有两种表现形式。一种是以书面形式或用法律条文明确规定的行为准则。如各种有关护理的法律法规和医院、科室的规章制度。这类角色规范具有强制的约束力，是护士在临床工作中必须遵守的；另一种是受一定社会政治、经济、文化、传统、民族、心理等因素影响而约定俗成的、被大家共同认可但未必成文的行为准则，多以社会公德或职业道德的形式出现，是角色规范的非强制制约形式。

角色规范对人的行为举止具有重要的调节作用，人们正是根据角色规范来评价他人、选择行为方式的。从本质上说，一个护士接受其所承担的角色规范的过程，就是塑造其护士角色形象的过程。

2．护士角色观念　观念是人们对事情的主观与客观认识的系统化集合体，是思想所表达出主体的意识形态。通俗地说，就是人们对于某一客观事物所形成的主观概念、观点和看法。角色观念，就是角色承担者对自己和他人所承担的社会角色的看法和认识。如果护士对社会所赋予的护士角色有非常明确的角色知觉，即能清晰地了解社会对护士角色的期望内容，具有必要的相关知识、经验、生活阅历，能在角色行为中做出正确的决策，以及对自己是否恰当地承担了这一角色可以做出客观判断，那么，护士也就更容易塑造出良好的角色形象。角色观念会直接影响护士角色扮演和角色行为，也决定了护士个体是否能实现良好的工作适应和社会适应。因此，只有在正确的护士角色观念的指导下，护士才能更好地塑造科学、健康、理性的专业形象。

在护理实践中，护士角色观念的建立来自护士所接受的专业教育经历、个体从业经验以及社会对护理职业的期待与评价，同时也与护士在社会体系中的政治、经济、文化地位密切相关。

护士角色观念的树立还与护士自我概念密切相关。护士自我概念是指护士对自己所持的看法或护士个体的自我观念，是护士角色观念形成的基本环节。护士的自我概念是护士在社会生活中与他人交互作用的结果，既受个体知识经验、生活阅历等因素的制约，又受所处文化环境、历史环境的影响，更受到护士在与社会相互作用过程中所承担的各种角色及其义务的影响。

3．护士角色行为　护士角色行为是形成护士职业形象的核心部分，包括护士的角色学习和角色实践。角色学习是指护士通过各种途径了解与掌握其所扮演的护士这一社会职业角色的义务、权利、态度、情感和行为要求，从而能正确地进行角色扮演。护士角色学习包括两个方面，一是学习护士角色的权利、义务和规范；二是学习护士角色的知觉、情感和态度。如，一个护士只有在具备专业的护理知识和技能的基础上，了解临床护理操作规范，同时具有以患者为中心、实施人文关怀的思想，对患者具有爱心、细心、耐心、关心和责任心，体验患者的心理反应，维护并促进患者的健康，从而巩固被患者、社会所肯定的情感、态度和行为方式，改变被患者及社会所否定的情感、态度和行为方式后，才能使自己真正成为一名合格的护士。

4．护士的角色实践　护士角色实践也称角色扮演，是指当护士通过学校教育及临床学习，具备充当护士这一角色的条件后，到医院、社区或其他卫生保健场所担任护士这一角色，并按角色所要求的行为规范进行活动与工作。良好的护士职业形象的创造和展现，离不开护士对自身社会角色的认同和承担。一旦个体确定了自己的护士角色，在履行该角色时，最直接的表现就是其言行、举止、体姿、仪态等外在形象，这些是体现角色内在品质的表现。一个人的衣着、打扮、仪容、外表往往会给人们留下深刻的印象，并能引起人们对其内在品质的联想。实验证明，衣着打扮往往具有象征意义，如护士的白色护士服、白色燕帽，很容易使人联想到"白衣天使"或"白衣卫士"的职业形象。因此，在角色实践中，护士的外在形象具有直接而重要的作用和意义。

人文关怀小故事

守护生命的"醉"美护士

护士常被称为"白衣天使",其原因之一就是他们通常身着白色的护士服,忙碌在病床前,守卫生命,护佑健康。然而,在某"三甲"医院的麻醉复苏室,有这样一群穿碎花衣服的姑娘,她们在有条不紊地记录着每一个麻醉复苏患者的生命体征指标,巡视每个床位,翻开被子检查患者身上的引流管和留置针;偶尔还要安抚一下默默流泪的患者,安慰、鼓励其调整心态;碰到烦躁不安的患者,就耐心询问是哪里不舒服,及时告知麻醉医生做进一步处理……这些麻醉护士们在恢复室配合麻醉师一起进行术后管理,根据患者的苏醒状态逐步调整机器参数,调节输血、输液的速度……同时,她们还会随时观察患者的疼痛程度和意识状态,帮助患者平稳、舒适、安全地醒来,并为其提供"舒适化"的医疗护理服务,为他们的生命安全保驾护航。与传统的白色护士服不同,这些麻醉护士们穿着柔和素雅的碎花衣服,成为术后患者清醒时见到的第一人,也是患者术后醒来看到的第一道如花朵般美丽的风景。温柔素雅的碎花护士服,会给患者及家属带去体贴、舒服、美好的感觉。患者亲切地称他们为守护生命的"醉"美护士。

(三)临床实践中的护士角色

护士角色是护士根据社会的要求所表现出的行为模式,是形成和评价护士职业形象的基础。"患者无医将陷于无望,患者无护将陷于无助。"在救死扶伤、为患者减轻痛苦的临床实践中,护士和医生一同发挥举足轻重的作用。随着社会的发展、科技的进步,以及人们对卫生保健需求的日益提高,护理专业在新时期快速发展,促进了护士职能的扩展和角色内涵的深化,其角色范围也在不断扩展。在临床护理实践中,护士角色不再仅仅是传统上"医生的助手",而是具有极强自主性和专业性的多重角色。

1. 照护者 护士独特的职业功能就是在人们不能自行满足其基本健康需要时,提供各种护理照顾,以满足个体生理、心理、文化、精神等方面的健康需求,帮助人们减轻痛苦、恢复健康、维持健康、促进健康。因此提供专业的健康照顾是护士的首要职责,也是公众对护士职业角色期待的核心内容,并以此构成了护士职业形象的核心内涵。

2. 计划者 护士运用护理专业的知识和技能,收集护理对象的生理、心理、环境、社会状况的资料,评估护理对象的健康状况,提出护理问题,制订切实可行的护理计划,并负责护理计划的实施、评价。计划者的角色形象,是护士科学、有效执行护理程序,实施整体护理的外在体现。

3. 管理者 护士需对日常的护理工作进行合理的组织、协调和控制。作为护理管理者,要对科室人力资源、计划资金、物质和信息资源进行合理调控,把握本单位、本科室的护理发展方向;作为普通护士,要管理护理对象的治疗护理计划,使其得到优质服务。

4. 教育者 护士应依据护理对象的不同特点进行健康教育,向其传授日常生活的保健知识、疾病的预防和康复知识,促使护理对象改善其健康观念和健康行为,从而提高生活质量。同时,护士之间还应互相学习,并参与临床带教,指导新护士发展其护理专长。

5. 协调者 护士需联系并协调与之有关的人员及机构的相互关系,以使诊断、治疗、救助和有关的卫生保健工作得以相互配合、协调。

6. 咨询者 护士应运用治疗性的沟通技巧来解答护理对象的问题,提供有关信息、给予情感支持和健康指导等,澄清护理对象对疾病和与健康有关问题的疑惑,使其能清楚地认识自己的健康状况,并采取积极有效的措施。

7. 权益维护者 患者在住院前、住院中和出院后会接触许多健康服务者，护士有责任帮助患者理解从其他健康服务者那里获得的信息，并维护患者的权利和利益不受侵犯或损害。

8. 研究者和改革者 护士通过科学研究来验证、扩展护理理论和护理实践，改革护理服务方式，发展护理新技术，提高护理质量，推动护理事业的不断发展。

（四）护士角色冲突与协调

当护士在社会生活及临床工作中面临多种角色期待时，可能出现在同一时期，服从了一种角色的要求，就很难满足另一种角色要求的状况，这时便产生了角色冲突。如一位女性护士，在春节假期期间，因住院患者需要而加班时，她满足了患者的需求，履行了照顾者的护士角色要求，就无法在家陪伴家人，进而无法满足作为妈妈、妻子的社会角色要求。一般来说，角色冲突主要有三种：一是角色内冲突，即同一社会角色内冲突。它往往是由于社会上人们对护士角色的期望与要求不一致而产生的角色冲突形式。如人们一方面希望护士提供更舒适的健康照顾，更科学、规范地进行病房管理；另一方面又期待护士在自己住院期间给予更多的自由和特权。这种对同一角色相互矛盾的期待往往会造成护士在工作和护患交往中的焦虑和压力，产生角色冲突。二是当一个人同时在护理工作中具有两种角色时，不同的角色会对其提出不同的期望和要求，使其感到无法同时满足各方面的要求而产生角色冲突。如一个护士既在科室从事具体的护理工作，又在医院护理部兼任管理岗位，不同的工作职责可能产生角色的冲突。三是当角色转换时，现有角色与过去担任的角色会发生冲突，如新就职的护理院校应届毕业生进入临床工作时，面临着由护生转为临床护士的角色转化，如果不能很好地适应，就会出现新旧角色的冲突。

此外，护士角色冲突还表现在角色的模糊与角色超载。当个体对自己充当的护士角色把握不准或缺乏真正理解时，便会产生无所适从的困惑和犹豫，从而引发角色模糊。而当护士面临诸多客观而合理的期待，但自身的时间和精力、能力、条件又使其很难顺利完成预期的角色任务时，便会产生角色超载。护士的角色超载作为一种重要的压力源，已经成为护士身心健康的重要危险因素。同时，角色超载也不利于护士的角色形象塑造。

二、护士职业形象的确立

职业形象是伴随着社会职业分化、定型而出现的，职业形象能体现本职业的职业精神、工作理念、价值观和社会地位，同时也是个人在其职业领域专业性的表现，是个人职业气质的符号。具有良好形象的职业往往能赢得人们的认同和向往，并吸引更多、更好的人才加入，而优秀人才的汇聚又可进一步促成其良好的职业形象的确立和提升，从而形成良性循环。

1. 护士职业形象的概念 护士职业形象是指护士在护理职业活动中表现出来的外表、思想、言行、知识、能力等的综合形象，不仅包括了自然仪表、风度、言谈、举止等外在形象，更多体现为护士的道德品质、业务能力等内在素养，是内在心灵美和外在仪表美的有机结合。护士的职业形象是在社会对护士所承载的对人类健康和生命安全的关怀照顾的角色期待和护士职业角色定位基础上形成的。

护士的职业形象是众多社会形象之一，在现实生活中，人们对护士的形象寄予了很高的期望，如"白衣天使""生命的守护神"等。这些形象期望，既赋予了护士职业形象的护佑健康、保卫生命的功能要求和情感期许，又寄托了人们在身患疾病之时仍然对生活的热爱，对美的向往与追求。由此可见，美好的护士职业形象不仅对患者的身心健康有着积极的影响，而且对促进护理专业的发展也有着至关重要的作用。

> **名人名言**
>
> "护士其实就是没有翅膀的天使,是真、善、美的化身。"
>
> ——南丁格尔

2. 护士职业形象的不同维度

(1) 护士的内在形象与外在形象：护士的内在形象是护士个体内在素质的总和，是一个人的生理功能、心理特点与知识积累、实践经验、智能锻炼及道德情操等的综合表现。内在素质不是天生就有的，需要长期积淀，有意识地培植。外在形象是护士内在素质的外在表现形式。如护士在工作、生活等领域中表现出来的服饰装束、言谈举止、仪表风度等。

(2) 护士的静态形象和动态形象：护士静态形象是指护士职业形象的相对稳定性。长期以来，人们对护士形象有一个相对稳定的认知，如蕴含真、善、美和爱与慈悲的圣洁的"白衣天使"形象，美丽、温柔、善良而又不乏勤快、坚强、勇敢。这种形象是在护理发展的历史传统和工作实践中形成的，不会轻易地改变或消失，因而具有相对的稳定性。这种相对稳定的护士形象构成了人们对护士职业形象认同和接纳的认知基础。但护士形象的稳定静止是相对而言的，长远来看，护士形象具有变动性，表现为动态形象。一方面，随着护理专业在不同时期的发展，护士的角色功能和实践行为也会发生改变，其职业形象也会随之发生演变；另一方面，护士形象来源于人们对其的看法、态度和评价，随着社会公众及个体对健康的关注和重视，对医疗护理服务的心理需要和社会环境的变化，人们对护士的态度、看法和评价也会不断改变。新时代下，护士的职业形象必将是在健康事业及护理专业的发展变化中处于动态变化的。

(3) 护士的物质形象和精神形象：物质形象是指个体以具体可感的物体，如躯体、五官、服饰等所呈现出来的形象，而精神形象则是存在于个体内心的观念、意识通过人的行为或物质载体而呈现出来的形象。护士的精神形象是其职业形象的灵魂，物质形象则是其职业形象的载体。护士物质形象和精神形象具有内在统一性，因为不论物质形象塑造活动还是精神形象塑造活动，都是作为主体的护士的活动。将统一的形象划分为物质形象和精神形象两个方面，是为了分析和说明问题的方便。事实上并没有脱离物质形象的精神形象，也没有脱离精神形象的物质形象。因为每个个体都是精神与物质的统一。物质形象的塑造不可能没有人的意识和思维的参与，也不可能脱离人的情感和意志的推动，更不可能不以人的目的要求为导向；而精神形象的塑造，也不能不依附于一定物质载体和物质关系。物质形象和精神形象在相互作用过程中，都有对方无法取代的独立作用。一方面，物质形象为精神形象提供外部环境、物质前提、经验基础和器物载体；另一方面，精神形象则为物质形象提供价值导向、智力支持、思想制衡、精神动力。同时，物质形象和精神形象互为条件，并在双向建构过程中得到发展。

三、护士职业形象的形成与发展

护士职业形象的形成，主要经历了三个历史时期，即最初的护理行为的产生时期、南丁格尔时期和当代护理学科体系的基本确立时期。

1. 护理行为的产生时期 "护理"一词来源于拉丁文（*nurtricius*），其原意是养育、保护、营养、维持生命和对老幼病残的照顾等行为。护理行为是随着人类的繁衍生息而产生的，最先表现为人们为生存而自卫，为人类的延续而养育，为保存生命而维护健康。

在人类社会的早期，承担养育、照顾职责的多为女性，妇女有保护整个族群或家庭健康的责任。因为妇女的天性或母性均与养育幼小和照顾病弱有关,因此,护理的起源与女性关系密切。她们以母亲的本能,母性的爱,哺育孩子,照顾病患和老人,这就是人类最早的而又最朴素的护理行为。在这种为了保持生命而维护健康的原始护理行为中,女性无微不至的慈爱、无私、包容的母亲形象得到了社会的尊重和认可,也构成了护士形象的最初内涵。

19世纪以前,世界各国都没有专门的护理职业。由于此时期医院也很少,人们患病时,除由家人照料,还会求助教堂中的神职人员设法进行治疗,而承担病患照护工作的,则往往是修女,她们认为自己的行为是"上帝"赋予的使命,认为照顾病患是对上帝的忠贞。在这一时期,由修女等神职人员承担的疾病护理往往是提供一种生活上的照顾和精神上的慰藉。这使得护士职业形象又带有圣洁与仁慈的宗教色彩。

2. 南丁格尔时期 到了19世纪中叶,英国的弗洛伦斯·南丁格尔作为先驱,凭借自己卓越的护理教育和护理实践,将护理发展成为一门系统的学科和专业。在克里米亚战争中,南丁格尔主动请缨,自愿担任战地护士,奔赴前线。当时英国的战地伤病员死亡率高达42%。南丁格尔率领38名护士前往战地医院服务,其护理工作是为受伤的战士提供充满爱与关怀的照护与安慰,仅仅半年左右的时间,就使伤病员的死亡率下降到2.2%。这种奇迹般的护理效果震动了全国,使护理工作从此受到社会重视,护士的重要性亦为人们所承认,而南丁格尔手执风灯在伤病员之间进行巡视的"提灯女神"形象,也成为护士经典的职业形象象征。

1860年,南丁格尔创建了世界上第一所正规的护士学校。随后,她又创办了助产士及医院护士学校,南丁格尔在护理实践和护理教育中深深地体会到:"从事护理工作,要有高尚的品格,相当的专业知识,专门的操作技能。"所以她立足于这方面的培养和教育,并因此确立了近代护理工作的社会地位和科学地位。至此,护理专业摆脱了宗教色彩,逐步走向科学发展的轨道和正规的教育渠道。这既是护理专业进程的开始,也是护士职业形象划时代的转折。护士以守护生命安全和维护人类的健康为己任,以患者的利益为护理工作的出发点,以丰富的专业知识和操作技能为基础,从身心两方面对患者实施护理并得到患者的满意。护士的职业形象也由此发生了相应的转变,凭借崇高的献身精神、善良的心灵、渊博的知识、精湛的技术,在世人面前树立了美好的"白衣天使"护理职业形象。

3. 当代护理学科体系的基本确立时期 在当代,经济的发展、科技的进步以及人们对健康需求的增长,使得护理学科得到快速发展,护理领域也发生了日新月异的变化,特别是随着健康观念的转变,护理专业的范畴不断延伸、扩展,护士职业形象也随之发生转变。一方面,有利于塑造良好的护士职业形象的内容和方式被继续保持并发扬。如护士的爱心和真诚、细心和耐心、果敢与缜密、大爱无疆和无私奉献等良好的职业素质,都越来越被公众所认可。另一方面,护士职业形象从表现形式上被赋予更多的时代特征,体现出护士良好的精神风貌。如护士的知识层次和技能水平、仪表仪态和沟通能力、护士展现和创造美的能力等,都随时代的发展和进步不断地进行调整和更新。现代护理工作要求护士除了运用娴熟的专业技能减轻患者的躯体痛苦外,还需要通过沟通提供更完整、全面、系统和更富人文关怀的护理服务,使患者生理、心理和社会需要同时得到满足。因而,护士职业形象的内涵也日益丰富,患者也更能从护士的关怀照顾中,感受到护士积极、健康、专业、崇高的职业形象

> **科研小提示**
>
> 科技在医学教育中扮演着重要角色。虚拟仿真技术、在线学习、移动医疗应用程序等正在被广泛应用,这就需要探究新的教育需求和教学技术创新,改革和发展护理教育理论和教学方法,以增强学生的学习体验,提高护理教育效果和人才培养质量。

四、护士职业形象的分类

（一）护士的外饰形象

护士的外饰形象是指护士的外在仪表所形成的形象，包括形体、容貌、表情、服饰等。认识、判断一个人往往是从其外在仪容开始的，所谓先入为主的第一印象多是基于个体的外饰形象而建立的。因此良好的外饰形象对于提高护士在社会上的认可度和接纳度具有重要意义。

1．形体 形体是指身体的形态及结构，包括两方面的含义，一是人体在正常状态下的形体结构、生理功能和心理过程的协调、匀称、和谐的统一；二是个体在形体上所展现出的人类蓬勃向上的生命活力。具体来讲是指身体健康、五官端正、结构匀称、比例适中、富有活力。护士的形体形象应该体现出健康、力量与美的结合。健康、匀称的体形是良好的形体形象的基础，只有健康匀称的人体形象才能表现出人体所具备的生命力的美。理想的形体当然是不高不矮、不胖不瘦、肌肉强壮、轮廓清晰、线条优美。这样的形体除了以先天条件为基础外，最主要的是靠后天的锻炼。人们常说，生命在于运动，人的形体的完善也在于运动和锻炼，运动和锻炼能使肥胖的体形变得健壮、匀称，能使瘦弱的体形变得强壮、结实。所以，护士要长期坚持科学的体育锻炼和形体训练。尤其是青年护士，身体可塑性很强，只要积极参加运动和形体训练，完全可以得到健美的体形。

2．容貌 容貌包括两层含义，一是个体先天的自然容貌，二是个体对容貌的修饰和装扮，即护士的容貌是其自然要素与修饰结果的组合。在护理工作中，人们希望护士的容貌形象是优雅、整洁、温和、坚毅的。因此，护士天然的容貌应保持健康、干净、富有活力，而其化妆和修饰则应自然、大方、简洁、得体。但由于护士职业的特殊性（长期的夜班、生活和工作紧张且无规律），加上岁月的流逝、年龄的增长等因素，使护士的容貌渐渐变得暗淡、憔悴或颜面生斑，因此需要必要的修饰，但修饰的成分须适当，浓妆艳抹非但不能使护士的形象锦上添花，而且会破坏护士的整体形象美。护士经修饰后的整体相貌应该呈现出美观、整洁、自然、得体、协调的自然美，这也是护士容貌美所要求达到的目标。

3．表情 表情是指人的面部情态，在护士的外饰形象中具有重要的作用和地位。在人际交往中，表情最能直观地、形象地、真实可信地反映人们的思想情感和对他人的情绪感受。如关怀的眼神、善意的微笑、深情的凝视、会心的一笑、眉梢飞扬的得意、眼睛上翻的傲慢、嘴角下撇的不屑、大睁双眼的惊奇等都可直观而真实地塑造鲜活的个性形象。在表情形象中，最主要的因素是眼神和笑容。开心时的"眉开眼笑"，得意时的"眉飞色舞"，愉快时的"眉舒目展"，都是借助眼睛和笑容来展现的。

4．服饰 俗语对人有"三分长相，七分装扮"的说法，这七分装扮里就包括了服饰的选择和穿戴。一般来说，护士在工作场所应着职业装，即护士服。目前，世界各国选用较普遍的护士服颜色多为白色。但在某些科室，又会根据患者的心理特征及需求，做出调整。如有的医院将儿科、妇产科的护士服改为淡粉色或各种素雅的小花图案，而急诊、手术室的护士服选用绿色等。护士服的穿着既有科学的、严格规范的职业规定，又有和患者情感心理相关的美学要求。圣洁、庄严的一身白衣，使护士"白衣天使"的职业形象早已深入人心。

（二）护士的行为形象

1．动作 动作形象包含了个体的身体姿态与身体运动两个方面。动作形象实际上就是一个人的非语言形象。在人际互动中，非语言常被称为"身体语言"或"体态语言"，可以表达个体丰富的思想与情感。

护士的基本身体姿态主要包括站姿、坐姿、走姿等。俗话说："站有站相，坐有坐相，走有走相"。护士的姿态应该稳健、沉着、干净利落并富有朝气。而在日常工作和人际互动中，护士的动作对于护士形象同样具有重要的作用和意义，一举一动、一颦一笑都会影响患者对其形象的认知。因此，在护理工作及交往中，护士应该避免一些不雅的身体姿态和身体动作，以塑造并维护良好的职业形象。

2．行为 行为是指个体在主客观因素影响下而产生的具有目标性的外部活动，常常包括一个人的所有有意识的行为和无意识的行为或潜意识行为。护士的行为是指在护理实践中的所作所为，其行为的动机是以保障人们的身心健康为目的的。护士行为在其职业形象中，具有举足轻重的位置。基于人们对生命健康与安全的需求以及对护士角色功能、护士职业形象的期待和要求，护士的行为应遵循的原则包括坚持有利于患者身心健康的行为原则，确立严肃认真、精进、慎独的行为要求，保持镇定从容、亲和宽容、严谨科学的行为态度，锤炼干净利落、迅捷流畅、美观节力的行为风格。

3．语言 语言是塑造和展现个人个体形象的重要手段，也是护士职业形象的重要标志。在临床护理实践中，护士的语言所具有的重要性越来越被重视，通过语言的沟通与交流，护士不但能完成和患者交往互动、建立良好护患关系的目的，而且护士语言还具有治疗作用，对患者疾病康复和健康促进具有积极的治疗价值。当然，语言可以治病，也可能致病，作为护士职业形象外在表现之一的语言，应做到准确恰当、逻辑严谨、内容生动、形式简洁。护士尤其应该避免可能引发患者负性情绪的刺激性语言、负面语言以及攻击性语言。在护理工作实践中，为塑造和维护良好的职业形象，护士应遵循语言的礼貌性、规范性、幽默性、情感性和治疗性、保护性等基本原则。

（三）护士的内在形象

1．知识形象 知识形象是指一个人的知识容量和水平、经验及阅历等。护士的知识形象随着护理学科的发展而不断地充实和完善。自南丁格尔创立科学的护理学科及至发展于今日，护理工作的作用与范畴在不断发展演变，护理工作的对象也已由以往单纯的疾病护理转向以患者为中心的全人全生命历程的整体护理；护理工作的任务不再仅仅是帮助患者解除病痛，还要帮助人们增进健康和维护健康；护理学的地位已从作为医学的附属发展为从健康的要求出发，对人在生命过程中不同阶段的健康给予护理学方面的关怀和照顾。以上种种变化均对护士提出了更高的知识要求，护士除了要学习医学知识和完整的护理知识外，还要广泛地学习各方面的知识，如社会科学、人文科学等，并将所学的知识与护理实践相结合，从而塑造良好的知识形象，并使之符合护理学发展和社会对健康服务的需求和期待。

2．智能形象 智能是指人的智力和能力，包括记忆力、观察力、判断力、操作力、表达力、协作力、应变力、分析力、创造力、思维力等。这些能力的形成和发展，有先天遗传的因素，但大部分是在社会实践中经由学习、锻炼而获得的。作为一名护士，智慧和才能是必不可少的。如敏锐的观察力、准确的记忆力、娴熟的操作能力、机智的应变能力、恰当的表达能力、敏捷的思维能力以及较强的分析综合能力。这些能力的提高，会显示出护士聪慧能干、稳重审慎、灵秀、优雅的良好职业形象。

3．心理形象 护士的心理形象是以护士的心理素质为基础表现出来的内在形象，是一个人在认识过程、情绪过程、意志过程和个性心理特征等方面所具备的心理品质，也是一个人行为的内在驱动力。21世纪是机遇与挑战并重、竞争和压力增大的时代，这同样表现在护理领域，并使得护理工作也充满挑战与压力，护士能否具备良好的心理素质，不仅直接关系到护理工作能否顺利开展，同时也直接关系到患者的健康促进和维护，因此护士是否具备良好的心理素质是至关重要的。护士的心理形象应是健康、正向、积极、稳定的。

4．精神形象 护士的精神形象主要体现在其心灵内容上，包括个体的信仰、观念、品德和情操等方面，是人最高级的形象。一个人有了坚定的理想和崇高的奋斗目标，就会表现出百折不挠、勇往直前的精神风貌，从而显示出人特有的生机活力和人本质力量的光辉。对于护士来说，一百多年来，南丁格尔所倡导的人道主义和献身精神一直激励着全世界的护理同侪，

并成为护士精神形象的核心内容。护理学科一路发展而来,中外护理前辈用高尚的精神形象激励着护士群体及个人孜孜不倦、精益求精,在维护和促进人类健康的事业中奉献毕生的心血和汗水,也装点了护理职业的精神家园。

> **整合小提示**
>
> 形象从本质上讲也是心理问题,形象的塑造、形成都受护士及服务对象的心理影响,因此心理学所揭示的心理现象及活动规律也就成为形象学的主要基础之一。研究形象心理规律及特点,使护士塑造好自身的形象具有重要意义。

五、护士职业形象的价值

在现代社会,职业形象对个体或社会组织的生存、发展产生着越来越深刻的影响或作用。形象的价值已日益引起人们的广泛关注。

1. 护士职业形象对于个体的价值 健康、美好的个体形象可以使人赏心悦目,带来感官的审美享受,并可在心理上产生愉悦的情感体验和精神上的激励,这也是形象所具有的审美价值。对于个体来说,首先,护士职业形象所具有的审美感受会促进患者对护士的认同和喜欢,并在一定程度上促进护患关系的良性发展;相反,低劣的、丑恶的职业形象会引起人们的排斥、厌恶,进而产生对这一职业的质疑和不信任。其次,良好的职业形象,更有助于获得社会的信任、支持、认同。来自患者和社会群体的认同、信任和支持,不仅有助于护理工作更好地开展,也有助于护理人员自身的发展。在护理实践中,具有良好职业形象的护士,往往能获得更多的发展机遇和更大的物质的或精神的发展空间,也就更可能取得成功。

2. 护士职业形象对于医疗组织的价值

(1) 良好的护士职业形象有利于医疗组织及护理群体得到社会公众的肯定和支持,赢得公众的好感。护士如果能在公众心中树立一种专业、神圣、崇高、人道主义的职业形象,那么人们就更容易对其产生信赖和支持的心理倾向,并对护士给予较高的赞誉和尊重。

(2) 良好的职业形象,能为稳定和吸引优秀护理人才创造良好的条件,为护理人才的成长创造适宜的环境,并使护士群体产生强烈的归属感和认同感。这样,不仅可以稳定医疗组织内部的人才,使他们为组织的发展尽心尽力,还可以吸引大量组织外部的人才,为护理事业发展奠定人才基础。

(3) 良好的职业形象,有助于医疗组织给人一种令人信赖的形象,也有助于组织的各种协作部门、同行业的竞争对手以及有着直接或间接联系的其他组织主动接近该组织,乐于和该组织交往、合作,使组织获得一个较好的外部环境。这对组织来说是一种巨大的资源和优厚的待遇。

(4) 良好的职业形象,也是医疗组织增强竞争能力的强有力手段之一。在社会经济持续发展的大趋势下,各行业对人才、资金、社会资源的竞争也更凸显,良好的职业形象是医疗组织群体职业素养与团队文化的形象体现,也是组织成员核心竞争力的外在表现;同时也从另一个侧面反映了该组织战略规划清晰,发展愿景明确,组织管理有序。这些因良好职业形象而呈现的组织特征会更加吸引人才的加入和聚集,从而使组织更具竞争力。

3. 护士职业形象的文化价值 护士职业形象的文化价值体现在对内的组织文化建设和对外的文化传播两个方面。

组织形象的内核是文化,是包含知识、技术、信仰、哲学思想、伦理道德、法律规范、风俗习惯,以及人类在社会生活中所获得的一切能力与习惯在内的复杂的总体。一个医院组织的形象,不仅包含医学伦理道德、文化艺术、思想情感、哲学理念、精神意蕴,也包含医学发展过程中积累的历史文化、传统文化、民族文化等方面。经济只能提升医院组织的实力，医疗护理文化才能打造医院组织的魅力。因此，护士职业形象的塑造，也有助于组织文化的建设。

另外，护士职业形象的文化内涵，构成了组织内部的心理环境，会有力地影响和制约护理管理者和护士的理想、追求、道德、感情和行为，发挥凝聚、规范、激励和导向作用。而护士职业形象在组织内部的传播、实施过程，就是组织理念文化被护士接受，组织制度和行为规范被护士遵守，组织视觉形象被护士认同的过程，即医院组织内部建设护理文化的过程。

护士职业形象对外的文化价值主要体现在护士形象所蕴含的个性文化对公众的影响以及对社会文化的积极推动作用。优良的职业形象是医院组织成功的标志之一：内部形象可以激发全体护理人员对本组织的自豪感、责任感和崇尚心理，外部形象则能够更深刻地反映医院组织文化的特点和内涵。

4．护士职业形象对于社会的价值

（1）社会互动环境的优化：近些年来，随着见诸媒体的医疗纠纷事件的发生，人们已逐渐认识到医患间社会互动环境的恶化对人们健康事业带来的巨大的伤害。社会环境是由一系列错综复杂地交织在一起的互动关系所构成的，它既是人们交互作用的产物，又影响和制约着人们的生存和发展。尽管人们在社会生活中处各种社会关系所采用的手段多种多样，但随着人类社会的发展进步，形象在处理各种社会关系、推动社会的良性互动中所发挥的作用越来越突出。在护患交往中，良好的护士职业形象，可以表达护士个体及组织的文化、修养和道德精神面貌，传递护患交往中彼此之间的尊重、理解和支持，减少由于不同个体间因为文化、传统、心理等差异而产生的冲突。因此，护士职业形象可以提高社会的健康文明程度，使护患的社会互动在一种良性的状态下进行。

（2）社会心理环境的优化：社会心理是一种与人们的日常社会生活相联系的社会意识形态，是特定历史时代、特定民族、特定职业阶层中普遍流行的精神状态。一般由感觉、情感、需要、愿望、动机、倾向、情绪、成见、意志、理想、信念、风俗习惯、道德风尚、社会思潮、审美情趣等多层次的社会心理要素构成，其核心是心理价值取向。职业形象对社会心理环境的优化，主要就是通过突显或整合社会心理的某种价值取向来提高护士主体的自信与社会评价能力及社会适应性而实现的。当社会大众或社会组织都普遍树立起良性的护士职业形象观念时，就会对护士群体、个体与患者及其家属的交往、互动产生心理影响，从而促成社会心理环境的优化。职业形象对社会心理的优化作用还表现在对社会精神文明建设的推动上。社会心理作为一种日常社会意识，形式多样、内容生动，渗透在人们的思想、道德、观念、信念、科学、文化之中，共同产生潜移默化的影响。精神文明建设无疑要把社会心理优化作为主要内容。健康向上的社会心理是社会意识中的积极成果，它可以为提高整个社会的思想道德素质和科学文化素质创造条件。

（3）社会文化环境的优化：职业形象对文化生活的影响就在于它通过对社会价值观的影响，推动社会的发展、进步。与西方文化相比，东方文化特别是华夏文化更注重内在修养，注重"内省"。如护士职业修养中的"慎独"即为一种"内省"式的修养。这种个体文化观念造就了人们注重内在品质，轻视外在形式，注重经久耐用，忽视外在包装的内在观念和外在效果。但是，随着社会开放度的提升，新形成的形象观念也在逐渐发生转变，内外兼修已成为个体和公众的共识。

随堂测 3-2

第三节　护士职业形象的塑造

护士职业形象是由护士在护理实践过程中，通过与患者及其家属的相互交流互动，与医生及其他医疗工作者合作交往，经由其表现出来的思想、语言和行为得以确立的。人们通过护士的职业形象认识到护士的专业态度、临床技能、职业精神、道德情操等，从而形成对护士个人及职业群体的总体印象。随着社会的发展及我国卫生保健体制改革的深入，医院市场化的发展，患者和社会对医护人员的要求日益增高，进而要求护理人员应同其他职业一样，具有一定的相对稳定的职业形象。护士职业形象塑造不仅作为医院形象的一个重要组成部分，直接关系到医院品牌形象，也是满足患者对医疗护理服务多元化需求的必要内容之一。因此，良好的护士职业形象的塑造，成为新时期护士职业发展必不可少的部分。

一、护士职业形象塑造的概念与特征

1. 护士职业形象塑造的概念　护士职业形象塑造是指护士在自觉的形象意识指导下以患者利益为核心，在护患交往中，借助沟通交流等活动进行对自我形象的整饰、维护和传播等实践活动。护士职业形象塑造可以通过一系列的举措，提高护士的职业地位，增强公众对护理工作的尊重和认可，并提高护理工作者的社会声誉。

> **知识链接**
>
> **印象整饰**
>
> 印象整饰（impression management），也称印象管理或自我呈现，是指一个人通过一定的方式影响别人形成对自己的印象的过程。印象整饰由心理学家库利、戈夫曼等人提出，用来描述人们在人际互动中，试图管理和控制他人对自己所形成的印象的行为过程。印象整饰充分说明社会认知是认知者与被认知者之间的互动过程。因此，在职业形象塑造过程中，护士可以运用某种互动技巧对自己的形象进行控制、管理，从而在护理人际互动中获得与预期目标一致的职业形象。

2. 护士职业形象塑造的特征

（1）职业形象塑造是护士对自身职业形象的自觉追求：护士形象塑造有赖于其自身的自觉能动性。形象塑造活动与其他实践活动不同的地方在于，其所形成的个体形象或组织形象，产生的效益一般是间接的、潜在的，而其他实践活动往往能给主体带来直接的物质利益或经济效益，使人们很容易看到其重要性；正因如此，以往，人们往往对形象塑造缺乏自觉意识。但伴随着社会经济文化的进一步发展，形象越来越成为一个组织或个体在社会生活（主要是市场生活）中进行交往、合作、竞争的有效工具和手段，形象的"眼球效应""注意力效应""名片效应""光环效应"，以及由此给个体或组织带来的效用与影响日益显著，因此，在护理工作实践中，护士职业形象塑造越来越成为护士及医疗机构和组织的自觉追求与实践。

（2）职业形象塑造是护士自觉地以患者利益为核心开展的实践活动：护士的职业形象不是完全由其自身来评判和决定的，而是由与其相关的服务对象和社会公众来评判和决定的。形象本质上是形象主体与形象客体关系状态的反映，护士塑造自我形象也不能完全按自己的主观意志进行，而必须充分考虑其主要服务对象即患者和其他健康需求人群的利益需求，这一利益需求从根本上规定、约束了护士形象塑造的方向及行为。护士塑造形象的价值和效果最终也只有在患者那里才能得以显现和检验。

（3）护士职业形象塑造的中介是护患交往活动：护患交往中的沟通与协作是连接护士职业形象主体和客体的桥梁。从一定意义上说，护士职业形象塑造活动就是以护患交往中的沟通及传播为主要手段，进行的一种护士个体或医疗组织、机构与相关公众的交往、互动行为。在现代社会，护士要学会"做了还要说""做得好还需说得好"，这是非常重要的。另外，护患沟通有助于协调和解决护患间的利益矛盾，引导护患关系朝健康、有序的方向发展，从而保证护士职业形象塑造的有效性，防止形象受到破坏。

二、护士职业形象塑造的价值

1．职业形象塑造对护士个人的价值　在护士职业形象塑造过程中，首先，形象塑造活动能给护士带来较好的职业认同，并由此产生自豪感和主观幸福感。在这个过程中，护士自身的情感、观念、审美、道德、修养以及精神境界都可以直观体现，更为重要的是，在这一创造理想形象的过程中，护士可以感受和体验到自身的能力与价值，体验到职业的尊严和意义。其次，塑造良好的职业形象，也可以缔结、改造和提升护患关系，获得患者及家属、社会公众的信任、支持、尊重，拥有良性的社会互动和较好的人际关系。

2．职业形象塑造对医院组织的价值　护士的职业形象塑造可以提高所在医院的绩效和提升医院形象。作为医院最基本的员工群体之一，护士处于医院业务和日常医疗护理工作的第一线，护士形象是医院组织形象具体的承载者和形象生动的体现者，医院良好的组织形象正是通过护士长期扎实的工作才能得以实现。

3．职业形象塑造对社会文化的价值　护士职业形象作为一种文化现象，既有服务于现实的意义，又有指导未来的性质。护士职业形象塑造所要求的职业责任、职业情感、职业道德培养，有助于改善、提升整个社会关于疾病观、生命观、健康观等良好的生活观念、社会风尚和社会文化的倡导和培育。

三、护士职业形象塑造的方法

护士职业形象的塑造，可以从两个方面来展开。一是经由护士群体和个人着手塑造，二是依赖外部力量的推进。

名人名言

"工欲善其事，必先利其器。"

——《论语·卫灵公》

（一）从护士个人及护士群体方面，塑造护士职业形象

护士职业形象是护士在护理职业活动中表现出来的外表、思想、言行、知识、能力等形象的综合体现，因此，良好的护士职业形象塑造，需紧密围绕护士职业角色承担、职业心理成长及职业能力提升展开。

1．培养良好的职业心理　职业心理是指护士在职业选择、职业角色扮演、职业适应、职业形象塑造等活动过程中的心理过程、心理状态和心理特征。护士的职业心理是护士的能力、气质、性格和兴趣偏好与所从事的护理职业相互作用而形成的。良好的职业心理是护士职业形象塑造的心理基础和保障。

（1）树立正确的职业选择观：职业选择是指护士个体依据、运用所掌握的职业信息，从自己的职业需要、职业兴趣、职业价值观出发，结合自己的素质特点，寻求合适的职业的决策过程。护理作为以实现减轻病患痛苦、提高人们生活质量和整体健康水平为目的、对人的整个生命过程提供照顾的综合应用学科，其职业范畴与职业价值在于为个人、家庭及社会群体提供健康服务。护士在进行职业选择时，要树立科学、正确的取舍观念，对护理职业的本质与特征、内容与范畴有充分的理解，并对自己的人格特征有一定的认知和了解，使自身的人格和所

（2）发展积极的职业适应：护士在进入护理职业岗位后，相较于在护理院校中学习的护生身份，其心理上必然会发生变化。实际的工作岗位及内容与想象中的理想状态总会存在一定差距。护士需要对职业及自己所做出的选择进行进一步了解、评定，思考自己的职业发展方向、途径，以争取自己在职业中的成功。在具体护理工作中，护士还会碰到职业中的种种变动，职业与家庭生活的协调，职业与个人不断变化着的自我认知和目标的冲突等许多问题。要解决好这些问题，保证个人积极成长，最终保证职业目标的实现，都涉及护士对职业的心理适应。

要塑造良好的护士职业形象，护士就应培养良好的职业心理素质，增强自身对职业的适应能力。首先，护士应对自己的能力、智力、性格等方面有一个客观、准确的了解，并积极进行自我教育，把握与适应医院及社会环境。其次，护士还应对自己将从事的护理职业进行全面了解，逐步培养自己对职业岗位的认同感，从而积极、主动地投入护理工作中去。最后，针对自己在职业适应中的不良情绪反应，护士要培养坚强的意志品质予以克服，或采取有效的方法予以疏导，必要时，也可以求助专业的心理服务机构及专业人员的帮助和支持。

（3）确立职业角色意识：要塑造良好的护士职业形象，就需要护士在承担职业角色时，首先要具有职业角色意识。职业角色意识是指护士对自己所承担的职业角色的看法和认识，在职业行为中能够基于自身的专业角色做出正确的判断，能很好地完成所担任的职业任务。符合临床规范及护理照护需求的职业角色意识，能帮助护理人员更好地完成临床护理工作，提高患者满意度，有效促进患者疾病的康复及健康维护，从而也就更容易塑造出良好的职业形象。其次是护士要加强对护士职业角色的学习。一是学习护士的执业权利、义务和规范，以护理伦理、法律和医疗机构的规章制度来规范护理职业行为和具体护理活动，同时也能更好地维护护士执业权利和安全保护；二是通过持续的学习和修养，树立敏锐的职业知觉、丰富的职业情感和积极的职业态度；三是增强职业心理素质，培养心理韧性，以便很好地应对护士角色中的各种冲突。

2．培养崇高的职业道德精神 职业道德是人们在一定的职业活动中所应遵循的，具有自身职业特征的道德原则和规范的总和。具体到护理领域，就是护士在执业过程中应遵循的，用以调节护士与患者之间、护士与其他医务人员以及护士与社会之间关系的行为规范，是一般社会道德在护理实践领域的特殊体现。对护士而言，职业精神是护士"核心竞争力的要素之一"，在患者的心目中，拥有良好职业精神的护士往往就是"好护士"，这一认知揭示了护士的职业精神在护理工作中所占有的重要地位。因此，职业道德精神或意识的培养，是塑造护士良好职业形象的关键。近代护理道德的发展始于南丁格尔，她在《护理札记》一书的前言中坦言"护士应该做什么，可用一句话来解释，即让患者感觉更好"。这也是护理职业道德精神的核心。良好的护士职业形象的塑造，即围绕着"让患者感觉更好"这一精神而展开，并实践这一精神。

（1）坚持职业道德，勇于承担责任：护理职业道德来源于对生命的敬畏和维护生命健康安全所拥有的责任感。护理学科专业化的不断发展和完善，增加了其职业严肃性和职业特征性。国际护士协会护士职业道德准则规定了护士4项基本职责：促进健康、预防疾病、恢复健康和减轻痛苦，明确指出护士应尽的责任，同样也赋予护士承担责任的义务，这也构成了护士职业道德精神的核心内涵。

（2）遵循伦理道德原则，维护患者健康利益：遵循护理伦理道德原则是护士职业道德精神中重要的组成部分。护士的职业精神要求把患者的生命健康利益放在第一位，尊重患者应有的权利。同时，护士还需要具有同理心、诚心、细心和耐心，履行对患者有利、不伤害的职业行为，并时刻保持公正、公平地对待每一位患者。护士的职业伦理精神实际上是对护士价值观、荣辱观最直接的检验。

> **知识链接**
>
> 护理伦理的基本原则
>
> 护理伦理的基本原则包括尊重原则、有利原则、不伤害原则和公正原则。其中尊重原则主要是对患者自主性的尊重，在临床实践中，表现为护士尊重和维护患者的各种权利，如知情同意权、隐私权等。

（3）对不同文化、年龄及功能障碍的患者做出适当反应：现代护理的发展，护士的工作场所不仅局限于医院，还包括社区、家庭、养老机构等多种场所，这就使得护士需在多元化场合中充当不同的角色。不同文化背景、不同工作场所以及年龄、文化、经济和所患疾病不同的患者对待疾病的理解和认识存在很大差异。这就需要护士在提供护理服务时，要区别对待。尤其是应对不同功能障碍的患者是对护士专业作风、职业化、娴熟技能的考验，是对护士专业精湛的诠释，所有这些都得益于护士所具有的职业道德精神。

（4）保持团结协作的精神：疾病的康复与健康的维护及促进，往往是需要多学科、多团队、多人员团结协作才能得以实现的，因此，护士的职业道德精神还包括在处理各种护理关系中所体现的合作互助。护士之间团结协作，顺利完成各种治疗、护理；与医师合作，及时、有效实现对患者的救治；与医技合作，使患者的检查快速、安全；与上级合作，高效、准确；与总务合作，工作有保障、迅速。诸如此类的分工与合作需要护士精诚团结，不计较得失，彼此配合，这既是护士专业技能、文化修养、价值观念的具体体现，同时也是护士职业道德精神的具体表现。

3. 培养良好的职业能力 护士职业能力是护士职业形象塑造的主体。职业能力的培养包括护理技能的培养、护理创新能力的培养以及护理人文关怀能力的培养等方面。

（1）护理技能的培养：掌握良好的护理技能是护士从事护理工作的前提和基础。随着科学技术的日益发展和新技术、新设备在临床实践中的应用，护理临床工作对护理技能的要求越来越高。为此，护士必须通过各种形式的教育和培训，掌握最新的专业技能和知识，才能适应现代护理的发展。这就要求护士一方面要勤于钻研业务，不断提高自己的专业能力；另一方面，还要树立终生学习的观念，不断进行医学护理知识的积累、更新，以使自己能跟上临床实践的发展需求。

（2）护理创新能力的培养：在职业能力中，创新能力是关键。创新能力不仅表现为对知识的摄取、改造和运用，而且表现为一种发现问题、积极探究、不断改变自己以适应并改造环境的应变能力。在护理临床工作中，护士创新能力的强弱，会对其护理工作效果产生直接影响。因此，在执业过程中，护士必须树立创新意识，要善于创造性地开展护理工作；此外，护士在职业实践中，也要有目的、有意识地加强对自身的创造性思维训练，培养自己的想象力、创造力等。

（3）护理人文关怀能力的培养：护理即关怀照顾，护士职业的核心价值就是实现对人的关心、尊重和帮助。因此，在护士职业能力当中，人文关怀能力的培养是不可或缺的一个方面。护理人文关怀能力包括护士的关怀体验能力和关怀行为能力。其中关怀体验能力是指护士能觉察、体验、理解和分析护理对象的情感及行为反应，识别其关怀需求的能力，包括行为观察能力、同理体验能力、专业感悟能力、情境分析能力等；关怀行为能力是指护士能依据护理对象的情感、精神、文化与人际关系等各方面的关怀需求，主动实施因人而异的人文关怀行动

的能力,包括情感沟通能力、精神支持能力、人际协调能力和问题解决能力。

(4)护理审美能力的培养:生物-心理-社会医学模式取代传统的生物医学模式与整体护理的提出,使护士的审美修养成为评价当代护士素质及职业形象的重要指标,护理审美修养也有助于护士职业形象的塑造和提升。护士可以通过自身审美修养,丰富和净化情感世界、愉悦精神、升华心灵,从而提高审美鉴赏和审美创造能力。"言为心声,行为心表",护士审美修养的提升为护士在护理工作中主动展示美感提供了先决条件,也有助于良好护患关系的建立。护士审美修养作为高层次的精神需求,要求护士具有相应的美学理论基础、一定的审美及艺术修养、丰富的生活经验等。

护士审美修养一方面可以通过美学及其相关理论的学习、自然美的领略与感悟、社会美的感染与影响、艺术美的熏陶与升华来实现,另一方面也可以经由在护理实践中的创造性的审美实践活动,来发掘美,并创造美,提升审美修养,如护士在病房环境设置上,做到布局合理、整洁美观、舒适温馨,注重光线、色调和声音的和谐宜人,为患者营造美的护理环境,使之身心愉悦,促进康复。

> **整合小提示**
>
> 形象具有美的属性,也是审美关系的产物,而美也正是人的形象追求的目标,因此,美学研究成果的利用对个体或组织如何更好地塑造自身的形象具有极为重要的价值。

(二)从医疗机构及社会公众及媒体方面,提升护士职业形象

1. 提供良好的工作场所,优化护理服务环境 护理工作是一项需要注重细节、长时间密切接触患者的工作。医院和医疗机构需要为护士提供适宜的工作环境,包括工作时间、工作设备和工作条件等,同时也要关注护士工作的健康、精神和情感需求,为其提供全面的支持和服务。这不仅可以使护理人员更好地完成临床工作,也是社会公众认识和了解护理职业及其职业能力、社会地位、工作待遇和社会影响的重要途径。为了提高护理服务的质量和效果,提升护理职业形象,需要进一步优化护理服务环境,提供更好的医疗护理设施,更舒适的工作空间。

2. 加强护理工作的培训和规范 为了强化护士的专业知识和提升专业技能,保证护理工作的高质量和高标准,满足护理工作者不断学习和提高自身执业能力的需求。医疗机构及行业组织、学术协会要积极开展各种形式的针对护理工作的培训和继续教育,以提高护理行为的专业性和规范性,如加强护理行业的规范化建设,完善相关管理条例和标准,确保护理工作的质量和规范。

3. 树立护理工作者的职业榜样和模范典型 在塑造职业形象的活动中,可以借助榜样的力量,提升护士职业形象。医疗机构和组织管理人员,可以通过推选和表彰优秀护士,使公众更好地了解和认可优秀的护理工作者的职业素养和职业精神。一方面,有利于公众对护士职业及其从业人员的积极形象的确立;另一方面,也可以为护理从业人员树立效仿和学习的楷模,这也有助于提高护理工作者的社会声誉和职业形象。

4. 宣扬护理精神和护理文化 护理工作是一项充满人文关怀和情感交流的工作,有自己独特的职业文化。自从南丁格尔创办现代护理学科以来,"提灯女神"的形象就生动地传递了护士职业实施关怀、照顾生命健康这一精神内涵。医疗机构和组织要通过各种渠道宣扬护理精神和护理文化,丰富和提升护士职业形象的内涵,从而促进护理工作者的职业发展和护理产业的向上发展。

5. 借助主流媒体,加强社会宣传和推广 尽管护理工作是医疗卫生事业必不可少的组成部分,护士作为医疗团队中的一员,在生命救助和健康保障中发挥着重要的作用,但因为历史

原因，大众对于护士角色的认知与护士本身的职业角色仍有一定的偏差，甚至存在一定的误解与刻板印象。信息时代，新闻信息和媒体传播在人们生活中扮演着越来越重要的角色，它是公众了解外界信息的重要来源，也是人们做出生活决策的重要参考依据，而通过主流媒体的塑造和新闻的报道，公众也可以形成或打破对某一群体的固有认知。因此，政府和媒体要加强对护理工作的传播和宣传，使公众更好地了解护理工作的重要性和护士个人的贡献，从而提高护理工作的社会地位和社会认可度。

四、护士形象危机的应对

1．护士形象危机的概念及特点　护士形象危机是指可能为护士个体形象或医疗机构和组织形象带来威胁和不确定性影响的事件或活动。形象危机往往具有突发性、破坏性、复杂性和持续性的特点，一旦处理不好，就会给护士形象带来较大的损害和负面影响。这就要求医疗机构以及护士个体具有较强的危机意识，在危机发生时，能及时、妥当地有效处置，从而维护自身在患者和公众心目中良好的形象。

2．护士形象危机的种类　护士形象危机包括一般形象危机和重大形象危机。一般形象危机是指在日常护理工作中常见的有可能危机到护士形象的小纠纷、小摩擦或小矛盾。对护士个体而言，常见于护士与患者或其家属之间的纠纷、摩擦；护士在言谈举止等方面的疏忽会给患者留下不良的印象，或者护士在实施护理操作时产生的各种冲突对其形象的影响或损害。重大形象危机则是指由于护理差错、技术失误或者组织管理失误等带给患者严重的伤害而导致的护患纠纷，从而使护士形象严重受损。这类危机往往是护士及医疗机构必须认真面对并及时、有效处理的。

3．护士形象危机的应对原则

（1）主动性原则：发生危机事件后，护士应该积极主动面对事实真相，主动承担解决问题的责任，并积极争取组织及上级的支持，将可能发生的损害降低到最小范围。对于患者的投诉，护士和医疗机构既不能麻木不仁、漠然处之，也不能只是极力辩解、推脱责任，甚至采取粗暴的对抗态度，消极或任何被动的处理方式都会造成公众的不信任感，从而为护士的职业形象带来负面影响。

（2）诚信原则：在形象危机应对中，护士要坚持"以诚相待"的原则。面对社会舆论，医疗机构应开诚布公地说明事件原因，如果是自己的责任，则应诚恳地接受批评，如果是患者的责任和过失，则应该站在真诚帮助其改进的基础上，说明客观事实，并引导舆论向积极、健康的方向发展，以更好地维护护士职业形象。

（3）及时性原则：护士形象危机处理的目的在于，尽最大努力控制危机事态的恶化和蔓延，将因危机事件造成的损失降低到最低限度，在最短的时间内重塑或换回护士或医院原有的良好形象和声誉。为此，影响护士形象的危机事件一旦发生，就应及时加以处理，赢得时间就等于赢得了形象。若处理不及时，患者在长久等待、毫无结果的情况下，必然会失去对护士及医院的信任，转而寻求别的途径宣泄不满，从而使护士形象产生更大的损失。

（4）冷静性原则：形象危机发生后，相关护理人员应沉着冷静、临危不乱，不要因为头绪繁多、关系复杂而使自己变得急躁。对身涉危机事件中的护士而言，应该控制自己的情绪，沉着、冷静、富于理性精神，不激动、不慌乱，更不能急躁、随意、信口开河。护士正视问题、沉着应对是处理危机的心理基础。在事发时，护士应该沉着地分析形势，特别是对事态的发展走向力争做出冷静的判断，并在此基础上果断决策、沉着应对。争取将危机造成的损失控制在尽可能小的范围内，尽早渡过危机。

（5）患者及公众利益第一原则：在危机事件应对中，护士应该坚持人道主义精神，始终把患者和公众的利益放在第一位，关心患者及其家属，关注他们在事件中的主观感受和情绪体验,在合理、合法的范围内最大程度满足其生命健康利益诉求,维护医护人员以人为本和高尚的人道主义道德形象。

4.护士形象危机的应对措施

(1) 树立危机意识,防患于未然:危机意识是护士形象危机防范的起点,在医院中,由于护士是和患者及家属接触最频繁、关系最密切的工作群体,护理工作又涉及患者疾病护理、生活护理、心理护理的方方面面,工作内容繁琐、复杂,工作时间长、负荷大,因此,护士在日常工作中,需要抱着遭遇和应付危机状况的心态,预先考虑和预测可能发生的各种紧急状况和困难形势,在心理上和物质上做好应对的准备,并预先提出护理工作中常见危机的应急对策,避免在危机发生时因束手无策、不能积极回应而遭受困惑和不利影响。

(2) 建立危机预警系统,科学有效应对冲突:有效应对形象危机还在于其制度化和规范化,医院护理部应总结、分析引发护士形象危机的各种可能性因素,并以此制定各种危机预案,建立危机预警系统,并成立危机管理小组,制定有关危机应对策略的步骤,以便在短时间内有效地处理危机事件。

随堂测 3-3

小 结

　　形象是指事物的具体可感的外在形态,就人的形象而言,是指人的外在形态和内在气质的综合体现。作为一种角色形象,护士职业形象是指护士在护理职业活动中表现出来的外表、思想、言行、知识、能力的综合形象,是内在心灵和外在仪表的有机结合。其主要内容包括护士的形体形象、动作形象、语言形象、行为形象、知识形象、智能形象、心理形象和精神形象。护士形象对于个体、组织、文化和社会都具有积极的价值。护士职业形象塑造是指护士在自觉的形象意识指导下,以患者利益为核心,借助沟通交流等活动所进行的对自我形象的整饰、维护和传播等实践活动,形象塑造的方法主要有培养良好的职业心理、崇高的职业道德和良好的职业能力。护士形象危机则是指可能对护士个体形象或医疗机构和组织形象带来威胁和不确定性影响的事件或活动。护士应对形象危机应遵循主动、诚信、及时、冷静以及患者及公众利益第一的原则,树立危机意识,防患于未然,并建立危机预警系统,科学有效应对冲突。

思考题

1. 请简答护士职业形象的概念及分类。
2. 请分析护士职业形象的价值。
3. 简答护士职业形象塑造的方法。
4. 什么是护士形象危机?护士形象危机的应对原则是什么?

(郭记敏)

第四章 社交礼仪

第四章数字资源

导学目标

通过本章内容的学习，学生应能够：

◆ **基本目标**

1. 准确表述以下日常礼节应遵循的原则：称谓、问候、自我介绍、介绍他人、握手、致意、递送名片、会谈／宴请座次。
2. 正确表述行路礼仪、乘车礼仪、乘机礼仪、乘梯礼仪的礼仪要求。
3. 正确表述纸质书信、电话通信、微信通信、聊天软件的礼仪要求。
4. 正确表述求职礼仪的概念和特点。
5. 概括常用称谓的方式、问候的方式、致意的种类、交谈的规则。
6. 说明介绍他人、握手、递送和接收名片的姿势。
7. 说明握手的注意事项、交谈的禁忌。
8. 说明行路礼仪、乘车礼仪、乘机礼仪、乘梯礼仪的注意事项。
9. 说明纸质书信、电话通信、微信通信、聊天软件的注意事项。
10. 总结求职信和求职简历的书写规范。
11. 总结面试前礼仪和面试中的注意要点。
12. 区分不同日常会面礼仪运用的场景，并能做到正确行礼。
13. 遵守交通礼仪规范，养成良好的出行习惯。
14. 遵守各种通信方式的礼仪规范，养成良好的通信礼仪。
15. 学会制作求职信和求职简历。

◆ **发展目标**

1. 通过遵循日常会面礼仪的原则、落实正确的行礼方法，促进和谐人际关系的构建。
2. 在求职过程中熟练地运用求职礼仪规范，给招聘者留下美好、深刻的第一印象。

社交礼仪是人们在日常生活、工作和交往中所应遵循的行为规范，受历史、文化、宗教、时尚等多因素影响，表现为一种丰富多彩的文化现象。社交礼仪是每一位步入社会的新成员必须掌握的基本常识。从表面上看，社交礼仪大多涉及个人言行举止的外在"小节"，然而正是这些"小节"，像一扇扇窗口，真实地透射出个体对人、对己、对生活的态度，即所谓"于细微处见精神"。因此，不管是居家、出游，还是聚会、访友，都应体现出良好的礼仪修养和风范。本章主要包括日常会面礼仪、交通礼仪、通信礼仪以及求职礼仪四部分的内容。

第一节 日常会面礼仪

案例 4-1

年轻护士小李，在某护理安全研讨会上遇见一位她很敬重的教授，这位教授正在和其他人谈话。小李抑制不住兴奋之情，冲上前去，马上与这位教授热情地握手说："久仰大名，久仰大名。"小李与教授握了很久的手才放开，然后又寒暄了几分钟。

请回答：
1. 小李在会面过程中的行为是否合乎礼仪？
2. 小李应如何改正？

会面又称见面，是人际交往的开始。心理学研究表明，第一次见面给对方留下的印象最为深刻，在今后的人际交往中起着关键作用。在日常交往中，双方见面涉及如下礼仪：称呼（谓）、介绍、名片、握手或致意以及交谈等。会面礼仪的正确运用将有助于人际交往的和谐与顺利开展。

名人名言

"礼貌像只气垫，里面什么也没有，却能奇妙地减少颠簸。"

——约翰逊

一、称谓

称谓即称呼，是指人们在相互交往过程中彼此之间所采用的称呼语，是人际交往的纽带。恰当、正确地运用称谓，不仅能反映一个人的自身修养，还能体现对他人的尊重程度，甚至还能促进双方关系的发展。

（一）常用称谓

1. 行政职务性称谓　职务之前加姓氏适合非常正式的场合。如"刘院长""张处长"等。

2. 专业技术职称性称谓　适用于具有中、高级职称者，如"高工程师""杜教授"等。

3. 学衔性称谓　是指他人在专业上的成就，用此称呼可增加被称呼者的权威性，有助于增强学术气氛，如"高博士"等。

4. 行业性称谓　表示对对方职业、劳动技能的尊重，如"高警官""王律师"等。

5. 国际通用称谓　将男子称为"先生"；将女子称为"女士"。一般在称呼前加姓氏，如"王先生""张女士"等。

6. 姓名称谓　平辈彼此间均可以姓名相称，如"张三""李四"等。

7. 亲近称谓　对邻居、患者等，年纪长者可称呼"大妈""大爷""爷爷""奶奶"；或在称呼前加姓氏，如"李阿姨""张大爷"等。年纪轻者可称呼"小张""小王"，或者直呼其名。

（二）称谓原则

1. 因时　要重视初次见面。初次与人会面时，要称呼"姓氏＋职务（职称）"，职称、职务以及学衔称呼就高不就低，职称、职务称呼在使用时，除非正式场合，一般不加"副"字。

2．因地　在正式场合，要避免口语化及使用粗俗语言。切勿使用"兄弟"或"姐们儿"等称呼，这样会显得自身缺乏一定的人文修养。在工作场合，即使是亲人之间，也应以职务（职称）相称；在公共场合，对熟悉的朋友也应当以礼相待。如果在公共场合因为熟悉而变得随随便便，用"老李""老陈"，甚至用简单的"唉""喂"来称呼，就显得极不礼貌；在不同地区需注意入乡随俗。有些称呼具有很强的地方色彩。山东人习惯称人为"伙计"，北京人习惯称人为"师傅"，而在南方，"伙计"表示打工仔，"师傅"则代表出家人或有专门手艺的人，"哥""姐"就是亲戚关系的称谓。

3．因人　通过察言观色，了解对方。首先，要尊重他人，称呼他人时应郑重其事。其次，要因人而异地称呼对方，一般情况下，年龄就低不就高，职位就高不就低。最后，即使与对方十分熟悉，也需注意有人在场的情况下应称呼对方的"姓氏＋职务（职称）"，越是熟悉，越是要彼此尊重。

（三）注意事项

称呼他人时要避免替代性或不恰当性的简称。如在医院里，应避免直接以床号称呼患者，这样是不尊重患者的，而且容易导致发错药的差错。又如在学校里，不要直接以课程名称来称呼老师，如"数学老师"，而应该称呼为"教数学课的张老师""教解剖学的王老师"等。

> **知识链接**
>
> **小故事："五里"与"无礼"**
>
> 一位青年向老年人问路。青年人开口便呼："喂，老头儿，离客店还有多远？"老人便回答："五里。"结果走了十里也不见客店。青年人非常恼火，便想回去教训那位老人。他边走边回想老人的话，猛然醒悟过来，"五里"不就是"无礼"的谐音吗？追上那位老人后，他翻身下马，亲热地称其为"老伯！"老人态度突变，说："客店你已走过了，天色已晚，如不嫌弃，可到我家一住。"这则故事说明了一个朴素的道理：称呼不当，一失于礼节，二会带来麻烦，不容小觑。

二、问候

问候是熟人之间在相逢时以相互问好为主题的寒暄礼仪。当与他人见面时，若能选择适当的问候用语，往往会增进感情，打破僵局，缩短人际距离，并向交谈对象表达自己的敬意，为双方进一步的交谈做好铺垫。

（一）问候种类

1．日常问候　亲朋好友、同事、师生之间等互敬的问候。

2．特殊问候　特殊问候用于重大节日时、喜庆时或者不幸时，以祝福、道贺或安慰为主。遇到婚假、祝寿、店铺开张、事业有成、乔迁新居等喜事，都应向其表示祝贺并致问候。对于丧葬、事业受挫、家庭变故、失恋、遭灾等不幸，要表示慰问和安慰，给予对方一定的支持与鼓励，稳定其情绪，去除或减轻哀伤；或协助操办相关事宜并给予必要的帮助。

（二）问候方式

不同的场合有不同的问候方式。可以是口头问候，也可以是书信问候；可以通过寄贺卡或明信片问候，也可以通过电话、电子邮件问候。总之，问候方式除了语言问候外，有时可以根据场合不同，分别施以不同的动作问候。

1．语言问候　常见的问候语有："您好""早安""晚安""好久不见，您近来好吗""认识

"您很高兴"等。这些问候语看似简单,却能反映一个人的教养,它听起来平易近人,令人舒心,能引起交谈双方对交谈的兴趣,也是表达感情的一种方式。随着时代的发展,问候语日益变得简洁、抽象。一般来说,比较稳妥的问候语是微笑着说一声"您好"。

2. 动作问候 如果见面后觉得没有什么话好说,用点头、微笑、摆手等动作问候也可以。尤其是在双方关系不是很熟悉或者距离较远的情况下。

(三)问候形式

1. 直接式 所谓直接式问候,就是直接以问好作为问候的主要内容。它适用于正式的交往场合,特别是在初次接触的陌生商务及社交场合,如"您好""早上好"等。

2. 间接式 所谓间接式问候,就是以某些约定俗成的问候语,或者在当时条件下可以引起的话题,主要适用于非正式、熟人之间的交往。比如"最近过得怎样""忙什么呢"等,来替代直接式问好。

(四)问候原则

1. 主动 相互问候时,掌握主动非常关键。主动问候别人,是尊重他人的表现,即使对方相对年轻,若能主动问候对方也无妨,只会增进双方之间的友情。问候时应态度热情大方,谈吐清晰。

2. 回敬 被人问候后,应及时回敬问候。当对方说"见到您很高兴"时,可以回答"谢谢!见到您我也很高兴"等。

3. 周到 问候时,若遇到对方是一群人,其中仅个别熟悉,不要只顾熟悉者或有身份的人。虽然一般情况下只与熟人打招呼,但目光也应顾及其余人,以表示对陌生人的尊重,同时也顾及了熟人的面子。

4. 恰当 问候一定要避免使对方感到尴尬,不要触及对方的隐私,也不要涉及使对方不愉快的话题,不要随便在路上寒暄"吃了没""上哪儿去"。如问候西方人应该"八不问":不问年龄、健康状况、家庭住址、收入、恋爱婚姻、个人经历、信仰政见、所忙何事。

5. 适度 双方相距较远时,不要高声叫喊,即使是非常熟悉的朋友,也不要这样做,否则会被视为失礼。如果是在大街上和肃静的公共场合遇到自己认识的人,可以不打招呼,只用目光向对方示意即可。

三、介绍

介绍是社交活动中最重要的基本礼节之一,是双方开始交往的起点,是介绍双方进行沟通的重要纽带,为进一步开展个人交流、商务交流、医疗服务等打好基础。介绍的形式主要分为自我介绍与介绍他人。

(一)自我介绍

在社交礼仪中,正确地进行自我介绍,不仅可以扩大自己的人脉关系,还有助于自我展示和自我宣传,有利于在交往中消除误会,增强信任。自我介绍时首先向对方点头致意,得到对方回应后再介绍自己的姓名、身份和单位等。

1. 自我介绍的原则

(1)态度得体:自信但不张扬,自谦有礼,文雅大方,亲切友善。

(2)真实准确:言而有物,诚信取人,用事实说话;思路清晰,言简意赅。

(3)注意互动:介绍时与对方要有眼神的对视、目光的交流。同时注意对方反应,对于对方不感兴趣的事宜少说或不说。

(4)先递名片、后介绍:主动递送名片是对对方的尊重。同时名片是身份的象征,名片上的信息可加深对方对自己的印象,也可提高今后联系的概率。

(5)时间控制在1分钟以内:自我介绍要简洁,尽可能地节省时间,以半分钟左右为佳,最多不超过1分钟。

2．自我介绍的方法

（1）应酬式/社交式：适用于一般性的社交场合，此种自我介绍最为简洁，往往只包括姓名即可，如："您好，我叫张小明。"

（2）公务式/商务式：适用于工作场合，包括供职单位及其部门、职务或从事的具体工作以及姓名等。如："您好，我是来自江南大学护理学院的大二学生李哲。""大家好，我是来自滨城医院骨外科的护士长张丽。"

3．注意事项

（1）介绍时应平视且注视对方，以表示尊重对方；避免眼帘低垂。

（2）采用基本站姿站立，举止大方，面带微笑，注意避免不必要的肢体动作，如挥动手、握拳、不停地抖动单腿等。

（二）介绍他人

1．遵循原则 位尊者有优先知情权。主宾之间，一般先介绍宾客（来访者）；男女之间，一般先介绍男士；晚辈与长辈之间，一般先介绍晚辈；上下级之间，一般先介绍下级。

2．介绍他人的方法 介绍他人时，介绍人一般站立在被介绍者的旁侧，身体上部略倾向被介绍者，伸出靠近被介绍者一侧的手臂，胳膊向外微伸，与身体呈50°～90°，上臂和前臂成弧形平举，摊开手掌，掌心向上，四指并拢，拇指张开，指向被介绍者的一方，并且眼神要随手势转向被介绍者的一方，并向另一方点头微笑，如图4-1所示。

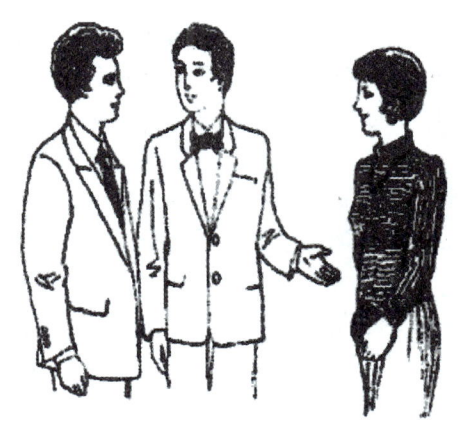

图4-1　介绍他人

3．注意事项

（1）注意手势正确，避免单手指人。

（2）注意人际间距离合适，禁忌勾肩搭背。

（3）注意眼神的交流，要兼顾接受介绍者和被介绍者双方，避免顾此失彼。

四、名片

名片是初次见面的人用于介绍自己的卡片，是人们用于交际或赠予他人作为纪念的工具。名片是标示姓名及其所属组织、公司单位和联系方法的纸片。对于非商界人士来说，是新朋友相互认识、自我介绍的最快且有效的方法；对于商界人士来说，名片更是十分必要的，可记录彼此的联络方式。

（一）递送名片的原则

递送名片应遵循位尊者优先知情权的原则。如年轻者应先向年长者递送名片，身份低者应先向身份高者递送名片，来访者应先向主任递送名片，男士应先向女士递送名片等。如果是向多人递送名片，可遵循由尊而卑、由近而远、由左向右或由右向左的方法进行。圆桌上递送名片一般按顺时针方向进行。切勿采取"跳跃式"。

（二）名片的内容

一般的名片上应该印有工作单位、姓名、身份、地址和邮政编码等信息。工作单位一般印在名片的上方，社会兼职紧接工作单位排列下来；姓名印在名片中央，右边印有职务、职称；名片的下方为地址、邮政编码、电话号码、传真和E-mail等。名片的背面，一般都印上相应的英文，在涉外交往时使用。但也有些名片在背面印上企业、公司的简介、产品及服务范围、经营范围作为宣传。

（三）递送与接受名片的方法

1．递送名片的方法

（1）做好准备：提前准备好名片，可放在上衣口袋、手提包、专用的名片夹中，以免要交换名片时出现慌乱状态，给对方留下不好的印象。

（2）注意时机：一般在初识时，经过自我介绍或他人介绍之后，或在分别时进行。如果是事先约定好的面谈，或事先双方都有所了解，不一定忙着交换名片，可在交谈结束、分别时取出名片递给对方，以加深印象，并表示希望保持联络的诚意。

（3）观察意愿：在交流中注意观察对方是否有继续交往的意愿，往往可通过"幸会""很高兴认识您"等语言或表情等非语言信号表露出来。如果对方或一方并没有这种意愿，可不用递交名片，否则会给人强加于人的感觉。

（4）注意态度与姿势：面带微笑，上身前倾15°左右，以双手或右手持握名片，举至胸前，并将卡片的正面面对对方，同时应用诚挚的语调附上一句"XX，你好，这是我的名片，请多多指教"，给对方一种谦逊大方的感觉。单方递名片时，要用双手恭恭敬敬地将自己的名片递过去；双方互递名片时要用右手递。在此须强调的是，国人交换名片一般是双手递、接，同外宾交换名片，要先留意一下对方用单手还是双手递过来，然后再跟着模仿。西方人、阿拉伯人和印度人习惯用一只手与人交换名片；日本人则喜欢在一手接过他人名片的同时，用另一手递上自己的名片。无论哪种情况，都要求名片的正面朝向对方。

2．接受名片的方法　接受名片是名片礼仪的核心内容，交换名片时的表现可以反映一个人素质的高低，体现出对对方的尊重与否。在接受名片时，应当遵守一定的礼仪。

（1）态度谦恭：在接受名片时，应当及时暂停手中的事务，并站立相迎，面带微笑，要双手捧接，并道感谢。有人会在对方递名片时，忙着拿烟倒水，一个劲儿地招呼对方"请坐，请坐"，或随手将名片往口袋中一塞，往桌上一扔，然后又忙着接待。虽然表现很热情，但对方看到此举，心里会不舒服，甚至反感。

（2）认真阅读：名片上往往有在介绍时未提及的信息，接过名片后，应先致谢，后将其从上到下、从正面到反面仔细默读一遍，名片上的姓名职务可读出声音来，以示尊重，如果名片上的内容不明确，可及时请教对方。

（3）细心处理：接收到名片后，千万不能放在手中玩弄，或乱丢乱放。应将其小心翼翼地放置在名片夹中、上衣口袋中或办公桌上。在第一次见面后，还可以在名片反面记下会面时间、地点等资料，同时，简单记下对方的特征、爱好、特长等。等下次见面时，不仅能说出姓名，还可以其爱好、特长等为话题，对方一定会感到意外与高兴。这些资源为下次会面或联络提供了线索与话题。同时也需注意，当对方情况有变时要及时更改。比如，遇到对方已升职、电话号码已更改等情况，都应及时掌握并修改，否则会对工作不利，也会显得不够礼貌。

（4）注意互换：接受名片后，应礼貌致谢，且立刻回送对方一张自己的名片，如果名片已用完，或没有携带，则需要向对方做出解释并道歉，可提出他日补送名片。

（四）注意事项

1．注意递送名片的方式和手势　递送名片时目光一定要迎向对方，表示对对方的尊重。除外西方的一些特殊名片递送礼节方式，递送名片一般要求做到双手递送、双手捧接。

2．接过名片后一定要看　认真阅读接过的名片既是对名片递送者的尊重，也是获取对方信息快捷、有效的方式。

3．名片存放位置的禁忌　接过的名片禁忌放在裤兜、钱包等位置，因为这样会显出对对方的不尊重。明确正确的存放位置有名片夹中、上衣口袋或办公桌上，如果暂时没有合适的存放位置，可以暂且托在手掌心上，待客人离开后，再找合适的位置存放。

五、握手

握手习俗通行于全世界。握手是日常交往中最常见的礼节，也是一种祝贺、感谢或相互鼓励的表示，其动作虽然简单，但却蕴含着复杂的礼节与细节，是显示一个人有无礼仪教养的重要标志。

> **知识链接**
>
> **握手礼的起源**
>
> 握手最早发生在人类"刀耕火种"的年代。那时，在狩猎和战争时，人们手上经常拿着石块或棍棒等武器。当他们遇见陌生人时，如果大家都无恶意，就要放下手中的东西，并伸开手掌，让对方抚摸手掌心，表示手中没有藏武器。这种习惯逐渐演变成如今的"握手"礼节。也有一种很普遍的说法是中世纪战争期间，骑士们都穿盔甲，除两只眼睛外，全身都包裹在铁甲里，随时准备冲向敌人。如果表示友好，互相走近时就脱去右手的甲胄，伸出右手，表示没有武器，互相握手言好。后来，这种友好的表示方式流传到民间，就成了握手礼。当今行握手礼也都是不戴手套，朋友或互不相识的人初识、再见时，应先脱去手套，再施握手礼，以示对对方的尊重。

（一）握手的原则

行握手礼时，遵循位尊者居前的原则。长者、尊者、上级、女士有先伸手的义务，不然会使对方尴尬，同时也能表达出对于低位者的尊重。因此，握手时，应由主人、年长者、身份高者、女士先伸手，客人、年轻者、身份低者、男士向高位者表示问候时，一般应待对方伸出手后再握。如果一个人同时要与多人握手，如有身份较高或非常值得尊敬的人在场，就应该先与其握手，然后再与其他人握手。

（二）握手的内涵

握手承载着丰富的交际信息和内涵，如当被人介绍相识或亲友久别重逢时握手表示问候；与成功者握手表示祝贺，如颁发奖状、奖品时；与失败者握手表示理解、安慰；与对立者握手表示和解；与悲伤者握手表示慰问；与欢送者握手表示告别；与给予自己帮助者握手表示感谢等。

（三）握手的姿势与方法

握手的形式有多种，最常见的是平等式的握手，也是日常社交礼节中最常用的方式。握手时要求双方呈基本站姿面对面站立，下颌微收，上体前倾15°，相距1 m左右。伸出右手，右手掌与地面垂直，拇指与并拢的四指分开成65°，掌心微凹，双方手掌和手指全面接触，稍稍用力，持续时间1～3 s，同时要求眼睛目视对方4～6 s。握手时一定要用右手，即使是左利手，也要伸出右手去握，这是约定俗成的礼仪，如图4-2所示。

图4-2 握手

（四）注意事项

（1）通常情况下，在社交场合，人们应该站立着握手。当自己处于坐位时，如果对方走来想要握手，则必须站立起来予以迎合。因身体不便或者其他原因不能站起者，一定要说："对不起，我不能站起来。"

（2）握手时手要干净，如果碰巧手很脏，应先向对方致歉，将手洗净后再握。

（3）忌佩戴手套或墨镜与人握手，女士戴薄纱手套或患有眼疾的人除外，否则会显得十分不礼貌。

（4）不要用左手与人握手，尤其是不要与阿拉伯人、印度人等有"左手忌"的人用左手握手。

（5）众人握手时，不要交叉相握，要依次进行。

（6）握手的力度要得当，避免过重或过轻。过重会让人觉得失礼，过轻会让人觉得不重视或敷衍对方。

（7）握手时要面带微笑、目视对方，不能东张西望，目视时间最好为 4～6 s。

六、致意

致意是一种见面礼节，见面时相互致意，既是对对方的尊重和友善，也表达了彼此愿意继续交往的意向。

（一）致意原则

一般情况下，致意遵循位低者优先的原则。如年轻者先向年长者致意，下级先向上级致意，男士先向女士致意。

（二）致意的种类及方法

1. 微笑致意　微笑是一种最广泛的致意方式，一般方式为注视对方，微微一笑，进而传达出对对方真诚的问候。常见的应用人群如礼仪接待人员、医院导医台的导医等。

2. 点头致意　微微向下点一下头表示向对方打招呼。注意点头致意时不可摇头晃脑，也不可持续点头不止。主要用于如下场合：老师给予学生问候的回礼；在不适于交谈的场合行礼，如会议、会谈进行中；与老熟人在同一场合多次见面时的打招呼；以及与仅有一面之缘的朋友相逢时的行礼。

3. 举手致意　伸出右臂，掌心朝向对方，轻轻摆一下手，向对方表示问候。举手致意一般不发出声音，也不用反复摆手，更不要像做广播体操似的大幅度挥舞手臂。主要用于向远距离的人打招呼。

4. 脱帽致意　微微欠身，脱下帽子，然后将帽子置于大约与肩平行的位置，向对方表示问候。如果是熟人迎面而来，也可不必脱帽，只需轻轻掀动一下帽子致以问候之意即可。

5. 欠身致意　分为站立位和坐位两种。站立位的欠身致意时，要求双眼平视，表情自然，面带微笑，全身或身体的上半部微微向前倾斜 15°～45°，即鞠一躬，目光落在自己前方 1～2 m 处，双手交叠或相握，随身体的前倾而自然下垂。遇见身份显赫的人，欠身致意最能表达出尊敬之意。另外，交谈时若另有其他朋友参与进来，也可以采用欠身致意的礼节。坐位的欠身致意主要应用于对会场上后来入座的朋友行礼，要求就座者将臀部从坐位抬起，身微微耸起，而不必完全站立起来。欠身致意不可以弓背、扭腰，不可以仰首观望、目光游移，也不要将手按扶着双腿。否则欠身原有的恭敬之意将因之而荡然无存。

（三）注意事项

（1）注意把握致意的恰当时间。在不恰当的时候上前致意，不仅会打断对方，也会令对方产生厌恶感；而在应该致意的时候不去致意，则会被对方误以为不知礼，也会引发厌恶感。一般情况下，会面时即可致意。如果碰见身份地位较高的熟人正在应酬，就应该待其应酬告一段落之后，再上前致意。

（2）注意保持合适的距离。因致意多半是靠身体语言来传递对对方的问候，所以，不要站在距离较远的地方向对方致意，也不要站在对方的背面及侧面，一定要站在对方的正面向其致意。遇到对方向自己致意时，应以同样的方式还礼。

七、交谈

交谈是指人们通过谈话来交流信息、沟通情感的交往方式，是人际交往中的重要环节，也是社会生活中必不可少的内容之一。关于交谈的礼仪主要体现在两个方面，即谈话的两大要素：形式和内容。使用恰当得体的交谈形式和准确的交谈内容，对促进人际交往、建立和谐融洽的人际关系，增强认识能力、处理问题和解决问题的能力都起着非常重要的作用。

（一）交谈原则

1. 认真倾听 从心理学的角度来讲，倾听是有效沟通的首要因素。通过倾听可以捕获对方的许多信息，然后才能做出合适的回应。倾听，对他人也是一种尊重，所以学做最佳听众是交谈的第一要求，因为诉说是一种本能，而倾听则是一种修养。在倾听中应注意以下三点。

（1）耐心：倾听他人谈话时，一定要让对方将自己的意图或观点表达完整，不要随意打断。有人喜欢不停地纠正他人的话或者接他人的话，而且说起来没完没了；也有的人碰到自己不感兴趣的话题就显示出不耐烦、左顾右盼、心不在焉，这些都是缺乏礼貌的表现。

（2）专心：认真聆听，遇到不理解的问题可以提问，但最好做出说明，例如："对不起，我有点不是十分清楚，麻烦你解释一下好吗？""对不起，打断一下。"在他人谈话时不可以唐突地提出与此无关的话题，或者擅自转移话题。

（3）热心：在倾听的过程中，要保持与对方的适度交流。交流不仅是语言上的，还可以用目光、点头、微笑等对对方的谈话做出回应，这样是对谈话方的鼓励与尊重。切忌眼睛盯住别处，毫无反应，或者眼睛直直地盯住他人，这样会让人感觉不自在，当然也会显得十分失礼。

2. 准确表达 是否善于表达与一个人的性格有很大关系，但与后天的训练关系更为密切。古罗马最著名的演说家西塞罗的演说结构严谨、文采斐然，他创造的文体被西方人称作"西塞罗文体"，成为历代演说家模仿的榜样。殊不知，年轻时期的西塞罗却是一个说话口吃的人。他认识到口才在政治活动中的重要性，于是口含石子刻苦练习，终于成为一代演说宗师。准确表达要做到五点。

（1）态度谦和：交谈的双方在人格上是平等的，交流的目的就是相互切磋，沟通信息和情感，作为说话者态度应该谦和，切不可盛气凌人、自以为是。所以谈话时，需注意分寸，多用商议的口气，必要时可以征求对方的意见和看法，如"我个人认为……不知是否准确"。表达尽量不要绝对化，要留有余地。

（2）言之有物：交谈的双方都想通过交谈获得知识、拓宽视野、增长见识和提高水平。因此，交谈要有理有据，有内涵，有思想，而空洞无物、废话连篇、颠三倒四的交谈不会受人欢迎。

（3）言之有序：根据讲话的主题和中心设计讲话的次序，安排讲话的层次，即交谈要有逻辑性、科学性。"使众理虽繁，而无倒置之乖；群言虽多，而无棼丝之乱。"（刘勰《文心雕龙》）讲话若无中心，语言繁杂，无层次，给人的感觉会是杂乱无章，言不及义，会影响与他人的沟通，同时给他人留下不好的印象。

（4）言之有礼：交谈时的表达要掌握分寸，主动创造一个和谐、愉快的交谈环境。讲话者要善于体察听众的反应，不要自我陶醉，语气要友好，内容要适宜，语言要文明；切忌谈吐粗俗，尖刻损人。开玩笑要注意场合和对象，不可随意与不熟悉的女士开玩笑。

（5）风趣幽默：谈吐风趣幽默的人是十分受欢迎的。现代社会中的人们工作生活压力日渐增大，总是喜欢适度地放松一下，通过幽默，可缓解与释放自身过大的压力，调节气氛，舒缓紧张的局面，巧妙地化解尴尬。交谈中适度使用幽默言辞是完全可以的，但需注意保持较高格调，不要把庸俗等同于幽默。

（二）交谈的禁忌

（1）男不问收入，女不问年龄。在交谈中难免要询问对方一些问题，而收入与年龄则是最忌讳的话题，尤其是这些话题涉及他人的隐私，贸然提问会让人很尴尬。作为提问者提出这样的问题也是缺乏修养的表现。

（2）避免谈及敏感话题，如宗教信仰、人权、单位的是是非非、上司的偏好等。

（3）不涉及他人隐私，如家庭住址、婚姻状况、个人经历、家庭财产、个人以及健康状况等。如果不是对方主动提起，最好不要作为谈论的话题。

（4）与不熟悉的人交谈时不问对方衣服的质量、价格，以及首饰的真假等。如果在社交场合问及对方这些问题，会使人难以回答，甚至陷入难堪境地。

（5）忌哗众取宠。社交场合不以荒诞离奇、耸人听闻、黄色淫秽的内容为话题，也不开低级庸俗的玩笑，更不能嘲弄他人的生理缺陷，那样只会显得自己的格调不高。

（6）四不宜：不宜打断、不宜补充、不宜质疑和不宜纠正。与人对话时要善于聆听，不是原则性的问题不纠正、不补充，如要发表观点，需等对方把话说完。

八、位次

位次礼仪体现了一定场合中参与人或当事人的身份、地位、性别、年龄等差异，或按参与者、当事人居于某种惯例规则给予相应排列的礼仪规范。

（一）会见/谈座次礼仪

1. 遵循原则 宾主对面而席，面门为上；宾主并排而坐，以右为上。

2. 会见的座次 会见一般安排在会客厅或办公室。通常宾主各坐一边，也有穿插坐在一起的。某些国家的会见还有其独特的礼仪程序，如双方简短致辞、赠礼、合影等。我国习惯在会客室会见，客人坐在主人右边，翻译和记录人员安排坐在主人的后面。其他客人按礼宾顺序在主宾一侧就座，主方陪见人在主人一侧，座位不够时可在后排加座。

3. 会谈的座次 双边会谈通常用长方形、椭圆形或圆形桌子，宾主相对而坐，以正门为准，主人坐背门一侧，客人面向正门，主谈人居中（图4-3）。我国习惯把译员安排在主谈人右侧，但有的国家安排译员坐在后面，一般应尊重主人的安排。其他人按礼宾顺序左右排列。记录员可安排在后面，如会谈人数少，也可安排在会谈桌就座。如会谈长桌的一端面向正门，则以入门的方向为准，右为客方，左为主方（图4-4）。

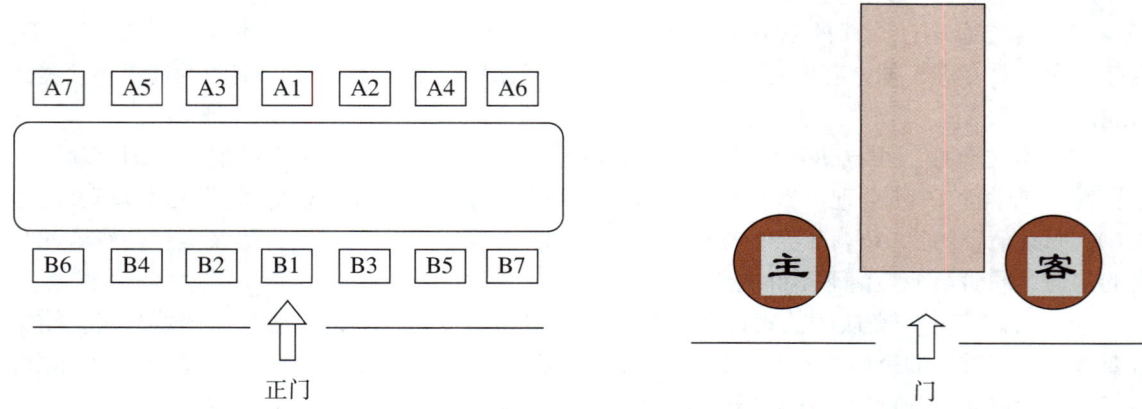

图4-3 会谈位次（面门与背门）
注：A为客人，B为主人

图4-4 会谈位次（右侧与左侧）

（二）宴请座次礼仪

1. 遵循原则 面门为尊，远离门厅为尊，右为尊，中间为尊。

2. 圆桌宴请 宴请客人，一般主陪在面对房门的位置，副主陪在主陪的对面。1号客人在主陪的右手，2号客人在主陪的左手，3号客人在副主陪的右手，4号客人在副主陪的左手。其他可以随意，如图4-5所示。部分地区宴请时上述主陪和1号客人的座次是互换的，具体可遵循当地风俗。

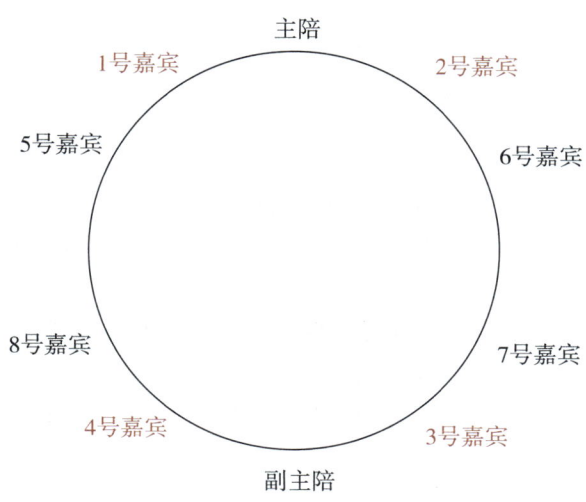

图 4-5　圆桌宴请位次

知识链接

礼仪知识

(1) 涉及位尊者优先的礼节：握手。
(2) 涉及位低者优先的礼节：致意、递送名片。
(3) 涉及位尊者有优先知情权的礼节：介绍他人、自我介绍。
(4) 位次原则：右为尊，左为卑；面门为上，中间为尊。

第二节　交通礼仪

案例 4-2

一位旅客说，他乘坐飞机时，最怕的就是周围有人脱鞋，他形容道："如果将各地域的臭脚聚在一起，那几小时的密闭飞行简直就是一种刑罚。"但这位旅客感到非常疑惑，他说："按理说，在公共空间里休息是不能脱鞋的，但有一次出国，我乘坐的是外航，人家空中小姐还给旅客提供拖鞋，这就意味着飞机上可以脱鞋休息。"

护理礼仪与人际沟通

> **案例 4-2（续）**
>
> 请回答：
> 1. 飞机上到底能不能脱鞋？
> 2. 如果你是这位旅客，你会如何处理？

随着社会的发展，现代交通工具越来越发达。遵守交通礼仪不仅可以表现出个人的风度、修养和气质，有助于良好社会关系的建立，同时也是交通安全的重要保障。

一、行路礼仪

道路是最基本的公众场合，行路作为日常生活中最简单的活动之一，是每一个现代人不可或缺的社会活动。根据社交礼仪，行路时应自尊自爱，以礼待人，不论是一人独行，还是多人同行；不论是行于偏僻之地，还是奔走在闹市街头，都应遵守一些基本的礼仪要求。

（一）礼仪要求

出门行路，要注意正确的走姿，保持优雅的仪态。如果两人同行，那么前为尊、后为卑，右为大、左为小，因此与长者、尊者、女士等一起走路时，要走在其后、其左，以表示对长者、尊者、女士的尊重，而在进出门口或经过黑暗区域时，则应先行。如果是三人同行，则应以中央为尊，右边次之，左边再次之。

（二）注意事项

(1) 行路时应遵守交通规则，遇到车辆要安全礼让，不要强行。
(2) 如和老人、儿童一起行走，应扶老携幼。
(3) 在人行道上应顺着人流走，不要逆行，不要硬性超人。
(4) 不要在人流中突然停止不前，以免妨碍后面的人前进。
(5) 遇到有人问路，应尽可能帮助。
(6) 路遇熟人应主动打招呼，需要在路上交谈时，要尽量站在不妨碍交通的地方。
(7) 初到异地需要问路时，应用礼貌、请教的口吻发问，不论对方能否回答出所问的问题，都应表示感谢。
(8) 行路的过程中要保持道路卫生，不随地吐痰，不乱扔杂物。
(9) 行路过程中上下楼梯时：①应单行行走，不宜多人并排而行；②应靠右侧行走，即应当右上、右下，将自己左侧留出，以方便有紧急事务者快速通过；③若为他人带路，应走在前面，而不应位居被引导者之后；④不应进行交谈，因为大家都要留心脚下，注意安全，站在楼梯上或楼梯转角处进行深谈会有碍他人通过，亦不允许；⑤与尊者、异性一起下楼梯时，若阶梯过陡，应主动行走在前，以防身后之人有闪失；⑥不仅要注意阶梯，还要注意与身前、身后之人保持一定距离，以防碰撞。

二、乘车礼仪

车是人们生活和工作中不可缺少的交通工具，探亲访友、上下班、假日游玩，都免不了要乘车。乘车时要遵循一定的礼仪要求。

（一）礼仪要求

1. 火车礼仪 上火车时，拿好自己的物品和车票，排队检票后按顺序上车。上车后尽快找到自己的座位，不要忘记与车厢外亲人道别，不要占据他人的座位，也不要一个人占多个座位，不能将头、手臂伸出窗外。按乘务员要求将随身携带的物品放在行李架上，如有人相助应道谢，如有人需要帮助则应起身相助。火车启动后乘务员送开水时应道谢，在火车上吃东西时不要乱扔垃圾或将垃圾扔出窗外。

在火车上要与邻座友好相处，双方都有攀谈需求时可以谈话，但不要刨根问底，不要谈对方不愿意提及的问题。注意公共道德，在车厢内不要吸烟，不要大声喧哗，乘卧铺车时上下动作要轻。下火车时，带好自己的行李物品和车票，礼貌地与邻座道别，待火车停稳后按秩序下车。

2．公共汽车礼仪 公共汽车是现代城市最为普遍的交通工具，也是一个城市、一个地区精神文明程度的窗口。上车时按顺序排队上车，不要争抢座位，上车后自觉投币/刷卡。上车后，要热情为老人、病患者、残疾人、孕妇、带小孩的乘客让座，如果有人给自己让座，应道声"谢谢"。男女两人乘车，应将临窗的座位让给女士，只有一个座位时，应请女士落座，且男士立于女士旁边。与朋友一起乘车时不要高声喧哗，情侣一起乘车时不要过于亲昵。当车内人多拥挤时，应将目光投向窗外，以避免面面相视的尴尬。下车时不要拥挤，应互相礼让，按秩序下车。上下车时对老幼病残要适当予以帮助。

3．地铁礼仪 地铁作为公共交通工具，是一个城市人口、经济快速发展的标志。乘坐地铁时应遵守相应的规定和礼仪，阅读乘车说明，凭票乘车，遵守规定，不携带易燃易爆等危险物品。在地铁内注意衣冠整洁，行为举止得体，服从车站人员的管理，听从工作人员的指挥，配合工作人员的工作。注意安全，严守站台规定。

4．轿车礼仪 在轿车上，座次的常规一般是右座高于左座，后座高于前座。如双排五人座的轿车，其座次的尊卑自高而低依次为：后排右座，后排左座，后排中座，前排副驾驶座。

在公务活动中，轿车上的副驾驶座通常称为"随员座"。按惯例，此座应由秘书、警卫或助手就座，不宜请客人在此就座，但在主人亲自驾驶轿车时，客人坐在副驾驶座上与主人"平起平坐"，才合乎礼仪。因此由主人充当司机的轿车，首座是副驾驶位，其次是后排右座，再次是后排左座，后排中央是末座。

主人亲自驾车时，应后上车、先下车。专职司机驾车时，前排乘坐者应后上车，先下车；后排乘坐者先上车、后下车；同坐于后排时，应请尊长、女士、宾客从右侧车门先上，主人或陪同者从左侧车门后上。下车时，主人或陪同者先从左侧车门下，从车后绕到右侧帮助对方下车。

（二）注意事项

（1）乘坐公共交通工具时，要注意社会公德，遵守秩序，讲文明礼貌，排队上下车。

（2）对于乘车的老人、儿童、孕妇等，应主动为其让座。

（3）上下车时要讲究姿态自然从容，女士姿态要优雅，可采用背入式或正出式，即将身体背向车厢入座，坐定后随即将双腿同时缩入车厢。

（4）女士为避免"走光"，准备下车时，先将双腿踏出车外，然后将身体重心移至双脚，头部先出，最后再把整个身体移离车外。

（5）乘火车、地铁等交通工具前需要安检，对行李携带有限制。禁止非法携带国家规定的管制器具、易燃易爆危险化学品以及其他可能危及人身安全的物品进站乘车。

三、乘机礼仪

当今社会，飞机已经是普遍的交通工具。飞机场内人群相对集中，每个人的一举一动都有可能影响周围的乘客，尤其是一些不文明的行为，不仅有失体统，还会给他人造成不必要的困扰，因此有必要了解乘坐飞机的礼仪。

（一）礼仪要求

1．候机 在候机大厅内的旅客应注意，一人一个位置，要注意异性之间不要过于亲密。

无论是同性还是异性，切忌坐在对方腿上，这是非常不礼貌的行为，特别是在国际机场。

2．行李 在机场内旅客携带行李较多时，可使用行李车到指定柜台办理行李托运手续。任何情况下，行李车都不要横放在通道内，以免影响其他旅客通行。乘飞机时不要携带过多随身行李，很多人不愿意托运行李，于是便带着很多包裹乘飞机，这样，在取放行李时会长时间占用过道，不仅影响他人通行，还会占用他人的行李位。

3．安检 安检时提前准备好身份证、护照、登机牌和机票，以免临时翻找，耽误时间，也容易出错。

4．登机 按照登机牌指示前往登机口候机，登机时间一般为起飞前半小时。登机后，对号入座，将随身携带的行李放于行李架内。

5．机内 在机内与人交谈时要压低声音，以免影响他人。当飞机开始降落时，不要站起，待飞机停稳后取下行李，按秩序走下飞机，并向机务人员道声"谢谢""再见"等。

（二）注意事项

（1）在候机过程中，不要出现用行李占座的行为。

（2）在候机室座位紧张的情况下，要把座位让给老人、孕妇、抱小孩或有其他需要的旅客。

（3）使用行李车时要注意爱护，不要损坏。

（4）安检时应积极配合例行的安全检查。

（5）不能将易燃易爆品带上飞机，随身携带的液体单位容积在100 ml以下。

（6）登机后，不要在机舱通道内停留。

（7）在服务人员提供舱内服务时，要道声"谢谢"。

（8）在机舱出入座位时，要向受影响的人说声"劳驾""谢谢"。

四、乘梯礼仪

现代社会，越来越多的高楼大厦耸立，电梯已成为人们日常生活中普遍使用的交通工具，搭乘电梯时亦需要遵守相应的礼仪规范。

（一）礼仪要求

1．出入有人控制的电梯 出入有人控制的电梯，陪同者应后进、后出，客人先进、先出，把选择行进方向的权利让给地位高的人或客人，这是一个基本规则。当然如果客人初次光临，对地形不熟悉，陪同者应该为其指引方向。

2．出入无人控制的电梯 出入无人控制的电梯时，陪同人员应先进、后出，并控制好开关钮。电梯设定程序一般为30 s或者45 s，时间一到，电梯即关门。在陪同客人较多的情况下，容易导致后面的人来不及进电梯，陪同人员应先进电梯，控制好开关钮，使电梯门保持较长的开启时间，以免给客人造成不便。此外，如果有个别客人动作缓慢，影响其他客人，可以利用电梯的唤铃功能提醒客人，避免在公众场合大声喧哗。

（二）注意事项

（1）电梯关门时，不要扒门或是强行挤入。

（2）电梯人数超载时，不要心存侥幸，非进去不可。

（3）电梯在升降途中因故暂停时，要耐心等候，不要冒险攀爬而行。

（4）先出后进，不要电梯门一开就着急往里挤，导致要出来的人被堵在里面。与不相识者同乘电梯时，进时要遵循先来后到，出时则应由外而内依次而出，不可争先恐后。

（5）与熟人同乘电梯时，尤其是与尊长、女士、客人同乘电梯时，应视电梯类别而定：进入有人管理的电梯，应主动后进、后出；进入无人管理的电梯，应当先进、后出。

（6）操作电梯按扭是晚辈或下属的工作，所以同一电梯内辈分最低的人应站在此处。越靠内侧，是越尊贵的位置；靠电梯门口处，则为第二顺位。

（7）进入电梯后，要等待即将快步到达者。
（8）不要在电梯内吐痰、抽烟，尽量不吃零食、打手机。
（9）不要在电梯内搂搂抱抱，也不要在电梯里盯着某人看。
（10）最好不要带宠物进电梯。
（11）最好不要对着电梯里的镜子描眉化妆或对镜整装。
（12）如果对电梯性能不太了解，最好请教一下旁边的人，不可乱按按钮。
（13）如果电梯里很挤，不熟悉的人面对面会很尴尬，所以最好都在面朝门的方向站。
（14）在电梯里遇到熟人时，不要大声打招呼和说笑，这是不礼貌的，而且唾沫横飞也会引人反感。
（15）避免过度使用香水。若闻到异味不要捂鼻，不要表现出厌恶之情，这样会使对方非常难堪，也是一种失礼。

随堂测 4-2

第三节　通信礼仪

案例 4-3

某医院急诊科护士站响起了电话铃声，小李放下手里的工作，接起电话："您好，这里是 XX 医院急诊科，请问有什么需要帮助的吗？"对方接着说："您好，这里是'120'急救车。有一位 70 岁突发心绞痛的患者，正在送往你们医院的路上。目前患者体温 36.3℃，脉搏 110 次/分，呼吸 24 次/分，血压 150/100 mmHg。预计还有 10 分钟到达，请做好准备接诊患者。"

请回答：
1. 护士小李接下来应怎样应对？
2. 在电话通信礼仪中，应注意哪些问题？

人们在社会交往中，往往通过会面的形式来进行沟通交流，互相传递信息。但是在信息传递双方不方便直接会面的情况下，例如所处距离较远，缺少足够的交流时间，或者需要更快速、准确地传递信息等多种因素的影响之下，陆续出现了符合社会发展的、形式多样的通信方式。人们通过更多的途径和手段及时、准确、高效地传递信息，以满足人们工作、学习和生活的需要。本节中将依据通信方式出现的时间先后顺序，介绍几种通信礼仪礼节运用规范。

一、纸质书信通信礼仪

（一）纸质书信通信的特点

纸质书信出现的时间较早，可以追溯到中国四大发明之一的造纸术出现之后。以中国古代书写记事为例，使用过竹简、绢帛等为工具进行信息记录和传递。纸张的出现，极大程度上为人们的生活提供了便利。竹简过于笨重，保管和传递起来不方便；绢帛虽然轻便、宜携带，但是造价昂贵，成本较高。故纸张用于记载和书信传递就被保留下来，它兼有轻便又便宜的特点，被广为流传使用。

> **知识链接**
>
> **中国四大发明之一——造纸术**
>
> 　　造纸术是中国四大发明之一,发明于西汉时期,改进于东汉时期。东汉元兴元年,蔡伦改进了造纸术。他用树皮、麻头及敝布、鱼网等原料,经过挫、捣、炒、烘等工艺制造的纸,是现代纸的渊源。这种纸,原料容易找到,又很便宜,质量也有提高,因此逐渐被普遍使用。为纪念蔡伦的功绩,后人把这种纸称为"蔡侯纸"。

（二）书写纸质书信的礼仪

纸质书信的书写,无论是信封还是信笺,都有相对固定的格式需要遵循,书写时要注意相应的规范。

1．信封的书写　信封包含横式和竖式两种。横式和竖式信封都由六个部分构成,以横式信封为例（由左上到右下）。

（1）收信人邮政编码：在信封的左上方六个方格内填写收信人的邮政编码。

（2）收信人地址：在收信人的邮政编码下方,另起一行空两格（一般位于信封第一、二条横线处）,填写收信人的详细地址。地址填写习惯（国内）从大到小依次是省份、市、区、街道、小区、栋、单元和门牌号。

（3）收信人姓名：在收信人地址下方,另起一行空开三四个字,填写收信人姓名（一般位于信封第三条横线处,即信封正中间位置）。为了表示尊重,可在名字后空两三格写上"先生""女士""老师""教授"等称谓。

（4）寄信人地址、姓名：在收信人姓名下方,另起一行偏右处（一般位于信封第四条横线处）,填写寄信人地址和姓名。注意寄信人地址和姓名要详写,以免因对方无法收信,可原路寄回。

（5）寄信人邮政编码：在信封右下方的六个方格内填写寄信人的邮政编码。

（6）邮票：信封的右上角有用于贴邮票的方框,可在框内贴上邮票。

2．信件内容　信件内容的格式一般包括开头称谓、问候语、信件正文、祝颂语和落款五个部分。

（1）开头称谓：首行顶格写。根据收信人的身份,可适当加上修饰词。例如：敬爱的XX老师,并在称谓后打冒号。

（2）问候语：第二行空两格,写问候语。例如："您好！"

（3）信件正文：是信的主体,于第三行空两格,根据自己所要表达的重要内容来书写。若划分不同段落,每段按照首行空两格,转行（第二行）顶格写的格式书写正文主体。

（4）祝颂语：正文结束之后,可写祝颂语,表示对对方的尊重或美好祝愿。一般可在正文后另起一行空两格书写。例如："此致敬礼"的书写格式为：此致,于正文后另起一行空两格书写；敬礼,于"此致"后另起一行顶格书写。

（5）落款：落款包括写信者姓名和日期,一般于正文后另起一行右下角处书写。先写姓名,姓名后另起一行在相应位置处写上年、月、日。

（三）收发纸质书信礼仪

一般情况下,收到纸质书信,应打开详细查看信中内容,并及时予以回信,以示对对方的尊重。现代社会有了电话或短信和微信等通信方式,还可以在发出前或者收到信后及时告知对方,以达到提醒和尊重对方的目的。

（四）注意事项

（1）书写信封时，应字迹工整、不涂改、使邮递员能够看清信封的信息，以便及时送达目的地，并准确地交到收信人手中。

（2）纸质书信正文，要求格式正确，有礼有节、表达通畅、条理清楚、内容完整；书写时字迹清晰明了，尽量做到不涂改，以方便收信人阅读。

（3）信笺叠放整齐放进信封，信封要密封妥当，邮票按要求粘贴整齐。

（4）寄信和收信要符合邮政规则。

（5）对于私人信件，未经当事人允许，不准他人私自拆阅或当众传阅。

（6）对于有保存意义的信件，可专门放到柜子、抽屉或盒子中进行妥善保管。

二、电话通信礼仪

（一）电话通信的特点

在纸质书信之后，电话的出现给人们的生活和工作带来了很多便利。电话已经成为不可或缺的通信工具。通过电话沟通交流，信息传递速度更快，这种方便快捷的通信方式深受人们的喜爱。

（二）拨打电话礼仪

1．时间选择　常规情况下，公务电话的拨打时间尽量选择在工作时间段内。尽量避免在早上 7 点以前、晚上 22 点以后的时间段拨打公务电话。尽量避开对方就餐、休息、节假日等时间拨打电话，以避免占用对方的私人时间而影响对方的生活。但是在紧急情况下，可以立即拨打电话，及时有效传递重要信息，以免耽误极为重要的事情。

2．称呼和问候　电话接通后，首先进行自我介绍。例如："老师您好！我是××医院××科室的××。"然后再确认对方是否为本次需要沟通交流的对象。例如："请问您是××医院××老师吗？"在确定了对方身份之后，沟通交流时应恰当使用称呼和问候。称谓应该根据对方的身份、地位有所区别。

3．通话时间和内容　遵守"三分钟"原则，在尽量短的时间范围内，言简意赅地表达重要内容，把时间、地点、人物、事由等关键内容交代清楚，语言组织应该层次分明、条理清楚、简明扼要且有礼有节。

（三）接听电话礼仪

1．及时接听　一般情况下，听到电话铃响 3 声后接听，遵循"响铃不过三声"的原则。因特殊情况，未及时接听，或超过三声未接电话时，需要向对方致歉，并简要解释原因。

2．应答得体　电话接通时，需自我介绍，以方便对方确认是否为正确的通信对象，避免张冠李戴，浪费彼此的时间。

3．记录准确　一般情况下，如果通信内容很重要，且需要进行传达的，应进行书面记录。记录后务必和对方进行信息确认，以保证记录的完整和准确性。通话结束后，及时对相关当事人进行信息传达。

（四）结束通话礼仪

1．挂机暗示　当通话双方沟通交流完所有内容，需要挂机前，需要有一定的暗示，不能在毫无预警的情况下，单方面直接挂机。例如："请问您还有需要补充的吗？如果没有，那我们有机会再联络。再见！"

2．挂机顺序　当双方都确定交流结束时，就可以准备挂机。一般情况下，按照尊者优先的原则挂机。例如：长辈和晚辈通话，由长辈先挂机；领导和下属通话，由领导先挂机；男士和女士通电话，由女士先挂机。

（五）注意事项

（1）保持电话的干净和整洁，如果是座机，且为公共使用，还需要定期消毒，尤其是话筒部分；如果是手机，需要保持屏幕整洁、干净，当贴膜出现裂痕或破损时，需要及时更换。

（2）注意保持电话通畅，交流时尽量言简意赅，抓住重点，不过多占用双方时间。使用完毕后，座机的话筒需挂稳，防止其他人拨打时占线；手机需及时充电和充值，防止因断电或欠费停机而无法进行联络。电话出现故障无法拨打和接听时，需要及时维修，并及时通过其他途径广而告之。

（3）如果因工作繁忙等原因，未及时接听电话，需要及时回电、致歉，并简要告知未及时接听电话的原因，以取得对方的谅解。

（4）接听电话时应专注，不要吸着香烟、嚼着口香糖说话；讲话时应语气亲切柔和、语速适中、表达清晰。

（5）注意在因安全等因素不宜拨打电话的场所，需要尽量避免使用电话。例如加油站、放射检查室等场所禁止使用电话；在会场、电影院、剧院、图书馆等场所，为避免影响他人，可将手机调成静音或震动。确实需要接通电话时，可暂时离开这些场所再接听。

三、电子邮件通信礼仪

（一）电子邮件通信的特点

电子邮件（electronic mail，Email），简称电邮，是指通过网络的电子邮件系统书写、发送和接受信件。还可用附件形式来传递重要文件、视频、图片等信息，可收发的信息量巨大。电子邮件处理非常方便，具有接受、发送、转发、群发、储存、查询、恢复、删除等多种功能，符合现代人信息沟通的基本需求。

（二）书写电子邮件礼仪

1. 填写"收件人"的礼仪 收件人这里填写的是收件方的邮箱号，相当于纸质书信的收件方。在填写时需要确认信息格式正确，这样才能把邮件准确送达。同时，收件人这里可以选择"抄送"功能，方便把相同信息同时发送给多人，这时就需要在勾选收件方时认真核对，以免误发或漏发信息。

2. 填写"发件人"的礼仪 发件人相当于纸质书信的寄件方，进入自己的邮箱发送邮件，一般发件人就自动默认该邮箱号，不用特意更改。

3. 填写主题的礼仪 邮件主题相当于标题。标题应简明扼要、提纲挈领，方便收件方通过主题内容进行快速筛选，分辨邮件的大致内容和重要与否。

4. 编辑内容的礼仪 在编辑邮件内容时，应与主题密切相关，围绕主题展开，表达应通顺、流畅，具有逻辑性，且有礼貌。编辑时可以分段落，重点内容还可以加粗、标下划线或改变字体颜色等方式，来提醒对方注意。发送前再仔细阅读一遍，检查行文是否通顺，拼写是否有错误，以方便及时修改。

5. 发送附件的礼仪 电子邮件中可添加各种附件，包括图片、视频、文件等资料，这些资料需要事先准备好，且命名好每个文件以便接收方查看和归类。如果发送的附件数目比较多，建议打包压缩成一个文档，并统一命名。上传附件时，注意附件的大小是否超出了规定范围，以免造成无法发送的局面。

（三）收发电子邮件礼仪

1. 发邮件方 发邮件方注意要确认好收件方、主题、内容、附件等相关信息无误后，方可发送。如果是重要邮件，还可以通过其他通信手段或方式提醒对方查收邮件；或者在邮件中勾选"请求回传已读回执"。通过这样的设置，方便发件方了解接收方是否及时查看邮件。

2. 收邮件方 收邮件方在收到邮件第一时间，应用邮件回复等功能，或者通过其他通信方式告知发邮件方，已接受到邮件。并及时进行邮件浏览和统筹，对紧急、重要的邮件，及时进行处理，以免耽误工作的开展。

（四）注意事项

（1）电子邮件收发速度很快，在邮件发出之后即可到达对方邮箱。再加上有群发、附件等功能，信息传播速度快、信息量大、涉及范围广。所以发邮件前，务必确认收件方、主题、内容、附件等信息准确无误，否则有可能出现不必要的麻烦。

（2）发邮件方对误发的邮件，可以在一定时间内撤回；接收邮件方可以通过邮件管理功能，拒收一些垃圾或广告邮件，且可以删除不需要保留的邮件。

（3）禁止发送违反国家政策、违反法律法规的相关邮件。

（4）在发送敏感和机密信息时要小心谨慎，不要把内部消息转发给外部人员或者未经授权的接收人。可对邮件进行加密处理。最好遵循"涉密不上网，上网不涉密"的原则，以防止机密信息泄露。

（5）妥善管理好自己的邮箱号和密码，保证邮件信息的安全。

（6）遵循网络安全的原则，对不明邮件要谨慎处理，以防止不小心中毒，造成不必要的麻烦或损失。

四、聊天软件通信礼仪

（一）聊天软件通信的特点

随着科技的进步，网络的日益发达，越来越多种类的聊天软件层出不穷。如 QQ、微信、钉钉、腾讯会议等 APP 陆续问世，并日益成为现代人的主要通信工具，在信息传递和沟通交流领域占据着越来越重要的地位。使用这些聊天软件沟通交流时非常方便和快捷，兼具了纸质书信、电话、电子邮件等优点，并且可以在电脑端或手机端登录使用。同时聊天软件又开发了诸如群功能、朋友圈、视频通话、语音通话等新功能，极大限度地满足了现代人的沟通交流需求。

（二）使用聊天软件收发信息的礼仪

1．确定联系人　通过聊天软件和对方取得联系，可以通过通讯录查找并确定联系人，避免张冠李戴，尤其是在对方使用昵称、没有及时备注真实姓名的情况下，需要再次确定信息接收人，以免误发信息。

2．书写信息　确定好联系人之后，就可以在聊天框内使用拼音、手写、语音等方式输入信息。信息的编写需要根据对方的身份、所要沟通的事由等内容，有礼貌、有逻辑地编写好，确认无误之后再发送。

3．发送信息　使用聊天软件发送信息，兼具了纸质书信、电话、电子邮件的优点，除了发送语言、文字等信息外，还可以发送照片、视频、文件等附件。若需要发送附件，信息发出者就需要事先把相关信息储存在手机端或者电脑端，在需要时以添加附件的形式直接发送。在发送前需要再次确认收件方是否正确，以免给自己或对方造成不必要的麻烦。

4．撤回信息　如果实在不小心误发了信息，一般情况下可以在 2 分钟之内撤回，撤回后需向对方简要解释原因，以获得对方的理解；若超过了 2 分钟则无法撤回，造成对方困扰的，应该及时道歉，以取得对方的谅解。

5．接受信息的礼仪　在聊天软件上接收到信息时，应当及时回复，尤其是重要信息。对于接收到的重要文件，需要打开并及时储存。可以直接收藏或下载到电脑端储存，以免因时间过长无法打开相关文件。

（三）使用聊天软件"群功能"的礼仪

1．建立"群"的礼仪

（1）建"群"的便利：可以利用聊天软件建立"群"，把相关人员集中在一个群里。例如：工作交流群、学习交流群等。方便"群主"（这里一般指群管理者，下同）统一通知、公告相关事项，群成员可以利用此"群"来共同交流，完成相关工作。也可以方便"群主"对相关人员进行统一组织和管理。

（2）"群主"职责："群主"有权对该群进行管理，例如有权添加或删除群成员、有权对想加入该群的人员进行资格审核、有权统一群名称、有权制定群规则等。

（3）群成员礼仪：群成员入群后，应遵守群规则，及时更改昵称，方便群成员识别身份。在发送信息时，应遵循国家法律法规、遵守礼仪礼节规范。

2．群发信息的礼仪

（1）群发信息的内容：不同的群有不同的功能和职责，应予以区分。例如：工作交流群主要发送与工作相关的信息、文件等，以便群成员及时根据要求完成相关工作。个人生活信息尽量避免在工作群中发布。可在群里发信息、图片、视频、文件等附件资料，甚至可以在群里在线编辑文件，以此大大提高工作效率。

（2）"群"礼仪礼节规范：群主包括群成员应遵守社会公德、文明礼貌规范，尽量在工作时间范围内发送信息，以免影响大家的生活。禁止在群里发送违法乱纪的信息或是未经证实的谣言，这样有碍社会的团结和稳定。若成员之间对某件事情有争议，不应在群里互相谩骂、诋毁对方，应尽量表达合理诉求，协商解决。若涉及隐私，建议以私信的方式私下解决问题。

3．群收信息的礼仪　群里发布公告、通知等相应信息后，群成员可以遵循通知者要求，及时回复"收到"；为避免重要信息被覆盖，通知发出者也可能要求大家不要有所回复，以保证群成员能及时查看到相关信息。群成员需要根据要求，共同遵守。群成员在接收信息时，可相互提醒、共同协商、及时处理相关事宜。对发出的信息有质疑者，可以及时提出，大家共同协商、妥善解决。

（四）使用聊天软件进行视频、语音通话的礼仪

现代社会工作和生活的节奏较快，有时候输入文字信息耗时较长，尤其对文字输入不太熟悉的人群，在发送信息时就会遇到困难。此时为了节省时间，也可以在聊天软件中直接发送语音，或者直接使用语音通话和视频通话等功能。

1．语音通话的礼仪礼节　注意环境安静，语速均匀、音量适中，语调适宜，避免引起不必要的误会。

2．视频通话的礼仪礼节　视频通话时要注意安全，应避免走路、开车或者特殊情况下使用视频通话；为了尊重对方，视频的场所尽量选择安静、整洁、光线充足的地方，同时应严格遵循仪容仪表、体态礼仪，且沟通时注意面带微笑、表达流畅，给对方以良好的印象。

（五）注意事项

（1）使用聊天软件聊天、发信息时，应严格遵守社会规范、文明礼貌和礼仪礼节规范。

（2）注意使用时间，尽量在工作时间内，尽量避免在对方吃饭、休息等时间节点打扰对方。

（3）收到信息应及时回复，如果没有及时注意信息，应稍作简要解释，甚至道歉。

（4）注意信息安全，核对清楚再发送信息或附件，以免误发。发送重要信息后，应及时检查是否有误，以方便及时补救。

随堂测 4-3

科研小提示

各种通信工具除了具有沟通交流功能外，还具有一定的科研辅助功能。例如：利用电话沟通的形式，及时回访患者出院后的情况，收集科研资料；利用微信等公众平台，推送医学信息，进行健康知识科普宣教；并可通过 QQ、钉钉、微信等聊天软件，发送科研问卷让患者填写，收集科研数据，辅助进行科学研究。

第四节 求职礼仪

良好的礼仪修养是人际关系的润滑剂，无论在何种情况、何种地点，礼仪规范都不可缺少。在如今日益激烈的求职竞争中，要想在众多的求职者中脱颖而出，除了求职者自身优异的整体素质和能力之外，其在求职简历与面试中表现出的礼仪素养，也很大程度上影响了最终的求职结果。因此，护理专业毕业生在求职过程中，不但要注重展示个人的知识、能力和道德修养，还要通过展示礼仪修养来体现个人的综合素质，以使自己在竞争中脱颖而出。

一、求职礼仪的概念及特点

1．求职礼仪的概念 求职礼仪是公共礼仪的一种，是发生在求职过程中的一种社交礼仪，即求职者在求职过程中与应聘单位接触时，应表现的礼貌行为和仪表形态规范。它具体体现在求职者的仪表、仪态、言谈、举止以及求职者的书面资料等方面。良好的求职礼仪可以展现求职者的整体素质和修养。

2．求职礼仪的特点

（1）广泛性：中国作为人口大国，有着极其丰富的劳动力资源。每年都有大量院校毕业生源源不断进入劳动力市场，在今后相当长的时期内，还会有越来越多的人，为了实现自我的人生目标而需要求职。因此，求职礼仪具有广泛性。

（2）时机性：求职具有很强的时机性。尽管求职者在与招聘方接触之前做了大量的准备工作，但求职结果如何，往往取决于双方短暂时间内的接触。尤其是面试求职，往往一个简单的照面，录用与否就已成定局。所以，要想在众多的应聘者中脱颖而出，抓住第一次见面的时机至关重要。

（3）目的性：招聘与应聘双方的目的都非常明确。招聘方的目的是希望能招聘到综合能力强、整体素质高的人员，招聘者通过对求职者的仪表、言谈、行为礼仪的观察，形成第一印象，并把这些作为是否录用的重要条件。求职者的目的更为直接，希望自己的言谈、举止和行为能给对方留下最佳的印象，从而促使求职成功。

二、书面求职礼仪

书面求职是指求职者向应聘单位呈递"求职信"，得到应聘单位邀请后，再递交一份完整、系统地反映个人面貌的"求职简历"和"附加参考资料"等。书面求职是求职最常见的形式之一。

在书面求职过程中，求职信与求职简历的书写是整个求职过程的第一步。正所谓，良好的开端是成功的一半，一份完美的求职信和求职简历，往往能将成功的概率提高许多。制作一份完美的简历，除了求职者自身优异的条件外，往往也需要求职者在礼仪用语、应聘单位、应聘岗位等方面进行深入研究，这就要求毕业生在求职前做好充分的准备工作，做好自我定位（知己）、收集准确详细的信息（知彼），再进行求职信及求职简历的书写。

（一）求职信

求职信是个人求职意愿的反映，是针对特定的应聘单位撰写的，用人单位常以此来判断求职者是否适合该岗位。撰写求职信时要注意格式规范、要点突出、简练朴实，切忌夸大冗长，在网上下载范本。求职信的书写虽然没有十分严格的格式，但一般都由开头、主体部分和结尾三部分组成。

1．开头部分 开头部分说明写信的目的，一般包括称呼、问候语、求职缘由和意愿等。

称呼要写用人单位的全称，要表示出自己的尊敬；问候语一般写"您好"；求职缘由和意愿要根据具体情况而定，主要表达出自己的意愿以及自己能够胜任相应职位的能力。

撰写开头部分时要注意应用一些写作技巧，以便在开头就能吸引应聘单位的注意。常见的求职信开头的书写方法：赞扬应聘单位近期取得的成就或发生的重大变化，同时表明自己渴望加入的愿望，或者根据应聘岗位要求的技能，直接简要陈述自己的工作能力，表明自己有足够的能力胜任此项工作。

2. 主体部分　主体部分是求职信的核心内容，求职者围绕"岗位"需要，充分展示自己所具备的职业知识、职业能力和职业素养等。如果应聘单位在招聘时要求写明薪金待遇，求职者可以在这一部分提出对薪水的要求，薪金的数目根据自身能力和市场行情而定。最后，应提及求职简历并提醒对方查阅附加材料，以进一步加强应聘单位对求职者的注意。

（1）专业知识：即在社会实践中，人们完成职业岗位任务所必须具备的知识，一般包括基础知识和专业核心知识。在求职信的写作中，求职者要针对自己所应聘的岗位做"必要、适当"的说明。所谓"必要"的说明主要是对求职者本人具备的专业核心知识做重点介绍，这是应聘单位最为关注的知识层面；所谓"适当"的说明是对求职者本人具备的与职业有关的基础知识做一般介绍。以"护理岗位"为例，求职者应当重点介绍自己所具备的专业核心知识，如基础护理学、护理管理学、内科护理学、外科护理学和社区护理学知识等；同时适当介绍自己所具备的基础知识，如生理学和病理学知识等。

（2）专业能力：指从事某一职业或专业所需要的能力，它直接影响着工作的质量和效率。因此，招聘方对求职者的"专业能力"最为关注。写求职信时，求职者应当根据求职岗位的不同凸显自己的"专业能力"，若应聘"临床护理"岗位，求职者应当重点突出"护理技能操作能力"等；若应聘"护理管理"岗位，求职者则应当重点突出自己的"护理管理实践能力"和"人际沟通能力"等。当然，写作这一部分时，求职者除了采用简单的语言陈述外，还可以通过自己取得的职业资格证书、荣誉证书等成果来做直观呈现。

（3）职业素养：指职业内在的规范和要求，是在职业过程中表现出来的综合品质，包含职业道德、职业行为、职业作风和职业意识，具体体现在多个方面，如责任心、敬业精神、团队意识、职业操守等。专业能力是第一位的，但除了专业能力，敬业精神和道德品质也是必备的。《一生成就看职商》的作者吴甘霖提出，一个人的能力和专业知识固然重要，但要想在职场获得成功，最关键的并不是他的能力与专业知识，而是他所具有的职业素养。因此求职者在撰写求职信时要对职业素养的描述有所重视。

3. 结尾部分　结尾部分往往请求对方给予面谈机会，写作口气要自然，不可强人所难。

> **知识链接**
>
> **求职信示例**
>
> 尊敬的某某医院护理部主任：
> 　　您好！
> 　　日前从贵单位人事部门获悉贵医院护理部招聘本科学历护理人员的信息，本人不揣冒昧，写此信求职，望您在百忙之中能予以考虑。我叫马利，就读于某某大学护理专业，系统学习了医学基础知识、护理学基础知识和相关护理临床知识，完成了现代护理学的专业学习任务，如护理管理学、护理礼仪、护理伦理、老年护理等课程，学习成绩优秀，曾连续四年获得校级一等奖学金。此外，我已拥有全国计算机二级证书、CET-4 和 CET-6 证书等。

在某三甲医院为期一年的实习过程中，我积累了一定的临床护理经验，同时本人拥有较好的人际沟通能力、慎独精神及团队合作意识。如果有幸加入贵医院，我将在您的领导下竭尽全力做好护理工作。

现将我的求职简历与相关证明材料一并附上，期望您能给我面试的机会。谢谢！

此致

敬礼！

求职人：马利
2023 年 7 月 1 日

（二）求职简历

求职简历是应聘单位了解求职者的窗口，一份好的简历可以创造面试机会。撰写简历要实事求是，尽可能做到格式化。按照具体格式进行书写，有助于强调求职简历的重点，使材料简洁明了，具有说服力。另外，也可以避免内容的遗漏。通常求职简历的组成包括以下六个部分：个人概况、求职目标、教育实践经历、技能特长、获奖情况和附加参考性证明材料。具体格式见表 4-1。

1．个人概况 用简洁的语言、一目了然的格式对自己的基本情况进行简单介绍。主要包括姓名、性别、民族、政治面貌、籍贯、最后学历、通信地址、联系方式以及求学和工作经历等。

（1）姓名：必须和身份证、学生证、毕业证等相关证件的资料相吻合，文字保持一致，以免引起应聘单位的误解和不必要的麻烦。

（2）性别：要及时填写，不要忽略。

（3）年龄：注意要和身份证的年龄相符。

（4）通信地址和联系方式：一定填写对方在工作时间内便于找到的方式。目前，一般填写内容多为电话或者邮箱，如果填写电话，最好填写手机号码；如果是邮箱，求职者一定要经常打开邮箱查阅，以免错失应聘机会。另外，通信地址一定要详细填写，以免耽误进一步的应聘。

（5）照片：求职简历一般都要求应聘者附贴免冠照一张。照片应为近期照，并能体现出求职者的端庄大方，切不可随手贴上一张学生照或生活照，以免给人不严肃、漫不经心、办事马虎的印象。

2．求职目标 求职目标指求职者所希望谋求到的工作岗位，尽量用简短、清晰的话语来说明，求职目标要尽可能充分体现自己的优势和特长，将选择目标具体到某部门或科室，以增加被录用的机会。例如，写"本人性格外向，具有良好的人际交往和有效沟通的能力，能胜任某科室的临床工作"，就比"本人有较强的综合素质能力，可以胜任多方面工作"更具体、更有针对性，也更有助于应聘单位进行筛选。

3．教育实践经历 学历、实习工作经历是这一部分的主要内容。对于应届毕业生而言，受教育的经历是其主要优势，可以介绍自己的专业学习或实习经历。对本部分内容应该进行详细陈述：①按时间顺序列出自初中到目前最后学历每个阶段学习的起止日期、学校名称、所学专业、各阶段证明、是否担任学生干部等具体职务；②列出与应聘单位所招聘岗位、专业、能力或要求相关的各种教育、培训课程，对于一些比较注重实践经历的应聘单位，一定要将上学期间的实习、兼职或社会实践等经历列出。对于学生而言，在校期间组织或参加的各项社会活动无疑是一笔丰厚的财富，这份经历可以表现出自身的组织能力、交际能力、创造能力等综合素质；而对于再就业的求职者，以往的工作经历则是求职的主要优势，应进行重点陈述。需要注意的是，陈述经历一定要真实全面，按时间顺序把每一阶段的工作情况列出，包括工作单位、工作起止时间、工作部门、具体工作岗位、所取得的成绩等。

4. 技能特长　技能和特长能从某些方面体现出个体的生活情趣和文化修养，应聘单位除了要求求职者具备合格的专业技能外，也希望其员工有良好的技能特长，在营造医院文化氛围和丰富员工业余生活时发挥作用，因此应聘者具有技能和特长会增加应聘成功的机会。

5. 获奖情况　学习或工作当中所取得的成绩和荣誉，最能展现一个人的综合素质和能力，这部分也是应聘单位最为看重的。因此，在书写求职简历时要尽可能列出所获得的各项奖励和荣誉，从而增加求职成功的机会。

6. 附加参考性证明材料　为增加简历的真实性和可信性，可在结尾附上有助于求职成功的相关证件和资料，包括以下几种。

（1）毕业证：是求职者多年来辛勤耕耘的最好证明，也是本人文化水平最有力的物质载体。

（2）有关证件：包括各种奖励证书、英语水平证书、计算机考级证书、各种技能水平测试证书、资格证、培训证等。

（3）学术成就：特别是与目标工作有关的代表性材料，如科研成果、专利证书、发表的论文、撰写的论著、科研课题等。

（4）主要的社会活动及兼职聘书等。

（5）学校推荐表：这类表加盖了学校的公章，因此用人单位十分重视。在填写时，要工整认真，在自我评价中突出自己的特点和能力。

（6）如果有知名专家、教授、权威人士或原单位领导的推荐信，则会起到事半功倍的效果。

表4-1　求职简历示例

姓名	马利	性别	女	照片
民族	汉	籍贯	江苏	
出生年月	2000.06	政治面貌	中共党员	
身高（cm）	166	健康状况	健康	
专业	护理学	学制	4年	
学历	本科	爱好特长	阅读、长跑	
联系电话	139********		电子邮箱	mali@163.com
家庭住址	江苏省南京白杨路32号		邮编	210000
英语计算机水平	英语：CET4（503分）、CET6（500分），具备英语听、说、读、写及翻译能力。 计算机：全国计算机二级证书，掌握Word、Excel、PowerPoint编辑技巧，熟练应用。 其他：Photoshop、电影魔方等软件。			
任职情况	校学生会副会长、院团委副书记、18级护理学（英语方向）班级团支书、班主任助理。			
受教育经历				
在校期间参加社会工作情况				
在校期间奖惩情况				
学生自我评价				

> **知识链接**
>
> 优秀简历的"十二要点"
>
> ①内容简洁；②消灭错误；③惜墨如金；④措辞明确；⑤诚实自信；⑥强调成就；⑦文如其人；⑧赏心悦目；⑨制作精致；⑩目标清晰；⑪自己动手；⑫善用求职信。

三、面试求职礼仪

面试是一种经过组织者精心设计的在特定场景下以考官与考生面对面交谈、观察等双向沟通的方式，是由表及里测评求职者的知识、能力、经验等相关素质的一种测试活动。求职面试的过程往往是展示自己的过程，这个过程短则几分钟，长达几十分钟，一个小小的动作就有可能影响面试的结果。在精心做好前述准备工作之后，能否顺利通过面试，很大程度上取决于求职者是否掌握了面试求职的各种技巧和方法，以及是否遵守了相关礼仪。

（一）面试前礼仪

1．做好心理准备 求职面试时，大多数人都会有忐忑不安、不知所措的心理状态。如果面试前做好充分的心理准备，可缓解面试时的心理压力，有助于面试成功。应聘者在面试前可以采取以下几种方式来缓解面试时的心理压力。

（1）了解自我：面试的时间一般都比较短暂，如何充分利用有限的时间，给招聘者留下积极、肯定而又深刻的印象就显得尤为重要。人贵有自知之明，不仅要知道自己的长处和优点，还要了解自身的不足。面试前可以将自己的优点和不足写在纸上，面试时对于自己的长处要尽量发挥，而缺点则要加以避免，做到扬长避短。

（2）充满自信：自信是求职者面试成功必备的心理素质。自卑而胆怯者，在紧张、短暂的面试中难以做到举止大方。因此，应聘者在面试前应熟记能证明个人能力及资格的素材或资料，可通过反复大声朗读，或在熟人、朋友面前多次陈述等方式把所有的内容倒背如流，从而增加自信心，面试过程中随时提醒自己该目标岗位的重要性，强调自己求职的迫切心态。最后，不要随便否定自身，即使这次求职不成功，下次还可以继续努力。

（3）提前熟悉面试环境：如有可能，事先到即将面试的地点查看以熟悉环境，这样可以缓解面试时的紧张情绪。

2．保持良好的身体状态 健康的体魄是个人顺利完成学习和工作的必要条件，也是体现个人全面发展的重要标志。因此，求职者要积极参加体育锻炼，养成良好的卫生习惯和健康的生活方式，塑造强健的体魄，在面试时展现精力充沛、健康向上的感觉，从而提高被录用的成功率。

3．培养自身扎实的专业基础 培养自身扎实的专业基础不仅是面试前应注意准备的内容，也是护生在校学习期间应该不断努力的方向。学生在校期间应发奋学习，培养刻苦钻研、精益求精的学习作风，同时注重技能训练，力求掌握多种实用技能，从而在应聘时给人以较好的专业素质形象。

4．适当了解招聘单位的情况 俗话说"知己知彼，百战不殆"。对于求职者，在求职之前不但应对自己有一个全新的认识，还要了解目标单位的一些情况。有些面试者认为：求职者要想赢得他们的满意，就必须了解招聘单位的情况，了解招聘单位需要什么样的职员，这样面试者才会对求职者做出进一步的考察和选择。面试前需要了解的有效信息大致包括三个方面：①有关用人单位的信息，主要包括单位的性质、规模、特色、近期重大优势新闻、发展前景、

招聘岗位、招聘人数等；②有关用人条件的信息，包括对招聘人员的性别、年龄、学历、阅历、专业、技能、外语等方面的具体要求和限制；③有关用人待遇的信息，包括报酬（工资）、福利、待遇（奖金、补贴、假期、住房、医疗、保险等）。了解招聘单位的途径非常多，包括与招聘单位的雇员谈话、利用图书馆查阅相关资料、网上寻找相关信息等。

5．面试时着装与仪容的准备　良好的个人形象会给面试增加很好的印象分，所以面试时的着装和仪容就显得尤为重要。在人际认知理论中提及，交往双方初次接触时，面试者的仪容仪表将对交往双方彼此印象的形成起到90%的作用。面试时要注意仪表整洁、美观、大方、得体，展现出年轻人朝气蓬勃的活力。由于面试是一个很正式的场合，在着装上可以遵循"TPO"原则，即在特定的时间（time）、地点（place）和特定的场合（occasion）对服饰进行特定的搭配。比如国家机关公务员要求衣着端庄、稳健踏实，可以选择职业套装应试；医院企业注重形象整洁、明快，可以选择大方得体的服饰应试。总之，要注意根据工作的性质进行着装和仪容的修饰。

（1）着装：服装的风格和特征往往是通过色彩的视觉幻想造成的，合理且和谐的色彩组合常常能带来神奇的视觉效果，令人眼前一亮。一般来说，颜色有深浅和冷暖之分，深色显得安定、沉着，浅色显得文雅、大方；冷色显得沉静、庄重，暖色显得热烈、奔放。同一款式的服装，只要色彩搭配合理，就可穿出完全不同的效果，服装的款式宜简练、朴素、不抢眼。服装的款式可分为"风格式服装"和"门面式服装"。"门面式服装"指纯为包装自己以博取别人的好印象，适合在面试穿的衣着，比如西装、套裙，但是，如果一款"风格式服装"能尽显应聘者的个性，又与面试的气氛相融合，宜人宜景恰到好处，则可以起到意想不到的效果。

1）男性以穿着深色或色调反差较小、款式稳健的套装西服为宜，配以整洁的衬衫和对比不强烈的同一色系领带。如天气较热，也可只着衬衣，面料以棉、麻、精纺或混纺，色调柔和为佳，最好着黑色的正装皮鞋，严禁穿无包头、包尾的凉鞋和拖鞋。较好的面试着装是深蓝西装、白衬衫、深色裤子、黑色皮鞋，领带的图案和色泽不可过于招摇，以纯色、条纹、圆点等图案为最佳。

2）女士以穿着朴素、得体、合身的裙装或套装为宜。天气冷时，西装或短外套比较合适，着冬装也要选择简洁明快型的，一般不要穿运动装、牛仔装、T恤装、透明的纱质或轻薄的面料服装，以免给人不庄重之感。鞋子应以不露脚趾的中根皮鞋为宜，着裙装时应配以与肤色相近的连裤丝袜。有些面试场合要求护生着护士服，此时一定要严格遵循护士服的着装要求。

（2）仪容：简单讲是指人体不需要着装的部位，主要指面部，广义上还包括头发、手部，以及穿着某些服装而显露出的腿部。仪容能给人直接而敏感的"第一印象"，一个人的仪容仪表最能反映出其精神状态，招聘者对应聘者的第一印象也来源于对其外在形象的观察，任何招聘者都不会对一个邋遢的应聘者有好的印象。因此，应聘者一定要注意自身仪容的修饰，特别是女性应聘者，适当着淡妆即是礼仪修养的展示，也可以表现出对面试的重视。

1）头发：应聘时头发应干净、无异味，柔顺、不干枯，切忌染成夸张的颜色。应聘者需要根据个人的体貌特征，精心设计符合应聘岗位身份的发型并加以修理。

男生适合留平头，不失庄重、成熟。男生头发留得过长会给人留下不够精神的印象，也不宜留中分头发，避免因人的习惯定势思维造成负面形象。不要为了保持发型而往头发上抹过多的摩丝等定型产品，尤其是带有香味的定型产品，这会使应聘者显得"油头粉面"。进入面试场合前需要再次对镜检查头发是否"一丝不乱"。

女士的发型相对来说可以多样化一些，只要按照自己平时的习惯打理即可。简单的马尾或者干练有型的短发都会显示出不同的气质。但是，无论哪一种发型都需要注意具体的细节：长发可将头发扎成马尾，不要过低，否则不够干练；半披肩的头发则要注意不要太凌乱；短发尽量不要烫染，否则不够稳重。所有发型的刘海均不能盖过眉毛。

2）化妆：化妆是生活中的一门艺术，适度而得体的妆容，可以体现女性端庄、有魅力、温柔、大方的独特气质。妆容应与形体、肤色、服饰、发型、年龄、性格、身份相协调，而且要与面试的目的和要求结合起来。妆容应以淡妆为宜，以自然真实为度，以协调、高雅、精神、舒适为美，以清洁健康为旨，淡雅清秀、健康自然的容貌，可使应聘者焕发青春的光彩，增强自信心，在面试的过程中增加魅力。

3）面部：修饰面部，要先做到清洁。对面容最基本的要求是时刻保持面部干净、清爽，无汗渍和油污等不洁之物。

4）手臂：手臂是肢体中使用最多、动作最多的部分，要完成各种各样的手语、手势。因此，难免会得到考官的"眷顾"，如果手臂的"形象"不佳，整体形象将大打折扣。因此，手部和胳膊要保持干净，指甲无污垢，指甲的长度以不超过手指指尖为宜。

5）腿部：面试属于正式场合，女士穿裙装不能光腿，要穿丝袜，袜子被称为"腿部时装"，不能出现残破，必要时可多备一双丝袜，不要鞋袜不配套，袜子要高过裙子的长度。男士穿西装时应穿黑色棉质袜子，长及小腿中部，袜口有松紧带，不可以露出腿部肌肉。

6）杜绝饰品：女性尽量不佩戴耳环、项链、手链等各类饰品，尤其是金光闪闪的饰物，男士不佩戴饰品。全身珠光宝气可能会给考官留下热衷打扮、虚荣心强的负面印象。

（二）面试中礼仪

面试中的仪态反映了求职者的修养、心理、品性和阅历。在面试过程中求职者应表现出仪态美与心灵美的统一、语言美与行为美的统一、自然美与修饰美的统一，所以面试中要注意以下方面。

1．注重仪态、树立美好形象

（1）表情自然：大多数学生在求职初期都会很紧张，或者举止呆板，或者矫揉造作，这些都是面试大忌，戒掉这些要从心态上进行调整。首先要自信，只有自信才能把真实的自己自然地表现出来。

（2）态度文明：面试中一定要克服不文明的行为，要注意站、坐、走的姿态，姿态优雅，走姿自然，动作不宜过大。说话时切勿指手画脚，要使用文明礼貌用语，谦虚认真，对考官多用敬语，对自己多使用谦语。

（3）谈吐优雅：面试很注重口头回答，注意听清问题，切题回答，忌答非所问，注意语言表达策略，就事论事，言简意赅，逻辑严谨，思维条理清晰。讲话时充满自信，声音保持音调平静，音量和语速适中，无论何种情况，都应尽量避免与考官发生争论，切勿逞一时口舌之快。

2．遵守应试礼仪

（1）诚信正直：经常会有学生抱着侥幸心理涂改成绩、伪造证书、虚构工作经历、冒充学生干部等情况，往往一经发现就会被一票否决。面试不仅是对能力的考验，更是对人品的检验，诚信是用人单位非常看重的品质。

（2）守信守时：面试过程中迟到是不被容许的，所以出行前一定要预留好充分的时间。一般提前 30 min 到达面试地点为宜，一方面可以利用这段时间了解招聘单位的情况，另一方面也可以利用这段时间平静心态，稍事休息。

（3）对接待人员要以礼相待：对候试室或面试室门口的接待员要以礼相待，注意细节，恰当地表达礼貌。在等待时，不要旁若无人，随心所欲，给人留下极其恶劣的印象。切记！求职面试时，应该给所有人都留下好印象。

（4）面试期间关闭手机：心情紧张会影响发挥，面试期间要自觉关闭手机，以减少外界干扰，调节好心态，尽量做到轻松、自然。

（5）进入面试室时要先敲门：无论面试室的门是关闭还是虚掩的，都应先敲门，千万不可贸然推门而入，给人以鲁莽、无礼的印象。敲门时要注意敲门声的大小和敲门的速率，应用右手的手指关节轻叩门三响，问一声："可以进来吗？"待听到"请进"后，才轻轻推门进入。进入考场后，转身静静地把门关好，动作要轻便得体，表现得越自然越好，尽量不发出声音。

(6) 主动向面试人员问好：求职者进门后应主动向面试者微笑并点头致意，礼貌问候："您好！""见到您很高兴"之类的话语。如一入室便听到问候声，更应积极、热情地予以回应，不打招呼或不予回答都是非常失礼的行为。

(7) 不要贸然伸手求握：握手是一种常见的社交礼仪，但面试时，应是主考官先伸手，然后求职者右手相迎，热情相握。切勿贸然主动伸手求握。

(8) 对方"请坐"时再入座：不要自己主动落座，要等面试者提示就坐时再入座。入座前，应表示感谢，轻移座椅，避免声响，坐在指定的座位上，如果没有指定的座位，应挑选一个与考官面对面的座位，以便于交谈。另外，要特别注意采取正确的坐姿，当面试者与求职者谈话时，求职者应采取身体略前倾的姿态，以示认真倾听，这也是表示尊重对方的交谈技巧之一。

(9) 面试结束后放好座椅，并诚挚致谢。

3．自我介绍的礼仪 自我介绍是求职面试中相互了解的基本方式。求职者进行自我介绍时，应注意以下几点。

(1) 准备充分：事先准备好自我介绍的讲稿、熟练背诵并结合演讲技巧进行展示，使主考官印象深刻的同时又能感受到轻松自然的氛围。

(2) 充满自信：自我介绍时，要充满自信、落落大方、态度诚恳。自信能使人散发魅力，令面试人员另眼相看，并产生信赖感。

(3) 语言幽默：幽默的语言能缓解面试时的紧张气氛，并加深主考官对面试者的印象。适时融入诙谐的真话、笑话，比庄重严肃的表白更能打动主考官的心。

(4) 注意自尊和自谦：自我介绍时，切勿神态洋洋得意，目光咄咄逼人，给人一种不可一世、骄傲自大、目中无人的印象。应做到语气平和、目光亲切、神态自然，充分体现自尊、自谦的良好形象。

(5) 内容有针对性：自我介绍的内容要言而有物，要针对性地介绍与应聘岗位相关的内容。切忌大话、空话，以免有自我炫耀之嫌。

（三）面试后礼仪

面试结束后，无论结果如何，有无录用希望，告辞时都应向对方诚挚道谢，这既是礼仪，也是体现真诚和修养的最后机会，对于录用与否会起到潜移默化的作用。因此面试结束后的礼仪也非常重要，最后环节往往更要注重细节。

(1) 礼貌地道别，求职者与面试人员握手再见，不方便握手时，可以鞠躬或者点头示意，微笑道别。

(2) 将自己坐过的椅子轻轻地归回原来的位置，避免声响。将用过的水杯或者瓶装水带走，轻关房门，离开面试地点。

(3) 面试结束后一两天内，求职者可向曾经面试过的单位发一封致谢函。致谢函应简洁明了，一方面表达求职者的谢意，体现对对方的尊重；另一方面可以重申自己对该工作的渴望和能够胜任该工作的能力，以此加深对方对求职者的印象，增强自我竞争力。

(4) 一般面试单位会告知具体的面试结果公布日期，求职者在此期间不宜外出，应及时关注面试结果通知。

随堂测 4-4

小 结

本章主要围绕社交礼仪四个方面进行展开：日常会面礼仪、交通礼仪、通信礼仪以及求职礼仪。重点阐述了称谓、问候、介绍、名片、握手、致意、交谈、位次8种日常会面礼仪的遵循原则、行礼方法及注意事项；列举了行路、乘车、乘机和乘梯4种交通礼仪以及纸质书信、电话、电子邮件和聊天软件4种通信礼仪的礼仪要求和注意事项；详述了书面求职和面试求职的礼节与注意事项。礼节无小事，要牢记社交礼仪涉及的礼节范围、遵循原则和要求，在日常社交活动中规范和约束自己的行为，在求职中善用礼节技巧，做到知礼、懂礼和行礼，才能成为有素养、有品位、有气质的佼佼者。

思考题

1. 说出在社会交往的不同场合下，应遵守的介绍礼仪顺序有哪些。
2. 在社交场合与人握手时，要想达到有效的交际目的，需注意哪些禁忌？
3. 王护士准备给3病室9床张女士输液，按要求严格无菌操作，核对医嘱，配置好液体，备齐用物，推治疗车至该患者病床边，随即大声喊道："9床，伸出手臂，我要给你输液。"请思考：王护士有何失礼之举？如果是你，应如何做？
4. 纸质书信通信礼仪的注意事项是什么？
5. 拨打电话时，应遵循的礼仪有哪些？
6. 电子邮件通信礼仪的注意事项是什么？
7. 聊天软件通信中，建立"群"的礼仪有哪些？
8. 求职信的撰写格式包括哪几部分？
9. 求职面试中应注意哪些礼仪？
10. 分组进行求职面试模拟训练。

（范燕燕　赵志欣　吴　雷）

第五章 护理工作礼仪

第五章数字资源

导学目标

通过本章内容的学习，学生应能够：
◆ **基本目标**
1. 描述病房、门急诊工作接待礼仪的基本要求、基本原则、基本作用。
2. 叙述工作礼仪中不同特点患者的接待要求。
3. 复述工作礼仪的功能、分类。
4. 解释工作礼仪的作用。
5. 举例说明护理人员应该注意的问题以及正确的应对和处理方法。
6. 根据不同场合不同患者的特点应用护理礼仪规范接待患者。

◆ **发展目标**
依据人际关系的发展策略，结合不同情境，把握得体的工作接待礼仪，展现良好的护士职业形象。

随着社会的进步和医疗卫生事业的发展，护士是日常护理工作的主要承担者，日常工作礼仪是将护士内在与外在的美统一，通过文雅的仪表、健康的仪容、和蔼的态度、稳重的举止、亲切的微笑、热情的服务、良好的协作、严谨的作风体现护士的修养与道德。护理服务已成为医疗服务行业中的"窗口"，护士在护理工作中不仅要运用丰富扎实的理论知识、精湛娴熟的操作技能为护理对象提供优质的服务，而且也要以良好的礼仪修养赢得"文明健康使者"的美誉。护理服务质量要提高，护理服务内涵要升华，就应培养护士良好的职业修养，只有在工作中遵循科学的礼仪规范，向服务对象提供更周到、细致的服务，才能赢得社会更广泛的赞誉和尊重，进而维护护士在公众心中的美好形象。

知识链接

常用的护理文明礼貌用语
1. 见面说"您好"，说话"请"当头，"谢谢"不离口。
   如：请坐！请配合我！请问您哪里不舒服？请问需要帮忙吗？请稍等！
2. "对不起""没关系""别客气"

如：对不起，让您久等了！对不起，您能再说一遍吗？
3. 别着急，我立刻就来。
4. 如果您哪里不清楚，我会为您解释。
5. 请放心，我们会尽全力帮助您的。
6. 您的心情我们能理解。
7. 感谢您对我们的理解和支持，请您多提宝贵意见。
8. 欢迎您的指导和监督。

常用的礼仪接待举例

1. 接电话时："您好，这里是××医院××科，请问有什么可以帮到您？"如对方找人："请稍等，我帮您去叫他。"如不在："对不起，××现在不在，需要我帮您转达吗？"

2. 在护理工作站，接待外来人员的询问，护士应停下手边的工作并起身："您好，有什么可以帮到您？"

3. 患者对自己的病情有疑问时，应说："您别着急，检查结果还没有出来，报告出来我会及时告诉您，请放心。"

4. 当患者反馈意见时："您不要生气，请坐下来我们慢慢说。""您的意见很好，我们诚恳接受，感谢您对我们的帮助。"

5. 当患者提出表扬时："谢谢！您不用客气，这是我们应该做的。"

6. 不争抢电梯或楼道通道，如有急事，应说："不好意思，我需要先过一下"。

第一节　病房接待礼仪

案例 5-1

患者王某，男，72岁，因间断胸痛2个月余、加重5天来院就诊。门诊以"胸痛待查"收入心内科。王某由家属陪同前往心内科病房。接待的护士小张虽然正在忙，但看见王某和家属后，小张还是立即起身迎接患者，微笑相迎，一边安排患者就座，一边予以亲切问候和自我介绍。详细询问患者需求以及向患者介绍待处理的事宜，并介绍病区环境（如护士办公室、医生办公室、治疗室、卫生间等）和病床情况（如床头呼唤器、床旁床头柜、床下鞋架、脸盆架等），以平和、温柔的语气介绍医院的作息时间和住院规则。

请回答：
案例中护士小张处理方式的优点。

病房护士的工作礼仪对安慰、稳定住院患者情绪，帮助他们树立战胜疾病的信心至关重要。因此，病房护士应严格按照护理礼仪规范，努力使自己逐步具备优良的职业道德和礼仪修养，从而在本职工作实践中，对患者真正做到：宽慰相待，关怀体贴，缓解其心理压力，消除其焦虑情绪，从而加深了解，增进友谊，使其能安心住院，配合治疗。

一、患者住院时的护理礼仪

当病房护士以热情礼貌、体贴关怀、大方诚恳、善解人意的言行接待每位住院患者时,患者会倍感亲切,内心温暖,从而产生良好的第一印象,真心配合医护人员的诊治、护理工作,有利于提高医护服务质量。

1. 协助患者办理入院手续 经医生初步诊断,确定患者需住院诊治时,护士应对此时内心紧张、神情沮丧或焦虑不安的患者及时给予热情接待、礼貌指导,帮助患者或其家属凭住院证办理有关入院手续,如填写登记表格、预交住院费用、了解住院规则等,对患者深表同情和关心,同时详细安排患者住院的其他事项,尽可能消除患者因初入陌生环境和对疾病知识缺乏而产生的烦躁、焦急、郁闷等心情,帮助他们树立安心住院、治愈疾病的自信。绝不允许出现态度冷淡、脸色难看甚至恶语斥责的行为,以免出现对患者治病不利的局面。

2. 护送患者进入病区 待患者办好入院手续后,护士应满腔热情地护送患者进入病区,可视患者病情分别采取扶助步行、轮椅或平车推送等方式。护送时应主动与患者沟通,详细介绍病房情况,耐心解答患者或家属的提问,以关心体贴的言行,消除患者的疑虑,了解其更多的患病信息。尤其要妥善安排危重患者的卧位,注意保暖、输液和给氧,确保护送安全。当送入病区后,负责护送患者的护士应耐心细致地与病房值班护士进行交接,将病情介绍和物品清点办理妥当。做到前后交接,环环相扣,护送有序,服务到位。

二、进入病区后的护理礼仪

住院患者及其家属都十分希望所接触的医护人员言谈礼貌,举止文明,修养良好,技术精湛,待人真诚,有求必应。因此,根据服务对象的希望与企盼,护士应严格按整体护理和礼仪规范的要求,用礼仪为患者提供高质量的整体护理服务。

(一)患者新入院时的护理礼仪

1. 迎接入院患者的礼仪

(1)热情接待:当新入院的患者来临时,护士应马上起立面对,微笑相迎,一边安排患者就座,一边予以亲切问候和自我介绍:"您好,欢迎您来我科住院,我是科室办公室值班护士,今天由我接待您,请先把您的病历交给我。"同时,双手接过病历,以表示对患者的尊重。若其他护士正好在场,也应一起抬头,面向患者,点头微笑,表示欢迎,让患者有如到家的感觉。

(2)陪送到床,陪送患者:"现在我送您到病房,请跟我来。"带患者走到病床时,介绍:"这是您的病床,请坐。您的主治医生是×××,责任护士是×××。他们现在正忙着,您先休息一下,待会儿他们就要来看您,并为您介绍入院后的有关事项,请稍候片刻。"

2. 对入院患者进行介绍的礼仪

(1)床单位准备:责任护士一接到通知,就应立即带着病员服、体温表、血压计、入院介绍等物品来到病床前,插上床头卡。

(2)有序介绍,不漏项目:①自我介绍:您好!我是您的责任护士。我叫×××,您叫我小×就行了,有事请随时找我,我会帮您解决问题。②床位医生介绍:您的经治医生是×××大夫。希望您安心治病,配合治疗,我们会尽力帮您早日恢复健康。③病区环境介绍(如护士办公室、医生办公室、治疗室、卫生间等)和床单元情况(如床头呼唤器、床旁床头柜、床下鞋架、脸盆架等)。④医院作息时间和住院诊疗流程介绍。

(3)礼貌沟通:语气平和温柔,多用"请""谢谢""您觉得……"等敬语,杜绝使用"必须……""不准……""您只有……"等命令式祈使句,以消除患者的紧张、逆反心理,逐步在愉悦轻松的心境中转变角色,接受介绍,学会配合,从而促进其康复。

(4)询问需求：依据患者的实际情况（如病情、个人感受及有无住院史等），详询患者有何需求以及待处理的事宜。

（二）患者住院期间的护理礼仪

在患者住院过程中，护理礼仪规范的实施状况会直接影响患者的治疗效果，所以要求护士真正做到如下几点。

1．自然大方，轻盈快捷 护士的护理操作越是姿势规范、动作优美，就越能获得患者及其家属的信任。因此，病房护士只有通过勤学苦练，才能使自己站、坐、走及各种操作达到礼仪化要求，达到行走庄重，推车平稳，开、关门轻，操作娴熟，轻快准确，镇静自然等言行，使患者产生安全严谨、优雅轻盈、敏捷灵巧和信任放心的感觉。如现场抢救一位因吸入毒气而出现急性肺损伤所致急性呼吸衰竭的患者时，护士如能从容镇静，抓紧时机，有条不紊地严格按医嘱进行畅通呼吸道，体外心脏按压，间歇口对口呼吸，合理氧疗，应用呼吸兴奋剂，适宜的机械通气，控制感染，纠正水、电解质与酸碱平衡紊乱、防治消化道出血等抢救措施，就可很快消除患者及其家属的恐惧、疑惑心理，由此增强对医院救治水平的信任度。相反，如果护士在患者及其家属面前惊慌失措、举止浮躁，则会加重服务对象的怀疑、害怕和不信任感，给抢救带来副作用。

2．亲切温暖，关怀尊重 住院患者都希望自己被医护人员重视、尊重，从而得到更好的治疗、护理和关怀。所以，病房护士应自觉按礼仪化要求，在查房、治疗、护理时先给患者以亲切的称呼与问候，要求患者配合时常说"请"，得到患者配合后说"谢谢"。在与患者交谈时，与患者眼神对视交流，避免出现埋头边干边说的不良现象。在紧张繁忙的护理工作中，在患者需要时及时为其倒一杯水，在患者行走困难时及时搀扶，使患者产生一种亲近和信任感，从而有效缩短与患者之间的人际距离。同时，善于控制自己的情绪和利用合适的行为举止来表达某些感情，不把自己不愉快的想法或不良情绪暴露在患者面前。要想方设法使患者摆脱孤独，感到温暖，多获关怀，常受尊重，以达到有利于患者治病和康复的目的。

3．灵敏准确，快速及时 娴熟准确的优质护理服务，可深获患者的信赖与尊重。病房护士应在长期的临床护理实践中，通过勤奋学习，不断培养科学的临床思维能力，逐步丰富临床护理知识与经验，以便保证自己在面对各种患者时，能思维敏捷，判断准确，动作规范，处理及时，尽心尽力地为患者的合理医治赢得时间，把握关键，获取疗效。

4．知识广博，技术娴熟 住院患者可能对医院的医疗水平和医疗措施的疗效产生顾虑，因而十分渴望医护人员正确、及时的诊治和护理，以减轻、消除病痛，恢复身心健康。而护士的广博知识和娴熟技术正是使患者消除顾虑，实现上述愿望的一个关键。因此，要出色完成护理任务，病房护士只有依靠勤奋学习，刻苦磨炼，才能以广博的知识和娴熟的技术真正使患者的愿望变为现实。

5．坚持原则，满足需要 在不违反医院规章制度、遵守社会公德、维护社会利益和严禁损人利己的前提下，护士应对患者的不同需求，尽可能适时满足，令患者满意并得到他们的相应配合。如患者住院后，希望知道自己的病情、治疗方案和预后等情况，责任护士应及时告知，并对其采取的治疗、护理措施进行恰当解释，简要介绍护理级别有关知识，以便帮助患者理解、配合护理工作。

三、患者出院时的护理礼仪

当患者痊愈准备出院时，病房护士应切实做好以下几项工作。

1．出院前应真心祝贺 利用患者即将出院的时机，真诚地对患者的康复表示祝贺，并诚心感谢患者住院期间对医护工作所给予的配合、理解和支持，对自己工作方面的不足，尤其是对患者关照不周的方面，应向患者深表歉意。同时，提出今后为患者提供相应帮助的想法。

2. 出院时要细心指导 责任护士对待每位出院患者，均应细心地进行出院指导。在帮助患者办理出院手续时，要详细地向患者介绍如何调整心态，如何服药、随访和康复锻炼，学会进行自我控制，灵活调控饮食起居，以及更好地适应出院后的生活等方法，并详述出院后的注意事项及复查时间，直到患者记熟问清为止。

3. 患者走出医院的送别礼节 当患者办理好出院的所有手续，医生的必要医嘱和对患者的健康指导也妥善处理后，在患者即将走出院时，责任护士应送患者到病区门口、电梯口或汽车上，再次祝贺患者康复出院，并嘱托其按照医生指导的方法，坚持锻炼、调养和保重身体。然后与患者握手或行挥手礼告别，直到患者走出视线或电梯门关闭或汽车马达发动时才转身返回病区。

随堂测 5-1

> **科研小提示**
>
> 有文献报道，护士礼仪是建立和谐护患关系的最基本前提。

第二节 门急诊接待礼仪

> **案例 5-2**
>
> 患者小李，男，28岁，因突发转移性右下腹痛来急诊科就诊，急诊医生诊断为急性阑尾炎，需立即进行手术治疗。急诊科护士小王负责接待该患者，小李疼得头上冒汗，捂着肚子直喊疼，表情紧张、恐惧。护士小王立即汇报医生，一边安慰患者并讲解急性阑尾炎手术相关知识，一边遵医嘱给予相应措施，缓解小李的紧张和疼痛。
>
> 请回答：
> 案例中小王护士处理方式的优点。

门诊是医疗预防机构为不需要或尚未住院的人防治疾病的场所，包括对患者进行诊断治疗（必要时收进医院诊治）、健康检查和预防接种、孕妇的产前检查、出院患者的随访等工作。患者医院就诊，客观上存在一种被动、祈求的依赖心理，由于患病和环境陌生，易产生孤独和恐惧感，希望得到医务人员的重视、理解、同情和关心。因此，护理人员应注重自己的言行举止，为患者提供优质的服务，使其得到及时的诊断和治疗。

一、门诊护理工作礼仪

门诊是医院的"窗口"，是患者到医院就诊的第一站，门诊护理工作礼仪需要遵守以下原则。

1. 仔细聆听，认真对待 对待患者的投诉或抱怨，应做到诚心诚意地认真聆听患者反映的问题或提出的意见，注意患者所提问题的每一个细节，找到原因，必要时应做好笔录；在交谈时，表情专注，不得随意打断对方，待对方完全讲完后，再进行相关内容的解释。

2. 耐心解释，不厌其烦 在很多情况下，初诊患者不知道、不理解医院相关规定，会对医务人员的行为产生误解。因此在门诊接待工作中需要通过多次耐心解释与沟通，方能得到患者及其家属的理解与配合。

3．即时处理，即时解决　门诊接待有一定的即时性，医患双方可能只是一面之缘，但必须以积极的心态去面对遇到的问题，及时寻求解决问题的办法。一旦遇到医患纠纷，一定要立刻主动找有关科室或当事人核实，及时化解矛盾，避免矛盾激化。

4．坚持原则，有理有节　门诊的医疗行为有一定的行为规范，不得无原则满足患者的一切要求。切不可为减少矛盾，一味迎合患者的需求，对于引起不良事件的行为，如插队、进入诊室大声喧哗等不良现象，要及时劝阻。门诊接待工作应遵循公平公正的原则，始终保持热忱、正直的态度，不得口无遮拦，损害患者、医务人员甚至国家的利益。

5．勤于总结，不断改进　接待患者过程中，可能会发生矛盾与不愉快的事件，应当及时检查自身存在的问题，及时改正；在门诊接待中，有些患者会提出相同的问题，可以创设指示牌、警示语句等提示患者，以减少不断重复的工作量，从而更有效地进行门诊接待工作。

> **知识链接**
>
> **门诊接待沟通**
>
> 门诊工作中常会遇到两类人。
>
> 第一类，当接待不熟悉看病程序和环境的初诊者、无人陪同的老年患者时，需要给予详细的介绍和指导，最好能带患者到指定的诊室。
>
> 1．口头语言　口头语言尽量亲切、耐心，使急于看病的患者能够将心态放平，静心等待，防止因话语冲突引起双方不愉快，造成严重的后果。如可以使用以下语言：（亲切称呼）"您好！您感到哪里不舒服？"（眼睛注视患者，态度和蔼）"您别着急。××医生是看××病的专家，他在××楼诊室看病，请您先到初诊登记处办诊疗卡。然后到对面挂号处挂号。挂号后请乘电梯上××楼就诊，慢走！"
>
> 2．肢体语言　根据就诊者主诉，判断就诊科室并详细指引初诊者将要去到的地点：登记处、就诊地点、收费处、药房。讲话时应语气柔和，语速适中，手势指引，眼睛视线顺着指引方向。
>
> 第二类，接待因等候时间长而不耐烦的就诊者，需要安抚其心态，平静地指导其耐心等候。
>
> 1．口头语言　（亲切称呼）"您好，对不起！让您久等了，请您拿出您的挂号条，我帮您查一下。"（查完后）"对不起！您的候诊号是××号，您大约还要等20 min，请您再耐心等一会儿。"（如果就诊者对解释不满意时）"真对不起！医生××点开诊，一个就诊者需要看5～10 min，您是××号，最快也要××点钟才能轮到您。"（建议就诊者）"您如果赶时间，可以去换××医生的号，他今天的就诊者少些，××医生在这方面也很有经验，您看可以吗？"
>
> 2．肢体语言　态度和蔼、目光诚恳、语调婉转，表示歉意，必要时引导就诊者到挂号处换号。

科研小提示

有研究报道，定期对门诊护士进行礼仪培训有助于良好护患关系的形成。

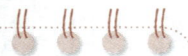

二、急诊护理工作礼仪

急诊科是生命的护航线，急诊患者病种复杂，疾病谱广，几乎涉及临床各科，常需要多学科人员协作治疗，具有多学科性的特点。急诊护士在抢救和诊疗过程中起着十分重要的作用，所以，一名优秀的急诊科护士，应具备良好的职业道德修养、过硬的护理技术和良好的心理素质，才能更好地救护患者。

（一）急诊患者的特点

急诊患者的心理：急诊患者病情急、突发事件多、心理准备少，患者及家属的角色转换慢，心理依赖性强，因此对急诊护理工作者的要求也就越高。学习急诊礼仪，应首先了解急诊患者的心理状态，有针对性地采取措施，从不同层次满足患者的心理需求，使患者能够配合，从而及时救治，提高工作效率。

1．恐惧心理　健康人在缺乏心理准备的情况下突然发病、症状重，再加上剧烈的疼痛及对疾病缺乏正确的认识，会使患者对疾病感到恐惧，担心改变原有的生活形态或担心疾病不能得到有效的诊断和治疗。

2．依赖心理　突然的伤病会造成患者的行为退化、情感幼稚，有"返童"现象，如患者因疼痛、发热而呻吟、辗转，甚至大声哭喊。

3．焦虑心理　恐慌、不安、焦虑是急诊患者常见的心理状态。面对患者出现的各种心理问题，护士可根据心理学的知识进行有针对性的心理护理。

（二）接待急诊患者的礼仪

1．稳定患者情绪　急诊患者初入医院，病情紧急，来势凶猛，患者常表现为焦虑不安、恐慌，护士要针对患者的心理特征，在进行救治的过程中对患者及其家属进行及时的安慰和解释，以尽快减轻患者及家属的紧张情绪，以更好地配合治疗。

2．迅速救治处理　待医务人员基本了解患者的情况后，就要迅速对患者进行救治处理。救治要方法正确、措施得力，及时有效的救治能最大程度增强患者及其家属对医护人员的信任。

3．果断有序，不失礼节　在紧张的抢救工作中，同样不能疏忽礼节，应做到急不慌乱、急不失礼。急诊护士需要照顾到服务对象复杂的心理问题，在与患者接触时，要注意语言文明礼貌、举止稳重大方，回答问题专业易懂，抢救工作果断及时，忙而有序，使患者信任医护人员，得到最大的安慰与支持。

（三）急诊救护礼仪

急诊护士拥有广博的医学知识，要在最短的时间内做出准确判断，并针对危及生命的主要因素进行正确抢救，观察病情变化并及时发现异常，准确处理。在急诊救护中，需要注意急诊救护礼仪。

1．工作有序　工作有序体现在急救前充分的准备工作和抢救时的忙而不乱。急诊室是抢救危重患者的"第一线"，时间就是生命，做好充分的准备工作有利于抢救工作顺利、有序的开展，在最短的时间里最高效地防止维持生命的主要功能器官受到进一步损害，减少并发症的发生。

（1）抢救仪器准备有序：急诊护士要按照各自的岗位职责随时做好各种抢救器械、设备、物品、药品的准备工作，做到备用齐全，性能良好。如发现有急救设备、呼吸机、心电图仪、洗胃机、除颤机等存在任何故障，要及时报告器械科进行维修，保证设备的有效使用。急诊护士必须熟练掌握各种抢救器械的使用方法。技术过硬才能在抢救过程中做到胸中有数，忙而不乱。

（2）抢救配合有序：抢救是医护互相合作的过程，作为护理人员，要积极、主动地与医生进行配合与协作，这不仅能反映护士的工作责任心及修养问题，也可反映其所掌握的专业技术水平及工作能力的高低。在抢救患者的紧急情况下，对于口头医嘱，要求护士严格按"三清一复核"的用药原则进行操作，即听清、问清、看清，药物的名称、剂量、浓度要与医生复核，切忌出现用药差错。对用完药的空瓶暂时保留以便核对。此外，待患者病情平稳后，请医生将医嘱记录在医嘱单上，作为急救患者的治疗记录。

2．冷静判断与紧急处理　对于急诊护士，面对的是各种各样不可预知的急危重症患者，更需要在第一时间果断地处理与判断，并配合好医生进行抢救。因此，急诊护士需要掌握各科综合的急救医学知识，并有一定的评判性思维能力。对于急危重患者，在医生未到前，抢救护士可以酌情予以抢救处理，如吸氧、建立静脉通道、心肺复苏、吸痰等，以争取抢救时间，抢救生命。

随堂测 5-2

第三节　护理工作中的其他礼仪

护理工作中的其他礼仪，包括咨询礼仪、健康教育礼仪、护理学科会议礼仪等。

一、咨询礼仪

回答患者及其家属的咨询时应想患者之所想，急患者之所急，认真满足对方的需要。在患者及其家属咨询时，专心倾听、不打断；解答疑问时注意目光交流，态度诚恳，细致耐心，语言通俗，举止动作自然得体、不夸张；语速适中，不过快或过慢；避免使用专业术语，最好使用患者及其家属熟悉的本地方言。不要过于简单地回答问题，也不能给对方似是而非的答案，杜绝生、冷、硬、顶、推现象，以免导致护患关系紧张。

（一）医学问题咨询

对于患者及其家属的咨询，要和蔼可亲、耐心详细地解答。要将心比心，了解和体会对方的心情。对于解释后仍然不懂的咨询人士，要不厌其烦，尽可能采用通俗易懂的简单话语为其答疑解惑。对于涉及病情治疗的关键问题，可咨询相关医师或者将其引导至相应的部门详细咨询，使咨询者能够得到一个满意的答复。

（二）非医学问题咨询

对于患者及其家属咨询的非医学问题，也要做到明确、耐心地解答。比如，耐心告知患者及其家属检查地点以及需要的注意事项等，有利于患者得到准确的检查结果。在回答患者及其家属有关洗手间、洗漱池等地点的问题时，应当明确方位，必要时可进行指引，以便尽快找到相关地点，为患者及其家属提供便捷而热情的服务。

（三）注意事项

（1）切忌与患者或其家属发生争吵，以免影响医院秩序和其他患者的就医环境。

（2）当遇到突发事件时，要及时掩护患者转移到安全地点，在保证自身及患者、家属安全的情况下，恪守本职工作。

（3）遇到不合理的请求或者野蛮的行径，应及时出面阻止，并拨打"110"电话。

二、健康教育礼仪

健康教育是通过有计划、有组织、有系统的社会活动，促使人们自觉地采纳有关于健康的行为和生活方式，消除或减轻影响健康的危险因素，预防疾病、促进健康、提高生活质量。健康教育的主要目的是改变人们的不健康行为，培养有益于健康的行为和生活方式。健康教育是维持人类健康的一项有效措施。早在1860年，南丁格尔开办的世界上第一所正规护士学校所规定的教学基本原则中就指出："教育是护理的一部分"，并号召"护士应同时也是卫生导师和宣传鼓动家"。目前，许多发达国家都把健康教育作为培训护士的一项基本要求。在我国，健康教育作为一项护理内容已被广泛应用于临床，成为护士工作中的主要任务之一。

护士在进行健康教育时的工作礼仪对于患者及家属来说相当重要，充实详尽的健康教育内容、合理科学的追踪教育、热情的态度都影响着患者及其家属对健康教育内容的接受程度。

（一）详尽的教育内容

有研究显示，护士的学历往往影响着健康教育的内容，若护士知识结构单一，健康教育内容就并不容易被患者接受。因此，在对患者进行健康教育前，需要对自身进行"充电"，尽量学习及了解更多相关知识，将健康教育内容以多样化、印象深刻的形式进行宣讲。另外，应根据患者的特点，进行个体化、选择性的宣教。目前有一些研究认为，对家属和患者一起进行健康教育，会提高患者出院后在康复、饮食、运动等疾病管理方面的依从性。

（二）合理的时间安排

护士由于临床工作的繁忙，往往很难腾出完整的时间对患者进行充分的健康指导，有超过 1/3 的患者认为护士没有时间进行健康指导，她们常常边操作，边进行健康指导，这往往不能引起患者及其家属的重视，从而降低健康指导的效果。有调查结果显示，一半以上的患者一入院就有接受健康教育的强烈愿望。因此，如患者条件允许，可在其入院后即开始进行健康指导。如果在入院时未能进行系统的健康指导，可选择一个时间充裕的、且患者乐于接受的时间点进行健康指导，从而保证健康指导时间充分，且内容易于被患者及其家属所接受。

（三）正确的指导理念

1. 对症指导　随着社会的发展，患者健康观念明显更新，他们对疾病相关知识（疾病的诱因、治疗方法和后果、疾病的控制与预后、并发症的预防和处理等）及自我护理、保健知识有着强烈的需求。"人人都享有健康的权利"，无论对象是谁，作为专业的照护者，护士在进行健康教育时，都应该耐心而认真地讲解疾病相关知识、疾病护理知识，促进患者以足够的耐心和认真的态度学习这些知识，从而更好地管理好自身的健康。

2. 遵循"因时而异、因人而异、持续评估"的原则　"世界上没有完全一样的两个人"，每个个体都是不同的，护士在进行健康教育时，应针对每个患者的特点，采用患者感兴趣的方式进行宣教，尽量寓教于乐，便于记忆。另外，随着住院时间的延长，健康教育的重点也随之变化，需注意"动态持续评估"，如随着术后时间的延续，下床活动的侧重点应随之变化。

3. 解答疑惑，不留空白　在健康教育结束后，应科学解释、礼貌解答患者及家属的问题，如遇到无法解答的问题，要及时查阅相关内容或咨询他人。患者及其家属就医过程中会进一步产生其他问题，因此护理人员要不断接受继续教育，更新和补充知识，及时帮助患者及其家属掌握健康知识，提高健康教育的效果。

三、护理学科会议礼仪

护理会议按参会人员分类，基本上可以分为内部会议和外部会议。内部会议包括定期的工作周例会、月例会、年终的总结会、表彰会等。外部会议可以分成护理产品发布会、护理学术研讨会、座谈会等。

（一）会议工作礼仪

正规的会议须进行缜密而细致的组织工作，这些工作称为会务工作。负责会务工作的人员在工作中要细致严谨，做好准备。在开会过程中，遵守常规，讲究礼仪。具体而言，会议的组织工作，在会议之前、会议期间与会议之后有不同的要求。而会议工作中的各项事宜安排及处理，也是会议中礼仪的一种表现。

1. 会前工作　会议的种种组织工作中，以会前的组织工作最为关键。会前工作包括以下四方面。

(1) 会议的筹备：举行任何会议前，须先行确定其主题（包括会议名称），这由有关领导集体商议确定。负责筹备会议的工作人员则应围绕会议主题，将领导议定的会议规模、时间、议程等做好计划，组织落实。通常要组成专门班子，明确分工，责任到人。

在会议准备中要注意：会议出席人物（who）；会议开始时间（when）、持续时间；会议地点确认（where）。

(2) 拟发通知：按常规，举行正式会议均应提前向与会者下发会议通知。会议通知是指由会议的主办单位发给所有与会单位或全体与会者的书面文件，同时还包括向有关单位或嘉宾发的邀请函件。在这个过程中主要做好两件事。

1）拟好通知。会议通知一般可以分为口头通知和书面通知。

口头通知比较简单，由会议秘书打电话或者当面告知被邀请参加会议者本人即可，一般用在单位内部日常举行的小型会议上。

会议书面通知比较正规，可以采用会议邀请函等形式。书面通知一般应由标题、主题、会期、出席对象、报到时间、报到地点以及与会要求七项要点组成。对外部发出的书面会议通知一般有被邀请者反馈是否出席会议的回执。

拟写通知时，应保证内容完整、语句规范。

2）及时送达。下发会议通知，应设法保证其提前送达，不得耽搁延误。

(3) 会议资料的准备：会议上所用的各种文件材料，应在会前准备妥当。材料主要有会议的议程、开幕词、闭幕词、主题报告、大会决议、典型材料、背景介绍等。

一般会议所需资料应在与会者报到时下发：

1）会议上所需的用品要及时采办并及时布置到场，如纸张、本册、笔具、文件夹、姓名卡、座位签以及饮料、声像用具等。

2）会议工作人员在准备会议用品之前，应该制订详细的用品准备清单。哪些是自有的、需要领用，哪些需要租借或外购，都应该梳理清楚。在外购时要考虑到既满足会议需要，又不浪费，切不可因为会议规格高、会议重要就任意挥霍。

3）会议用品专人负责，避免会议召开前突发事件造成的措手不及。如果工作量较大，设备的使用和会议用品的发放应由会务小组安排。

(4) 会场的布置：对于会议举行的场地要有所选择。会场的桌椅要根据需要作好安排。对于开会时所需的各种音响、照明、投影、摄像、摄影、录音、空调、通风设备和多媒体设备等，应提前进行调试检查。

2．会中工作 会议期间，接待人员要专人专项负责具体工作。

(1) 会议签到：为掌握到会人数，严肃会议纪律，凡大型会议或重要会议，通常要求与会者在入场时签名报到。负责此项工作的人员，应及时向会议的负责人进行通报。

小型日常会议由本人在签到单上签到。大中型会议一般采用出示证件或出示会议书面通知，由本人签到。规格较高的会议、有条件的可以采用名片签到的方法。

(2) 引导服务：会议举行期间，一般应安排专人在会场内外负责迎送、引导、陪同与会人员，对与会的贵宾和老、弱、病、残、孕者，以及少数民族人士、宗教界人士、港澳台同胞、海外华人和外国人，须进行重点照顾陪伴。对于与会者的正当要求，应有求必应。

(3) 餐饮安排：举行较长时间的会议，一般会为与会者安排会间的工作餐。与此同时，还应给与会者提供卫生可口的饮料。如果必要，还应为外来的与会者在住宿、交通方面提供方便。

(4) 现场记录：凡重要的会议，均应进行现场记录，具体方式有笔记、打印、录音、录像等。可单用某一种，也可交叉使用。手写笔记进行会议记录时，对会议名称、出席人数、时间地点、发言内容、讨论事项、临时决议、表决选举等基本内容，要力求做到完整、准确、

清晰。

（5）编写简报：有些重要会议，往往在会议期间要编写会议简报。编写会议简报的基本要求是快、准、简。快是要求其讲究时效，准是要求其准确无误；简是要求文字精练。

3．会后工作 会议结束，如果必要，要进行合影留念（有时也可选择在会初或会议中场休息时）。如赠送会议举办方的纪念品、参观医院或公司等，要有专人负责相关事宜跟进。同时，要做好必要的后续工作，以使之有始有终。

后续工作大致包括四项：

（1）形成文件：如会议决议、会议纪要、会议报道等。

（2）处理材料：收集、整理会议材料，包括汇总的材料、存档的材料、回收的材料和销毁的材料等，按照规定及时处理。

（3）协助返程：指主办单位为外来的与会者提供一切返程的便利。如替对方订购、确认返程的机票、船票、车票，或者安排专人为其送行，并帮助其托运行李。

（4）会议效果调查：重视会议反馈调查，以提高日后会议的效率。

（二）会议座次礼仪

举行正式会议时，通常应事先排定与会者的座次，尤其是其中重要身份者的具体座次。对有关会议座位安排的礼仪规范，会议筹备方不但需要有所了解，而且必须认真践约。在实际举办会议时，由于会议的具体规模多有不同。因此，其具体的座次排定存在一定的差异。

1．小型会议 一般指参加者较少、规模不大的会议。它的主要特征是全体与会者均应排座，不设立专用的主席台。小型会议的排座，目前有以下三种具体形式。

（1）自由择座：不安排固定的具体座次，而由个体与会者完全自由地选择座位就座。

（2）面门为尊、以右为尊、以中为尊原则：一般以面对会议室正门之位为会议主席之座，体现尊重，其他与会者依照礼仪规范原则依次就座。

（3）依景设座：所谓依景设座，是指会议主席的具体位置，不必面对会议室正门，而是依托会议室之内的主景所在，如字画、讲台等。其他与会者的坐席同上。

2．大型会议 一般是指与会者众多、规模较大的会议，此类会场分设主席台与群众席。

（1）主席台排座：大型会场的主席台，一般应面对会场主入口。在主席台每位成员的桌上，均应放置双向席卡。

主席台排座，又可分为主席团排座、主持人座席、发言者席位三个不同方面的问题。

1）主席团排座：主席团在此是指在主席台上正式就座的全体人员。国内目前排定主席团位次的基本规则：一是前排高于后排；二是中央高于两侧。

2）主持人座席：会议主持人，又称大会主席。其具体位置安排有三种方式：一是居于前排正中央；二是居于前排两侧；三是按其具体身份排座，但不宜在后面安排其座席。

3）发言者席位：发言者席位又称发言席。在正式会议上，发言者发言时不宜坐在原处发言。发言席的常规位置有二：一是主席团的正前方；二是主席台的右前方。

（2）群众席排座：在大型会议上，主席台下的一切坐席均称为群众席。有两种排座方式。

1）自由式择座：即不进行统一安排，而是由参会者各自择位而坐。

2）按单位就座：即按单位、部门或者地位、行业就座。按照单位就座时，若分为前排后排，一般以前排为高，后排为低；若分为不同楼层，则楼层越高，排序便越低。

在同一楼层排座时，又有两种普遍通行的方式：①以主席台为基准，自前往后进行横排；②以面对主席台为基准，自左而右进行竖排。

（三）参会人员礼仪

1．参会者 参加大、中型会议人员应讲究礼节，穿着整洁，最好着正装，提前到达会场，服从会议组织人员的安排。主席台上与会者应按要求就座，姿态端正，不交头接耳，不擅自离席。当听众鼓掌时也要微笑鼓掌。

与会者主动将手机关机或置于振动、静音状态；如接到来电，应到不妨碍他人的地方接听。不可有吹口哨、鼓倒掌、喧哗起哄、随意走动、打哈欠、吸烟等失礼行为。

出席会议时，每位参会人员应当严守会议纪律。

（1）遵守时间：参加会议时，一定要严格地、自觉遵守有关会议时间的具体规定。做到：①准时到会；②整点开会；③限时发言；④到点散会。

（2）维持秩序：在会议举行期间。应自觉维护会场的正常秩序，确保其顺利进行。做到：①各就各位；②保持安静；③遵守规定；④保持会场整洁。

（3）专心听讲：参加会议时，应认真而专注地听取一切发言。做到：①一心一意；②支持他人。

2．发言者 会议发言有正式发言和自由发言两种，前者一般是领导报告，后者一般是讨论发言。

（1）正式发言：发言者应衣着整齐，走上主席台时步态自然，刚劲有力，挺胸收腹、眼观前方，体现一种成竹在胸、自信自强的风度与气质。切忌东张西望，显得不自信。发言时应口齿清晰，讲究逻辑，简明扼要。有节奏的语调才有说服力。内容要开门见山，简短有力，条理井然，避免啰唆。体语方面，多采用自信的眼光、微笑和恰当手势，会使发言效果显著，禁忌发言时指指点点以示强调，双手紧握或交叉胸前等不雅姿势。

（2）自由发言：自由发言则较随意。直接有力的开场白，清晰的观点陈述，必要时加以强调，这样的发言会给听众留下职业素质良好的印象。发言讲究顺序和秩序，不能争抢发言，发言应简短，观点应明确、清楚、有条理。实事求是，如果有人提问，应礼貌作答。与他人有分歧时，应以理服人不失态，态度平和有礼。讨论中不要急于打断对方，应等待对方讲完，再阐述自己的见解。如果对别人讲的内容有特别的补充或因紧急情况必须打断时，也要说"对不起，我想打断一下"，以便取得别人的谅解；当别人反驳自己时，要虚心听取，不要急于争辩。发言人发言结束时，应鼓掌致意。

3．聆听者

（1）勇于坐前排：参加会议入场时应该进出有序，根据会议安排落座。平时部门开会时，要养成坐在会场前排的习惯，以显示自信和尊重的态度。

（2）小动作不宜过多：参加会议时应坐姿端庄、身体挺直，表现出精神饱满的状态。聆听时要专心致志。与发言人保持目光接触，仔细听清对方所说的话，不要私下小声说话或交头接耳，不要三心二意、东张西望、打瞌睡。这些都会影响听讲的效果，也会影响发言人的心情。聆听的过程更是一个积极思考的过程，要边听边想，敏锐把握发言人话语里的深层含义，待发言人发言结束时，应鼓掌致意。中途退场时应轻手轻脚，不影响他人。

随堂测5-3

名人名言

"人的一切都应该是美的，美的心灵、美的语言、美的仪表。"

——契诃夫

小 结

护理工作是科学、爱心和艺术相结合的具体表现，护士除了要具备丰富而扎实的护理知识、精湛的护理技能外，还要有丰富的人文社会学知识，高尚的职业道德，使护理

服务中的礼仪风范成为一道美丽的风景。护士在工作中应以最佳的精神面貌、温文有礼的举止为每一位需要健康帮助的患者提供优质服务。建立良好的护患关系，应从语言、行为、情绪、工作态度四方面进行努力；门诊护理工作礼仪应做到热情接待患者，主动介绍环境，做好引导工作，掌握灵活处理特殊患者的技巧；急诊护理工作礼仪应做到确保设备齐全，正常运行，抢救和接待患者雷厉风行、快速便捷、准确评估病情、畅通生命绿色通道，救治及时到位，安全转运患者入住病房；迎接新入院患者时应树立良好的护士形象，充分体现对患者的尊重，耐心做好入院和出院护理服务规范和健康指导，把握尊重患者、诚实守信、举止文明、共情帮助的基本原则。

 思考题

1．简述病房护士礼仪要求。

2．急诊护士的礼仪要求有哪些？

3．患者王××，男，45岁，因急性胰腺炎住院治疗，经过1个月的治疗后，好转出院。出院当天，床位护士比较忙，给了王××及其家属一本有关胰腺炎的健康教育手册，让其自行阅读。王××及其家属对其中的饮食及相关问题有疑惑，便去询问床位护士。床位护士说："手册上有关饮食的内容讲得很清楚，自己看，我有空再和你解释。"王××及家属只好重新阅读相关内容。并在出院前咨询了护士长，得到了满意的解答。

（1）在这个案例中，床位护士的做法正确吗？有哪些不当之处，请指出。

（2）如果你是床位护士，在对患者进行健康教育时，你会怎么做？

（3）如果你是床位护士，应如何进行出院指导护理？

（孟红燕）

第六章 人际关系

第六章数字资源

导学目标

通过本章内容的学习，学生应能够：
◆ **基本目标**
1. 准确表述以下概念：首因效应、近因效应、晕轮效应、刻板印象、人际冲突。
2. 概括人际关系的特征及功能。
3. 举例说明人际交往的4种心理效应的特点。
4. 举例说明人际关系的影响因素。
5. 依据人际关系的发展策略，结合自身人际关系现状，制订相应的完善对策。

◆ **发展目标**
1. 运用人际关系的发展策略建立良好的护患关系。
2. 有效协调和处理人际冲突。

人的社会属性使之有认识他人的强烈倾向，有些人一见如故，而有些原本很要好的朋友却因为一次争执而形同陌路。哪些因素会影响别人对自己的印象？又有哪些因素会影响自己的人际关系？该如何处理与他人的冲突和矛盾？这是本章主要阐述的内容。

案例 6-1

小张的父亲因为突发脑血管意外住进了某医院ICU病房。正在外地出差的小张听闻后火速赶到父亲所在医院，希望能第一时间了解父亲的病情。晚上他到达ICU门口按门铃表示想要进去探视。护士小王接起门铃后表示已过探视时间，不能进入。小张心急地解释他刚从外地赶回来，作为唯一的子女他非常担忧父亲的病情，自己只进去看两眼就出来。而小王表示必须要严格执行医院的制度，非探视时间不能进去。小张觉得医院的管理太不近人情，感到非常生气，于是在ICU门口大吵了起来。

请回答：
1. 护士小王与患者家属小张产生冲突的原因是什么？
2. 如果你是护士小王，你会如何协调和处理？

第一节 人际关系概述

社会生活中,人不可能完全脱离他人而独立存在,每个人都生活在与他人共同组成的社会之中,因而会形成各种人际关系。人际关系是人与社会相互作用的基本形态,反映个体或团体寻求社会需要满足的心理状态。

一、人际关系的概念

"人际"是表示两个人以上的数量概念。"关系"是事物的相互联系,这个联系包括事物与事物之间和事物内部各要素的相互影响与作用。人与人的相互作用包括两个方面:一是自然属性;二是社会属性。

人际关系(interpersonal relationships)是指人与人通过交往而产生的心理上的距离和心理上的关系。包括社会上所有人与人之间通过相互交往与联系而形成的关系。人际关系反映了个人或群体寻求满足社会心理需要、事业需要和生活需要的心理状态,人际关系的产生、变化与发展决定了双方心理需要满足的程度。若通过交往,双方都获得了心理上的满足,就会产生保持和巩固相互交往的愿望和行为。人际关系是和人类同时产生的,具有久远的历史。它是人类社会中最常见、最普遍的一种关系。

人际学是研究人与人之间社会关系一般规律的科学。主要研究:①人际关系的历史发展过程,提示人际关系发展变化的趋势;②人际关系的交往方式,构建一个按照一定方式、一定结构的人际关系网络,发挥人际关系的功能,实现人际交往的目的;③影响人际关系建立和发展的因素及其影响方式和影响程度,创造有利于形成和发展良好人际关系的条件。

人际学与其他社会学科既有联系又有区别。其联系为:都是以社会为背景,以人为中心展开研究,社会和人是联系各门社会学科的纽带。其区别为:研究社会和人的切入点不同,提示的规律不同。

二、人际关系的特点

人际关系的本质与特征密切相关,其特征性主要体现在以下几个方面。

(一)人际关系的互动性

人际关系表现为人与人之间思想及行为的互动过程,主要体现为以下三点。

1. 个人性 是人际关系与社会关系的本质区别。人际关系的本质表现在具体个人的交往互动过程中。在人际关系中,教师与学生、上级与下级等社会角色的因素退居次要地位,而对方是否为自己所喜欢或乐意接受的对象成为主要问题。

2. 直接性 人际关系是人们在直接的,甚至是面对面的交往过程中所形成的一种关系,关系中的人能切实感受到它的存在。

3. 情感性 情感色彩是人际关系的另一主要特点,不同的人际关系会引起不同的情感体验。情感性表现为人们互相接近或吸引的联合情感,或相互排斥或反对的分离情感。

(二)人际关系的心理性

人际关系反映个体或群体寻求社会需要满足的心理状态,其变化及发展决定于人际互动的双方社会需要满足的程度。如果双方在交往过程中都获得了各自社会需要的满足,相互之间才能发生并保持接近的心理关系,表现为友好或亲密的关系。反之,会产生人际间的疏远或敌对关系。

（三）人际关系的明确性

人在自己的生命过程中要结成许多不同的人际关系。从纵向看，人一出生就会自然形成母子、父子等血缘关系；上学后会形成同学、师生关系；工作后会形成上下级、同事等关系；到婚嫁年龄会形成恋爱、夫妻等关系。以此类推，人的关系可能会永远地延续下去。从横向看，每个人在同一时期，可能同时扮演着多种角色，同时处于多种人际关系中。虽然人际关系多种多样，但每一种人际关系之间的关系是明确的，如果相互之间的关系不明确，就无法发展健康的人际关系。

（四）人际关系的渐进性

社会心理学家研究证明，人际关系的发展需要经过一系列有规律的阶段或顺序。如果人们之间的关系没有按照预料的顺序发展，就会引起其中一个或多个当事人的恐慌不安，阻碍人际关系的发展。如护士初次与服务对象接触，就询问服务对象许多与疾病无关的个人问题，可能会引起服务对象的不安甚至反感。因此，在人际交往中必须遵循循序渐进的原则。

（五）人际关系的多面性

多面性包括个人的多面性及人际关系的多面性。由于社会生活受多方面因素的影响，每个人的文化背景、生活经历、知识结构、性格、需要等多方面的因素具有一定的差异，必然会表现为人际关系中个人的思维、情感、需要及行为的多面性及多层次性。同时，某些人际关系状况不纯粹是参与者两个人的因素，可能会涉及第三方、第四方或者更多的因素。

（六）人际关系的动态性

一个人从出生起，要经过婴儿期、幼儿期、童年期、青春期、成年期、老年期等生命阶段的发展过程。在此期间，由于人在发生变化，人际关系也会随之发生变化，表现为性质、形态、交往模式等的变化。此外，人际关系具有不可逆转性及不可重复性，人既不能倒转某种人际关系，也不能否认它的存在。

（七）人际关系的复杂性

人际关系的多面性及变化性，导致了人际关系的复杂性。人是自然及社会的统一体，复杂的生理、心理及社会因素导致了个体的复杂性，而由两个以上的人所组成的人际关系将更加复杂，表现为交往动机、交往心理、交往方式等多方面的复杂性。一般对人际关系投入的思考越多，相互之间关系的内涵越丰富，也就越复杂。人际关系的复杂性也体现在其社会性上，人际关系是社会交往的联结点，各种人际关系可能存在于一个复杂的社会背景中，关系中的每个人会以自己的社会背景的不同来体验人际关系。

三、人际关系的功能

在现代社会中，人际关系已经成为影响人的重要因素之一。良好的人际关系是每个人保持身心健康、开发个人内在潜能的基本需要。同时，人际关系对社会的发展也具有一定意义。

（一）人际关系的个体功能

1．发展健全的自我意识　自我意识反映的自我，是自然、社会及心理实体的组合。作为自然实体的个人，具有一定的生物属性及功能。作为社会实体的自我，处于一定的社会人际关系中，具有一定的社会属性及作用；作为心理实体的自我，既有自然与社会的烙印，又刻着自我的印记。健全的自我意识是在人际关系中发展和形成的。主要体现为以下几方面。

（1）自我意识的评价依靠人际关系：自我评价是自我意识的重要形式，是个体对自身与外部世界关系的肯定或否定的判定。而个人一般通过与他人建立关系来了解自我，增强良好的自我感觉。并在与他人相互作用中发展良好的自我意识，认识及完善自己。

（2）自我体验依靠人际关系：个人对自己态度的体验，也以他人对自己的态度为参照依据。一个人从周围人对自己的喜欢与厌恶、悦纳与排拒等态度中，会体验到自尊与自卑、自爱与自贱等自我情感。

（3）自我调节受人际关系的影响：各种人际关系，如父母、领导、朋友等对个人的期待，会使个人体会到自己应有的期待。

2．促进个人社会化 个人通过加入社会环境、社会关系及人与人之间的不断交往，为个体提供大量的社会性刺激，从而保证了个体社会性意识的形成与发展。人只有通过人际关系，才能掌握特定社会环境的语言，并从中了解及获得社会知识。通过与他人交换意见、思想及感觉，增加自己的社会知识及能力，接受并履行相应的社会行为规范。

3．增进身心健康 人际关系与人的身心健康具有密切的关系。通过人际间关系的建立，特别是关系双方的沟通，人们可以诉说自己的喜怒哀乐，促进人们之间的情感交流，增加个人的安全感，消除个人的孤独、空虚情绪，化解人的忧虑及悲伤，维持正常的精神心理健康。

4．促进行为改变 人际关系对促进人的行为改变具有重要的作用。人在交往过程中，彼此相互作用，相互模仿。一个人的良好行为会对另一个人的行为起很大的暗示作用，从而促进其行为的改变。

（二）社会性功能

人际关系的社会性功能，指人际关系对社会的存在及发展所产生的影响或作用，主要体现在以下几个方面。

1．净化社会心理氛围，创造良好的社会生活空间 社会群体中人与人之间的交往与联系营造的一种重要的心理现象，即社会心理氛围。在良好的社会心理氛围中，个人健康、合理的心理需要得到满足，从而产生开朗、乐观的情绪，使群体保持一种稳定而融洽的秩序。在恶劣的社会心理氛围中，个体会感到压抑、孤寂、苦闷，并最终可能发生心理变态，对生活、人生及工作都有一种消极的态度，群体秩序也难以维持，甚至会产生群体或社会危机。

2．有利于提供信息，调节情绪，增进团结 人与人之间通过相互交往，形成一定的社会联结，可以增进人们之间的相互了解，以建立及协调人际关系，促进相互之间的吸引及友谊关系的发展。而人类社会规范及准则，必须通过人际关系及沟通，将信息传达给社会中的每个成员，使人们的社会行为保持一致，使社会处于和谐、稳定、有秩序的状态之中。

3．增强合力，优化群体的整体效应，提高效率 良好的人际关系有利于提高团体效率，主要体现在两个方面。一方面，良好的人际关系有利于团体内部形成比较融洽的群体氛围，增进群体的团结合作，有利于发挥群体的整体效能，提高工作效率；另一方面，良好的人际关系可以使每个人在需要的时候得到支持及帮助，使个人保持良好的工作心境，有利于每个人最大限度地发挥自己的能力及潜能。

> **知识链接**
>
> **医务人员的团队精神**
>
> 医院作为一个多专业协同作业的集体组织，团队合作至关重要。对于肩负救死扶伤神圣使命的医务人员而言，团队精神可谓事业的火车头，没有了它，医疗质量就不会有强力支撑，医疗安全就不会有重要保证，医院发展就不会有核心动力。人才、技术、设备对于一所医院来说固然必不可少，但团队精神弥足珍贵。医院各部门、各岗位之间，只有相互沟通、相互协调，各尽其职而又密切合作，才能凝聚共识、形成合力，才能在科学发展的大潮中同舟共济、同心同行。
>
> 事实上，要想诊治好一个患者，仅靠临床医生的单打独斗是不行的，它需要临床科室、护理部门、医技科室、药剂科室、后勤部门之间通力合作才能形成完整的诊治链条，

其间任何一个环节的缺位，都有可能导致整个链条的断裂，从而延误诊疗，甚至危及患者生命。

团队精神需要医务人员既扫自己"门前雪"，又管他人"瓦上霜"。当一个患者病情突然恶化而主管医生不在现场时，有了团队精神，当班医生就会及时补位，顶替其行使救治患者的职责；当一个年轻医生接诊某个患者存在疏漏或不足时，有了团队精神，其他医生就会主动帮助其拾漏补缺，从而使诊疗方案更合理、更完善。

一荣俱荣、一损俱损，和谐的人际关系、团结合作的群体氛围，是医疗工作高效、有序开展的基石。

四、人际关系的社会心理基础

人际关系既包含许多复杂的心理因素，同时也受许多心理因素的制约。人际关系心理学是在收集人际关系的客观事实及规范的基础上，运用现代心理学的研究方法及技能，去探讨人际关系心理客观规律的学科。学习人际关系的心理规律，可以使护生了解人际关系的心理发展特征，各种人际行为发生的条件及情境，以形成良好的人际关系。

（一）人际交往动机分析

在交际过程中，不论是群体与个体，还是群体与群体，发生交际关系的主体都是人。个人的交际行为，既是个人需要的驱使，又是群体意向的集中，它是个体和群体需要的综合体现。但由于个体以及代表群体的个人需要不同，就决定了交际动机的多样性和复杂性。

1．亲和动机　在人类社会中，每一个人都注定要与他人建立一定的关系，而每个人本身也都有一种亲近、接近他人的欲望，即亲和动机。所谓亲和动机，是指"个体与他人结群、交往并希望有人陪伴的内在需要"。

亲和动机出自于人的本能。古希腊哲学家亚里士多德认为，人是天生的"政治动物"。事实上，人类祖先古猿的自我保护能力是很差的，他们既没有大型动物那种拔树毁屋的能力，也没有尖利的爪牙来充当自卫武器，奔跑的速度也远不及许多动物，因此，人类的祖先要保护自己，要保证自己的新一代出生后能够生存，维持自己的种族繁衍，就必须依靠群居活动，依靠集体的力量来抵御敌害。经过长期的进化过程，人类的祖先终于形成了一种集群的习性，并通过种族繁衍将这种习惯传给后代，因此人类天生就有与别人共处的需要，也只有与别人保持正常的、充分的人际交往，人才能真正具有安全感。

2．成就动机　从某种程度上说，人际交往过程是个体借助于交往来认识或证实自己，从而表现自己的过程。所谓成就动机，是指"个人专注于自己认为重要的工作，并且愿意全力做好这一工作的心理倾向"。每个人都有显示自我、创造性完成工作任务的愿望。在同类性质的成员中，人人都希望自己成就最高，希望有机会显示自己的优越或展示自己的才华。

美国社会学家戈夫曼（Goffman）用其独特的"控制论"来解释人际交往中的这种自我表现。他指出：我们的人际交往，个体不仅彼此向对方表现其自我，而且努力制造特殊的印象。在这样一种理解中，也就提出了社会舞台和社会角色的主张。每一个社会成员，都会在社会舞台上扮演自己的某种角色，通过这种角色的扮演，来完成自我的实现。实际上，每个人在人际交往活动中都会不断地表现自我，同时也在不断地提高自我。

3．赞许动机　社会心理学家认为，人总是通过与他人的交往，来增加对自己的认识。所谓赞许动机，是指"交际的目的是能得到对方的鼓励和称赞，从而获得心理上的满足"。赞许动机实质上是一种取得成绩而得到他人或组织的尊重、承认和赞扬的需要。赞许动机对于人际

交往行为的成效是有直接影响的。经常受表扬的人，赞许动机强，潜能发挥好，劲头足，工作成绩会不断提高；经常受批评的人，也能从反面激起赞许动机，变消极为积极，迎头赶上，获得次之于受表扬者的效果。如果一个人不为他人所理解，总是被忽视，那么他就会产生自卑感，对集体及组织目标漠不关心，当一天和尚撞一天钟，工作效果又次之。最需要关注的是被控制的人，他们无自主意识，被他人控制使用，这种人的工作成绩往往是最差的。

> **知识链接**
>
> **赫洛克效应**
>
> 美国心理学家赫洛克做过这样的试验，他把106名受试者分成四组，分组给予不同的激励条件，并都做难度相同的练习题，每天做15分钟，共做5天，结果按成绩好坏的顺序依次为受表扬鼓励的、受批评刺激的、被忽视的、被控制的。这有力地证明了赞许动机的作用。因此在交际过程中，要态度诚恳，不失时机地恰当地使用赞语，强化人的交际动机，激励人的积极行为。

（二）人际交往的心理效应

心理效应是社会生活中常见的心理现象和规律。现代人际关系心理学认为，人际交往过程是人与人之间信息沟通、思想感情交流和行为互动的过程，在此期间存在着许多复杂因素，在一定程度上影响着人际关系的发展方向，或积极的融合，或消极的抗拒。

1. 首因效应（primary effect） 又称第一印象（first impression），是指交际双方第一次交往时各自对交际对象的直觉观察的归因判断，即初次见面时的最初印象。第一印象的形成导致在总体印象形成上，最初获得的信息比后来获得的信息产生更大的影响。社会心理学家的研究证明，在首因效应中，外表及身材是主要的影响因素，一个人在言谈举止中表现出的性格特征也具有重要的首因效应。

首因效应会对人之后的认知发挥一定的作用，它往往会成为日后双方是否交往的依据。这是因为人们在初次交往过程中总是集中注意力，所以印象特别深刻、鲜明、强烈，而对后继的信息，人们的注意力会游离下降。

2. 近因效应（recency effect） 近因效应是指最后的印象对人的社会认知具有重要的影响。心理学研究证明，首因效应及近因效应都在人们的社会认知过程中起着非常重要的作用，但它们在不同的条件下具有不同的作用。其主要规律为：①当关于某人的两种信息被连续感知时，人们一般倾向于相信前一种信息，并对其印象较深，即首因效应具有重要的作用，而在关于某人的两种信息被断续感知时，近因效应发挥作用；②首因效应在感知陌生人时起重要的作用，而近因效应在感知所熟悉的人时具有重要的作用；③首因效应及近因效应的作用主要取决于认知主体的价值选择及评价。

3. 晕轮效应（halo effect） 又称人际关系中的光环效应，主要指人际交往中对一个人的某种人格特征形成印象后，依此来推测此人其他方面的特征。晕轮效应实际上是人际交往过程中个人主观判断的泛化、扩张及定型的结果。在对人的认知过程中，一个人的优点及缺点一旦被其正负晕轮所扩大，就会导致社会认知的偏差。

4. 社会刻板印象（social stereotype） 人们的社会认知偏差，不仅表现在对一个人的认知过程中，也会表现在对一类人或一群人的认知过程中，即某个社会文化环境对某一社会群体所形成的固定而概括的看法。一般社会刻板印象往往不以直接经验为根据，也不依可靠的事实材料为基础，而是以习惯的思维为基础，形成固定的看法，这种固定印象会导致对他人认知的偏差。

社会刻板印象是对社会群体或群体成员的一种十分简单的分类方式，它在同一社会文化环境中具有相当大的一致性。因为同一民族或社会文化环境中的人一般会有大致相同的风俗习惯、性格特征及行为方式。职业、年龄、性别、地域、信仰一致的人，在思想、观念及行为方面一般较为接近。如一般人们会认为商人精明、知识分子文质彬彬、女性温柔等。

社会刻板印象会对人的社会认知产生积极和消极两个方面的影响。从积极的方面看，社会刻板印象本身包含了一定的合理性、真实性的成分，或多或少反映了认知对象的若干实际状况。因此，社会刻板印象有助于简化人的认知过程，为人们迅速适应社会环境提供便利。从消极的方面看，刻板印象形成后具有一定的稳定性，很难随现实的变化而改变，因此，会阻碍人对事物或人的准确认识，容易导致偏见。

（三）人际吸引的基本规律

人际吸引（interpersonal attraction）也称为人际魅力，是人与人之间产生的彼此注意、欣赏、倾慕等心理上的好感，从而促进人与人之间的接近，以建立感情的过程。人际交往是社会行为的基本形式，是人际关系产生的基础。而人际吸引是人际交往的第一步。

在人际交往的过程中，不同需要、不同个性、不同反应方式的个体是如何相互选择、相互吸引的？弄清这个问题并按其基本规律来认识行为、预测行为、引导行为、控制行为，对于提高自身的人际吸引力和交往能力是大有裨益的。根据心理学家的大量研究和人际交往经验的结果，可将人际吸引的主要规律概括如下。

1．熟悉吸引 熟悉是指交往双方清楚地了解对方的各方面情况。人类在长期演化过程中形成一种不喜欢和恐惧未知事物、喜欢熟悉事物的心理倾向。人们需要了解周围世界，并明确它们的意义。许多研究还证明，不仅人们意识到的熟悉会增加人们对人或事物的喜爱，甚至没有故意注意的对象如重复出现，也可以使人产生更积极的体验。如对于经常到病房巡视的护士，尽管患者有时叫不出她们的姓名，但也倾向于越来越喜欢她们。

2．接近吸引 一般说来，生活中经常接近的人比较容易相互吸引。现实生活中不难发现，同一班级的同学、同一寝室的室友、同一科室的同事容易成为好朋友，这是由于空间距离接近，经常接触因而具有彼此了解的机会，故吸引力增强，在交往中可以节约时间和精力；同时由于经常接触和相互了解，双方可预测对方在不同情况下的情绪反应、推测对方将采取的行为方式。在知己知彼的前提下，就能有效避免挫伤双方情感的行为方式，维护和发展朋友间的友谊。

3．相似吸引 特征相类似有助于彼此之间在目标追求、处世态度、行为动机、个人爱好等方面保持一致，缩短心理距离。"同病相怜""惺惺相惜""物以类聚，人以群分""老乡见老乡，两眼泪汪汪""同是天涯沦落人，相逢何必曾相识""酒逢知己千杯少"等成语、俗语或诗句，可以说明当人们见到具有相同特征的对象时，由其激发的强烈的人际吸引以及相似的情况均能引起程度不同的人际吸引。不仅共同的社会特征能增加人们的相互吸引，如共同的态度、信仰、价值观、兴趣、年龄、学历、经历、行业、民族、国籍、出生地、居住地文化等，共同的身体特征，如身高、体重、残疾等，也能在一定条件下不同程度地增加人际吸引，使之建立起思想上的相互理解、行为上的相互支持。

4．互补吸引 需要是社会交往的原动力。交往双方的需要与满足成为互补关系时，有助于彼此之间形成友好关系。互相补偿的范围包括：能力特长、人格特征、需要利益、思想观点、工作作风等方面。生活中时常可以看到，活泼健谈者和沉默寡言者是一对要好的朋友；独立性格的人与顺从型性格的人相处和睦；脾气急躁的太太与耐心随和的丈夫是一对公认的恩爱夫妻；主动支配型的男性与被动顺从型的女性能够"夫唱妇随"……这正是因为双方的个性倾向和行为特征正好满足了对方的需要。

此外，品质吸引、能力吸引、外表吸引等也都是人际吸引的基本规律。

> **整合小提示**
>
> 护理理论中奥兰多的护患互动理论、佩普劳的人际关系理论也是基于人际关系的社会心理学因素。

第二节　人际关系的影响因素及发展策略

> **名人名言**
>
> "与人相处的能力，如果能像糖和咖啡等商品一样可以买得到的话，比起太阳下的许多事物，我会为这种能力多付一些钱。"
>
> ——约翰·洛克菲勒（John Rockefeller）

人际关系是个人生存的必需品。良好的人际关系可以促进个体的身心健康，增强社会适应能力，充实和提高自我。要充分认识到影响人际关系的因素，主动调整人际关系的发展策略，从而使日常生活工作中的人际交往更加顺畅。

一、人际关系的影响因素

人际关系的本质是一种社会关系，这种特殊的社会关系不仅影响人们的心理状态，而且对社会群体的社会实践有重大的作用。正确处理人际关系，对于缓解紧张情绪，提高群体士气和工作效率，具有重要意义。

每一个人都希望有更多、更广泛的朋友。对于某些人来说，他们的社交能力并不差，可就是人缘不好，交不上知心朋友；而有的人社交能力并不是很强，但却结交了不少好朋友。这到底是什么原因所造成的呢？心理学家告诉我们，影响人际关系的因素是多方面的。总体来说，主要有以下几个方面：个人特质、态度的类似性、需要的互补性、物理距离和交往频率以及社交技巧。

（一）个人特质

影响人际关系的个人特质包括三方面：一是个性的品质；二是能力；三是外表的吸引力。

1. 个性的品质　个人的品质常常会影响人与人之间的交往。良好的个性品质是人际关系的基础。社会心理学家认为，那些不尊重他人、以自我为中心、过分自卑的个性品质容易阻碍人与人之间的吸引，不利于人们的团结与协作。

而在群体中，一个性格开朗、活泼、心胸开阔、坦荡、性情和善、宽厚、富有同情心、能体谅他人的人，易受到其他成员的欢迎，因而也易同他人建立良好的人际关系；相反，一个性格孤僻、古怪、固执、自高自大、目空一切，或敏感多疑，或感情贫乏、麻木不仁的人，就难以与人相处，难以形成良好的人际关系。

2. 能力　心理学家研究发现，最为人欣赏者，并非全能型人才，而是既有能力又有一些缺点的人。根据心理学家的解释，当人们与看上去完美无缺的人相处时，难免会产生"己不如人"的不安心情，如言行举止过于拘谨等，以致失去与对方交往的兴趣；当人们发现才华出众的人也有和自己一样的缺点时，则会因看到对方身上具有的平凡一面而产生彼此接近的亲近感，更增强其与对方交往的动机。

3. 外表的吸引力 大量研究表明，外表的吸引力会引发明显的"辐射效应"，使人们对高魅力者的判断具有明显的倾向性。戴恩（Dion K.）等在实验室向大学生被试者出示了三张外表吸引力不同的照片，并请他们对照片上的三个人针对27项特质进行打分，并预测其未来的幸福程度。结果表明：多数被试者对外貌好者给予较高的评价与预测，人们觉得外貌好的人聪明、有趣、独立、会交际、能干等。集体活动中，最先受到关注的人常是同等条件下具有外貌吸引力的人。但值得指出的是，若人们感到有魅力的人滥用其美貌，反倒倾向于对其实施严厉的"制裁"。

外表的吸引力主要体现在人际交往的初始阶段，待双方进一步了解后，交往双方的个性品质将起主导作用。

（二）态度的类似性

人与人之间若对某人或某种事物有相似的态度，如有共同的理想、信念、价值观或兴趣爱好等，就容易引起彼此间思想上的共鸣与行为上的同步，形成密切的关系。俗话说："物以类聚，人以群分"，人以群分的基础就在于他们对事物是否有相同的态度，"相见恨晚"就是态度相似性在交往上的表现。即使两个长期朝夕相处的老同事，也可能一直停留在客观环境为其构成的接近条件中，互相间的关系难以深入发展；而两个偶然接近的"新相识"，却可能因互相有共同的思想、观念、态度、信仰等，很快成为感情笃深的亲密朋友。

（三）需要的互补性

当人们意识到自己有某种不足时，会发自内心地羡慕具有这种特点或能力的人，愿意与其接近，以便在彼此的交往中，通过取长补短，使双方的需要都得到满足。如较常见的男女之间刚柔并济的自然互补。此外，由于许多人具有"以他人所长补己之短"的希冀，较容易对一些能与自己互补的人产生好感。如脾气暴躁的人，更容易与脾气温和的人相处；粗心大意的人喜欢与细致严谨的人交友；依赖性强者，较倾向于与独立性强者一起决策等。

相关研究表明，互补因素能够增进人际关系，多发生在感情深厚的朋友之间，特别是异性朋友或夫妻之间。美国社会心理学家克克霍夫（Kerckhoff）等对已建立恋爱关系的大学生进行研究后发现，对短期的伴侣关系，推动他们互相吸引的主要动力是相似的价值观念；而驱使长期伴侣发展更密切关系的动力，则主要是双方需要的互补。

（四）物理距离和交往频率

人与人之间因在生活空间上彼此接近，而成为有助于建立良好人际关系的因素。这也是人与人之间最自然的一种接触，如同学、邻居、同事以及同行的旅客等，由于接近机会多而相识，因相识而为彼此吸引提供了基本条件，进而发展为友谊、爱情等也十分常见。为证实物理距离对人际关系的实际影响，美国心理学家费斯丁格（Festinger）通过对一些大学生进行较为深入的研究后发现，他们所交的新朋友几乎都符合以下四个接近性特征：①是其近邻；②住同层楼；③信箱靠近；④共用一个走廊。由此可认为，常见面是他们建立友谊的重要因素之一。人们常说的"远亲不如近邻"，也是物理距离的接近影响人际关系的体现。接近性被视为人际吸引的必要条件，即指人与人之间若完全没有由客观环境所提供的接近机会，互相吸引便无从谈起。

除了距离上的接近，交往频率也是影响人际关系的重要因素。一般交往频率越高，越容易形成共同的经验，产生共同的语言和感受，即交往频率与人际关系的密切程度成正比例关系。反之，若长久不交往，关系就逐渐疏远。当然交往的内容也不能忽视，如交往只是互相应酬，即使频率再高，也难以形成真正的友谊。

（五）社交技巧

社交技巧是形成良好人际关系不可缺少的。凡在人际关系上成功的个体，都具有较高的社交技巧。因此可以说，个性品质和自我意识水平是建立良好人际关系的基础，而社交技巧则是

随堂测 6-1

建立人际关系的手段和方法，是形成成功人际关系网络必不可少的条件。

社交技巧不足，也是导致人际关系不良的一个重要原因。缺乏社交技巧的人，在人际交往中，常不会选择恰当的行为表达自己和解决人际矛盾。如与他人交谈时，常打断别人的谈话；情绪冲动时，不分青红皂白，大发雷霆；与人交往时，总试图操纵他人等，都是缺乏社交技巧的表现。

二、人际关系的发展策略

建立良好人际关系的具体方法有很多，在日常生活中，较为主要的、能够有效地被每个人所运用的策略有以下几个方面。

（一）建立交往关系的策略

1．加强修养，扩展爱好 社会交往是交往双方相互作用的过程，在个人选择交往对象的同时，自己也在别人的选择之中，因此，如何展现自身魅力，提高交往中的吸引力，关键在于加强自身的修养，扩展自身的爱好。

一个具有良好修养的人，一定具有健康的心理素养，而健康的心理素养能使人在纷繁的社会交往活动中很好地把握自己。人们常说，高尚的人品和远大的理想如同心理活动的灯塔和动力，引导着心理活动的方向；坚定的信念是判断是非的标准和积极活动的支柱，规范着人们的行为。具有崇高理想和坚定信念的人，行为自觉而有力，个性稳定而持久，在社会交往中具有较强的心理魅力。

兴趣爱好是人们从事实践活动的一种动力，当人们对某事物感兴趣时，就会主动了解相关的知识。广泛的兴趣爱好有助于交往双方扩大共同的心理领域和话题；而兴趣爱好贫乏，往往会使人孤陋寡闻、思维呆板、生活单调，不利于完善个性，更不利于在与人交往中取得主动。

2．重视印象整饰 人际交往中首因效应和晕轮效应的存在，要求人们在与人初次交往时必须重视印象整饰的作用。印象整饰又称印象管理（impression management），是指有意识地修饰，主动而适度地展现自己的形象，使之在别人的心目中形成良好的第一印象。行为者选择适当的言辞、得体的表情和动作，可使知觉者对自己产生某种特定的看法。美国社会学家戈夫曼（Goffman）认为，"人在生活舞台上演出的种种行为与戏剧表演一样，分前台和后台。前台是展现于观众（即交往对象）面前的一种情景，个人前台专指印象整饰。一旦人们进入前台，就应使自己的种种外表和举止同他人的期望相一致，若要做到这一点，位于前台的人必须以理想化的形象、表达的控制及一定的社会距离等手段来取得观众的信任和尊重"。

印象整饰与印象形成的区别是：印象形成是信息输入，是形成对他人的印象；印象整饰是信息输出，是对他人印象形成施加影响，其意义在于控制他人的行为，特别是他人对自己的回应方式。

在与交往对象交往时，要根据社会常模来对自己进行印象整饰，同时根据对方的特征、交往的目的和交往的情境，选择合适的装束，有些情况甚至要事先对所交往的知识、言辞、表情和动作做一番必要的准备，以保证交往活动顺利进行，给对方留下一个美好的印象。当然，进行印象整饰要充分考虑到自身条件，扬长避短，尽力显露自己优秀的一面。但切不可修饰成分过多，否则不仅会在当时给人以做作的感觉，而且在以后的交往中容易"穿帮"。

3．主动交往 交往双方总有一方居于主动地位，如先与人打招呼、主动与人说话等。这些看似简单的小事却常常因个性原因不习惯或不好意思去做，或因没有注意、没有意识到应该去做，结果错失了许多可能具有重要意义的交往机会。可见，树立主动与人交往的意识，掌握主动交往的技巧，是建立良好人际关系的策略之一。

心理学家研究发现，在人际交往上，许多人不是主动发起交往活动，主动去接纳别人，而是被动地等待别人接纳，甚至处处试图吸引别人的注意，这类个体只能做交往的响应者，而不能做始动者。然而，根据人际关系的交往原则，别人是不会无缘无故地对其他人产生兴趣的。因此，要想同别人建立良好的人际关系，要想自己摆脱孤独，就必须做交往的始动者，处于主动地位。

人们不能主动交往的原因：第一，在人际关系方面缺乏应有的自信，生怕别人不会像自己期望的那样理解和回应自己，从而使自己处于窘迫的局面，伤害自己的自尊心；第二，人们在人际关系上有许多误解。如"先同别人打招呼，在别人看来是低人一等""我这样去麻烦别人，别人会讨厌的"……所有这些想法，只是人们头脑中的一些念头，并没有任何可靠的依据，更不是事实。实际上，在现实生活中，由于社会规范的作用，也由于人们都需要交往，主动交往得不到理睬的情况是极少的。专家们强调，在改善人际关系处境上，应采取在解决其他方面的问题时的同样方式，即：少担心，多尝试。尝试是成功的先导。当个人因为某种担心而不敢主动与人交往时，最好是先去实践一下，用事实证明这种担心是多余的。

4．帮助别人 人际关系的互利原则显示，任何一个人，只有当一种关系对其来说是值得的，他才愿意并试图去建立、去维持。只有当一种人际关系对人们有帮助时，才是值得的。因此，当个体想要同别人建立良好的人际关系时，帮助别人是十分重要的。这里的"帮助"并不单纯是指物质上的支持。人与人之间的互相帮助首先是情感的，然后才是物质的。帮助应是广泛的，既包括情感上的支持，对于痛苦的分担、观点的赞同及建设性的建议，也包括在解决困难方面的协助和物质上的支持。

以帮助为开端的人际关系，不仅容易确立良好的第一印象，而且可以使人与人之间的心理距离迅速缩短。当别人在健康、情感、生活以及工作上遇到困难或危机时，如果有人给予及时的帮助，则很快可以赢得别人的信任。平常所说的"患难之交"就很好地说明了这一点。当个人遇到困难时，哪怕他人给予一个很小的支援，也会起到帮助个人脱离绝望的作用，使其对帮助者有很高的接纳性。可见，试图帮助别人并学会帮助别人，是人们建立良好人际关系不可缺少的条件。

5．关注对方的兴趣 交往的双方往往处于两个不同的情感和理解基点，有不同的兴趣和关注中心，只有在交谈过程中，双方的兴趣和关注焦点会聚在一起时，交谈才成为双方同等卷入的过程，才能真正起到有效沟通和加强相互关系的作用。

谈话兴趣和关注焦点的会聚是一个渐进的过程，而且需要谈话双方都将注意力投向对方，而不是只集中在自己身上。很容易理解，如果一个人只是在想自己的事情，以自己的理解和情感作为唯一的出发点，那么自然难以关注对方的兴趣和爱好，必定会降低自己对他人的吸引力，继而淡化彼此交往的倾向性。

（二）加深情感联系的策略

1．经常互相问候 人际关系以情感联系为纽带，双方之间的交往是维持和增进情感联系的手段。人们常说"远亲不如近邻"，这是由于远亲之间虽然有血缘等亲情关系，但因为相隔距离较远，会给交往带来一定困难，造成双方之间的熟悉、密切程度甚至不如交往频率较高的邻居。可见，彼此之间的经常交往对维持和密切人际关系是至关重要的。交往的方式有很多种，其中节假日、生日的问候和拜访是一种最常用的方式，这会使对方感到格外的温暖和感动。

2．肯定对方的自我价值 荀子言："与人善言，暖于布帛；伤人以言，深于矛戟。"每个人都有强烈的自我价值保护倾向，当人们的自我价值面临危险时，机体会处于强烈的自我防卫状态。这是一种焦虑状态，与人们的不愉快情绪直接关联。因此，人们对否定自我价值的他人，有着强烈的排斥情绪。

称赞是对他人的肯定。每个人都有得到他人肯定和尊重的需要。因为它是对个人价值的发现与承认。选择恰当的时机和适当的方式表达对对方的赞许是增进彼此情感的催化剂。

3．避免直接指责和争论 在与他人友好相处的问题上，卡耐基总结出多种成功的技术，其中很重要的一条是避免直接指责他人，尽量减少争论。

卡耐基提出，应避免指责对方。他认为：既然人们在融洽的时候使人改变主意、承认错误都不容易，那又为什么要用指责的方法使它更不容易呢？当发现别人出现明显错误时，应仍然用支持别人的方式来证明自己的观点。用卡耐基的话说，就是"要比别人聪明，却不要告诉别人你比他聪明"。要学会提醒别人，使别人感到，我们并不认为他不聪明或无知。

同样一句话，站在不同的角度说，效果是不一样的。如护士在对几名患者进行术前指导后问患者："你们听懂了吗？"也许没有人回答。因为若回答"没有听懂"，会使人感到这实际上是在向别人承认自己的笨拙。相反，如果护士问："我讲清楚了吗？"患者可能会回答"没有"。实际上，这两句话的意思是一样的，但前一个问句把懂与不懂的责任推给了患者，而后一个问句则把责任留给了自己。因此，在与人相处时，要处处避免以直接的或隐含的方式否定别人。

争论在日常生活中是经常发生的。但是，争论往往是在双方面红耳赤、不愉快甚至产生严重敌意中结束的。卡耐基发现，争论的结果往往是双方比以前更相信自己的观点是正确的。从维持良好人际关系的角度讲，人们常常赢不了争论。如果输了，当然只好认输；即使赢了，从人际关系的角度讲，也是输了。因为一方的胜利常常直接威胁到另一方的尊严，影响另一方的自我价值感。而且，年轻人之间的争论到后来有时会演化成直接的人身攻击，对于人际关系显然有害。

4．表现真实自我 每个人都有表现自己优点、掩饰缺点，以给别人留下美好印象的愿望。但是过于掩饰往往会使自己表现得过于拘谨，使结果适得其反，给别人以保守、虚荣的印象。实际上，真实地表现自己，包括自己的缺点和不足，非但无损于自己的形象，反而会给人一种真实感和亲切感。"犯错误效应"充分说明了这一点。

在日常生活中，存在这样一个有趣的现象，即人们对于自己哪怕一个很小的错误都会感到很不愉快，不愿承认；而对于别人的一个很大的错误却可以表现得很宽容。尤其是在别人承认其错误之后，人们会表现出超乎寻常的容忍性。实际上，这同样与人们的自我价值保持倾向相关。承认自己的错误，错误再小，也是一种自我否定；而宽容别人的错误，错误越大，越显出自己的超越。可见，人们隐瞒自己的错误和过失是有心理学依据的。但从人际交往的角度看，如果犯了错误而不敢承认，甚至把过失归咎于客观，推诿于别人，其在人们心目中的人格地位就会大大降低，不利于人际交往。

5．有意求助他人 在自己有难处时向别人求援，请别人帮忙，这看似是把自己摆在被动位置的一种无可奈何的行为。但在人际交往中，有意求助他人不失为一种主动与人交往的策略和技巧。求助他人本身表达了自己对他人的知识、能力和品性的肯定和承认，而他人对自己的帮助本身又隐含了对自己给予他的承认的回报，这就在双方心灵中建立起了一座沟通的桥梁。美国前总统富兰克林就曾通过向与其发生政治对抗和敌视态度的宾夕法尼亚州立法部门某议员借阅一本十分珍贵的书籍而缓和了双方紧张的关系，并且双方最后结交为好友。现实生活中也常发生女青年通过求助男青年修自行车、搬运重物，男青年求助女青年缝被子等方式表达爱慕之情的事例。

6．常怀感恩之心 我国古人有"受人滴水之恩定当涌泉相报"之说。得到别人的帮助是否需要回报、应当怎样回报且不说，但记住别人的好处，心存感激应当是最基本的人之常情。朋友之间相互帮助本是平常事，只要能尽力的都会鼎力相助，而且不会追求报答。但作为受益人却应当记住别人对自己的好处，在适当的时候以适当的方式提及。这样一方面表达了对朋友的尊敬和感激，另一方面也显示了自己是重情重义的可交之人。

7．保守对方秘密 一般说来，对方吐露的秘密都是他认为对其自我价值有一定威胁的东西。因价值观的不同，有些秘密对另一方来说可能根本算不上秘密，但对当事人而言，却直接威胁着其自我价值。因此，为对方保密不仅是为人处世的一条原则，也是作为对方的朋友所应尽的责任和义务。

（三）弥补情感裂痕的策略

1．谅解 谅解是指"了解实情后原谅或消除意见"。交往双方因认识能力和修养水平的不同会产生不同的意见，甚至因地位差异和看问题的角度不同会产生矛盾。在这种情况下，交往双方都有义务体谅对方，以维护双方的关系。当双方出现不同的意见和看法时，切勿急躁和草率，应通过坦诚的交谈，主动了解对方产生此种看法的理由，并提出自己的看法，会有助于矛盾的解决。

2．批评的艺术 金无足赤，人无完人。在人际交往中，对成绩和优点要加以肯定，对错误和缺点也要善意地指出。尤其是当出现关系裂痕时，要保持人与人之间的协调，为别人的错误提供必要的反馈是十分重要的。那么，怎样才能在避免别人的自我防卫心理作用的同时，又有效地提醒人们注意自己的错误呢？

（1）批评从称赞和诚挚感谢入手：无论怎样注意采取温和的方式，要别人承认自己的错误和不足，都意味着别人要忍受某种程度上的自我否定。但是，这种自我否定的威胁，可以被诚挚的称赞或感谢带来的愉快情绪所冲淡，甚至抵消。称赞和感谢也是对人们自我价值的支持，在人们刚刚得到支持的愉快时，对批评的接受性会明显增强。

（2）批评前先提自己的错误：被批评者在批评者面前常会有一种错觉，似乎批评者是在用批评别人显示自己的优越。如果批评者先提及自己的不足，可以明显弱化被批评者的这种意识，使其更容易接受批评。

（3）间接提醒他人注意自己的错误：人们不能轻易承认自己不足的根本心理障碍，是对于自我遭到否定的恐惧。如果不采取直接批评，而是间接地暗示，则可以使人避免自我否定的恐惧，从而使人顺利地接受批评。

（4）让别人保住面子：每当人们遭受一次挫折时，其自我价值也会面临一次危机，如果为其挫折找到更合理的理由，或在其他方面强调人们的失败并不代表其无能，可以使人们的挫折感得到某种补偿。如果别人正好是失败者，这种方法可使别人既承认失败，又保住面子。

3．道歉的艺术 在人际交往中，人们有时难免会有这样或那样的过失，如不小心碰翻了东西或注射时没有一针见血、拨错了电话号码或耽误了治疗时间等。在这种情况下，应当向对方表示歉意。这不但能给对方以感情上的补偿，也是有教养的人所应具有的文明意识。诚挚的道歉不仅能够和解被损害的关系，而且还可以使这种关系变得更为牢固。因此护理人员应该学会道歉的艺术。

道歉有三个要素：承认错误、遗憾以及为这件事情负责，可以同时表达这三点，但是不一定要三个都表达，应该视情况而定。要做到真正有效的道歉，应该注意以下几点。

（1）及时道歉：在应该道歉的时候，就马上道歉，越耽搁就越难启齿，有时甚至追悔莫及。假如你有对不起某人的地方，想向他道歉，就应立刻想办法施行。可以当面道歉或打个电话或写封信，或者用其他任何足以表达心意的方式来表示。

（2）思考道歉的角度：道歉可以用角色对角色或个人对个人的方式进行，看哪种状况比较容易。例如，病区里一位护士与患者发生了语言冲突，如果患者仍然对护士心中有气，可以站在职位角色的立场向对方表达："我是护士，应该更理解患者的心情，我很抱歉先前讲话过于简单急躁。"这样一来，即使对方仍然余怒未消，但对立的气氛也可以得到缓和。

（3）真心为服务对象感到难过：试想，如果是自己带着感冒的孩子到医院求诊，最后孩子却因医院过失发生了交叉感染而罹患肝炎，自己会是什么心情。只有能够体会对方的心情时，才有能力与对方沟通。

（4）向服务对象提供足够的信息：要用清楚、诚恳的语言道歉。接受道歉者会希望得到清楚、诚实的解释，闪烁其词、逃避责任会造成相反的效果。例如输血时输错了血型，几乎危及生命，但是护理人员只给患者模糊的解释，患者就会因为不受重视而愤愤不平，进而不愿意宽恕医院。

（5）承诺改进：当错误是源自结构性的问题时，一般人都想确定，相同的事情不会再发生在别人身上。医院给予患者将会改进的承诺，可让患者感觉到他们的负面经历有一些正面意义，也会让患者的火气稍微降温。

（6）采取弥补行为：除了改进，医院也要承诺尽力弥补错误，对于无法补救的部分，则给予合理赔偿。这类沟通的重点在于使情况恢复至问题发生前，而不是让患者觉得，医院只想用钱解决问题。

（7）把握道歉的分寸：律师提醒，道歉要能真正发挥效用，程度的把握非常重要。警惕说道歉的话可能引发的法律效力。道歉的内容需要谨慎考虑，可以显露出诚心，但是如果责任不在护理人员时，则不要把责任全部揽在身上。常用的道歉语，如"请原谅""对不起""真不好意思让您受累了""真抱歉给您添了这么多麻烦"等。

名人名言

"以责人之心责己，恕己之心恕人。"

——宋·范公偁

第三节　人际冲突

人际冲突是指两个或更多社会成员间，由于反应或希望的互不相容性而产生的紧张状态。一般是个人与个人之间的冲突。人际冲突的存在具有客观性和普遍性，且有其积极的一面，即有着对群体产生积极影响的潜在可能性。正确地认识和解决人际冲突，可以使人们提高解决冲突的能力，从而提高处理人际关系的技能。

一、人际冲突的类型与过程

（一）人际冲突的类型

冲突可能产生于客观存在的分歧，也可能源于主观想象的矛盾。根据冲突基础的不同，研究冲突的著名学者卡尔·沃尔夫冈·多伊奇（Karl Wolfgone Deutsch）将它们区分为五种类型的冲突，即平行的冲突、错位的冲突、错误归因冲突、潜在的冲突和虚假的冲突。

1. 平行的冲突　指存在客观的分歧，而且双方都准确地知觉到了这种分歧。例如在一个周末，丈夫想让妻子陪他去看拳击比赛，而妻子想让丈夫陪她去听音乐会，双方都清楚对方的愿望，但是却互不相让。

2. 错位的冲突　一方可能有客观的理由，而且认知到冲突的存在，但是却不直接针对真正的问题本身。例如孩子向父亲要钱买一辆自行车，父亲觉得孩子太小，骑自行车不太安全，于是没有答应他。小孩觉得父亲没有满足自己的愿望，又不好继续强求，于是会在其他方面故意与父亲作对。

3. 错误归因冲突　指存在客观的分歧，但是双方对这种分歧并没有准确的认知。比如小李的上司被人在他的上司面前告了状，他以为是小李告的状，于是就在平时的工作中为难小李。事实上，告状的另有其人。

4．潜在的冲突　指存在客观的分歧，但是双方对这种分歧并没有意识和感觉。

5．虚假的冲突　双方有分歧，但是这种分歧并没有客观的基础，而完全是因为误会而引起的。

（二）人际冲突的过程

根据美国著名管理学家斯蒂芬·P. 罗宾斯（Stephen P. Robbins）经典著作《组织行为学》中的观点，冲突的过程可分为五个阶段，每个阶段都有不同的特点，由此产生与之相适应的管理方法。

1．第一阶段：潜在的对立或不一致　在这个阶段，产生冲突的"差异"已经存在，这些"差异"并不必定导致冲突，但它们是冲突产生的必要条件。这些"差异"主要包括：①信息差异：双方了解信息、获得事实上的差异。②认识差异：双方由于知识结构、知识背景等的不同，造成对事物（务）认识上的不同，甚至会是相反的结果。③利益差异：双方各自要达到的利益不一致。④角色差异：双方各自处于不同的角色之中，并依照各自角色的要求而行动。

2．第二阶段：认知　在这个阶段，一方或双方已经认识到冲突的存在，个体有了情感上的投入，冲突问题变得明朗化。冲突的认知包括：第一，冲突是任何组织都不可避免的，美国学者威廉·怀特（William H. Whyte）认为，"冲突是组织生命中不可或缺的一部分"；第二，冲突不只是具有负功能，也具有相当的正功能。勒维斯·柯塞（Lewis A. Coser）在《社会冲突的功能》中指出，冲突绝不仅仅是"起分裂作用"的消极因素，它可以在群体和其他人际关系中承担起一些决定性的功能，如有助于维持群体的边界、防止群体成员的退出等。

3．第三阶段：行为意向　行为意向为冲突中的双方提供了如何解决冲突的总体行为指南。这种行为意向主要指"在满足己方利益与满足对方利益这两个维度上，考虑如何结合"，这两个维度上的不同结合，形成五种典型的冲突处理意向方式：①合作方式：也称"携手并进式"，这种方式强调最大限度地满足双方利益，寻求双赢局面，基本态度对对方表现出信任与诚恳。②折中方式：也称"妥协式"，这种方式与合作方式有相同点，既考虑双方利益，也有不同点。合作方式考虑的是最大限度地满足双方利益，而折中方式强调的是部分满足，即双方都有所让步，是一种中庸之道。③回避方式：也称"规避式"，这种方式的特点是既不满足自身利益，也不满足对方利益，双方利益都搁置，试图不作处理，置身事外。④强迫方式：也称"强渡关山式"，这种方式只考虑满足己方利益，无视对方利益，与对方激烈竞争，寸土不让。⑤迁就方式：也称"息事宁人式"，这种方式与强迫方式刚好相反，只考虑满足对方的利益，而不考虑满足己方利益，忍让为怀，息事宁人，是一种利他的方式。

4．第四阶段：行为　在这个阶段，冲突明显可见，冲突双方公开试图实现各自的愿望，包括冲突双方进行的说明、活动，简单说就是一方有行为，对方如何反应，比如，甲向乙提出要求，乙进行争辩，甲威胁乙，乙也反过来还击甲。

5．第五阶段：结果　冲突行为与冲突结果并不存在必然的对应关系，冲突并不一定会提高或降低组织绩效，换句话说，冲突行为既可提高组织的工作绩效，也可降低组织的工作绩效。提高或降低关键取决于如何处理，处理得当，能提高组织的工作绩效；处理不当，则会降低组织的工作绩效。

二、人际冲突的原因

（一）沟通偏差

沟通是人们分享信息、思想和情感的过程。这种过程不仅包括口头语言和书面语言，也包含形体语言、个人的习气和方式、物质环境等，即赋予信息含义的任何东西。不良沟通是冲突产生的原因，但并非所有冲突都是由不良沟通所引起的。实际上，沟通或少或多都会增加冲突潜在的可能性。另外，沟通通道也会影响冲突的产生。人们相互间传递信息时会进行过滤，来自不同通道中的沟通偏差都使得冲突产生潜在的可能性。

> **科研小提示**
>
> 　　文献研究显示，医患/护患冲突的最主要原因是沟通偏差。

（二）文化差异

　　文化差异是构成人际冲突的另一个重要原因。人的出身、受教育的程度、生活或工作的环境、社会政治制度、习俗差异等都是造成文化差异的原因。文化背景是沟通者长期的文化沉淀，也是沟通者较稳定的价值取向、思维模式、心理结构的总和。由于它们已经转变为精神的核心部分而为个体自动保持，是思考、行为的内在依据，因此通常人们体会不到文化对沟通的影响。实际上，文化影响着每一个人的沟通过程，影响着沟通的每一个环节。当不同文化发生碰撞、交融时，人们往往能发现这种影响。

（三）角色差异

　　每个人在社会生活中都会有特定的角色位置。不同角色位置上的人，其思想观念和行为方式也会有所不同。如果固守自己的角色，不注重对其他角色观念、角色行为的理解，就会导致角色与角色之间的冲突。工作和生活中常见的角色差异现象有以下几种。

　　1．代沟　所谓代沟，就是"因年龄差异而造成的生活态度、价值观念、行为方式等方面的差异、对立乃至冲突"。代沟现象不仅限于家庭，也出现于群体和社团中。形成代沟的原因很复杂，较普遍的原因有：年龄差别造成的心理差别、时代不同造成的不同的生活方式等。尽管代沟现象反映的是两代人之间的差异现象，但这种差异并不是绝对的。

　　2．行沟　行沟是由于行业不同形成的。因社会分工而产生千差万别的职业，也为从事不同职业的人之间的沟通增加了困难。行沟产生的原因是行业与行业间的封闭与保守，造成隔行如隔山；从事不同职业的人的特殊行为方式，造成了人与人之间理解上的困难，如一些人对从事艺术工作的人放荡不羁的行为方式产生费解等。

　　3．位沟　位沟由于职位不同而形成。职位差异通常存在于有地位差异的交往双方之间。由两者因职位、地位不同而产生的自我感觉差距造成。职位差异会影响双方的和谐关系与感情交流。

（四）心理背景

　　心理背景指交往双方的情绪和态度。它包括两个方面的含义：其一是沟通者的心情、情绪。兴奋、激动状态与悲伤、焦虑状态下，沟通者的沟通意愿与行为截然不同，后者往往沟通意愿不强烈，思维也处于抑制和混乱状态。其二是沟通者对对方的态度。如果沟通双方彼此敌视或关系淡漠，沟通过程则常由于偏见而出现误差，双方都较难准确理解对方的思想和行为。此外，语言障碍也是造成人际冲突的原因。

三、人际冲突的协调与处理

> **知识链接**
>
> **宽容的力量**
>
> 　　"退一步海阔天空，忍一时风平浪静。"
>
> ——《增广贤文》

在是非原则的问题上或在自己应得的物质利益上，如果能以宽容之心对待他人之过，就能得到化干戈为玉帛的喜悦。对于别人的过失，虽然必要的指正无可厚非，但是若能以博大的胸怀去宽容别人，就能有效避免或者化解冲突。以下 5 种是常见的处理冲突的方法。

（一）竞争法

竞争即一个人在冲突中寻求自我利益的满足，而不考虑他人的影响。其具体方式为：沟通双方都十分明白双方利益的界限，而且双方在沟通中相互攻击；沟通双方都从自己的角度讨论问题；争论的重点放在解决方法而不是协调理解对方的价值观；沟通双方对问题持短期观点。

（二）回避法

对自己的需求与他人的需求都漠不关心，即运用逃避的方式来处理冲突。其具体方式为：试图忽略冲突，回避他人与自己有不同的意见这一事实。

（三）迁就法

这是一种向对方让步的做法，即高度关注对方的需求，忽视自己的需求。其具体方式为：愿意牺牲自己的目标而使对方达到目标；尽管自己不同意，但还是支持对方的意见；原谅对方的违规行为，并允许对方继续这样做。

（四）妥协法

冲突双方都放弃自身的部分利益，以便在一定程度上满足对方的部分需求，即双方都有所坚持，也有所退让，并接受一种双方都达不到彻底满足的解决方法。其具体方式为：在沟通中相互妥协或采取折中的方案；给冲突的另一方提供不合理的补偿；无法沟通而求助于第三方或仲裁人；求助于现有的制度。

（五）合作法

合作是指冲突双方均希望满足两方利益，并寻求相互收益的结果。在合作中，双方的意图是坦率澄清差异，并找到解决问题的办法，而不是迁就不同的观点；在沟通中，双方都充分运用自己的能力和创造性去解决问题，而不是为了击败对方，最终结果是双方的需要都得到了满足。

一般来说，前三种处理冲突的方式效果不佳。它们可能进一步加剧冲突，或者使问题隐藏起来，得不到解决。而后两种处理冲突的方法比较有效，但是不完全适用于所有处理冲突的情况。

小 结

人际关系归根结底受客观社会关系的制约，反过来又深刻地影响着社会关系各方相互作用的形式。人际关系的好坏反映人们在相互交往中的心理满足状态，以及人与人之间心理上的距离。良好的人际关系表现为热情、诚恳、理解、同情、大度、互助、信用，原则性与灵活性的结合。促进人际关系密切友好的因素是缩短空间的距离，提高交往的频率，增加相似的精神和物质，实现需要的互补。阻碍人际关系的个性特征是不尊重、不关心他人，对人不诚恳，缺乏同情心、自尊心和自信心，妒忌、猜疑、偏激、固执、报复、苛求、依赖他人等。在人际交往过程中，还要学习正确地认识和解决人际冲突，提高解决冲突的能力，从而提高处理人际关系的技能。

思考题

1. 举例说明首因效应、近因效应、晕轮效应和社会刻板印象。
2. 影响人际交往的因素有哪些?
3. 解决人际冲突的策略有哪些?
4. 小芳是个性格外向的女孩,心直口快,无意中得罪了一些朋友。为了吸引注意,重新让别人喜欢自己,她特别注意打扮。请问她这样做有效吗?你认为小芳应该怎样才能重新被朋友接纳和喜爱?

(胡 菁)

第七章 人际沟通

第七章数字资源

导学目标

通过本章内容的学习，学生应能够：

◆ **基本目标**
1. 准确表述以下概念：沟通、人际沟通、心理环境、情绪、个性、认知、态度。
2. 说明本章节所介绍的主要沟通理论。
3. 正确复述人际沟通的基本知识。
4. 分析沟通的构成要素和影响沟通的因素。
5. 总结沟通的功能、类型和基本模式。
6. 分析护理行为与人际沟通的关系。
7. 能用实例解释沟通的要素及各要素之间的关系。
8. 能举例说明影响有效沟通的因素和护患沟通的注意事项。

◆ **发展目标**
1. 能正确运用沟通原理对护理对象及护理工作进行分析。
2. 能正确运用人际沟通模式与患者沟通。

　　护理学的创始人南丁格尔提出：护理是一门艺术，沟通是提高护理艺术性的重要手段。现代社会中人人懂得交往，但并非人人懂得沟通。如何在人际交往中达到有效沟通是一门技术，更是一门艺术。本章从人际沟通的理论基础、人际沟通的基本知识逐步深入到人际沟通模式，为学习者奠定人际沟通理论框架。

第一节　人际沟通的理论基础

名人名言

"如果希望成为一个善于谈话的人，那就先做一个致意倾听的人。"

——戴尔·卡耐基

每一个人自诞生起，沟通就无时不在、无处不在。作为人类生存与发展赖以持续的一种行为，沟通在人类社会的发展历程中扮演着重要角色。是人际沟通使人们彼此了解，是人际沟通使人们互通有无，是人际沟通使人们化干戈为玉帛。在改革开放和全球化浪潮席卷中国大地的今天，无论是人际交往的广度还是深度，都达到了前所未有的程度。

沟通是建立人际关系的桥梁，如果这个世界缺少沟通，那将是一个不可想象的世界。现代的世界是一个沟通的世界，通过沟通能够拓展个人关系的网络，发展人际关系中的支持系统；使交谈富有好处而且简单愉快，使对方感受到尊重和理解，同时能够迅速激发他人对自己的理解，使他人自愿给予更多的协助，从而发展互惠互利的合作关系；另外，沟通还能够避免人与人之间无谓的争论，不损伤双方的感情，减少因误解所造成的压力，克服愤怒、恐惧、害羞等有害情绪，促进身体健康。

一、沟通与人际沟通

沟通是一项活动，是形成人际关系的重要方法。人与人之间需要沟通，通过沟通人们可以与周围的社会环境发生联系，社会也可以由于人与人之间的相互沟通而形成各种关系。沟通的根本目的是传递信息，信息传递的过程就是沟通，沟通的内容就是信息。

（一）沟通的基本内涵

沟通是人类社会的一般现象。"沟通"是外来词，源自英文中的"communication"，原意是分享和建立共同的看法，是信息发送者遵循一系列共同规则，凭借一定媒介将信息发给信息接收者，并通过反馈以达到理解的过程。汉语中解释沟通是人与人之间、人与群体之间思想与感情传递和反馈的过程，以求思想达成一致和感情的通畅。《大英百科全书》提及沟通是指"用任何方法，彼此交换信息，即指一个人与另一个人之间以视觉、符号、电话、手机、收音机、电视、网络或其他工具为媒介，所从事的交换消息的方法"。行为学者山佛德认为沟通是信息传递和被了解的过程，包括三个重点：通常发生在有两人或两人以上的团体之间；含信息的传递；通常有其理由。

管理学中，西蒙给沟通下的定义是："信息沟通是指一个组织成员向另一个组织成员传递决策前提的过程。"没有信息沟通，显然就不可能有组织。没有信息沟通，集体就无法影响个人行为。

美国符号学家萨姆瓦等对沟通的定义是："一种双边的、影响行为的过程，在这一过程中，一方有意向地将信息编码并通过一定渠道传递给意向所指的另一方，以期唤起特定的反应或行为。"

沟通的学科定义至今尚无明确定论，学者们根据各自研究的方向不同，提出了近200种学科定义，概括起来主要有五种：①强调沟通是信息的共享；②强调沟通是有意图地施加影响；③强调沟通是信息交流的互动过程；④强调沟通是社会信息系统的运行；⑤强调沟通是社会关系的体现。从沟通的各种定义来看，沟通的实质是人与人之间进行信息传递的过程。

（二）人际沟通的概念

人际沟通（interpersonal communication）是指人与人之间信息和情感相互传递的过程，是人们运用语言或非语言符号系统进行信息（含思想、观念、动作等）交流沟通的过程。它通过信息发出者和信息接收者对意义信息和符号信息进行编码与解码，使两类信息形态交替转换，使沟通双方彼此理解、认同，从而有效地完成人与人之间的信息交流，为人际关系的建立奠定牢固的基础。以下要点有助于对人际沟通的理解。

(1) 人际沟通是在一段时间内，沟通双方进行的一系列行为。

(2) 人际沟通是一种有意义、有目的的交流历程。

(3) 人际沟通双方在沟通历程中表现为一种互动形式。

人际沟通中，信息转换包括两个方面：一是要将意义信息转换为发出者的语言、眼神、表情、手势、身体姿态、人际距离等不同形态的符号信息；二是通过信道，再将符号信息转换为意义信息，使接收者能够理解信息内容，最终完成信息传递。

二、沟通的基本要素

沟通是一个信息传递和思想交流的过程，即沟通主体获得信息、处理信息，并以特定的符号形式发送信息，接收者作为沟通的对象接收信息，并向信息发出者反馈信息，从而在信息传递和思想交流协商中达成共识，做出新决策的过程。

任何完整的沟通行为都包含下列六要素：信息发出者、信息、媒介、信息接收者、沟通噪声（干扰源）、反馈。

（一）信息发出者

沟通是一种传递，如果信息和想法没有被传递，则意味着沟通没有发生。在这一过程中，沟通发出者是控制主动权的人，故成败的责任也在于此，同时良好的文化素养决定了沟通的技巧。因为，一个人的内涵越丰富，其言行就越符合社交规律，从而其沟通成功的概率也就越高。人们通常说沟通者应有人格魅力，人格魅力实际上就是一个人内在涵养的外在表现。"外在表现"是通过行为举止、表达、倾听等能力表现出来的。因此，任何改进沟通的努力都应着眼于发出者，尽管其他各项沟通要素也同样重要。

1．发出者做出选择 发出者必须选择其所要发出的信息和所采用的系统和语言，并且决定如何最有效地运用它们。虽然人们对于接收者可能没有直接控制的能力，然而在可能的范围之内，人们会想办法尽量加以控制。要使沟通有效，必须学会换位思考，站在听众的立场考虑沟通的方式，才有可能打动对方。至于背景和环境则可能更难控制，甚至无法控制。但作为发出者，可以想办法先去了解沟通的环境背景，以便进行有利地运用。

时间的掌握也很重要，如果接收者正忙着做其他事情，就必须让他明白，发出者的信息非常重要；如果接收者正在睡觉，发出者就必须大声喊叫，直至将其叫醒；如果接收者不懂发出者的语言，就必须使用他所能听懂的语言。

2．发出者会受到影响 发出者也会受到沟通的影响，事实上他所受到的影响往往要大于接收者。《周易·系辞上》有云：二人同心，其利断金。同心之言，其臭如兰。谈论问题是沟通者帮助自己找出问题解决的最佳方法之一。心理治疗诊所内的躺椅和教堂内的忏悔间都可以看到这种例子，发出者比接收者更需要沟通。所有的信息或多或少都会影响发出者，信息若不是为满足某种需要，是不会出现的。在思考如何、何时以及要不要沟通时，必须考虑双方的心理状态、沟通想要达到的目的以及接收者当前的状态。如果信息发出者一有烦恼就一股脑儿向朋友、同学或同事倾诉，而不管对方是否关心这些事，其结果就可能对信息发出者弊多于利。

3．发出者也有可能是接收者 发出者与接收者也有可能是同一个人。如人们为自己记笔记、写日记或是编通讯录等。思想也是一种沟通，只不过它是"对内"的沟通，它具有与"对外沟通"同样的要素。人们会探索自己的记忆和情感，会通过感官告诉自己一些事情，会为了理念而跟自己辩论，也会自己肯定自己所做出的结论。

4．发出者的地位 发出者在别人心目中的地位也会影响其沟通成效。如果是一个臭名昭彰的骗子或是反复上演的骗局，如那位喊"狼来了"的少年在呼救，他所发出的信息很可能只被当作是"他又来这一套了"。如果这一叫喊是出自一位受人尊敬的人之口，而人们以前也从未听过这人喊过救命，那么他的叫喊一定会立刻得到大家的注意。虽然事实上这两个人所遭遇的处境可能完全相同，但别人对他们的反应却会完全不同。

（二）信息

沟通信息是指沟通主体所要沟通的内容，它实际上是一种符号和意义的统一体。沟通信息

是沟通的资源，没有信息，沟通就无从谈起，犹如无水之河一样。信息作为符号和意义的统一体，意味着沟通主体在沟通过程中必须不断地编码和译码。只有经过编码和译码，沟通主体才能理解信息的真实含义，才能实现有效沟通。

信息是由语言与非语言两种符号组成的，由发出者发出内容，由双方共同分享这种特殊符号带来的思想、情感和意图。

1．内容 信息必须具有意义，包括发出者和接收者的信息在内。如果发出者认为自己的信息没有意义，那么只会在迫不得已的情况下才发出，因此不太可能有效地发出这一信息。此外，如果接收者认为所"收听"到的信息没有意义，也一样不太可能有效地接受它。

2．感情 很少有信息是不带感情色彩的，不论这些感情是信息的一部分，还是接收者自己的"自作多情"，这种感情影响信息的情形是沟通过程中最令人困扰的问题。在现实生活中常见的有以下几种说法：①"小宝，来吃饭吧，有你爱吃的鱼。"②"吃饭了，菜快凉了。"③"再不来吃饭就没饭吃了。"④"猜猜看，妈妈做什么好吃的了？"⑤"你马上给我放下玩具来吃饭。"

尽管这些话的中心内容都是同样的，它们却各自代表不同的信息。在发出"饭烧好了"这一信息的过程中，接收者可能感受到许多种不同的感情：温柔、亲情、厌烦、愤怒等。而小宝的反应则有可能是：快乐的期待、无奈、被恐吓、意外的惊喜或是激怒等。

人们所感受到的感情可以决定沟通是否有效。如果感受是反感的，那么很可能会误解信息，甚至排斥它。在医生与患者的沟通中，如果沟通的方式不恰当，常常会产生意料不到的负面效果。如医生对患者的态度粗暴生硬，会导致患者对医生不信任甚至反感，进而可能会因此造成病史叙述不全等问题，影响医生的诊断，严重的可能会引致医疗纠纷。若要使这类沟通成功，发出者必须要十分小心谨慎。

3．不包括在内容里面的信息 有时某些信息，本应讲却没有讲，可能会比实际讲出的还重要。如在法庭上的证词或个人推荐函中，那些没有讲的话就可能比讲出的话更重要，因为它们通常都只讲好的而不讲坏的。当别人要求某人讲话，而某人却保持沉默时，无异于在发出一条信息："我所知道的比我所准备要讲的还要多""我不想跟你们有任何牵扯""你们不值得我费事"或者"我现在很烦闷"等。

4．故意误导 沟通不一定总是正面的，有时谎言，包括善意和恶意的谎言便是常见而重要的信息。

（三）媒介

媒介又称渠道，是信息得以传递、思想得以交流的途径和中介物。任何完整的沟通媒介都具备寻找、传送、贮存和取用信息的功能。如口头交流时所采取的口头语言就是沟通媒介；书面交流时具体的信件就是交流的媒介；当人们发电子邮件进行交流时，电子邮件就是交流的媒介；在新媒体时代，微信、微博、朋友圈、QQ、Facebook已成为日常沟通媒介。

沟通所需的最基本媒介便是个体。这不仅包括人的听觉与语言器官，还包括眼睛、面部肌肉、手臂、头脑等，在许多情况下，它甚至还包括整个身体。

1．语言 语言是一种由符号或声音所组成的系统，其用途在于传达意思。人们常以为语言只是文字形式的沟通，事实上，除了文字以外，语言的形式还有其他许多种。人脑已经使对于由数字或符号所组成的语言习以为常，事实上人类早期某些文字的架构方式也类似于此：音乐、信号语言、象形字、图案、房屋式样和颜色、纹徽、设计式样、旗帜、数字、方程式、化学符号以及诸如电报号码和旗语之类的各式各样的符号，都至少部分地执行了语言的功能。

2．触摸 人类从出生开始，便有许多最重要的沟通行为是通过触摸来进行的，包括爱抚、拥抱、握手、惩罚性的和一些其他性质的暴力等。除了家庭内部的许多沟通经由触摸完成以外，触摸在许多工商业场合中也有其地位。在西方世界，坚定的握手、拍拍背部以及用手坚定地搭在对方肩膀上等身体接触行为，在社交和商业活动中都扮演着相当重要的角色。

3．肢体语言 肢体语言这个名词虽然很新，但它却是人类自远古以来就一直使用的。人人都能诠释脸红、威胁性的姿态、双手哆嗦或嘴巴紧闭等的含义。微笑、点头以及站姿远比任何语言更具有沟通力，而且也能使信息传达得更精确。有时，尽管由于距离过远而无法听清别人的谈话，却仍可通过观察来了解沟通双方的谈话内容。

4．其他行为 除了触摸和身体语言以外，有时也可通过直接行动来沟通。如替一位提着重物的人捡起掉落在地上的物品，向其表示帮忙的意愿；如帮他人开门，或故意把他人前面的门关起来；同路者可以让他人先行，也可以故意挡住他人的路。所有这些都能传达出迅速的、强而有力的信息。

5．语调表情 声音所传达的不仅只是语言的信息，使用高声调与用低声调所传达的信息可能不同，尽管两者所使用的语言完全相同，同样是"我认识你"这句话，如果用轻柔的音调，其所传达的信息会与粗声大气讲出的意思截然不同。

6．非正式沟通 每一个团体、组织和社会圈子里面，都会有一个非正式的沟通网络。非正式沟通网络可以决定这一团体、组织和社会圈子的性格，并且影响其运作方式。在这个网络中，包括打听小道消息、风言风语、谣言、耳语以及"我听人说……"等，有时比正式的沟通系统还要引人注意，信息传播速度更快。

7．网络沟通 网络沟通指网络信息的传递和交流，以文字、声音、图像及其他多媒体为媒介，基于计算机网络来实现信息沟通活动。在大众传媒时代，网络日益成为共同的主流媒介，加之网络沟通具有跨时空性、广泛性、多样性、隐秘性、便携性和低成本性的特点，备受众人喜爱。

> **知识链接**
>
> **网络对沟通行为的影响**
>
> 随着现代社会的不断进步，近十年来网络不仅影响着人们的生活方式和工作方式，而且对人们的沟通行为也产生了巨大的影响。
>
> 互联网出现后，网络沟通已越来越多地被运用到人们的生活中，目前常用的网络沟通方式主要有电子邮件、网络电话、微信、微博等。网络沟通可实现几乎同步的信息传输，两个个体可同时间共享文字、声音、图像等资料，信息量的传递和获得能力比历史上任何一种沟通方式更具优势性，几乎涵盖了传统沟通行为的方方面面。
>
> 网络带给人类沟通行为变化的优点在于：
> 1. 网络形式多样化。
> 2. 不受地域的限制。
> 3. 沟通范围更大。
> 4. 沟通成本更为低廉。
>
> 网络带给人类沟通行为变化的缺点在于：
> 1. 网络使人们面对面交流的机会越来越少，使沟通行为趋向单一化，更多地依赖于网络。
> 2. 网络使人们相互之间的信任感降低。
>
> 网络沟通既不是百利而无一害，也不是全是灾难。网络在影响和改变人类沟通行为的同时，也给人类带来许多需要认真分析和对待的问题。

（四）信息接收者

信息接收者是指接收信息的人。与发出者一样，接收者同样受到自身的技能、态度、知识和社会文化背景的限制。人们对接收到的信息的理解，会受到过去的经验得出的假定、文化期待、愿望需要、态度及其他心理因素的影响，故将其称为选择性理解。选择性理解意味着不同的人对相同的消息可以产生不同的反应。

从沟通渠道传递的信息，需要经过信息接收者接收并接受之后，才能达成共同的理解并形成有效的沟通。信息接受过程包括接收、解码和理解三个步骤：首先，信息接收者必须处于接受状态；其次是将收到的信息符号解码，即将符号信息还原为意义信息，变成可以理解的内容；最后根据个人的思维方式理解信息内容。只有当信息接收者对信息的理解与信息发出者发出的信息含义相同或相近时，才能形成有效沟通。所谓听而不闻、闻而不解都会造成沟通的失败。

（五）沟通噪声

沟通噪声是指一切影响沟通的消极、负面、阻碍因素。在沟通过程中，噪声是一种干扰源，是妨碍信息沟通的主要因素。沟通噪声存在于沟通过程的各个环节，可造成沟通失误、失败、损耗或失真。

一般沟通噪声主要包括发送噪声、传输噪声、接收噪声、系统噪声、环境噪声、背景噪声及数量噪声七大噪声。

1．沟通中的发送噪声 是指发生在沟通过程当中的信息发送环节的噪声。发送噪声主要分两大类：一类是编码、发送能力噪声，如编码错误、词不达意或编码能力不佳、逻辑混乱等；另一类是选择性知觉编码发送噪声。

2．沟通中的传输噪声 是指发生在沟通信息传递过程中的噪声。如某重要文件在送到总经理办公室的过程中丢失了，即信息全部遗失。又如请人传话时，传话者对信息进行了修改或表述不清，使得沟通的信息传递通道产生了问题，妨碍了沟通的正常进行。

3．沟通中的接收噪声 是指沟通过程中信息接收者在接收信息的过程中发生的噪声。对于同一个领导下达的同一个指令，在别人均能理解的情形下，有人却由于个人知识、经验、理解能力问题，而不能把握和理解。

4．沟通中的系统噪声 是指沟通的信息代码系统噪声。沟通必须借助于一种或多种双方均能破译的信息代码系统，如语言、文字等。

5．沟通中的环境噪声 是指沟通过程中出现的，影响沟通进程和效果的一切客观环境中的干扰因素。不同的物理环境，会在客观上造成一定的气氛和制约，当人们在沟通时，就会受到其影响和干扰。

6．沟通中的背景噪声 主要指在沟通过程中，由于沟通背景因素而产生的沟通噪声。在沟通的过程中，不同的心理、社会、文化背景组合，会对应于不同的沟通期望和沟通模式。在沟通双方沟通背景互不清楚的情形下，沟通必然会出现许多背景噪声。例如，欧美朋友之间见面时习惯拥抱接吻，中国人对此却不习惯，因此就可能错误地理解外国朋友的信息。

7．沟通中的数量噪声 是指沟通传递的信息量过大或过小，因而使对方无法恰当地接收、理解，或因沟通的信息量较小而缺乏必要的沟通内容和意义。

（六）反馈

反馈是指接收者对传送者所发出的信息的回应，以便发送者核实接收者是否确实理解了信息。反馈是沟通体系中非常重要的一方面。在没有得到反馈之前，发送者无法确认信息是否已经得到有效传递。提供反馈有利于增强沟通的有效性。

1．反馈形式 反馈形式多种多样，包括口头或书面形式、语言或非语言形式、有意或无意形式、直接或间接形式、内在或外在形式。

2．反馈性质 反馈可分为正面反馈和负面反馈两种。正面反馈是指反馈显示接收者接收并正确理解信息。负面反馈则是指反馈信息与原输出信息之间有一定偏差。如果信息的发送者发现信息并没有被完全正确地理解，就应该进行再次传输；同样，如果信息接收者发现对信息产生了误解，也必须在调整理解后，进行第二次或更多次的反馈，直到确认自己对信息理解无误为止。两方面的交互作用，使反馈往往不能一次性地完成，这也是成功沟通的必需过程。

> **整合小提示**
>
> 沟通反馈的技巧是沟通学、心理学、行为学相关的知识整合。

三、人际沟通的功能

沟通与人类社会生活的各个层面息息相关，它对人们的成长、心理、生活、学习、人际关系和工作技能的提高具有重要作用。人际沟通主要有以下六个方面的作用。

（一）促进人类成长

"胎教"是人类沟通的开始。早在母亲的腹中，胎儿就已经受到外来信息的影响。有事实证明，母亲在怀孕期间，每天定时对肚子里的胎儿讲故事，并教他认人和称呼，结果此婴儿诞生后，远比同年龄的小孩更早会称呼大人，而且在语言方面的天赋也较优异。虽然胎教仍有待研究，但是不能忽视来自母体外界的信息，可能对胎儿所产生的单向沟通效果。

出生后，沟通对个体成长的影响越来越大。以语言的学习为例，语言是人类各方面成长的重要工具，这种语言的学习必须通过沟通的方式来进行。正常的婴儿即使会自行发出声音，语言的学习也必须通过与他人的互动来完成。例如狼孩在诞生后即与狼群为伴，跟随着狼群长大。于是狼孩不但学会了四肢走路，而且也学会以"狼嗥"来表达情感与需求，对于人类语言却一无所知。狼孩的例子说明语言的学习必须经过互动来进行。由此可见，人类学习语言是沟通的重要方式之一，而语言是人类成长的重要工具之一。此外，在日常生活中，在与人相处以及内在的自我成长过程中，沟通都扮演着极为重要的角色，这些都说明沟通对人类成长过程的重要性。

（二）满足心理需求

在心理学家马斯洛的需求理论中，人类基本的需求由低到高依次是生理的需求（包括食物、水、空气等需求）、安全感、爱与归属感、尊重与自我实现。越在底层的需求，越容易满足，越高阶层的需求则越不容易达到。

马斯洛所提出的五种需求之中，除生理需求外，其余四者都属于心理需求。这四种心理需求的满足大都有赖于与他人的互动，其中以安全感、爱与归属感最为明显。以安全感的满足来说，封闭自己与世界隔绝或是缺乏沟通的对象，就无法产生安全感。

人们或许有这种经验，当夜晚孤独一人走在偏僻或荒野的小路上时，为了减少心里的害怕与不安，往往会借助自言自语或引吭高歌来壮胆，以自我沟通来弥补其他沟通的不足。安全感来自于沟通与互动，沟通的对象是安全感的来源，爱与归属感更是来自于与他人的互动。就家庭而言，家之所以能成为避风港，带来温暖与爱，往往是由于家人互动关系良好。

沟通能力的欠缺，往往无法满足爱与归属的需求，也说明了沟通对心理需求的重要性。

（三）陪伴生活需求

"人是社会的动物"，这句话表示了人类对群居的需求。离群索居，将自己封闭起来与世隔绝的例子，似乎只有在历史或小说中那些所谓的隐士、奇侠身上才能找到。

例如，早上起来与家人沟通；上学后与同学、老师沟通；上班后与同事、老板沟通。在这期间还可能和陌生人在公车上聊起来；也可能在用餐时遇到朋友……总之，在日常生活中，几乎时刻存在与他人相互沟通的情况，即使闭口终日亦然，因为衣着、表情、动作等非语言信息

也随时会出现在与他人进行的非语言沟通中。

沟通对生活是不可或缺的必需品。假如正常生活中缺乏沟通行为，就会令人产生若大旱之望甘霖的迫切需求感。这也是为什么漂流到荒岛的鲁宾逊努力尝试各种方式来找人营救，以期早日离开荒岛、脱离孤独的重要因素之一。

（四）帮助学习成效

学习过程往往需要与对方互动。在非正式的学习中，对方可能是父母、朋友；在正式的学习中，对方往往是学校的老师。就非正式的学习来说，学习可谓是无所不在。教育家经常建议人们，善用机会教育鼓励孩子好问。心理学家的研究也发现，资质优异、创造力高的儿童通常具有好问的特质。这种发问就是一种学习方式，如果大人能把握沟通的机会满足儿童的求知欲，对于儿童知识、经验的积累会有很大的帮助。假使儿童的发问缺乏沟通的信息回馈，或换来"这都不懂，真笨""小孩子不懂就别问"等责备，就将会扼杀他们学习的兴趣。

正式的学习一般是指在学校课堂内的上课活动，或泛指在学校内的学习。在正式的学习中，沟通的重要性更为明显。以课堂上的学习来说，教学就是一种沟通，在国内演讲式教学盛行的情况下，老师往往是沟通过程中的传送信息者，学生则是接受信息者，形成单向的沟通。虽然教育专家一再建议双向沟通，甚至认为多向沟通的讨论式教学效果更佳，可是采用者仍然极为稀少。不善于沟通的上课学习方式，由于缺乏师生互动或同学互动，往往容易降低学习气氛，无法刺激学习动机与兴趣。因此，沟通的多寡将影响课堂学习的成效。

（五）发展人际关系

在人类成长历程中，如何交友已成为重要的学习内容。从小父母就叮咛，不要跟坏孩子在一起。"近朱者赤，近墨者黑"，结交朋友不但是丰富人生的方法，同时也是学习的渠道。沟通是开启友谊之门的钥匙，通过沟通可与人建立联系，发展关系，培养友谊。

以一个团体的形成与运作为例。当一群原来陌生的成员聚在一起组成新的团体时，沟通的有无是友谊发展的影响因素。封闭自我，不愿与别人沟通产生互动的人，往往会阻碍友谊的发展，而成为团体中的孤立者。相反，主动寻求沟通机会，充分与其他成员互动的成员，常常在很短的时间内就能打破陌生的藩篱，拉近彼此的距离。团体的领袖人物大部分属于主动沟通行为者。心理学家的研究显示，表达能力是领导者的行为特质之一。在学校、医院、社团等各种较大的团体中也是如此，缺乏主动沟通行为的人，往往较难结交朋友，也很难成为领导人物。

（六）人际沟通是一种工作技能

在各行各业中，很少有工作不需要与他人沟通互动。即使是创造性的工作，如写作、谱曲、绘画、设计等职业，在构思下笔之前可能将自己封闭起来寻求灵感，可是创作的最终目的仍是希望将作品公之于世。而观众，也就是信息接收者，必然会将这种信息在头脑里进行再创作，与作者、与其他观众产生共鸣。从某种意义上讲，共鸣越强烈，就表示作品越受欢迎。

受沟通影响最为明显的职业，包括记者、教师、医务人员、外交人员、推销员、柜台售货员、公关人员、秘书、电话员、导游以及各种服务台人员等。这些人员的工作性质决定了其对沟通能力的要求特别重要，能否有效地与他人沟通，会直接影响工作的成败。

沟通在决策的过程中可展现出不可忽视的作用。尤其是当下团体决策日益受重视的形势下，以往孤军奋战的方式已逐渐被团体讨论、脑力激荡、点子团体等取代。利用沟通的互动过程增进思考方式的多元化，以及增加决策方案的选择性，已成为有目共睹的最佳工作技能而被优先采用。

四、人际沟通的基本类型

任何沟通都是一种"双方"之间的交流和联络。根据不同的划分标准，沟通可分为不同的类型。

（一）按沟通线路分类

根据信息流向可将沟通划分为纵向沟通和横向沟通。纵向沟通是组织中上下级之间进行信息传递，如在医院中护理部主任与各科护士长之间的沟通。横向沟通是指组织内部平行部门及层次相当人员间的交流。根据沟通是否存在信息反馈划分为单向沟通和双向沟通。单向沟通是指一方只发送信息，另一方只接收信息的沟通过程，如电视、广播的播放、作报告、演讲等。其特点是接收者广，信息传递速度快，但不能及时获得反馈。双向沟通是指沟通双方同时互为传递者和接收者，如谈心、讨论、病史采集、健康指导等。由于双方之间的信息可以相互反馈矫正，故而信息较为准确可靠，且有利于联络感情，增强信息接收者的信心。

（二）按沟通方式分类

1．假相倚沟通、非对称相倚沟通、反应性相倚沟通和彼此相倚沟通

（1）假相倚沟通：假相倚是在人际沟通过程中，沟通者只按照自己预先指定的计划，即按照自己的意愿进行沟通，根本不顾及对方的反应。

（2）非对称相倚沟通：非对称相倚是沟通的另外一方只按照自己的预定计划进行沟通，而另外一方则根据别人的行为作为反馈来调节自己的言行。

（3）反应性相倚沟通：反应性相倚是指沟通双方都以对方的行为作为自己行动的依据，做出相应的反应，而并不按照原来的计划进行沟通。

（4）彼此相倚沟通：彼此相倚是指沟通双方一方面以自己的计划同对方沟通，另一方面又考虑到对方的反应来调整自己的沟通行为。

2．工具式沟通和感情式沟通

（1）工具式沟通：工具式沟通指发送者将信息知识、感情、想法与要求传给接收者，目的是想影响和改变接收者的行为，达到组织目的。

（2）感情式沟通：感情式沟通指沟通双方表达感情，获得同情、谅解与理解，获得精神上的需求，最终改善人与人之间的关系。

3．正式沟通和非正式沟通

（1）正式沟通：正式沟通指在正式组织中依据规章条例明文规定的原则进行的沟通。例如组织间的公函来往、组织内部的文件传达、召开会议、上下级之间定期的交流等。

（2）非正式沟通：非正式沟通和正式沟通不同，其沟通对象、时间及内容等都是未经计划和难以确定的。非正式沟通是由于组织成员的感情和动机上的需要而形成的。其沟通途径是通过组织内的各种社会关系，这种关系超越了部门、单位以及层次的范围。

4．言语沟通和非言语沟通

（1）言语沟通：言语沟通建立在语言文字的基础上，又可细分为口头沟通和书面沟通两种形式。

（2）非言语沟通：非言语沟通指通过某些媒介而不是讲话或文字传递信息，其内涵十分丰富，包括身体语言沟通、语调、物体的操作控制甚至空间距离等多种形式。

（三）按沟通者所处情境分类

按沟通者所处情境分类，可分为面对面沟通、电话沟通、网络沟通等。

五、人际沟通的特征

（一）积极互动

人际沟通不同于两套设备间的简单"信息传输"，沟通的双方都是积极的主体。这就表示参加人际沟通的每个人都希望自己的沟通对象具有积极性，希望沟通过程是一个相互影响、相互作用的积极过程。所以，在沟通过程中，信息发出者应准确判断对方的情况，分析沟通的动机、目的和态度等，并预期沟通的结果。因为人际沟通过程不是简单的"信息传输"过程，而是一种积极的信息交流过程。

（二）符号共识

人与人之间的信息交流不同于设备之间的信息交流，沟通双方借助符号系统相互影响。作为信息交流结果的沟通符号，只有在信息发出者和信息接收者共同掌握统一的编码译码系统的情况下才能实现。在人际沟通中，沟通的双方应有统一的或近似的编码规则和译码规则。这不仅指双方应有相同的词汇和语法体系，而且要对语义有相同的理解。而语义在很大程度上又依赖于沟通情境、社会背景、沟通场合以及沟通者的社会、政治、宗教、职业和地位等，他们之间存在的差异都会对语义的理解产生影响。符号共识说明要使用双方都熟悉的语言语境进行沟通。

（三）目的明确

在人际沟通中，沟通双方都有各自的动机、目的和立场，都设想和判定自己发出的信息会得到什么样的回答。即人与人的沟通是以改变对方行为为目的的，是一个沟通者对另一个沟通者的心理作用过程。

（四）情境制约

任何人际沟通都要在一定的情境下进行，因此，情境因素始终会对人际沟通产生制约作用。这些因素包括社会性、心理性、时间性、空间性等可能影响人际沟通的相关因素，这些相关因素可能有利于人际沟通的进行，也可能对人际沟通产生特殊的沟通障碍。

案例 7-1

肿瘤患者王某放疗时，每周测一次血常规，某天，护士小刘走进4床房间，说："王大嫂，请抽血！"患者拒绝并抱怨道："不抽，我太瘦了，没有血，不抽了！"

请回答：
1. 患者为什么会产生这样的情绪？
2. 护士小刘应如何与患者沟通，说服其配合治疗？

六、人际沟通的基本原理

（一）有效沟通的真实性原理

有效沟通的真实性原理，即有效沟通必须是对有意义的信息进行传递。没有真正意义的信息传递，哪怕整个沟通的过程全部完整，沟通也会因为没有任何实质内容而失去其价值和意义，即使完整无缺的沟通也会成为无效与无意义的沟通。从经济学角度讲，无效沟通是对沟通资源，包括时间和精力、渠道、金钱上的一种浪费，不仅沟通本身毫无意义与价值，有时甚至还会产生负效益，即沟通成本大于沟通的产出。良好的沟通过程，必须要有富有意义的信息沟通，这是沟通能够存在、成立和有效的内容基础，根本与首要前提，即有效沟通的内容必须具有真实意义，沟通内容与过程必须具有真实性，沟通的信息必须是至少对其中一方是有用和有价值的信息。

（二）有效沟通的渠道适当性原理

有效沟通必须将有意义的信息，通过适当和必要的沟通渠道，由一个主体送达至另一个主体，此即为有效沟通的渠道适当性原理。有了真实的信息需要沟通，也有渠道或通路可以将信息传送给信息接收者，并不能就完全保证沟通的有效性。这是因为不同的信息对于传递渠道的选择有要求。真实的信息，选择了不恰当的渠道进行传递，就会产生信息误读或扭曲，导致沟通受挫或受阻，有时甚至产生沟通灾难。如上司对下级表示友好的方式就因人、因场合而异，如方式选择错误，则可能引起沟通问题。

（三）有效沟通的沟通主体共时性原理

有意义、真实的信息必须由适当的主体发出，并通过适当的渠道传递给适当的另一主体接受，为有效沟通的沟通主体共同适当性或共时性原理。人们要想达成有效的沟通，信息的发出者和接收者都应该是而且必须同时恰好是应该发出和应该接受的沟通主体，发送者和接收者的主体适当或共时性这两者缺一不可。如信息虽由适当的主体发出，但接受者不对；或者接受者对了，但发出者身份或地位不适当，都会导致沟通失败。只有有意义的信息从适当的主体发出，并准确地传送给了适当的主体及时接受，沟通才可能是有效的。

（四）有效沟通的信息传递完整性原理

有效沟通必须由适当的主体发出，并通过适当的渠道，完整无缺地传送给适当的主体接受，此即为有效沟通的信息传递完整性原理。信息由适当的主体发出，通过适当的渠道传递，并且也由适当的主体接受了，沟通是否就一定能保证有效完成呢？不一定。这是由于各种原因的影响和各种因素的干扰，被传递的信息，有可能在被传递过程当中，出现人为或自然地损耗或变形。如果这种情况发生，那么，接收者接受到的信息，已经不是发出者所发出的严格意义上的同一信息。既然已经不是同一信息，那么，就有可能发生沟通失误或误解信息。因此，沟通要完美和有效，信息在传递结束时必须仍然保持其内容的完整性。

（五）有效沟通的代码相同性原理

所有沟通主体，即所有信息发出者和信息接收者之间，在传递真实信息时，必须使用相同的信息代码系统，即信息在发出者那里是以何种代码被编码的，在接收者处也必须以相同的代码系统，对接受到的信息代码进行解码。如果双方所使用的信息代码系统完全不同或存在较大差异，就会导致接收者对信息解读无法实现或解读错误，进而导致沟通失败。人们常说，我在说a，而你却在说b。一旦类似错误发生，沟通的过程在形式上虽然完成与完整了，但在实际上并没有形成有效的信息传递，解码过程出现了断裂，真正有效的沟通并没有发生。

（六）有效沟通的时间性原理

任何沟通都有时间限制，整个沟通的过程必须在沟通发生的有效期内发生完毕，否则，也会失去沟通的意义。如新闻报道就是典型的案例。在战争中，特务或间谍的信息传递和有效沟通的及时性尤其显得极其重要，时间上的紧迫性和制约如此突出，有可能导致战局差之毫厘，失之千里。

（七）有效沟通的理解同一性原理

在上述所有原理满足的条件下，信息接收者必须真正了解或体验或理解信息发出者所发出信息的真正意义，每一个接收者都是独特的个体，经历、经验、知识、兴趣、希望都会左右接收者对所解读的信息的内在意义的理解，理解一旦偏差，沟通的有效性就会丧失。

（八）有效沟通的连续性原理

有效沟通还必须具有时间和沟通内容与方式上的连续性，即有效沟通的连续性原理。沟通主体之间要达成有效的沟通，人们必须考虑到相互之间沟通的历史情形。因为人类都依据自己的经验、情绪和期望对各种情形做出反应。不了解沟通对象的过去，会影响预测其现在或将来的行为，而这种预测会明显影响沟通对象在当下的沟通行为。人们对沟通对象的了解越多、越深，就越容易找到有效沟通的切入点、恰当方式与途径。从沟通内容与方式上来讲，应该采用双方均已熟悉的沟通内容和方式，尽量不要发生改变，应保持一定的连续性，会有利于沟通对象快速、准确理解沟通的内涵。

（九）有效沟通的目标性原理

有效沟通应该具有明确的沟通目的或目标，称为有效沟通的目标性原理。没有沟通目标的沟通，很难把握与衡量其沟通效果是否与沟通的本意相偏离。沟通目标、目的不明确，必将造成信息发送者所发出的信息混乱、模糊、含混不清，接收者只能靠经验和场景猜测对方的用意，从而易导致沟通误差或沟通失败。另外，不同的沟通目标，会对应于不同的沟通方式和沟通行为。如果发送者想得到同事的支持，就会特别注意增强和发展相互关系中友好、合作的一面，但如果不想增添额外的工作，发送者可能会想方设法减少友好关系的成分。而这些不同的目的、目标会影响沟通的行为与效果。

（十）有效沟通的噪声最小化原理

沟通的噪声是影响有效沟通的重要因素之一。必须尽量减少客观存在于信息沟通过程中的沟通噪声，即有效沟通的噪声最小化原理。事实上，无论人们做出多大的努力，噪声总是难以消除殆尽。但这并不意味着无法尽量降低噪声的分贝。这和歌唱家的歌唱一样，周围的噪声越小，歌唱家的歌声必然会越清晰，听众听到的歌声失真的可能性就越小。沟通中信息的传达同理，沟通是人与人之间心灵的相通，有了沟通才能拉近人与人之间的距离，才能使彼此相处得和谐、快乐。

第二节 人际沟通的基本知识

名人名言

"将自己的热忱与经验融入谈话中，是打动人的速建方法，也是必然要件。如果你对自己的话不感兴趣，怎能期望他人感动。"

——戴尔·卡内基（Dale Carnegie）

一、人际沟通能力

人际沟通能力是指通过情感、态度、思想、观点的交流，建立良好协作关系的能力。关于人际沟通能力的含义，Kathleen K. Reardon 提出："人际沟通能力水平是指个人的行为适合情境，并可帮助其实现个人或关系目标的程度。"沟通能力具有一种对特殊作用情境的评估功能，离开特定的沟通情境参量，就无法对这种能力做出适当的评估。Ronald B. Adler 等人则认为："沟通能力是一种从他人那里以你和他人都可接受的能保持关系的方式得到你所要得到的东西的能力。"沟通技能不是人们有或无的一种特质，而是人们经常或很少达到的一种状态（state）。沟通能力是情景性（situation）的，具有关系维度。

1. 人际沟通能力的核心 人际沟通能力的核心环节在于善于理解他人的立场观点，并善于说服别人。主要包含两方面认识：一是提高理解别人的能力；二是增加别人理解自己的可能性。那么究竟怎样才能提高自己的沟通能力呢？心理学家经过研究，提出了提高沟通能力的一般程序。

（1）开列沟通情境和沟通对象清单：这一步非常简单。闭上眼睛想一想，平时都在哪些情境中与人沟通？比如学校、家庭、工作单位、聚会以及日常的各种与人打交道的情境。再想一想，都需要与哪些人沟通？比如朋友、父母、同学、配偶、亲戚、领导、邻居、陌生人等。开列清单的目的是使自己清楚自己的沟通范围和对象，以便全面提高自己的沟通能力。

（2）评价自己的沟通状况：在这一步中，问自己如下问题。

对哪些情境的沟通感到愉快？

对哪些情境的沟通感到有心理压力？

最愿意与谁保持沟通?
最不喜欢与谁沟通?
是否经常与多数人保持愉快的沟通?
是否常感到自己的意思没有表达清楚?
是否常误解别人,事后才发觉自己错了?
是否与朋友保持经常性联系?
是否经常懒得给人写信或打电话?
……

客观、认真地回答上述问题,有助于了解自己在哪些情境中、与哪些人的沟通状况较为理想,以及在哪些情境中、与哪些人的沟通需要着力改善。

(3) 评价自己的沟通方式:在这一步中,主要问自己如下三个问题。
通常情况下,自己是主动还是被动与别人沟通?
在与别人沟通时,自己的注意力是否集中?
在表达自己的意图时,信息是否充分?

主动沟通者与被动沟通者的沟通状况往往有明显差异。研究表明,主动沟通者更容易与别人建立并维持广泛的人际关系,更可能在人际交往中获得成功。

沟通时保持高度的注意力,有助于了解对方的心理状态,并能够较好地根据反馈来调节自己的沟通过程。没有人喜欢自己的谈话对象总是左顾右盼、心不在焉。

在表达自己的意图时,一定要注意使自己被人充分理解。沟通时的言语、动作等信息如果不充分,就不能明确地表达自己的意思;如果信息过多,出现冗余,也会引起信息接收方的不舒服。最常见的例子就是,某人一不小心踩了别人的脚,一句"对不起"就足以表达歉意,如果他还继续说:"我实在不是有意的,别人挤了我一下,我又不知怎的就站不稳了……"这样啰嗦反倒令人反感。因此,信息充分而又无冗余是最佳的沟通方式。

(4) 制订、执行沟通计划:通过前几个步骤,发现自己在哪些方面存在不足,从而确定在哪些方面需要重点改进。比如,沟通范围狭窄,则需要扩大沟通范围;忽略了与友人的联系,则需写信、打电话;沟通主动性不够,则需要积极、主动地与人沟通等。把这些制订成一个循序渐进的沟通计划,然后将自己的计划付诸行动,体现在具体的生活小事中。比如,如果觉得自己的沟通范围狭窄,主动性不够,可以规定自己每周与两个素不相识的人打招呼,具体如问路、说天气等。不必害羞,没有人会取笑一个主动的人,相反,对方可能还会欣赏这种勇气。

在制订和执行计划时,要注意"小步子"的原则,即不要对自己提出过高的要求,以免实现不了,反而挫伤自己的积极性。在小的要求实现并巩固之后,再对自己提出更高的要求。

(5) 对计划进行监督:这一步至关重要。一旦监督不力,可能就会功亏一篑。最好是自己对自己进行监督,比如用日记、图表记载自己的发展状况,并评价与分析自己的感受。

计划的执行需要信心,要坚信自己能够成功。记住:一个人能够做的,比他已经做的和相信自己能够做的要多得多。

2.人际沟通能力的提升 提升人际沟通能力,需要悟透两个效应,一个定律。

(1) 蜂舞效应:改善人际关系,沟通必须先到位。

生物学常识提示,蜜蜂以"跳舞"为信号与同伴沟通。奥地利生物学家弗里茨在经过深入研究后发现了蜂舞的秘密:蜂舞主要有"圆舞"和"镰舞"等几种形式。工蜂外出归来后,假如跳的是"圆舞",就是告诉同伴蜜源在周围100 m左右;假如跳的是"镰舞",则是通知同伴蜜源离蜂房较远。一般来说,路程越远,工蜂跳的圈数就越多,频率也越快……蜜蜂这种通过舞蹈来沟通的现象后来被演绎为心理学中著名的"蜂舞效应",这条效应揭示的道理是:信息是主动性的源泉，加强沟通才能改善人际关系。沟通是信息交流的重要手段，是人际交往的生命线，因此，要有良好的人际关系，沟通能力极为重要，要像蜜蜂一样，吸取各种高效的沟通方式，将"蜂舞效应"融入人际交往的实践中，赢得他人的欣赏。

（2）暗示效应：响鼓不用重敲，明人无须细说。

心理学中，"在无对抗的前提下，用含蓄、间接的方式对人的心理和行为产生影响，从而使其按照一定的方式去行动或接受一定的意见，使其思想、行为与暗示者所期望的相符合"，这种现象被称为"暗示效应"。俗话说，响鼓不用重敲，明人无须细说。在人际交往的沟通过程中，常常会遇到一些难以直接说明的问题，此时，积极的暗示就是一种很好的沟通方法，它既能让对方真正领悟到自己的意图，又不至于因为问题表达过于直接而导致尴尬局面的出现，这样就能较为容易地赢得别人的喜欢。当然，运用"暗示效应"的前提是对方是明白人，否则，暗示就很难达到效果。

（3）威尔德定律：高效沟通，离不开高效的倾听。

威尔德定律出自英国管理学家威尔德一句十分经典的论述："人际沟通始于聆听，终于回答。"在人际交往的所有沟通行为中，高效倾听最能使对方感受到重视及肯定。有一句西谚说得好："上帝给了我们两只耳朵和一张嘴巴，就是让我们多听、少说。"倾听是不可或缺的人际沟通方式，也是尊重对方的一种态度。一个能够高效倾听的人，对方一定能够感受到他的关注和重视，对于后续的顺畅沟通也就有了坚实的铺垫。需要特别指出的是，要做到高效倾听，不仅要用耳，更要用心。高效倾听绝对不是机械地"竖起耳朵"，在听的过程中脑子一定要高速运转，要能跟得上倾诉者所说的内容和内涵，还要跟得上对方的情感深度，在适当的时候提问、解释，做到高效倾听，进而才能高效沟通。

3．人际沟通能力的评定标准　有效的沟通包括如下特征：适应性（adaptability）、卷入（commitment）和利益性（profitability）。

（1）适应性：包括六个特征：①能意识到他或她与沟通者沟通的有效性；②使自己的沟通适应对方；③在适当的时间说适当的话；④避免使用可能冒犯他人的语言；⑤谈话中的自我揭示；⑥无理解困难。

（2）卷入：是沟通者对他人、对主题、对于被理解的关注。Hart提出五种卷入：对他人和对会话的卷入，共享思想或感情；对信息的信奉；对双方利益的渴望；对相互影响和维持关系的渴望；对信息清晰可用的渴望。

（3）利益性是指有效的沟通者对美好结果的交换感兴趣。

沟通能力不是与生俱来的，是后天逐步培养的结果，是逐步学习文学、美学、心理学等人文学科的修为，是工作中长期思考、总结、提炼实践的结果，每个人都应该在繁忙的工作之余努力学习，逐步提高个人综合素质，增强自己的人际沟通能力。

> **知识链接**
>
> ### 与人沟通的说话技巧
>
> 1．先端正态度　良好、诚恳的态度，才能使自己的语言犹如春风细雨一般，叩开人的心扉，滋润干涸的心灵，激发人的斗志，增长人的勇气。
>
> 2．多激励他人　多说一些激励他人的话，肯定他人的能力，才会使他人感到兴奋，产生一种壮志未酬的情怀。
>
> 3．给他人信赖　给人充分的信任，便可给人以十足的勇气和力量，能让正在沉沦的灵魂得到拯救，让绝望的心燃起信心和希望。

4. 不要恶言恶语 口出恶言，只能激起别人的反感和抗拒，给人的心灵造成无法弥补的创伤，使人心灰意冷，觉得世界上没有人会相信自己。

5. 不要乱发脾气 当一个人生气的时候，说的话就会像钉子一样，扎进别人的内心，在别人的心中划上伤痕。即使伤口愈合了，也会留下抹不去的痕迹。

6. 改变粗暴的说话方式 不要轻易下定论，胡乱地进行指责，说话之前要三思，一句粗暴的话，可以毁掉一个原本良知尚存的心灵，每个人都喜欢聆听鲜花般的良言，尽量多说些赞美别人、鼓舞心灵的金玉良言。

二、人际沟通的影响因素

（一）环境因素

1. 物理环境（physical environment） 指进行沟通的场所，包括环境的安静程度、光线、温度等。如环境中有很多噪声、光线不足、温度过高或过低等，都会影响沟通者的心情和效果。

（1）安静度（the level of silence）：环境安静是保证口语沟通的必备条件。环境中的噪声，如机器的轰鸣声、邻街的喇叭声、电话铃声、开关门窗的碰撞声、嘈杂的脚步声、各种喧哗声以及与沟通无关的谈笑声等都会影响沟通的正常进行。当沟通一方发出信息后，外界的干扰可以导致信息失真，造成另一方无法接受信息或误解信息的含义，发生沟通障碍。因此，当护士与患者沟通时，应该选择一个安静的环境，注意排除噪声源，以增强沟通效果。

（2）舒适度（the level of comfort）：如房间光线昏暗、沟通者看不清对方的表情、室温过高或过低、房间里气味难闻等都会影响沟通者的注意力。一般情况下，在医院这种肃穆安静的环境中进行护患沟通，患者身处冷色调的病室，面对身着白色工作服的护士，会产生一种受压抑的心理不适感，从而限制和影响护患间的沟通。

（3）相距度（the level of distance）：心理学家研究发现，根据沟通过程中保持的距离不同，沟通也会有不同的气氛背景。在较近距离内进行沟通，容易形成融洽、合作的气氛。而当沟通距离较大时，则容易形成敌对或相互攻击的气氛。不仅如此，沟通的距离还会影响沟通的参与程度。

2. 心理环境（psychological environment） 指某一时刻与个体有关的所有心理上的环境因素，是人脑中对人的一切活动发生影响的环境事实，也即对人的心理事件发生实际影响的环境。如沟通时缺乏保护隐私的条件，或因人际关系紧张导致焦虑、恐惧情绪等都不利于沟通的进行。

（1）隐秘因素（confidential factor）：凡沟通内容涉及个人隐私时，若有其他无关人员在场（如同室病友、清洁工、甚至包括患者家属），就会影响沟通效果。因此，护士在与患者交谈时，应该注意环境的隐秘性，条件允许时最好选择无人打扰的房间，无条件时应注意说话的声音不要过大，尽量避免使他人听到。

（2）背景因素（background factor）：指沟通发生的环境或场景。沟通总是在一定的背景中发生的，任何形式的沟通都会受到各种环境背景的影响，包括沟通者的情绪、态度、关系等。如学生正在自由交谈，突然发现学校领导或老师在旁边，就会马上改变交谈的内容和方式。有人专门对异性之间的沟通方式进行研究，发现自己配偶在场或不在场时，夫妻各自在与异性沟通时会表现出明显的不同。如当自己的妻子在场时，丈夫会与异性保持较远的距离，表情也较冷淡；而当自己的丈夫在场时，妻子不仅会与异性保持更远的距离，而且笑容也会明显地缺乏魅力，使整个沟通过程变得短暂而匆促。由此可见，在某种意义上，与其说沟通是由沟通者自己把握的，不如说是由沟通背景控制的。

（二）个人因素

1. 心理因素（psychological factor） 日常生活中，沟通活动常常受到人的认知、性格、情感、情绪等多种心理因素的影响，严重时可引起沟通障碍。

（1）情绪（mood）：是指一种具有感染力的心理因素，可对沟通的有效性产生直接影响。轻松愉快的正性情绪能增强一个人的沟通兴趣和能力，而生气、焦虑、烦躁等负性情绪可干扰一个人传递或接收信息的本能。当沟通者处于特定的情绪状态时，常常会对信息的理解"失真"。如当沟通者处于愤怒、激动的状态时，对某些信息会出现过度反应（超过应有限度），甚至出现误解的现象；当沟通者处于悲痛、伤感的状态时，会对某些信息出现淡漠、迟钝的反应（达不到应有的限度），同样也会影响沟通。因此护士应有敏锐的观察力，及时发现隐藏在患者内心深处的情感；同时也要学会控制自己的情绪，以确保自己的情绪不妨碍有效沟通。

（2）个性（personality）：是指个人对现实的态度和其行为方式所表现出来的心理特征，是影响沟通的重要变量。一个人是否善于沟通，如何沟通，与其本身的个性密切相关。热情、直爽、健谈、开朗大方、善解人意的人易于与他人沟通；相反，内向、固执、冷漠、拘谨、狭隘、性格孤僻、以自我为中心的人则很难与人正常沟通。一般情况下，性格内向的人愿意一个人独处，不善于人际沟通，与他人沟通的愿望也不强，但也有少数性格内向的人可以与知己建立长期稳定的沟通渠道，形成深厚的感情和友谊；而性格外向的人愿意与人共处，善于与人沟通，与他人沟通的愿望较强，容易获得社会信息和在公共场合中产生较大的影响。但性格外向的人由于沟通范围过于广泛，容易影响沟通深度。因此，无论属于哪一种类型的个性，作为护士都要避免个性中过于挑剔、冷漠、偏执的不良心理特征，与患者建立良好的沟通渠道。

（3）认知（cognition）：是指一个人对待发生于周围环境中的事件所持的观点。由于个人经历、教育程度和生活环境等不同，每个人的认知范围、深度、广度以及认知涉及的领域、专业都有差异。一般说来，知识水平越接近，知识面重叠程度越大（例如专业相同或相近），沟通时越容易互相理解。知识面广、认知水平高的人，比较容易与不同认知范围和水平的人进行沟通。因为信息发出者把自己的观点编译成信息符号的过程是在自己的知识和经验内进行的。同样，信息接收者也只能在自己的知识和经验范围内对信息符号进行解译，如果传递的信息符号是在对方的知识范围之外，就会影响沟通效果，甚至造成无法沟通的局面。

（4）态度（attitude）：是指人对其接触客观事物所持的相对稳定的心理倾向，并以各种不同的行为方式表现出来，它对人的行为具有指导作用。态度是影响沟通效果的重要因素。真心诚恳的态度有助于沟通的进行，缺乏实事求是的态度可造成沟通障碍，以至于无法达到有效沟通。

（5）角色（role）：是指人在社会结构或社会制度中一个特定的位置，是一定地位的权利和义务的语言、行为及思想的表现。由于人们处于不同的政治、宗教或职业角色，使人们形成了不同的意识，导致人们对同一信息可能做出不同解释，从而形成一种沟通障碍。如不同党派的人对同一事件可能会有完全不同的看法；不同职业的人在沟通中常有"隔行如隔山"的困难；在组织中地位高的人和地位低的人进行沟通时，地位低的人往往不敢畅所欲言。另外，信息发出者的角色身份也会影响信息的接受程度，相同的信息内容，信息发出者是信息接收者的老板、下属、朋友、仇人、情人、熟人时，其沟通的结果都可能大相径庭。

2. 身体因素（body factor） 是指由于沟通者的身体原因造成的影响。

（1）永久性的生理缺陷：包括：①感官功能不健全，如听力弱、视力障碍，甚至是聋哑、盲人等；②智力发育不健全，如弱智、痴呆等。有永久性生理缺陷的人其沟通能力将长期受到

随堂测 7-1

影响。与这些特殊对象进行沟通时应采取特殊的方式，如加大声音强度和光线强度，借助哑语、盲文等。

（2）暂时性的生理不适：暂时性的生理不适包括疼痛、饥饿、疲劳、气急等生理不适因素，这些因素容易使沟通者在沟通时难以集中精力，但当这些生理不适消失后，沟通又能正常进行。

（3）年龄：也是影响沟通的因素之一。

3．文化因素（cultural factor） 文化包括知识、信仰、习俗、价值观、个人习惯和能力等，它规定和调节着人们的行为。不同种族、民族、文化、职业和社会阶层的人由于文化背景的不同，对沟通行为所赋予的意义可能会千差万别，很容易使沟通双方产生误解。美国的文化学家做过一些调查，认为东方人注重人际关系的和睦、谦恭、好客、尊敬老人、感恩报德、群体观念强；而西方人注重金钱、时间效率、个人价值、男女平等。如中国人做报告或发言前，总喜欢说一段谦虚词，如"准备不充分""水平有限"等，发言结束时还要补充说明刚才的发言是"抛砖引玉，请批评指正"等；而美国人则喜欢一上场就先进行一番自我表扬，特别说明自己准备得如何充分，讲完后还要对别人的恭维话进一步发挥，"我确实讲得很清楚……"。如果中国人用美国人，或美国人用中国人的沟通方式在自己的沟通对象面前讲话，就容易引起对方的反感。我国地域广阔，有道是"十里不同俗"，这些依从于民俗文化而形成的影响沟通的因素是人们在沟通中必须注意的，理解并尊重对方的文化传统将有利于沟通。

4．语言因素（language factor） 客观事物和人的思想意念以及语言文字都非常复杂，这就使得语言文字的表达范围和人们使用它的能力都具有很大的局限性。于是，同一种事物、同一种意思会有很多种表达方式，同一种表达方式又会有多重意义。如何把话说得明白、适当、恰到好处，这就需要语言技巧。语言是极其复杂的沟通工具，有的人口齿不清、地方口音重、不会讲普通话，或语法错误、语义不明、语构不当、措辞不当等都会阻碍沟通。医护人员应重视自己的语言表达技巧，因为医护人员的语言既可以减轻或消除患者的病痛，也可以引起或加重患者的疾病。

5．信息因素（message factor） 信息内容也会影响沟通效果。如与个人利益相关的信息比无关痛痒的信息容易沟通；有前因后果的信息比孤立的信息容易沟通；传递的信息和个人隶属团体的价值观相一致时容易沟通；沟通的信息是好消息时，沟通一方乐意去告知另一方，另一方也乐意接受；沟通的信息是坏消息时，沟通一方就可能含糊其辞，或者试探性提问，使另一方不能接受信息的全部内容或理解信息内容。一般情况下，人们对信息的兴趣程度依次表现为：对人的问题最有兴趣，其次是事，再次是理论。此外，信息的真实性对沟通的影响也十分重要。

（三）媒介因素

沟通媒介选择不当会造成沟通错误或无效。如一位护士长为了表述对下属工作的不满，可将同样的内容通过不同的沟通媒介表达，采用会上公开批评或私人晤谈方式，两种方式会产生不同的沟通效果，以至于对接收者产生不同的意义。

（四）组织因素

组织因素又可分为以下两种因素。

1．传递层次因素（factor of transmission level） 信息传递的层次越多，失真的可能性越大。信息每多传递一次，就存在多丢失一分的可能。组织庞大，层次繁多，增加了人与人之间的距离，也增加了信息传递过程的诸多中间环节，造成信息传递速度减慢，甚至出现信息失真或流失。同时，组织内中间层次越多，越容易出现贯彻最高决策层的指令走样或力度不足的"深井现象"。因此，减少组织层次和信息传递环节，是保证沟通内容准确无误的根本措施。

2. 传递途径因素（factor of transmission route） 在传统的组织结构中，信息传递基本上是单向进行的，机构安排很少考虑由下往上反映情况、提建议、商讨问题等沟通途径，常常出现信息传递或反馈不全面、不准确，上级的决策下级不理解或不感兴趣，下级的意见和建议上级无法接收的现象。因此，应从多方面增加沟通途径、畅通沟通渠道。

三、人际沟通的意义

在人才竞争日益激烈的知识经济时代，具备良好的人际关系及沟通能力是优秀护理人才在竞争中立于不败之地的关键。人际关系的好坏，可以作为一种心理社会因素直接影响一个人的心理和生理状况。所以，现代健康观已把能否与他人建立和谐的人际关系，作为判断一个人健康状况的一项重要指标。

（一）人际沟通是人类社会生活的必要条件

人具有自然和社会两大基本属性，人的社会属性决定人际交往的必要性。一个人只有在参加社会经济、政治、文化、教育等活动的过程中与他人相互联系、增进了解和认识，获得物质和精神上的帮助，才能形成生活所需要的勇气、乐趣、情感、意志、知识和能力。因此，与他人交流和沟通就成为人的一种本质的、内在的、永恒的基本需求。如果人失去了与他人沟通的机会，大都会出现一些症状，如产生幻觉、丧失运动功能，且变得心理失调。有些性格内向的人不愿表露自己内心的不满和失望，久而久之便会出现抑郁症的倾向。当然，山居隐士自愿选择遁世绝俗则是例外。生活中要主动与别人沟通交流，这样既可满足自己对沟通的需求，也可满足他人对沟通的需求，人们会因满足彼此互动的需求而感到愉快和满意。

（二）人际沟通是建立和发展人际关系的重要条件

好人缘是成大事者的必备因素之一，美国前总统罗斯福曾说过："成功公式中最重要的一项因素是与人相处。"人们常说："他那么能说会道，领导当然喜欢了。"这从一个侧面说明，人际关系的建立有赖于人与人之间的交流和沟通，沟通是建立良好人际关系的基础。在人生长河中，沟通使人们相识、相交、相知，沟通使人们拥有了友情、亲情和爱情，人们因此生活着、幸福着；沟通使人们结成了真诚的工作伙伴，实现了一个个工作目标，人们也因此工作着、快乐着。

（三）人际沟通是形成自我意识的主要方式

人对自己的认识是在与他人交往中获得及在社会活动中逐渐意识到的。刚出生的婴儿没有自我意识，其自我意识的形成在后天与父母、同伴及周围人的沟通、交往中逐渐获得。因此，只有在社会交往中，个体才能通过感受、反省、比较他人对自己的认识和评价来获得自我意识。

> **案例 7-2**
>
> 患者张某，中年女性。为明确诊断需要行纤维支气管镜检查，检查前一天患者神情紧张，恐惧不安。
> **请回答：**
> 护士在进行术前指导时，应如何与患者沟通？

第三节 人际沟通模式

沟通模式是一种理论性的、简化的对沟通性质和过程的表述,它是对现实的一种同构。沟通理论的研究始于20世纪初,兴起于20世纪20—40年代,而真正运用科学方法提出沟通理论模式是在第二次世界大战以后。

一、拉斯韦尔模式

1948年,美国政治学家H·拉斯韦尔对亚里士多德在《修辞学》中提出的沟通五要素进行了改造,首次提出了典型的线性沟通模式(图7-1)。

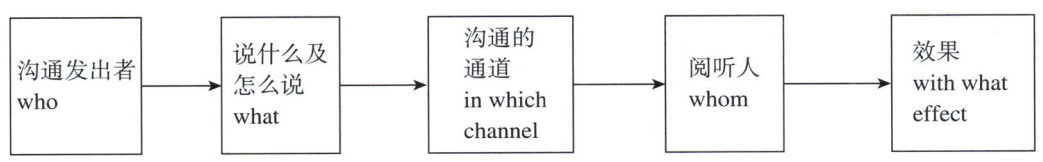

图7-1 拉斯韦尔模式

在这个模式中,拉斯韦尔对五要素的分析是:A.控制,即沟通发出者(who);B.内容,说什么及怎么说(what);C.媒介,沟通的通道(in which channel);D.阅听人,接受者(whom);E.效果,媒介对沟通内容的意见、态度和行为(with what effect)等。由于这五个要素的英文单词均含有一个字母"W",故又称为"5W"模式。

拉斯韦尔模式第一次较为准确地描述了构成沟通事实的各个要素,有助于用来组织沟通问题的讨论。但它将沟通过程描述为既无受者反馈,又无各要素相互作用的单向直线型模式,使其脱离了与社会的联系,从而对后人的研究产生了消极的影响。在拉斯韦尔提出"5W"模式十周年时,布雷多克在《拉斯韦尔公式的扩展》中又增加了两个"W":"在什么情况下(in which case)?""为了什么目的(for what purpose)?",构成"7W"模式,但同样存在忽略反馈要素的缺点。

二、申农-韦弗模式

1949年,美国数学家申农及其同事韦弗从信息论的角度提出了"数学传播理论"的模式。其主要贡献是发现了沟通的负功能——噪声对信号的干扰。申农-韦弗模式同样也是线性模式(图7-2),所不同的是该模式由四个正功能单元和一个负功能单元组成。四个正功能单元为信源(要传播的信息)→发射器(有将信息转变为信号的能力)→接收器(有将信号解释为信息的能力)→信宿(信息要送达的目的地——人或物);一个负功能单元为噪声(各种干扰)。该模式十分机械地将电路原理的直线性单向过程比作人的传播过程,忽视了内容、效果、情况以及人的功能性和社会性。有学者认为,这种技术性的沟通模式只适用于机械方面,若要用于人类方面,则要进行修正和改造。

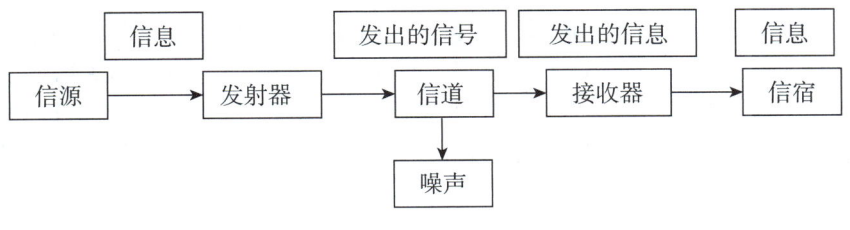

图7-2 申农-韦弗模式

三、施拉姆模式

1954年，传播学者施拉姆在《沟通是如何进行的》一书中首次提出了循环沟通模式（图7-3），该模式的主要贡献表现在四个方面：一是与单向沟通模式划清界限；二是强调信息与目的地（传者与受者）之间只有在其共同经验范围之内才存在真正的沟通；三是传受双方在编码、解释、译码、传递和接收信息时，是相互作用和相互影响的；四是沟通是一个循环往复、持续不断的过程。施拉姆承认自己的许多观点是受奥斯古德的启发，因此，有人将循环模式归入奥、施两人的名下。

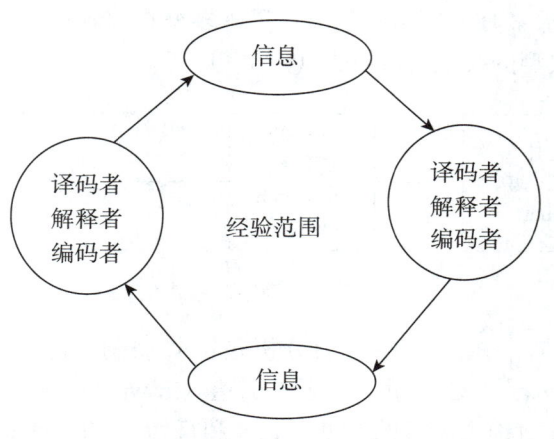

图 7-3　循环沟通模式

上述沟通模式大体反映了现代沟通理论的发展历程和趋势。拉斯韦尔对沟通的基本要素进行分析、研究，在理论上构建了第一种沟通模式，为这门学科的发展奠定了基础。申农、韦弗首次提出了信息的概念，并对信息传递及干扰进行了详细的研究，为沟通理论的发展开辟了道路。施拉姆等人的循环模式真实地呈现了信息交流的复杂性，较全面地反映了传播的主要过程。但是，综观他们的研究，仍存在许多局限性。一是研究的角度偏重于报刊、广播、电视等传播媒介，其成果只能适用于宣传、新闻等领域；二是近年来的研究几乎都倾向于人际沟通、社会沟通等，而对于组织沟通这一庞大的领域却极少有人问津；三是众多沟通模式均认为人（发出者和接收者）是容易沟通的。此外，上述模式中尽管都提到了沟通中的反馈，但强调的主要是对信息的传递。因此，这些被人们引为经典的沟通模式并不能解决沟通中存在的所有问题，特别是不能解决组织沟通中的问题。

四、辐合传播模式

1981年罗杰斯和金凯德提出了"辐合传播模式"。他们认为，互动传播是一种循环过程。通过这个过程，参与双方（A 和 B）一起创造和分享信息、赋予信息意义，以便相互理解。AB 重合部分是指两人相互理解的程序。"辐合"是二人或更多的人向同一点移动，或一人向他人靠近，并在共同兴趣或焦点下结合的一种倾向。辐合模式再现了以电脑为媒介的参与者双方创造和分享信息的动态过程和结构形态。它的提出不仅可以引导传播学者将审视、分析的目光转向一个前景广阔的领域——互动（网络）传播，而且直接指引人们去追踪传播系统中某一特殊信息的流动与演变，探寻人类在认识上靠近与离散的原因与背景。但这一模式较适合用来解释两人互动传播和几个人网络传播，不太适合用来分析"虚拟巨网传播"的现象。

第七章 人际沟通

小 结

社会的发展、医学的进步促成了现代护理的高要求发展。护理工作不再是简单重视患者的病症康复，更是通过护士的人文修养及言谈举止对患者的身心健康产生直接或间接的影响。在这一过程中保持良好的人际沟通，发挥语言的魅力至关重要。从整体护理的实践看，护士与人沟通的时间约占其工作时间的70%，而用于分析处理问题的时间仅占30%。语言沟通贯穿于护理工作的始终。因此护理专业人员要学习人际沟通的理论基础和基本知识，才能在临床护理工作中用爱、用情、用心、用微笑为患者提供充满人文关怀的高质量服务。

思考题

1．请用生活中的实例解释沟通的要素及各要素之间的关系。
2．举例说明影响有效沟通的因素和护患沟通的注意事项。
3．一位51岁的女性患者，因慢性腹泻反复发作5年，加重3周，伴红色稀便、腹痛入院。初步诊断：慢性结肠炎。入院后患者焦虑、常发脾气，睡眠差，食欲一般。在入院后的第8天中午用餐时，发现食堂提供的菜中有一小虫子，此时菜已吃了一大半，患者随即大声叫喊，值班医务人员赶到并提出处理建议时，该患者不听，并出现恶心、呕吐，之后发热1天（37.3℃），患者家属因此事不依不饶，坚持是食物不洁所致，引发医患矛盾。

问题与思考：
（1）如果你是当时值班的医务人员，该如何与患者及家属沟通，并妥善处理纠纷？
（2）设定临床情境，遇到类似突发事件，医务人员应如何运用沟通原理和技巧，第一时间给予解释疏导，化解矛盾冲突？

（郑　洁）

第八章 护患关系

通过本章内容的学习，学生应能够：

◆ **基本目标**
1. 正确表述护患关系的概念、特征和内容。
2. 解释护患关系模式产生的原因及特点。
3. 运用护患关系相关知识促进护患关系向良好方向发展。

◆ **发展目标**
运用护患关系相关知识，理解护患关系常见问题，改善护患关系。

在医疗护理活动中，护士与患者的接触最为密切，因此，护患关系是医疗人际关系的主要关系之一。

第一节　护患关系概述

良好的护患关系可促进护理工作的顺利开展，认识护患关系，了解护患关系的性质和影响因素，对探索和谐护患关系有着非常重要的意义。

一、护患关系的概念

护患关系（nurse-patient relationship）就是护理人员通过医疗、护理等活动与护理对象（包括患者及其家属、陪护人员等）在特定的环境和目标中，以护理对象的利益为中心而建立起的一种工作性的人际关系，这种关系的目的是促进患者向健康的方向发展，同时，这种关系也影响护理人员的态度、行为和工作效果。

二、护患关系的特征

护患关系如同其他人际关系一样，都是与他人共同构成的人际关系，都具有双向性和目的性，但护患关系又有其特殊性，是护士与患者共同组成的人际关系，沟通双方建立的关系不以个人的意志为转移，出于护士的职责和患者特殊的需要构成了这种关系，护士与患者之间缺少任何一方都无法形成这种人际关系，护理服务工作都无法展开，因此，他们之间是一种相互依赖配合的人际关系，其目标相同，都是为了促进患者健康，维护患者健康，提高患者的生活质量。在护士为患者提供健康服务时，这种合作性的人际关系表现为以下特征。

1. 帮助与被帮助的关系 护士和患者分别属于两个系统，即帮助系统和被帮助系统。帮助系统包括医生、护士、检验人员、医院行政人员等。被帮助系统则包括患者、患者家属及其同事等。护士与患者的关系不仅仅是某一护士与患者的关系，而是他们分别代表的帮助系统与被帮助系统之间的关系。某一护士与患者间的关系与往来，体现的是这两个系统的往来。某一护士为某患者提供某种帮助，实际是执行帮助系统的任务；而患者接受帮助，也体现了患者家属及同事的要求。

2. 相互依存的关系 护士与患者之间的关系，不是两人（或两方面）的简单相遇，而是护患双方之间特定的相互作用。正是这种特定的相互作用构成了护士与患者的相互关系。但是，由于护士与患者都有个人的感情、知识积累和对事物的看法，都有个人生病、健康及与医疗保健机构的接触与经历，都有自己的个人阅历和社交，因此，在护士与患者的相互关系中，不可避免地会出现对事物的不同认知程度，并且影响着双方的关系。护士与患者相互作用的关系，在相当程度上与双方各自的阅历有着直接的关系。

3. 满足需要的关系 护士与患者关系的实质，是护士满足患者的合理需要。护士掌握着帮助患者恢复健康的技能，患者患病受到了影响，患者住院接受治疗，护士履行职责对患者进行帮助。正是护士满足患者合理需要的特点，使双方发生了治疗性的人际关系。

4. 主次之别的关系 在护士与患者的关系中，护士是决定这一关系的主要方面，是决定关系好坏的主要责任者。患者由于身患疾病，饱受疾病的折磨，来到医院寻求帮助，接受治疗，处于被动地位。而护士的责任是帮助患者，是这一关系的主要方面，因而在这一关系中要承担更多的责任。在多数情况下，护患关系出现扭曲，护士负有主要责任。在护患关系中，护士一般是处于"有力"者的地位，其行为在很大程度上决定着关系的好坏。

5. 平等而不对等的关系 虽然护士与患者应该是平等的人际关系，但是因为专业、职业的特殊原因，表现出不对等的相互关系。护患关系具有一方依赖另一方的特点，其相互影响是不对等的，患者缺乏疾病相关知识，对治疗也是外行，必须依赖于护士，而护士则是疾病的知情者、治疗的帮助者，这也表现出与其他人际关系的显著不同。此特点决定了这一关系中主要是护士影响患者，患者接受护士的影响，护士应该在平等的前提下引导患者接受影响。

6. 治疗性的关系 治疗性关系是护患关系职业行为的表现，是一种有目标、需要认真促成和谨慎执行的关系，是护士职业的要求，带有一定的强制性，不管护士是否愿意，也不管患者的身份、职业和素质如何，护士作为一名帮助者，有责任使护理工作起到积极的治疗作用，使护患关系成为一种治疗性的关系。良好的治疗性关系能有效减轻或消除来自疾病、环境和诊疗过程中对患者形成的压力，有利于疾病的康复。

随堂测 8-1

三、护患关系的内容

护患关系的内容表现为两个方面。

1. 护患关系的非技术方面 即与护理操作者无关的护士与患者之间的"纯"人际关系，确切地说，就是医务人员的服务态度、医德医风的表现而引发的护患关系现象。护患关系非技术方面实际上体现了社会人际关系最普遍、最基本的原则，就是人与人之间的平等、尊重、信任及诚实，没有这个基础，任何人际关系都不可能被很好地维系。护理人员的服务态度对患者的护理效果影响很大，正如希波克拉底曾经所说："一些患者虽然意识到其病况的险恶，却仅仅由于对医生德行的满足而恢复了健康。"所以，护患关系的非技术方面是如今护患关系的主体或者主要方面。

2. 护患关系的技术方面 指在护理服务过程中，护理人员与患者（及家属）围绕护理问题建立的关系。如征求患者对护理的意见、讨论护理计划等。它是护患关系的组成部分。

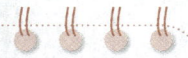

有文献报道，医务人员对患者的态度可影响患者的依从性，进而影响患者的治疗效果。

第二节　护患关系的模式

案例 8-1

患者，男，75 岁，小学文化，以"糖尿病并发症"入院。入院后护士给予健康教育饮食指导，但患者无法理解水果、食物等含糖食品的配餐原则及计算方式，故遵从护士安排合理饮食。

请回答：

该护患关系属于什么模式，为什么？

护患关系的模式有很多种，其中讨论和运用最多的有两种，一种是萨斯-何伦德模式，另一种是维奇模式，两种模式既有交叉，又有区别。

一、萨斯－何伦德模式

萨斯-何伦德模式由美国学者萨斯（Szasz）和荷伦德（Hollender）于1956年在《内科学成就》上发表的《医患关系的基本模式》一文中提出，医患双方在共同建立并发展成医患关系的过程中，根据双方之间所发挥的不同作用、所持有的心理特点、主动性大小等方面的不同，将医患关系分为以下三种基本类型，即：主动-被动型模式、指导-合作型模式和共同参与型模式，这三种类型同样适用于护患关系。

1. 主动-被动型模式　也称支配服从模式，是护患关系中最为传统和古老的模式，该模式普遍存在于现代医学的护患关系中。其典型特征表现为护士对患者的单向作用，即，"护士让患者做什么，患者就做什么"或"护士为患者做什么，就是什么"，护士在提供健康服务时，具有绝对的权威性，把握了决策权和主动权。该模式受传统生物医学模式的影响，把患者理解为简单患病的生物体，忽视了患者作为人的社会属性和人的心理因素，将疾病治疗的重点全部放在纯技术方面，完全不考虑患者的意见和建议，这也是主动-被动型模式的不足，但在有些情况下，也不得不选用这种模式，如对于昏迷、全麻、精神疾病等患者的护理。

2. 指导-合作型模式　此模式承认患者在护患关系中有一定的主动性，但只限于服从护士的护理工作而不能提出异议。该模式比前一种模式有进步的方面，但仍没有发挥患者主动战胜疾病、增进健康的主导作用。这种模式主要存在于急性病患者的护理过程，患者神志清楚，但病情重、病程短，对疾病的治疗及护理了解不多，需要依靠护士的指导以更好地配合治疗。

3. 共同参与型模式　这一模式以平等合作为基础，护患双方具有同等的权利，共同参与护理措施的决策和实施。此种模式有患者的主动配合，积极反映情况，与护士共同探讨某些护理措施的取舍。比如用药次数的减少或增多，能够单独完成一些简单的生活护理（洗头、梳头、定时服药）等。在这一模式中，护士有实施护理的权利，患者除有配合护理的权利和义务外，还可参与有关自身疾病的治疗和护理决策，提出适合自己身心状态的护理措施。这样，就可使患者在疾病的治疗和护理中，发挥其主动精神，更好地树立信心，逐步独立处理自己的生活。这种模式比较适用于慢性病患者和受过良好教育的患者，他们对自身健康状况有比较充分的了解，把自己看作战胜疾病的主体，有强烈的参与意识，而对于有意识障碍或难以表达自己主观意志的患者则不合适。

在实际的医疗护理活动中，护患关系类型不是固定不变的，随着患者病情的变化，可以由一种模式转化为另一种模式。作为护士应该充分认识到在护理活动中，护患双方都具有主动性，护士决定护理方案、措施，也指导患者有关缓解症状、促进康复的方法。而患者则尊重护士的决定，并主动配合，向护士提供与疾病有关的信息，对护理方案、措施提出建议与意见。例如，一个因昏迷而入院治疗的患者，最初是不可能、也没有时间让患者参与意见或主动配合的，只能采取主动-被动型模式，随着患者病情的好转和意识的恢复，可逐渐转为指导-合作型模式，患者进入康复期时，适宜的模式应该是共同参与型模式。总之，在临床护理工作中，护士应根据每个患者的不同情况，选择恰当的护患关系模式。

随堂测 8-2

二、维奇模式

美国学者罗伯特·维奇（Robert M. Veatch）根据医生在医患关系中所充当的角色不同，提出了三种医患关系模式。

1. 纯技术模式 又称工程模式，是一种纯技术型医患关系模式。在这种模式中，医生角色就是纯科学家，只管技术，不问其他。医生将所有与疾病、健康有关的事实提供给患者，让患者接受这些事实，然后医生根据这些事实，解决相应的问题。这是一种把患者当成生物变量的生物医学阶段的医患关系模式。

2. 权威模式 又称教士模式。在这种模式中，医生充当家长的角色，具有巨大的权威性，医生不仅有为患者做出医学决定的权利，而且具有做出道德决定的权利。一切均由医生决定，患者丧失了自主权，处于完全被动的地位。这种模式不利于调动患者的主观能动性。

上面两种模式类似于萨斯-何伦德模式中的主动-被动型模式。

3. 契约模式 契约模式是指医患之间的关系是一种医患双方责任与利益的约定。在这种模式中，尽管医患双方彼此之间并非完全平等，但相互之间有着一些共同的利益，分享道德权利时遇到的责任，同时对做出的各种决定以及行为负责。维奇认为，契约模式较前两种模式是一大进步，是较令人满意的模式。这种模式类似于萨斯-何伦德模式中的共同参与型模式。

第三节　护患关系的功能与影响因素

护患关系是护士为维护和促进患者健康，在为患者提供护理活动时形成的人际关系，其功能和影响因素有其特殊性。

一、护患关系的功能

实践证明，良好的护患关系是促进患者心身康复的重要条件。护理工作的最终目标是帮助护理对象最大限度地减轻痛苦、恢复健康、促进健康，或帮助临终患者安详地、有尊严地逝去。在实现这一目标的过程中，护患关系将起到至关重要的作用。这是因为：

（1）建立良好的护患关系能创造一个有利于患者康复的和谐、安全、支持性的治疗环境。

（2）良好的护患关系能明显提高护患之间的合作程度，在进行诊断、治疗、护理时可以提高患者对医嘱的依从性，争取对方在医疗护理活动中的配合。

(3) 良好的护患关系能为患者提供有效的心理和社会支持，能使对方尽快恢复或保持良好的心态，最大限度地调动患者的主观能动性。

二、护患关系的影响因素

（一）经济因素

利益关系是经济关系的直接体现，是一切冲突的根源。一般情况下，当患者就医时，按照医学的伦理道德，医务工作者应该从患者的角度来进行治疗护理。但实际上不完全是这样，这时就形成了利益上的冲突或者对立。

（二）法律因素

法律是对社会和谐最低层次的一种要求，只有在法律方面保障了医患的基本权利，才能力求实现医患和谐发展，避免医患矛盾。

（三）道德因素

道德与法律是社会规范最主要的两种存在形式，法律是社会规范的底线，而道德要求更高。随着市场经济的发展，"道德滑坡"一直是人们不断议论的一个话题，体现在医疗服务中，也会对护患关系造成影响。

（四）心理因素

心理因素对护患关系也有重要的影响，主要表现为医患双方心理上存在的"不完满状态"。

1．认识方面 从患者方面来说，对自己疾病的预期、对医务人员的看法等，都对护患关系起着潜移默化的影响。患者对医疗护理效果期望过高，往往是患方造成医患关系紧张的原因之一。此时，医方可以有意识地让患者本人及家属多掌握一些医学方面的知识，使患者及其家属更加科学、理性地看待医疗过程，把自己的期望值定在一个适度的水平。

从医方来说，部分医务工作者受传统医学模式的影响，过分看重技术，把自己的地位看得很高，忽视了情感、思想、意识等心理因素的影响，存在护患之间心理、思想、情感交流的障碍，造成了护患之间出现不同程度的隔阂。

2．情感方面 从患方来看，患者由于疾病痛苦，情绪方面必然会产生变化。如反应强烈、情绪活动稳定性差、反复无常等，有些患者生病后变得易激惹，情感脆弱，易受伤害，有时甚至为一些微不足道的小事毫无道理地激动不已，或气愤争吵，或悲伤哭泣。此外，患者到医院就医时，因为就医不便利、医疗费用高、医生服务态度不好等原因，容易心生不满，心境低落，情绪压抑，情感宣泄需要发泄对象。这种"移情"可能会表现为对医务人员的"无礼"甚至"攻击"，从而影响护患关系的良性发展。

从医方来看，因为风险高、压力大等原因，医务人员也存在较多的情绪问题，如果医护人员将自己的不良情绪带到医护过程中，使患者受到伤害，也会影响医患关系。

3．动机方面 动机直接引起行为。行医过程中，医患双方动机应该是相同的，共同战胜疾病，而不应该有动机冲突。但在实际过程中，受到种种因素的影响，医患双方的动机并非单纯和唯一。如医务人员在治疗患者时要考虑收入、名声等，甚至部分医院为了利益会给医务人员制定接诊指标，患者在治疗的同时也看重人格和隐私权，并希望花最少的钱达到最好的效果，极个别患者甚至会有借医疗纠纷敲诈医务人员、医疗机构的行为。医疗行为背后动机的多样性必然会导致医疗目标的偏离与差异，最终影响护患关系的构建。

4．人格方面 护患关系需要双方的不断努力经营，任何一方的某个个体存在性格上的缺陷或双方存在性格、观念上的差异时，都会影响到关系的稳定和良性发展。

5．人际吸引因素 在社会交往中，人们不仅相互感觉、相互认识，而且形成一定的情感联系，这种情感联系集中表现在人际吸引上。人际吸引是个体与他人之间情感上相互亲密的状态，是人际关系中的一种肯定形式。

人际吸引会促使人与人之间的心理距离不断拉近，从而造成良性的关系模式。临床上医护人员也要注意调整自己的态度、言行，利用人际吸引促进护患关系的良性发展。一般说来，产生人际吸引的原因主要有以下几个方面。

（1）接近吸引：生活中经常接近的人比较容易吸引彼此，包括时间和空间上的接近。"近水楼台先得月，向阳花木易为春""远亲不如近邻"指的就是这种现象。在临床上多与患者接触有利于建立良好的护患关系。

（2）相似吸引：是以彼此之间的某些相似性或一致性特征如态度、信念、价值观、兴趣、爱好为基础的吸引。在实际生活中，人们在初次交往中不可能涉及信念、价值观、态度等较深的层次，但随着交往的加深，人们之间的了解增加后，信念、价值观和个性特征的作用就凸显出来，甚至可能压倒其他一切因素。所谓"物以类聚，人以群分"，说的就是这个意思。应了解患者，异中求同，以建立和谐的护患关系。

名人名言

"酒逢知己千杯少，话不投机半句多。"

——欧阳修

（3）互补吸引：指当双方的需要以及对于对方的期望正好呈互补关系时，产生强烈的吸引力。例如，具有强烈支配性格的人不容易与性格相同的人相处，但他们可能与具有顺从性格的人和睦相处，甚至建立起密切关系；日常生活中常有性格急躁和善于倾听与善于言谈的人成为朋友的现象，说明了这种"刚柔相济"关系的特点。这种关系往往发生在交情较深的个体之间。

（4）仪表吸引：是指由容貌、体态、服饰、举止、风度、行为等因素产生的人际吸引。人们喜欢美的东西是一种自然倾向，外貌美易给他人留下一种好的印象，但也容易出现"以貌取人"的情况。

知识链接

成语故事：以貌取人

春秋时期，孔子的学生子羽因相貌丑陋，遭到孔子的冷淡，子羽回去自修，之后成为著名学者。而另一名学生宰予虽相貌好看，但不学无术，后被齐王处死。孔子感慨，不能以貌取人。

（5）敬仰性吸引：是指单方面对某人某种特征的敬慕而产生的人际吸引。

另外，在交往中应尽量避免相异之处。护患双方并非由生活中接触、互相选择发展而来，双方在价值观、文化、人格方面必定存在差异，在护患交往中，如果遇到与自己价值观念不一致的情况，应尽量避免触及双方差异，更不应因为双方的不同而产生敌视和抵触情绪。

（五）医院管理因素

医院面对的是患者的健康与生命，能否为患者提供精准的治疗是关键的一环。医院管理的核心环节就是完善医疗护理制度，为患者提供精准的医疗护理服务技术。医护人员要发扬救死扶伤的崇高使命，打造治病救人的优良医疗团队，在满足患者的治疗需求上下工夫。对医院的管理者来讲，只有从理性的层面上认识到这个核心的目标，时刻围绕工作核心加强管理，少做形式主义的文章，才能切实提高医院的知名度和患者满意度。

俗话说"细节决定成败"，医院管理方面，也应该在细节上下足工夫。要让患者从走进医院起，就能看到医护人员面带笑容的问候和热情的关怀，诊疗过程中医护人员轻柔的话语、体贴的动作甚至一些家长里短的关心问候，也能使受疾病折磨的患者深受感动，并给医院带来良好的口碑。

管理的中心是人，好的管理能充分调动和发挥人的积极性和提高效率。医院的管理要切实做到以人为本，管理服务既要对患者人性化，又要对医务人员充分关怀，才能使医院稳定、有效地运转。咨询台的设置、病床的高度以及挂号门诊的窗口都应该尽可能提高患者就诊过程中的舒适度。医务人员的情绪和心理状况会直接影响提供服务质量的好坏，作为医患关系的另一方，医务人员却经常在医院管理人性化中被忽视。对医生、护理人员的及时问候、关心都能鼓舞医务人员投身到为人民健康服务的事业中。

小 结

护患关系是护士在为患者提供健康服务时建立起来的人际关系，了解护患关系可更好地促进护患沟通。护患关系的实质是护士与患者之间的一种帮助与被帮助的关系，在提供健康服务过程中，他们相互依存，满足需要，平等而不对等，是一种治疗性的关系，这种关系受经济、法律、道德、心理、医院管理等因素所影响。

思考题

1. 什么是护患关系？
2. 影响护患关系的因素有哪些？
3. 患者，男，79岁，因阿尔茨海默病入院。入院时患者认知功能严重受损，已忘记自己的年龄、姓名，不能站立，只能终日卧床。入院后患者由护士喂食、喂药，进行对症护理。请问，该种情况下的护患关系属于什么模式？

（齐　丽）

第九章 护患沟通

第九章数字资源

导学目标

通过本章内容的学习,学生应能够:
◆ **基本目标**
1. 准确表述护患沟通的概念。
2. 说明治疗性沟通。
3. 识别评估性沟通。
4. 能表达沟通的特征及功能。
5. 能区别不同沟通类型的异同。
6. 能解释沟通的影响因素。
7. 结合实际案例选择沟通类型,并通过分析患者情况制定健康教育过程中的沟通计划。
8. 能针对沟通的影响因素,化解沟通中的障碍,为患者提供良好的就医体验。

◆ **发展目标**
1. 探究患者需求,分析患者的社会文化背景,在沟通中传递人文关爱精神。
2. 能分析沟通障碍引发纠纷的案例,发现沟通中的问题并提出沟通策略。

沟通是心灵的桥梁,心灵沟通的渠道畅通无阻,才能改善医患关系。俗话说:"良言一句三冬暖,恶语伤人六月寒。"这是人们对语言的心理刺激作用的经验总结。有效的沟通可以培育护士与患者之间相互融洽、相互信任、彼此配合的关系,使患者在良好的心理状态下接受治疗和护理。沟通是一项专业技能,更是一门艺术,浸润着人文内涵,是护士敏锐的观察力、语言修养、人文素质、仁爱之心的综合体现。

第一节 护患沟通概述

案例 9-1

患者,女,47岁,发热待查住院第4天。医嘱:"拜复乐" 2 g 加 5% 葡萄糖 250 ml 静脉滴注。责任护士张敏为患者执行治疗护理。她评估了患者的生命体征、血管和穿刺

案例 9-1（续）

部位情况，向患者解释了治疗护理计划，帮助患者做了穿刺前的准备。由于患者血管条件差，小张没能穿刺成功，于是立刻非常诚恳地致歉，并告诉患者马上请其他高年资护士来为其穿刺。患者却拉住了小张，非但没有责怪，反而安慰她，说自己的血管细滑，穿刺有一定难度，请她继续操作，在患者的信任和鼓励下，小张顺利完成了静脉治疗护理工作。

请回答：
1. 该案例中运用了什么沟通需求？
2. 为什么小张静脉穿刺未成功后患者非但没有责备，反而安慰、鼓励她？
3. 分析该案例中正性的沟通影响因素有哪些？

沟通是护理人际关系中最为重要的形式和内容，良好的人际沟通是联络护患感情的纽带，也是构建护患和谐关系的核心。护患沟通不仅是简单的信息传递，也是心灵的互动、情感的交流。良好的沟通可以建立一个彼此平等、宽松的心理环境和融洽的人际环境，使患者真切地感受到来自护理人员的尊重、理解、关爱及同理心，可以帮助患者正确面对疾病，促进患者康复。护理实践中的每一个沟通行为都会对患者的治疗和康复产生影响，护理人员如能较好地运用沟通理论和知识，将会有效地促进护患和谐相处，从而建立良好的护患关系，减少或消除纠纷的发生，提高护理服务质量。

一、护患沟通的概念及特征

（一）护患沟通的概念

护患沟通是发生在护理工作中的一种特殊的人际沟通，是护士与患者及家属之间信息交流及相互作用的过程。沟通内容中与患者护理及康复直接或间接相关的信息包括双方的思想、感情、愿望和要求等。沟通时不仅要关注疾病，更要重视患者患病的感受。

（二）护患沟通能力

护患沟通能力指护理人员在临床环境中与患者通过信息、情感及思想的传递，旨在顺利、有效地完成临床沟通各项活动，建立和促进关系所必须具备的素质与能力。

（三）护患沟通的特征

1. **专业性** 护患沟通的内容主要涉及在患者患病期间遇到的生理、心理、社会、精神文化等方面的问题，属于护理专业范畴。

2. **目的性** 沟通的特定目的是建立良好的护患关系，从而为患者的健康服务，满足患者的需要。

3. **工作性** 护患沟通发生在临床环境中，沟通作为治疗护理的一种手段，通过信息、情感及思想的传递，优质高效地完成临床各项工作。医学鼻祖希波克拉底说：医生有两种东西能治病，一种是药物，另一种是语言。

4. **多元性** 护患沟通涉及自然科学和社会人文科学多学科知识；延续性护理从院内到社区更追踪到了家庭，使护患沟通有多种渠道。随着信息技术的发展，护患沟通突破了口头、书面的局限，出现了邮件、微信、APP平台、微视频等多种形式，并且还有新颖的方式、方法不断推出。

5. **以患者为中心** 护患沟通以患者健康为中心，沟通的一切话题以患者的健康及生命的安危为中心，以满足患者需要为出发点和归宿，同时需要尊重、信赖、坦诚、同情、理解及关怀患者，围绕患者护理及康复直接或间接相关的信息沟通，尽可能促进患者维护身心健康的能力。

6. 道德和法律特性 护患沟通是特殊信息的沟通，常常涉及患者的隐私，医德伦理纲常。健康所系，生命相托，护患沟通中蕴含着医德医风和法律责任。

（四）护患沟通效果

沟通效果被分为三种情况：沟而不通、沟而能通和不沟而通。

1."沟而不通" 指没能和患者达到有效沟通的沟通，即花费了时间进行沟通，但却没有取得沟通成效，因而又可被称为无效沟通。其原因有：不擅于倾听、以自我为中心、持有偏见、忽视反馈、缺乏技能等。

2."沟而能通" 指进行得较为顺畅的沟通，即双方能在沟通的过程中创造并维持和谐的气氛，并在其中畅所欲言、交流感情。

3."不沟而通" 指拥有高度默契的护患之间进行的沟通，是一种特殊的、迅速而高效的沟通，即人们常说的"心有灵犀一点通"的沟通状态，双方在沟通过程中无须言语说明就能明白对方的想法和感受。但要想达到这种最佳沟通情境，并非是普通的人际关系所能做到的，而是需要护患沟通双方以心换心，通过心灵感应进行信息输送。

> **科研小提示**
>
> 沟通是软技能（soft skills）。研究者Costin认为软技能不同于基本能力，是与个人相互作用的技能，包括：①和工作有关；②相对于专业操作技能；③非技术技能；④人际间的技能。软技能支撑整个基本能力体系。研究软技能可以更新理念，提高专业人员综合能力。

二、护患沟通的意义

（一）构建和谐护患关系

良好的沟通是联络医护感情、护护感情的纽带，是建立良好护患关系的基石，是护理工作质量的保证。早在19世纪，护理专业的创始人南丁格尔就在 *Notes on Nursing* 一书中论述了护理工作中沟通的重要性，她指出："要使千差万别的人能得到治愈和康复，这本身就是精细的艺术，沟通技巧至关重要"。世界医学教育联合会的《福冈宣言》提出：所有医生必须学会交流和人际关系技能，缺少共鸣（同情）应看作与技术不足一样，是无能力的表现，处理好医患关系是21世纪医务人员必备的品质和条件。

（二）满足患者身心健康需求

随着医学模式向生物—心理—社会医学模式的转变，人们对健康的定义已不再局限于生理健康。随着我国经济的飞速发展、生活水平的不断提高及人们对健康定义理解的转变，患者的注意力不再局限于基础医疗技术水平，人们对身心健康的需求日益提升。

（三）防范护患纠纷

在实际医疗护理服务中，人们对健康需求的无止境性与医学科学的局限性和医学责任有限性之间存在矛盾。卫生服务的尴尬现象使人们的健康问题并没有随着医学的进步而减少，医患纠纷并没有随医学的发展而减少。医学研究的范围不能涵盖人类所有的健康问题，并非所有的健康问题都能通过医学技术手段解决，医学自身有限的理论和技术能力只能解决部分健康问题，人们的期望和实际的结果有差异时，容易出现医疗纠纷。因此，改善医患关系从沟通开始，良好的医患关系也由沟通建立。

1. 护患沟通不良易诱发纠纷 由于医患之间知识与信息的差异，相互之间缺乏信任、缺乏理解、不能换位思考，使得沟通不力成为医患矛盾的导火索。国家卫生部门公布的调查结果显示，在引起医疗纠纷的因素中，沟通不足占50.56%，服务态度不好占33.61%，而真正因为技术水平欠缺引发的医疗纠纷仅占17.56%。中华医院管理学会统计，在已经发生的医疗纠纷中，由于医患沟通不够，医患关系不和谐导致的纠纷约占总量的2/3。中国医师协会医疗纠纷情况调查分析显示：80%以上的医疗纠纷与医患沟通不足有关。徐美玉等认为，医患关系不协调的实质是信任危机，而信任危机源于缺乏沟通。从对目前纠纷投诉问题的分析看，最不堪满意的主要不在技术问题，而是护士缺乏耐心、解释简单、沟通交流障碍。

2. 护患沟通在医疗纠纷的防范中占主导地位 面对医疗护理的现实情况，需要卫生服务提供者和被服务对象之间的支持和理解，而沟通则是双方理解的桥梁。真诚的沟通是护患关系的润滑剂，有效的沟通是良性互动的桥梁，应使双方相互得到最大程度的理解和信任，从而建立和谐的护患关系，减少医疗纠纷的发生。因此，提高临床护士的沟通能力，构建和谐的医患关系，成为当前迫切需要面对和解决的问题。

> **人文关怀小故事**
>
> **医患心灵相通，心手相连共抗病魔**
>
> 在某医院的医患沟通面对面活动中，有位患者背诵了一封让现场所有参与活动者唏嘘不已、情感受到冲击的感谢信。该患者说："罹患血液系统恶性肿瘤，对本人及家属都是沉重的打击。原先充满欢乐的生活瞬间淹没于悲哀和痛苦中，原先对美好未来的憧憬化为无尽的治疗和死亡威胁。我们细数生命欢乐，转而煎熬渡日，掰着手指计算上天堂的归期，面临死神，我们的生活全乱套了。但是，我们遇上了好医生。在老院长带领下，从主任到住院医生，从护士长到实习护士，以高度责任感，以精益求精的个性化治疗方案，以温馨体贴的护理，让我们又看到生命的绚烂，感受到人间的温暖。我们从心底洋溢起尊严和欣慰。我们托付给医护人员的是痛苦、煎熬、祈盼；医护人员回报给我们的是信赖、希望、明天。我们有信心在你们的精心治疗下，病魔会渐行渐远。同时这种良好的医患关系，无疑是医院一道亮丽的风景线。"
>
> 患者用发自肺腑的心语，向战斗在抗击白血病魔第一线、驱散笼罩在患者心中的死亡阴霾而贡献高尚医德、精湛医技的全体医务人员表示衷心的感谢，血液病房23位患者集体签名上书，成就了一段医患心灵相通、心手相连、共抗病魔的佳话。

三、护患沟通在健康促进中的作用

（一）护患沟通有利于建立帮助性人际关系

护患关系是一种帮助性人际关系，帮助人们获得健康是护理工作的任务之一。患者寻求医疗护理、期望获得理想的健康状态，医护人员的帮助性行为要在与患者的沟通中完成和实现。医护人员和患者的情感世界不同，医护人员思考的是观察与记录疾病，寻找病因与病理指标的客观世界，而患者主要是体验和叙述病痛，期望诉说身心痛苦经历的主观世界。患者急于知道和了解自己所患的疾病是怎么回事，需要知道医务人员是否接纳了他们，是否认真对待了他们。因此，护理人员要理解患者患病后的想法、顾虑、期望，尽可能帮助患者解决问题。

（二）护患沟通有利于提高患者健康的自我管理能力

健康教育是护理活动中全面促进人群健康的一个重要方面。护士可以通过与患者评估性沟通，了解其现有的健康知识需求，并针对患者的个体情况向患者传递有关的健康知识和技能，达到提高患者及家属疾病防治知识和自我保健的能力，提高患者对治疗的依从性。

（三）护患沟通有利于营造和谐的健康服务氛围

人与人之间良好的沟通会产生良好的社会心理氛围，使双方心情愉悦。在这种环境中，相互理解、相互信任，双方的心理需求得到满足，可以降低矛盾与冲突。有效沟通有利于激励护士投入更高的工作热情，建立护士在患者心目中的地位和威信，实现自我价值，患者有良好的就医体验，会提升就医满意率，更主动地配合治疗护理，有利于患者早日康复。

（四）护患沟通有利于提高临床护理质量

护理工作需要患者的密切配合，发挥患者的主观能动性。护患之间的良好配合能增强护理效果，优化护理服务。因此，良好的沟通是做好护理工作的基础，是医疗护理活动能顺利进行的保障。提高医疗护理质量，实现高效能护理服务管理，必须要牢固树立以患者为中心的服务理念。高标准医疗服务发展，应该规范医护人员的服务用语和行为，增强医患沟通意识和能力，建立和谐的医患关系，以打造更有温度的医疗服务，形成服务更高效、环境更舒适、态度更体贴的现代化医疗服务模式，增强民众就医的获得感、幸福感、安全感。

四、护患沟通管理

（一）护患沟通保障机制

1．建立护患沟通制度　沟通制度是确保患者身心均处于良好的诊疗护理过程的措施。目前医疗卫生机构都已经将其纳入了医院的核心管理制度之中，对沟通的时间、沟通方式、沟通地点、沟通内容及沟通记录都作出了明确的规定。

2．护患沟通记录作为质量评价内容　护理以健康教育指导为主，将诊疗护理全程沟通作为护理记录中的常规项目。在沟通时间上要求全程沟通不少于五次：院前沟通、入院时沟通、入院3天内沟通、诊疗护理过程沟通及出院时沟通。对沟通内容作了细化的规定：诊疗护理方案的沟通、诊疗护理过程的沟通、诊疗护理转归的沟通。沟通方式不拘一格：书面沟通、床旁沟通、换位沟通、分级沟通、预防性沟通、集体沟通、协调沟通及出院访视沟通等。沟通的记录和沟通效果是护理质量评价的内容之一。

（二）不同时段和沟通内容管理

良好的沟通是人际关系建立和发展的基础。护患接触初期沟通，是取得双方良好印象的重要环节，重点是建立信任关系，收集和评估病情；护理过程中沟通，重点是获得相互间的融洽合作，是护士为患者实施治疗、完成各项护理工作及患者接受治疗和护理的主要时期；结束期沟通的重点是与患者共同评价，获得患者的良好评价是护理工作的目标，也是护理质量评价的结局指标。在不同的患病阶段，由于病程的不同，治疗护理措施的不同，故护患沟通的内容也随之不同。

1．入院时的沟通

（1）使患者尽快熟悉情况，进而适应环境，完成患者的角色转换：患者入院后，床位医生在规定的时间内，与患者及其家属进行较深入的交流沟通。责任护士向患者介绍医院的环境、各项制度及其住院期间衣食住行的注意事项。

（2）收集患者信息：护士通过评估分析，向患者介绍入院后的诊治流程，可能要做的各项检查和护理计划。在沟通过程中，除了详细询问患者生物疾病的起因、发展、转归，还要了解其社会心理背景，评估其身心问题，以便制订有针对性的、个性化的心理护理方案。

2．治疗中的沟通　医护人员要根据患者的病情、各项检查结果、社会经济、身心健康等状况，制订合理的治疗护理方案，并使患者共同参与到诊疗护理过程中。对实施诊疗护理过程中可能出现的各种情况、医护人员的对策等多方面的情况，要及时与患方沟通。护理活动是双向的，患者将心理、生理反应反馈给医护人员后，医护人员要根据患者主观和客观的反应，及时调整治疗护理方案，这样才能取得最佳的效果。在疾病的诊疗护理过程中，及时向患者家属介绍治疗护理效果、费用情况，使患者知情同意，并听取家属的意见和建议，取得他们的理解、信任和支持。

3．出院时的沟通 患者出院健康指导是沟通的主要内容。目前，患者出院标准仅停留在生理上的初步恢复，而患者心理社会方面的康复常需在出院后一段时间内逐渐进行，所以与出院患者进行沟通就显得重要且很有必要。护士要重视护患沟通效果，对患者出院后的休息、运动、饮食、服药随访进行一一详细指导，开出康复处方，指导患者出院后的自我调整和康复，帮助患者建立起健康、良好的生活学习方式。同时，通过出院沟通，了解患者对医务人员的诊疗护理服务评价，患者的满意度是最基本的护理质量的结局指标。

4．随访期的沟通 随访是患者出院后预防疾病反复、促进康复的桥梁。随访方法可以是患者到医院门诊随访，也可以是医护人员到家庭访视，随访中要及时沟通患者康复情况。对出院患者进行随访可以维护患者健康，同时也常常成为护理科研切入点，成为提高护理专业水平的措施。

5．延续期的沟通 延续性护理是我国《中国护理事业发展规划纲要（2011—2015年）》提出的主要护理任务之一。护患沟通要求从医院延伸到家庭和社会，持续不断追踪和评价患者的康复效果。

第二节 护患沟通的类型

患者在不同的患病阶段，由于需求的不同，沟通目的的不同，故沟通的类型也随之不同。其中评估性沟通和治疗性沟通是最重要、最主要的护患沟通，不同层次的沟通穿插其中。

一、沟通层次

人际交往中根据交往双方的信任程度、参与程度及个人愿意与他人分享感觉程度的不同，将沟通分为五个层次。

（一）一般性沟通

一般性沟通属于社交应酬性沟通，是沟通的最低层次，沟通的双方仅仅涉及一些表面性的应酬性话题，如问候、谈论天气、时事、饮食、娱乐爱好、学习和工作情况等，不涉及个人问题，在护患沟通中对患者的一般问候，也是传递对患者关切、关爱的方式。

（二）事务性沟通

事务性沟通在护患沟通中是工作性质的沟通，目的是将信息准确地传递给对方，沟通过程中不掺杂个人的意见与情感，也不涉及私人关系，如通知患者事务性的事件：何时做什么检查、何时出院等。

（三）分享性沟通

当沟通双方感到对方是可以信任和没有顾虑地彼此谈论观点、交流意见和想法的时候，沟通才能上升到此层次。在共同参与型的护患关系模式中，护士除了通过沟通传递信息，对患者进行健康指导外，还要分享个人的观点，对疾病进行分析和判断。因此该类型的沟通建立在护患信任和互动的基础上，这样才能达到相互理解的沟通效果。

（四）情感性沟通

情感性沟通指沟通双方能分享彼此的感觉、情感和愿望。在护患沟通中，护士通过对患者健康间接相关信息的沟通，了解和理解患者患病后的感受、要求、期望，甚至悲伤、郁闷、绝望的求助，做到坦率、真诚、热情、理解患者，及时表达共情，以激励患者树立战胜疾病的信心。

> **人文关怀小故事**
>
> **一幅治愈系漫画牵手一段护患情**
>
> 2020年援鄂医疗队队员都穿着隔离衣、戴着面罩，只有衣服背面上写有的名字才能显示出他/她是谁。同时，一些医护人员也以激励性的图片或者文字与患者做着无声的沟通。进驻雷神山的护士小潘背上画的"哆啦A梦"引起了患者的关注，患者说："我特别希望能像哆啦A梦一样，如果我也有时光机，也许能阻挡这次新冠肺炎。我可以和你的哆啦A梦合照吗？"同龄人的感受有了心灵的呼应，此后小潘不断给患者带去安慰、鼓励，一起快乐地聊哆啦A梦的故事，投射心灵的阳光，告诉她："别害怕，安心治疗，我也陪着你……"。
>
> 温馨潜入心、润泽情。出院后，患者母女以满满的感激之情写下了"新冠无情人有情，爱洒江城暖人心"的对联，并将锦旗寄往了800 km之遥的上海某三甲医院。

（五）共鸣性沟通

共鸣性沟通是沟通的最高层次，沟通双方能完全理解对方的体验、感受以及希望表达的含义，从而产生高度和谐的感受。在护患沟通时，护士要有叙事护理的能力，才能够充分感受和理解患者所表达或表现的疾痛体验和疾病境遇，并做出恰当的专业回应。

在护患沟通中，各种沟通层次均可出现，而沟通双方的信任程度是决定沟通层次的关键因素。在不同的情景中，面对不同的沟通对象，应有针对性地选择合适的沟通层次。

二、评估性沟通

护理程序中评估患者情况、收集患者信息时采用的沟通方式即评估性沟通。以了解患者健康信息内容为主，如对患者的一般病史、诊疗情况、精神心理状况、健康需求等进行护理评估，提出主要护理问题或护理诊断，以制订护理计划或确定治疗性沟通的主题和方案等。

三、治疗性沟通

治疗性沟通是临床护理中的一项重要内容，是一般人际沟通原则在护理实践中的具体应用。治疗性沟通已被国内外护理界认为是最能体现护理人员职业价值的三大护理行为之一。案例9-1中护士小张为患者进行静脉输液时的沟通就属于治疗性沟通。

（一）治疗性沟通的定义

治疗性沟通是指护理人员围绕患者的健康问题和行为，通过语言和非语言沟通，对护理对象进行有意识、有计划的影响和帮助，以满足其身心需要，促进其康复的治疗性行为和专业性沟通。治疗性沟通以患者为中心，具有明确的目的性，即为患者健康服务、满足患者需要。沟通的信息是护理活动中的专业性信息。沟通的对象包括医院中的患者、家庭及社区范围内所有需要健康照顾的人。其信息发出者是护理人员，接受者是患者，护理人员在沟通中处于主导地位。

（二）治疗性沟通的原则

1. 目的性原则 护患沟通有特定的目的和特定的专业内容：治疗性沟通是为了收集患者的健康资料以了解患者的问题所在和解决患者所存在的问题而进行的，沟通以满足患者需求、

促进患者康复为目的。

2．易懂性原则 交谈时应根据患者的年龄、职业、文化程度、社会角色等特点，运用不同的沟通方式，组织不同的信息编码策略，使治疗性沟通的内容通俗易懂，便于患者理解和接受，避免使用医学术语。

3．和谐性原则 沟通过程中运用心理、社会学知识，以友善的态度、礼貌的语言与患者及患者家属建立良好的关系，创建和谐的沟通氛围。

4．尊重性原则 护士与患者交谈过程中，应认真倾听患者的意见和建议，考虑他们的感受，尊重他们的选择，用换位思考的方式，不将主观意愿强加给患者。

（三）治疗性沟通的目的

护理人员在与患者进行治疗性沟通时应有明确的目的。

1．建立并维系一种积极的、开放性的关系 护理人员与患者刚刚谋面时彼此陌生，护理人员必须通过诸如诚恳地回答问题、迅速回答、经常巡视等手段，与患者建立起相互信任、开放性的关系，以利于治疗和护理工作的顺利进行，这是有效护理的根本保证。

2．护患共同探讨已经确认的护理问题 护患亲密关系一旦建立，护理人员就能鼓励患者道出真实的感觉。很多患者会对疾病产生焦虑，或对检查有恐惧心理，或对陌生的医院环境感到不安。虽然有些患者不愿承认自己很焦虑或害怕，但通过使用治疗性的沟通技巧，护理人员常常能够帮助患者表达自己的感觉，从而减轻患者的焦虑。有时澄清问题就可以缓解恐惧和焦虑。

3．护患共同协商并制订护理计划 一个共同期望的、目标清晰且行之有效的护理计划可以使患者积极主动地配合，通过护患双方共同努力达到预期的目标。

4．向患者提供信息和指导 通过沟通为患者提供必要的医学知识和健康教育，满足其身心需要。从患者入院到出院，护理人员要向患者介绍住院环境、规章制度，解释治疗、操作、检查，教会患者自我护理，回答患者的问题，进行出院指导等。

（四）治疗性沟通的作用

1．确定医疗护理方案 制订医疗护理方案需要医患之间的沟通。有效的治疗性沟通，既可维护患者选择治疗护理方案的权利，又可确保治疗护理方案的行使权。

2．支持和维护康复 沟通内容一般是事先通过评估而得到的，是患者急需的，因此这种目标明确的沟通可以起到支持和帮助的作用。

3．遵医行为的指导 护理人员按照患者的心愿进行沟通，指导患者的遵医行为，充分发挥患者的积极主动性，使其自觉配合医疗和护理，从而有利于医疗护理方案的顺利执行。

4．鼓励患者树立战胜疾病的信心 由于疾病的痛苦和难以预料的结果，使患者常常失去治疗的信心，出现悲观、失望的情绪，甚至产生自杀的念头，这对患者的康复十分不利，严重影响治疗和护理效果。如果护理人员能够及早发现并进行有效沟通，将会激发患者战胜病魔的信心。

（五）治疗性沟通的分类

治疗性沟通分为指导性沟通和非指导性沟通两种类型。

1．指导性沟通 是指由护士围绕患者的病情阐明观点、说明病因、解释和治疗与护理有关的注意事项以及措施等，或者由护士解答患者提出的问题。指导性沟通中护士是专业知识的讲解传递者，沟通一般呈单向垂直方式。但由于指导性沟通时，护士处于沟通指导的主动地位，而患者为被动接受，因此二者之间的互动性较差，不利于患者积极、主动地参与治疗护理过程。

2．非指导性沟通 指共同商讨问题式的沟通。非指导性沟通中鼓励患者积极主动参与治疗护理过程，有利于帮助患者主动改变不利于自身健康的行为和生活方式，帮助患者找出影响健康的有关问题。在非指导性沟通中,由于双方地位平等,因此具有患者参与程度高、信息获取量大的特点。但非指导性沟通需要的沟通时间较长,所以较难在护理工作繁忙时开展。

四、不同沟通类型的区别

在临床护理工作中,各类沟通在不同场景中穿插交替应用。治疗性沟通属于治疗范畴,是继药物治疗、手术治疗等治疗方式后的一种辅助治疗方式,以解决患者当前最需要的问题,可以是信息需求,也可以是情绪障碍。治疗性沟通与一般性沟通、评估性沟通在沟通要素上有明显的区别,见表9-1所列。

表9-1 三种沟通类型的区别

	一般性沟通	评估性沟通	治疗性沟通
目的	与沟通对象建立良好的关系并了解沟通对象的一般资料及文化社会背景等	了解沟通对象的一般诊疗情况,进行护理评估,提出主要护理问题等,以利于制订护理计划或确定治疗性沟通的主题和方案等	为沟通对象提供与疾病诊疗护理相关的生物、心理、精神、文化、社会、环境等认知支持
对象	患者个体或群体	患者个体及相关社会群体	患者个体或患者间同一疾病的群体
时间与地点	随时随地	时间与地点:在护理程序开始阶段	时间与地点:在护理程序实施阶段
组织形式	不限	以个体为主	个体或特定小组
主题	不确定:如对患者的一般问候,谈论天气、时事、一般饮食、娱乐爱好、学习和工作情况等	确定:患者住院的主要原因、护理问题及日常生活方式、自理能力、健康状况变化等,患者的既往问题和目前的健康状况及患者的遗传史、家族史、精神与心理状况等	确定:一般每次沟通一个主题。如入院指导、各类一般及特殊检查指导、治疗操作前后解释、手术前后指导、用药指导、饮食指导、健康指导如功能恢复及训练指导、心理疏导、出院指导等

以上三种类型沟通之间的作用与效果互相渗透,密不可分。良好的一般性沟通可以使护理人员与患者之间建立相互信任的关系,是较好地开展评估性沟通的基础。评估性沟通获取了准确、全面和重要的相关信息,明确了主要的护理问题,才能采取有针对性的、有效的治疗性沟通。良好的评估性沟通和有效的治疗性沟通能使交流沟通双方在患者接受整体护理的过程中,既满足信息的对称性,又满足关系的对称性,两者互为因果,促进沟通双方彼此信任和融洽,形成良性互动循环。

随堂测 9-2

第三节 护患沟通的影响因素

影响护患沟通的因素包括护士、患者、环境等多种因素,但护士和患者是两个主要因素。

一、护士因素

护士在护患沟通中起主导作用,双方能否达成有效沟通,更多地取决于护士的职业情感、专业能力和沟通技巧等因素。

(一)职业情感

1. 职业情感的定义 指从业者在职业活动时所产生和确立起来的内心情绪和体验,是从事这个职业的人应具备的情感。护士的职业情感是护士本人对护理职业的态度以及决定自己职业行为倾向的心理状态,包括对职业的热爱、认可、责任心等方面的认知。有学者认为医患关系从较低的层次上看,是一种技术关系、一种服务关系,但其职业的特殊性,又要求其中必须有人文的考量,成为陌生状态下的亲密关系、关怀关系。因此,沟通要有情感的传递。

2. 职业情感的能动性 能动性是指一个人对自身行为的主动性和力量,是指个体自发的、积极的、目的性的、具备自我调节和自我控制能力的行为特征。护患沟通不同于日常沟通,是陌生交往语境中的实务沟通。哈佛大学医学院卢森伯格教授有一个著名的命题:医学是"来自陌生人的照顾"。患者病魔缠身,不只存在躯体的病痛,更有心理的焦虑和紧张,有患病的感受、倾诉的愿望、沟通的渴求。从叙事医学的观点来看,疾病是一个故事,患者有眼泪要流,有故事要讲,有情绪要宣泄,有心理负担要解脱,患者有疾病和患病过程,需要医护人员来为其疗伤。在这种陌生的情景中,"沟通"变得格外重要,切忌发生医患"失语"现象。护理人员要通过理论与实践的结合,主动地、自觉地、有目的地、有计划地与各种不同文化背景的患者沟通。

某医院院长曾说过这样一个故事:一位衣衫简朴的乡下老农来医院求诊,问明挂号有3个价位之后,便挂了一个最贵的。院长问其何故,老农说:"挂最便宜的号医生不让我说话,挂中档价位的号医生不听我说话。只有挂最贵的号,医生既让我说话,也听我说话。"原来患者期望医生让患者说话,听患者说话。该案例反映出医患之间存在的技术性失语会给患者造成心理阴影。护士要理解患者的陈述和感受,并与之交流这种感受,使患者感觉到自己的感受能被护士接受和理解,如在患者入院接待时真情达意地给予安慰;在患者病情反复时及时送上分寸适宜的鼓励性语言,传递关切,疏导患者的心理。

3. 职业情感匮乏 由于经常接触患者的患病心境,护士会表现出对患者态度冷淡,默然视之,缺少热情和关爱,无法理解和意识到患者患病后的焦虑、困惑、无助等感受,因而不能给予支持性的沟通。如患者询问护士手术后的注意事项,由于没有听懂护士的解释,当再次提问时,得到的却是不耐烦的回答:"就这么点儿事,说了几遍你怎么还听不明白",这种言语会激惹患者产生不满情绪,因此护患沟通时要还原医学的温度。

(二)专业能力

护士的专业能力包括专业理论、专业知识、专业技能等业务水平。护士扎实的理论知识功底和娴熟的操作技能是完成护理工作的基础。如果护士理论知识欠缺,那么在为患者提供健康指导或咨询时就会产生困难,如对患者进行用药指导时,对药物的作用机制或副作用说不清楚,在回答患者的健康相关问题时,对相关的医学常识讲述不清,就会导致患者无法理解的尴尬局面,而使沟通不畅,并因此影响护士在患者心目中的地位和形象。娴熟的护理技术是护理人员与患者无声的沟通,能起到非语言性沟通的作用。如果护理人员缺乏临床经验,技术不过硬、不熟练,就不能及时、准确地完成各项治疗护理工作,如护士抢救危重患者时不能一针见血,在实施护理过程中给患者造成不必要的痛苦和麻烦,在患者生命体征发生危急征象时不能及时发现并施救,导致延误治疗和抢救时机,就会引起患者对护士专业能力的怀疑和不信任,拒绝护士对其做处置,拒绝回答护士提出的问题,从而使沟通陷入僵局,甚至使患者产生敌对情绪,拒绝护理服务,导致关系紧张,产生沟通矛盾,甚至引起误解性的医疗纠纷。

第九章 护患沟通

> **知识链接**
>
> ### 误解性医疗纠纷
>
> 误解性医疗纠纷是指虽然医疗服务提供者的医疗服务行为本无过失，或患者出现的医疗后果系疾病正常转归，但因患者或其家属的认识和专业知识局限，或因医务人员的解释、态度等因素导致他们认为医疗后果系非正常的后果，从而要求医疗服务提供者承担责任的行为。误解性医疗纠纷的特点：是无医疗过失的纠纷，但是最常见的纠纷类型之一，也是医患沟通障碍最常见的原因之一。

（三）沟通技巧

沟通技巧是护患有效沟通的重要因素，护士不仅要有良好的职业情感和丰富的专业知识，还要学会运用各种沟通技巧。除了第十章阐述的护患沟通技巧，护理人员沟通中的人文素养、叙事护理能力，能体现护理品质的灵魂和血肉，对患者往往更有感召力和诱惑力，是良好沟通效果和效率的助推因素。因此护患沟通中要彰显人文素养，借力叙事护理。

1. 沟通彰显人文素养

（1）人文素养温润心灵：沟通是软技能，沟通不只是会说话。古人云"欲温人心，必先尊礼"。护患沟通要体现人文素养：嘴里没有否定，眼里没有蔑视，肢体没有威胁，表情没有冷漠。护患沟通要还原医学应有的温度，传递医护人员的良好形象。沟通时要与患者多说四则心灵鸡汤的语言：多说感谢的话，增加理解；多说体贴的话，拉近距离；多说褒扬的话，约束不理智行为；多说商量的话，有益信任。少说冰冷的话，防止拉远距离；少说指责的话，防止对抗；少说绝对的话，防止招来失误；少说推卸的话，防止失信。

> **知识链接**
>
> ### 钥匙的启示
>
> 一把坚实的大锁挂在大门上，一根铁杆费了九牛二虎之力，还是无法将它撬开。钥匙来了，他瘦小的身子钻进锁孔，只轻轻一转，大锁就"啪"地一声打开了。铁杆奇怪地问："为什么我费了那么大力气也打不开，而你却轻而易举地就把它打开了呢？"钥匙说："因为我最了解他的心。"
>
> 每个人的心都像上了锁的大门，任凭再粗的铁棒也撬不开。唯有关怀，才能把自己变成一把细腻的钥匙，进入别人的心中，了解别人。

（2）沟通语言不扎人心：医患沟通中医护人员和态度是关键。有学者认为"医病三分治疗，七分沟通"。语言是衡量态度的尺度。

1）不说不文明的话：由于医疗服务供给和需求的矛盾，患者在就医过程中因排队时间很长、就诊时间很短而产生不满的情绪，指责或谩骂医护人员，护士在沟通中要用诙谐、幽默的语言机智应对，避免使人难堪，矛盾激化。

2）不说刺激对方的话：沟通中的分歧有时难免，非原则性问题应勇于让步，求同存异，不讽刺、不挖苦、不贬低患者，护士要理解患者的想法与感受，包括患者产生感受的原因，并对其表达予以准确的理解。护患沟通要以促进患者健康为主要目的，当患者真切地体验到来自护理人员的尊重、理解、关爱及同理心时，就可以帮助患者正确面对疾病。

（3）不说主观说教的话：在沟通中，护士可能通过直接改变主题的方式打断患者的话题，或通过对患者谈话中不重要的方面做出反应以转移谈话的重点。如护士反应："你不应该这么想"，这种类型的反应通常有一种说教性，并且会给患者传递一种信息：他（她）不应该有这种感觉以及他（她）的想法和观点是不适当的或是错误的。这样做的结果会阻碍患者说出有意义的信息。

（4）不发不负责任的议论：在沟通中，当谈到对治疗护理的处置时，不要当着患者的面随意评价同道的工作，也许一句不经意的话语就会导致一次误解性的纠纷。如当患者静脉输液时发生肿胀，需要拔出重新穿刺，处置的护士嘀咕说"谁这样固定的"，患者听到了护士的言外之意，即"因为护士的专业技术问题，没有固定好穿刺针，才导致了患者多扎一针，增加痛苦"，若患者还有其他的不满情绪，很容易引发医患冲突。

（5）不说虚情假意的空话：沟通时要规避提供错误的或不恰当的保证。在临床护理工作中，常常会遇到这样的情况：当患者出现担忧病情、害怕治疗或紧张焦虑时，护士为了让患者高兴，会说一些没有底气的宽心话，给患者以虚假的保证。在没有恰当把握的情况下向患者做出保证，可能会误导患者。医护人员信守承诺是一种职业道德，要有沟通智慧，说正确的真话，让对方感觉到、看到、知道护士为患者康复所做的一切。

> **知识链接**
>
> **医院沟通戒用语言**
>
> "对不起，这是我们医院的规定，我也没有办法。"
> "这事不归我负责，你该找谁找谁去。"
> "你没有看见我现在很忙吗？"
> "你必须……"
> "这是不可能的……"
> "你可以去投诉，医务处向前走左转，……在前边。"
> "我们向来都这么做……"
> "那不关我的事……"
> "你没钱我也没办法……"
> "为什么才来，都是你耽误了……"

2. 沟通借力叙事护理

（1）叙事护理是指具有叙事护理能力的护士开展的一种倾听、理解、体验和回应患者疾苦境遇，并通过见证、共情，相互接纳，继而解除、抚慰患者疾苦的陪伴式照护活动。叙事护理实践中，护士要能够充分感受和理解患者所表达或表现的疾痛体验和疾病境遇，并能做出恰当的回应。叙事护理强调的不是技术而是态度，需要专业和人文的综合能力，是护患有效沟通的助燃剂。

（2）叙事护理是实施人文护理和心理护理的新途径。叙事护理是极富人文关怀和情感魅力的领域，它将疾病分析从患者躯体抵达心理、社会、情感、道德，沟通双方各自的体验、拉近情感距离，增加护患间的信任，搭建走进患者世界的桥梁，帮助患者建构与疾苦境遇相匹配的角色意识。

（3）叙事护理是医学技术之外将爱融入护理中的又一个翅膀。它培养护士的倾听和共情能力，对患者身体的数据化到身体的文学化，实现从躯体抵达患者心灵的照护模式，充满了对患者的尊重。叙事护理中护士给患者以关爱，患者回报护士以感动，弥补了人文护理中沟通不足的缺陷，能实现医患沟通心灵渠道的畅通无阻，改善医患关系。

名人名言

"人之缺乏交流能力乃是不擅于听和误解他人的结果。"

——心理学家卡尔·罗杰斯

二、患者因素

护患沟通是否有效，除护士方面的因素外，还与患者的疾病程度、个人经历、文化程度、生活习惯以及心理状态关系密切。

（一）疾病程度

患者病情轻重的程度是影响沟通的主要因素之一。护理人员与病情较轻的患者或处于恢复期的患者沟通比较顺利，容易达成共识。当患者病情较重时，其更多关心的是自己病情的进展，生命是否受到威胁，治疗护理措施是否及时有效，医生对自己是否关心、重视等，而对护士的提问多回答得较为简单或没有精力回答。如进入恢复期或即将出院的患者，会非常愿意甚至期望与护士交谈，交谈中还会主动向护士咨询提问。而对于一位急诊入院、需要进行手术的患者，当护士向他询问病史时，他会很不耐烦地说："我刚才都和医生说过了，你怎么还来问，能不能先帮我把针打上？"因此，沟通时对患者患病情感和需求的判断会直接影响护患沟通的成功与否。

（二）个人经历

个人经历尤其是患病经历会对沟通产生一定的影响。患病多年的患者容易理解护士的问话，回答问题时也能够抓住重点，不会离题太远。初次患病或很少患病的患者在沟通时容易出现答非所问，不知如何回答，甚至回答某些问题时还会产生误解。沟通中护士要评估患者的既有知识，给予所需的疾病知识。如为新诊断糖尿病的大学教授和农民工做健康指导，有可能这位大学教授对糖尿病了解甚少，只知道糖尿病会导致失明，并威胁到其职业生涯，而农民工从小就随患糖尿病的父母长大，对糖尿病有很多了解。两位患者同患同类疾病，不同的经历，所需的指导是不同的。因此护士应该耐心倾听，并理解其实质内容，准确收集患者信息和综合各种有关问题对护理对象进行准确评估和做出护理决断，才能实现有效沟通，为病患的信任、合作打下良好基础。

名人名言

"了解什么样的人得了什么病，比了解一个人得了什么病更重要。"

——希波克拉底

（三）文化程度

文化程度会影响沟通的程度和深度。患者的文化程度对事物的感觉、解释和理解是不同的，从而会影响有效的沟通。沟通时接收者需要先对信息进行解码，使其变为可理解的内容，进而理解和接受信息。语言技巧可以影响一个人对信息的编码和译码能力，即语言组织与表达能力以及对信息的解释能力。语言是携带信息的非常重要的符号。如果在沟通中语义不明、用词不当、语言结构不当、习惯用语、方言及专业术语等都可能影响沟通的效果。如果一个人有沟通的愿望，但却不善言辞，语词混乱，词不达意，就会妨碍沟通的正常进行。当沟通者的语言结构不符合语言规律时，就会产生语病，使人不能理解，甚至产生误解。文化程度高的患者容易理解护士的提问和接纳护士的建议，而对于文化程度较低的患者，即使是简单的问题，理解和接受也会出现偏差。因此，在与这类患者沟通时，护士的语言表达方式、语意传递策略和沟通技巧等方面的要求则更高。如当护士需要指导注射胰岛素的患者不能注射同一部位、不能一个针头多次使用、根据血糖值注射剂量等时，对年轻、有一定文化程度的患者可以用口头语言指导，但对老年人且文化程度不高的患者，需要有图、有文、有语言，必要时还要教会家人帮助患者。

（四）生活习惯

生活习惯是一种长期形成的行为方式，不容易改变。患者离开自己熟悉的家庭环境来到医院，许多生活习惯也要随之改变，如几个人同室居住，频繁的治疗处置，各种嘈杂的声响，不能按时休息，不能与家人相聚，吃不到符合口味的饭菜等。这些生活习惯的改变容易使患者产生心理不适应，引起情绪低落，继而影响与护士的沟通，因此护士要在患者入院评估时关注其生活习惯需求，详细解释医院作息制度、环境、医疗护理流程，以指导患者相应的适应策略。

（五）心理状态

患者的心理状态也是影响沟通的重要因素。患者的心理状态与疾病的严重程度、治疗效果以及家庭经济承受能力关系密切。当患者病情好转或趋于稳定时，心理状态就会转好，对疾病的治疗和康复就会充满信心，就愿意与人交流，此时交流的效果也会更好。而当患者病情未出现好转甚至加重时，患者的心理压力就会增加，则不愿意与他人交谈，因此护士在患者疾病出现反复时要及时送上分寸适宜的鼓励和安慰的语言，传递关爱情感。当癌症患者得知自己的真实病情后，会拒绝护士关于健康生活方式的指导；当即将要出院的患者突然出现病情反复时，会因突然的打击而不再相信医护人员等，从而导致与其的正常沟通受到影响。

三、环境因素

沟通总是在一定的环境下进行的，物理环境及社会环境都会影响沟通的效果。

（一）物理环境

物理环境主要指环境的舒适度，包括空间、光线、噪声、温度和湿度等。

1. 空间　空间的大小和布置会影响沟通的和谐氛围。空间小而私密性差，沟通信息容易泄露，均会使沟通者产生顾虑，缺乏安全感而不愿意进行交流。空间杂乱，会使患者心理不舒适，使沟通难以进行。沟通时的空间安排也是医院服务文化的一种体现，将沟通地点安排在布置温馨、优雅宜人的环境中，会使患者心情舒畅、愉悦，更利于患者放松心理，激发沟通愿望。

2. 光线　光线过强或过弱都会影响人们的视觉而不利于沟通。如环境过于昏暗，沟通者会看不清对方的表情、动作等非语言信息，使沟通者获得的信息不全面，不利于沟通过程中对信息的正确理解。因此为使沟通顺畅进行，应选择光线自然、柔和的环境。

3. 噪声　噪声是与环境不协调、使人感觉不愉快的声音，过大的噪声可以使发送的信息受到干扰而失真，使接收者无法接收到正确的信息。因此安静的环境是进行有效沟通的保证。

4. 温、湿度　环境的温度过高会使沟通者感到烦躁，温度过低则会使沟通者缺乏动力，难闻的气味会分散沟通者的注意力，这些都会阻碍沟通的进行。另外，适宜的温度、柔和的色彩、温馨的设计及适当的装饰均有利于减轻人们的压力，使人在轻松的环境中进行交流。

（二）社会环境

社会环境主要指人际关系、价值取向以及社会文化背景等。

1. 人际关系和谐度　患者和家属对护理人员不够尊重，认为疾病治疗依赖于医生的作用，护理人员对于自身的健康恢复没有什么作用，因而对护理人员的询问不愿回答，这样会导致护患沟通障碍。患者和家属对护理人员缺乏信任，会使患者和家属质疑护理人员的解释说明，甚至是护理操作，这样不仅会影响护患间的沟通，同时也会影响护理方案的实施。

2. 患者的价值取向　患者及家属对护理的期望值过高，当人们患病后把希望完全寄托在医护人员身上，想当然地认为到了医院就能够快速恢复患病前的身体状况，进而不能客观地估计治疗护理的效果。

3. 患者社会文化背景的差异　患者社会文化背景存在差异，如种族、民族、职业、社会阶层不同，对事物的理解、各自的信仰和价值观、生活习惯等也会有各种差异，会导致沟通不能顺利进行。如何面对这些不同文化背景的人？如何面对这些不同文化背景的人的心理？沟通要因人施护才能事半功倍。在用语言沟通时，同质文化中的人由于共享的背景很多，所以常常能让倾听者通过联想来了解倾诉者所说的意思。但在异质文化中，很难假设沟通中的患者会产生哪些联想，因此在沟通时，护士必须要明确沟通对象的文化背景，有时虽然沟通内容没有问题，但由于选错了对象，也可能达不到沟通的目的，沟通要用对方"听得懂"的语言，包括文字、语调及肢体语言，护士只有通过对这些沟通语言的观察，才能有效地利用它们与患者进行沟通。

随堂测 9-3

> **整合小提示**
>
> 沟通学属于社会人文学科范畴，沟通要结合心理学基础知识的学习，包括个人对接收的外界信息的加工、心理应激和沟通双方的心理特征。

小　结

沟通是护理工作中发生的特殊的人际沟通，是与患者护理及康复直接或间接相关的信息沟通，具有很强的专业性和目的性。沟通技能是护理人员的核心能力之一。良好的沟通是建立良好关系的基石，有效沟通是构建和谐医患关系的关键。沟通有利于健康教育促进及营造和谐的健康服务氛围。沟通的类型根据患者入院的不同阶段、不同目的形成。患者从入院到出院，随着病情的治疗护理进程，措施的不同，沟通的内容需符合相应的病程转归。根据患者治疗护理目的、需求的不同，又可分为一般性沟通、评估性沟通和治疗性沟通。三种类型沟通之间的作用与效果互相渗透，密不可分，其中治疗性沟通是最重要、最主要的沟通。沟通的主要影响因素是护士和患者。护士在护患沟通中起主导作用，尤其治疗性沟通是探索患者的真实感觉并给予安慰指导，是有非常明确的治疗护理目的的沟通。护士的职业情感、专业能力和沟通技巧等因素对沟通有效性起着决定性作用。患者的个人经历、文化程度、心理状态以及疾病程度和能否顺利沟通关系密切。物理环境包括空间、光线、噪声、温湿度；社会环境包括人际关系、价值取向以及社会文化背景等是不可忽视的沟通影响因素。

思考题

1. 沟通有什么特征?
2. 为什么说沟通能力是核心能力?
3. 沟通对患者有哪些健康促进作用?
4. 根据患者入院的不同阶段划分的沟通类型有哪些?其作用有什么不同?
5. 治疗性沟通对患者有什么作用?
6. 为什么护士的职业情感对治疗性沟通的有效性起着决定性的作用?
7. 某患者需要做各种检查,抽血前护士告诉患者要抽取 5 种血标本,共 20 ml 血液,对此患者认为血液抽取过多,会影响自己的健康,便以血管细、不好穿刺为由,不愿配合护士操作。请问:护士应如何与该患者进行有效沟通,消除患者的顾虑?

(赵爱平)

第十章 护患沟通技巧

第十章数字资源

导学目标

通过本章内容的学习，学生应能够：

◆ **基本目标**

1. 列举护患沟通各阶段（开启沟通、信息收集、健康教育、沟通收尾）的沟通技巧。
2. 列举贯穿护患沟通全过程的沟通技巧。
3. 解释开启沟通阶段中，为沟通做准备、建立护患关系、了解患者就医原因的作用。
4. 概括基于"疾病-患病模式"的信息收集方式，比较患者的疾病信息和患病信息之间可能的异同之处。
5. 梳理健康教育阶段护患沟通中的注意事项。
6. 举例说明沟通收尾阶段的重点事项。
7. 遵循护患沟通过程（开启沟通、信息收集、健康教育、沟通收尾）的路径，有效开展常规治疗性沟通任务。
8. 具备人本位的人文关怀意识，提升职业共情素养。

◆ **发展目标**

1. 灵活运用护患沟通全程技巧（非语言技能、构建沟通氛围的技能、鼓励患者参与的技能），与患者建立并发展良好的护患关系。
2. 坚定职业认同感，具备医者仁心、大爱无疆的精神。

沟通技能是医务人员的核心能力之一。1999年，国际医学教育委员会制定的"全球医学教育最基本要求"中，详细地描述了医学院校所培养学生必须具备的基本素质，包括七个领域共60项指标，沟通技能是其中的一项重要指标之一。世界各医学院校及组织，如英国的医务委员会（GMC）、美国医学院联合会（AAMC）、加拿大医学会（ACMC）等均在其医学教育指南中强调教授和评价沟通技能的重要性。

卡尔加里-剑桥指南认为，传统的医患沟通和医学技能教学是彼此割裂的，即医患沟通教学侧重于医患间对话的过程，而医学技能教学又侧重于临床对话的内容，如病史采集。这导致了学生在真实的临床环境中，无法将在课堂中学习的沟通技能真正融入临床实践中。因此，卡尔加里-剑桥指南将临床实践的内容和沟通过程进行了整合，回答了在临床实践中该做什么和如何做。2005年起，美国医学执照考试（USMLE）就要求采用标准化病人考核临床医生的沟通技能。在中国，根据教育部 2015 年印发的《关于推进临床医学、口腔医学及中医专业学位硕士研究生考试招生改革的实施意见》要求，自 2017 年起，将医患沟通纳入临床医学硕士考试项目。卡尔加里-剑桥指南不仅适用于临床医学专业，同样适用于护患沟通技能学习。本章结合临床护理实践，在卡尔加里-剑桥指南基础上，发展了适合护理专业学生学习的护患沟通技能。

> **知识链接**
>
> ### 卡尔加里-剑桥医患沟通指南简介
>
> 卡尔加里-剑桥指南（Calgary-Cambridge Guides）是由加拿大卡尔加里大学医学教育系教授 Kurtz 博士和英国剑桥大学临床医学院临床技能中心 Silverman 博士最初于 1996 年发展的一套医患沟通模式，并在 2013 年进行了修订。卡尔加里-剑桥指南包括两个概念框架：①基础版概念框架（图 10-1）：描绘了临床实践中医患互动的逻辑结构，即开始会谈、收集信息、体格检查、解释和计划及结束会谈 5 个阶段的实践任务，和两个贯穿全程的任务：管理沟通结构和建立医患关系。②扩展版概念框架（图 10-2）：增加了基础版概念框架上所对应的沟通过程技能，完善了每个阶段临床实践任务需具备的沟通技能目标。至今，卡尔加里-剑桥指南已发展成为医患沟通技能库，确定了 70 余项基于循证的核心沟通过程技能、任务和目标框架，提供给学习者按需使用。

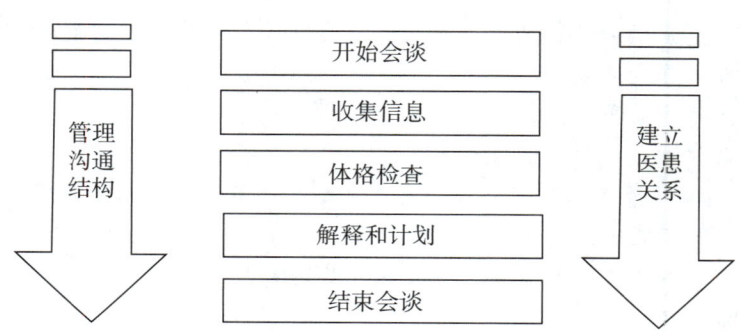

图 10-1　卡尔加里-剑桥指南的基础版概念框架

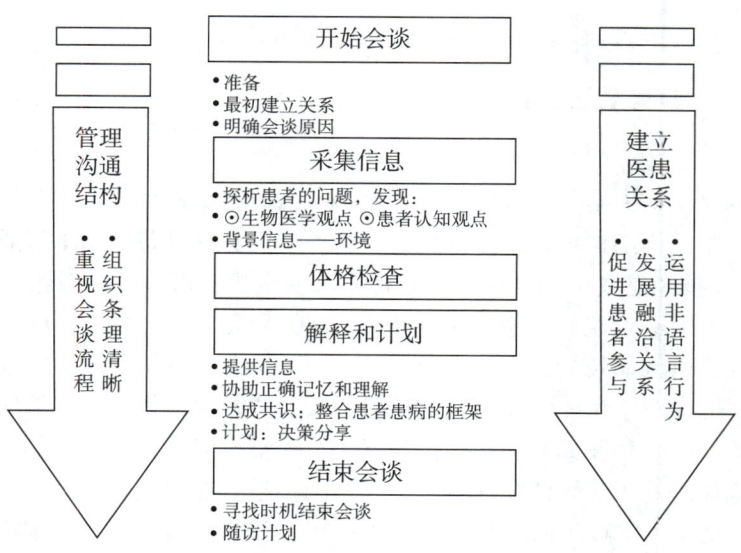

图 10-2　卡尔加里-剑桥指南扩展版概念框架

第一节 开启沟通阶段的技能

案例 10-1

在一次护理评估的操作考试中,老师要求学生在 10 分钟内通过与标准化病人交流,尽可能多地获取有关患者的相关信息,找到患者的健康问题,并撰写一份护理个案。小张同学在询问患者时,由于急于完成问诊任务,从一开始就不断向患者提出问题,想到什么就问什么,前后问题之间毫无关联性。此外,患者在交流中有时会提出一些小张同学答不上来的问题,有时又会把话题扯得很远,导致小张一紧张,完全不记得自己问了什么,又无法再次回归主题。10 分钟过去了,原计划的问诊内容还没有问完,所获得的有效信息也寥寥无几,这给小张之后护理个案的撰写带来了艰难的挑战,她最终没能通过考试。

请回答:
1. 小张同学遭遇的沟通困境是由什么问题导致的?
2. 可以通过什么方法避免出现类似的困境?
3. 在护患沟通中,一旦出现了无法掌握的情况,应该怎样应对?

在护患沟通整个过程中,沟通的开启阶段往往最容易被医护人员所忽略。各种不确定的突发事件、没解决的问题或焦虑的情绪,都可能造成护理人员的分心,这种状态极易影响护患间的后续沟通。例如,护理人员在接待一位新患者的时候,往往因为思维仍停留在与前一位患者沟通的情景中,来不及转换,而影响与当前患者沟通的有效性。

一、为沟通做准备

在接待患者之前,护理人员可以提前做一些准备,集中注意力在患者身上。常见的准备工作包括:①搁置手边的工作,妥善安排暂时尚未解决的问题;②保持舒适的沟通状态,如调节舒适的室温、解决生理需求、避免饥饿状态等;③提前了解患者信息,如预览患者的病史、查阅疾病的相关资料等;④确保环境安全,避免在交流的中途被打扰或泄露患者隐私;⑤始终保持放松和关注状态。切勿因为患者众多或工作忙碌而忽略这一过程。事实上,护理人员在整个沟通过程中的所有一言一行,患者都会看在眼里、记在心里。

> **科研小提示**
>
> 有研究显示,在医生出现医疗差错的原因中,诊疗匆忙和会谈时分心是最常见的两项原因。此处的会谈是指双方或多方以面对面的形式,通过对话的方式传递信息、思想和情感的人际交往过程,它在护理工作中也是主要的沟通方式。

二、建立护患关系

护患关系(nurse-patient relationship)广义上是指护理人员与患者及患者亲友等与患者相关的人之间的人际关系;狭义上是指在一定的条件下,护理人员与患者为达成共同的治疗目标

而形成的特殊的人际关系。建立和发展良好的护患关系是护理人员的职业素养要求。

（一）主动问候，自我介绍

主动问候是给患者留下良好第一印象的重要方法，通过主动问候可以拉近与患者的距离感，当患者面对陌生的医疗环境时，护士应安抚其紧张、不安、焦虑等情绪，为建立信任感奠定基础。有些护士会理所当然地认为，自己的着装和工作内容具有很强的识别度，从而忽略自我介绍。事实上，许多患者对医疗环境是完全陌生的，护理人员如果缺失"自我介绍"，会使患者不明白和自己谈话的人是什么身份以及他（她）在护理团队中的角色，进而可能产生不安与不信任感，阻碍护患沟通的顺利开展，最终影响沟通效果。

主动问候和自我介绍时，应使用礼貌用语，例如，"您好，我是××大学护理学院大四的学生张晓蕾，目前在病房临床实习，您可以叫我小张"，由此显示出护理人员的专业素养和态度，给患者留下较好的第一印象。

（二）获知患者称呼

获知患者称呼，即询问患者的姓名，并了解患者可接受的称呼。例如，"请问您的姓名是？（停顿）我可以称呼您×××吗？"当护理人员与患者熟识后，该环节可以省略。但只要对患者的身份有丝毫犹豫，就应主动核对患者姓名信息，必要时还需核实具体的写法与读音。例如，"邓莲英女士，请问您姓名中的 ying 是英雄的英吗？"

（三）表明身份和意图

向患者说明自己在护理团队中的身份，以及此次对话的目的，以征得患者的同意。切忌直奔主题，导致患者在整个沟通过程中云里雾里。例如，"邓阿姨，我和张磊护士，也就是您的责任护士，共同负责您住院期间的治疗和护理。您今天刚入院，我们需要了解一下您的基本情况，帮助我们更好地开展后续治疗，大概20分钟左右，请问我可以和您聊一下吗？"

（四）表现关注和尊重

通过适当运用非语言行为，表现对患者的关注和尊重。"此时无声胜有声"，可见非语言因素的重要性。适当的非语言行为可使患者感受到自己是被欢迎、被尊重及有价值的，有助于建立和维护彼此间的合作性关系，促进患者信息沟通的准确性和全面性。

关注的环境布置，包括：座位高低、与患者的距离、姿势等。通常，沟通时采取坐姿比较舒适，除非患者有疼痛、恶心、外伤等情况不适合坐姿。推荐保持膝盖与膝盖呈90°，而非并排或面对面，相距在1.2 m左右，距离亲密但不私密。若患者需要躺在病床上，可抬高床头约45°，以保持护患双方目光平视的状态，避免患者呈平卧位和护理人员呈站立位，从而造成压迫感。关注沟通时患者的状态，包括：尽可能在患者衣着整齐时交流；时刻注意保护患者隐私，如涉及敏感话题或个人隐私，注意关门和拉床帘。

> **科研小提示**
>
> 研究显示，当医患双方面对面坐在桌子两边时，会使患者产生一种恐惧、竞争或屏障的效应。因为彼此在沟通时，会期待轻松的目光接触，而非无法逃避、过于直接的接触。

情感认同也是体现尊重的重要技术。尊重是护理人员的一种职业态度，但这种精神层面的态度需要转化为展现尊重的行为，才能被患者所识别。例如，在面对患者或家属表现出悲伤、沮丧、绝望等情绪时，应给予患者充分的理解和回应。

三、了解患者就医原因

在护患相互介绍、建立了最初的治疗性关系后,下一步向患者介绍本次沟通的主题。在该过程中,沟通技巧可以帮助护理人员更有效地获取患者信息,具体技巧包括:开放式提问、积极倾听、核实与澄清、议程安排等,以逐步明确患者的就医原因。

(一)开放式提问

开放式提问是一种不限制回答范围的提问方式,回答者能尽情表达自己的感受与观点,提问者可以从中提取回答者的想法、情感和行为方式的相关信息。与患者首次接触时,采用开放式提问的询问方式,可避免护理人员出现主观假设或产生沟通信息盲点。例如:"我有什么能帮到您/我能为您做些什么?"或者"您是因为什么不舒服来医院的呢?"此外,一些语气词也有表达开放式提问的作用,如"嗯哼?/啊哈?/嗨……"。但是,开放式提问技术往往缺乏引导作用,在需要引导某个话题或澄清某些具体问题时并不适用。

> **科研小提示**
>
> McKinley 和 Middleton 研究显示,几乎所有患者来访时,都有其具体的需求和期待,约一半患者都有具体想咨询的问题。其中,55% 的患者希望得到特定的治疗,60% 的患者对问题有自己的想法,40% 的患者对症状有具体的忧虑。患者来医院就医都是经过认真考虑的,并希望解决一些实际问题。但事实是,大部分交流并不能完全满足患者的需求。Barry 等的研究显示,在 35 位受访患者中,只有 4 位表示在与医生的沟通中讨论了他们希望讨论的全部内容。

(二)积极倾听

1. 倾听的定义 倾听是指沟通的一方聚精会神地接收并感受对方在交谈时发出的所有信息(包含语言信息和非语言信息),在明确其意义后做出反应的过程。就护患沟通而言,倾听是指护理人员整体接收、感受和理解患者所发出的信息的过程。倾听有助于护理人员对信息的整体理解和把握,同时也能表现对患者的礼貌,体现护理的专业素养。倾听时,护理人员应做到:注意力集中;尝试在轻松的状态下倾听;身体尽可能地倾向患者;使用肢体语言时,尽量保持双臂分开而非交叉姿势;与患者目光接触时,不要怒目而视;及时回应患者或进行复述;避免打断患者。

2. 倾听的特性 倾听是主动的、关怀的行为,而非被动的状态,绝不等同于"坐着无所事事"。护患间的沟通是通过存在、接触和倾听建立的,而"关怀对话"也已证明了只有以患者为中心的护患沟通,才能真正提高护理质量。Egan 在 *Skills Helper* 一书中提及:有多少次当你被他人抱怨"你根本就没在听我说什么!"其实,那位被指责者很委屈,"我在听,而且我能把你说的内容全部复述出来!"可见,认真倾听包括了主动性和精湛的技术性。

> **整合小提示**
>
> Ironside 等的研究发现,通过与患者接触并倾听患者的表述,护士可以在与患者的首次接触中建立起责任感,并促进发起关怀行为,护患沟通需要社会人文学科知识。

3. 倾听的专项技能 包括等待时间、促进性应答、非语言技能、提取语言和非语言暗示。

(1)等待时间(wait-time):通常对护理人员而言,沟通角色适时地从表达者转换为倾听者并非易事。护理人员常常会因为更关注自己想了解的问题,而忽略了患者在说些什么,也可能会因为专注于思考和组织下一个问题，而分散原本集中于倾听患者信息的注意力。甚至，有些护理人员会因此打断患者，而并未给予患者足够的时间来思考和回答问题。Rowe 的研究显示，在教师向学生提问后，若延长相应等待回答的停顿时间，则学生会更多地参与回答问题。因此，同样在护患沟通中，允许患者在回答某个问题前，有思考时间或停顿后再继续，对于展开整个沟通有百利而无一害。若护理人员有效地运用"等待时间"，允许患者思考时间，在不打断患者提供更多叙述的同时，护理人员自身也会因此有充分的倾听和思考时间，这将使沟通变得更为顺利。

（2）促进性应答（facilitative response）：在倾听过程中，避免打断患者对沟通的整体效果有着积极的正向作用。不仅如此，鼓励患者表达，暗示患者自己对内容很感兴趣，并希望他继续，这些举动对患者而言，都是有效的提示，因此称之为"促进性应答"。促进性应答包括肢体表达和语言表达，肢体表达如点头、适当的面部表情等，语言表达主要指应用鼓励性语言提示患者继续他们的陈述，例如，"啊哈""继续""是""嗯""我明白"。

（3）非语言技能（nonverbal skills）：非语言技能是一种有效的沟通手段，能即时而明显地提示患者，自己正专注于倾听，以及对他们的话题感兴趣的程度。

1）非语言技能内容：包括姿势、移动、距离、注视方向、目光接触、手势、声音暗示（语调、语速、音量）、面部表情、接触、外表及环境暗示（家具的摆放、光线明亮、室温）。所有这些技能都有助于展现对患者的关注程度，且有助于促进建立与患者之间支持性的关系；相反，在接触中，无效的参与行为则会封闭互动，阻碍关系的建立和发展。此外，如果护理人员的语言表达是积极的，但同时非语言信息呈现的是过快的语速、厌烦的表情或毫无目光接触，那么，对患者而言，非语言信息就会胜出，患者会立即意识到沟通时间的紧张，因而可能不会进行详细的交谈。

科研小提示

Koch 的沟通研究显示，当两者意见不一致或者矛盾时，非语言信息能起到比语言信息更重要的作用。

2）目光接触交流要点：非语言技能中，目光接触最为重要。缺乏目光接触会被患者误解为护理人员对其毫无兴趣，从而抑制沟通的开放性。事实上，护理人员在与患者的互动中，常常容易因记录或使用电脑等行为而忽略与患者的目光接触。在目光接触的技能要点中，护理人员应重视目光角度、注视部位及注视时间三方面。①注视他人的角度：通常有三种，即平视、仰视、俯视。平视，即视线呈水平状态的注视，推荐应用于护患间的沟通过程中，这种状态会使彼此感觉相互间的身份、地位是平等的；仰视，即主动居于低处，抬眼向上注视他人，表示尊重、敬畏之意，适用于面对尊长之时；俯视，即抬眼向下注视他人，一般用于身居高处之时，多用于长辈对晚辈表示宽容、怜爱，也可表示对他人轻慢或歧视。②注视部位：目光所及之处，即注意的部位，注视他人的部位不同，不仅说明自己的态度不同，也反映着双方关系有所不同，通常建议护理人员注视患者眼睛到口唇的"三角区"。③注视时间的长短：可反映护理人员对患者感兴趣的程度，沟通中，倾听者通常应多注视表达者，以表示友好、重视，以及对其谈话内容感兴趣。若表示友好，则注视对方的时间应占全部相处时间的 1/3 左右；若表示关注，则注视时间占全部相处时间的 2/3 左右；若注视对方时间不到全部时间的 1/3，则表明对患者的谈话不感兴趣。

第十章 护患沟通技巧

> **名人名言**
>
> "有许多隐藏在心中的秘密都是通过眼睛被泄露出来的,而不是通过嘴巴。"
>
> ——爱默生

(4) 提取语言和非语言暗示 (picking up verbal and non-verbal cues):正确地提取患者的语言和非语言暗示是另一个重要的倾听技能。这项技能不但需要倾听,还需要观察。这些暗示常常在患者说明自身问题时起到了重要的作用。患者的观点、忧虑和期待通常会在非语言行为及间接语言中暗示,而不是直接、明确地陈述出来。因此,护理人员需要在沟通开始时就能辨别出这些暗示。错过这些暗示或者根据护理人员自己的理解而不向患者核实,会容易产生误解。经过成功辨别的暗示和假设,还需要经过核实并在沟通中确认。

(三)核实与澄清

核实与澄清是指当护理人员通过进一步的开放式询问,有目的地与患者就具体问题进行再确认的过程,而非自己主观假设的判断。例如,护理人员正在了解患者的头痛情况:"……也就是说,您最近出现了头痛的症状,有时还会头昏眼花,是吗?还有其他什么症状困扰您吗?"患者:"没其他问题了,就这些了。"护理人员:"好的,您头痛、头晕,感觉疲乏,烦躁易怒,常萎靡不振,担心自己是否出现了贫血,对吗?那除了这些,还有其他情况吗?"患者:"没有了。"护理人员:"好,我明白了,谢谢!"在上述案例中,当患者没有补充时,护理人员应及时回应已理解;当患者需要补充信息时,则护理人员应继续倾听,直至患者讲完后,继续核实"除了这些,还有其他情况吗?"。研究显示,核实和澄清技术能促进患者报告一些可能隐瞒的信息。因此,有学者建议在每次对话最后再进行一次核实,以避免在沟通即将结束时才发现这些问题,从而错失思考时间及处理这些问题的最佳时机。

(四)议程安排

当确认患者问题后,自然过渡到与患者商榷沟通的议程。议程安排是整个沟通过程中的重要部分,在这个阶段,护患彼此需要共同商榷并建立沟通主题的优先排序。安排沟通议程是护理人员厘清思绪的过程,可使整个沟通的结构更加清晰,避免漫无目的或不必要的话题;对患者而言,结构清晰的沟通过程可以提供更多参与机会,促进照护实施的依从性。例如:"那我们先聊一聊您的腹泻和发热情况,然后再讨论您的用药问题,好吗?"。护理人员在与患者协商沟通的优先次序时,应适当权衡自己的专业理解和患者需求,如:"我知道对您来说,关节炎是您目前最困扰的问题,不过如果您不介意,我想先了解一下您前面提到的胸痛问题,然后我们再花一点时间聊聊关节炎好吗?"如果交流的时间有限,可以和患者协商:"看来我们的问题有点多,我不确定是否有足够的时间认真讨论全部,不如我们先解决……如何?"。

第二节 信息收集阶段的技能

> **案例 10-2**
>
> 患者因车祸被撞急诊入院,主诉呼吸困难,胸部疼痛。接诊医生在进行详细的全身检查后,发现患者除一处肋骨骨折外,并无严重的内脏损伤等威胁生命的症状,一旁的护理人员就患者的检查结果向其说明:"别担心,车祸中产生的撞击造成了您一处肋骨骨

案例 10-2（续）

折，无须特殊处理，只要卧床休息几周就能康复。"

然而，患者在听了护理人员的说明后并未放下原本悬着的心，坚持声称护理人员只是在安慰他，他肯定命不久矣。

请回答：
1. 你认为，护理人员为何无法获得患者的信任？
2. 该案例对你有哪些启发？

护理人员通过获取患者的相关信息，对开展后续的治疗和护理工作有着重要的临床意义。收集患者信息是护患沟通中的一项重要任务。如何有效、准确、全面实施信息收集是许多学者不断探讨和研究的课题。

一、"疾病－患病"信息收集模式

随着现代社会的发展，医学模式（medical model）正在发生巨大转变。曾经占统治地位的生物医学模式（bio-medical model）立足于分子生物学基础，认为疾病完全可以用可测量的生物学指标来衡量。但随着社会经济、科学和医学本身的发展，越来越显示出这种模式的缺陷。于是发展出了综合生理、心理和社会因素对人类健康与疾病影响的医学观，即生物-心理-社会医学模式（bio-psycho-social medical model）。

与此同时，医患沟通中信息收集模式也从传统的医学病史采集发展为如今的"疾病-患病模式"（the disease-illness model）。它是一种更为全面的信息收集方法，解决了传统生物医学模式下信息收集过程只聚焦疾病生物医学病因的缺陷，强调了以"患者为中心"的问诊模式，并在实践中发展与完善，为医护人员更全面、有效收集患者信息提供了理论支持。

知识链接

传统医学模式下医学临床信息收集方法

1989年，美国西安大略大学 McWinny 教授团队对传统医学模式下医学临床信息收集方法的起源、优势及劣势进行了详细的追溯和分析。

传统的临床信息收集方法起源于19世纪初。在此之前，医学没有科学依据，医护人员的焦点也仅仅在于患者所表现出来的症状，对疾病的发生发展过程很少问津。以听诊器的发明为转折点，一套新的医学临床信息得以揭示。此后，医护人员的关注重点逐渐转向疾病在患者身体上的表现，该改变为之后20世纪医学发展带来了巨大进步。1880年，首个被全面定义的临床方法正式产生，至今尚未被不断发展的医学技术所替代，依然应用广泛，如医护人员所熟知的病史记录、体格检查记录等。患者主诉、现病史、既往史、治疗史及手术史、输血史、过敏史、家族史、个人和社会史，及对各机体功能的询问等构成了一套标准的临床信息记录方式，并形成了收集患者信息的系统性方法。

传统临床方法最大的优势在于其采用了科学的方法评估患者，推动了临床诊断的精准性，将原本复杂的诊断过程变得简单、统一，并将患者信息通过标准化的形式呈现出来。

但是，传统临床方法也存在弊端。由于传统方法更多地将医护人员的视线聚焦于患者机体功能异常的现象，使得医护人员忽略了患者是一个整体，因而更需要医护人员对患者进行从生理到心理再到社会等多重方面的统筹考虑。

（一）"疾病"和"患病"的内涵

1．"疾病"和"患病"的含义 医学术语"疾病"和"患病"都是指健康状况不佳。但是，从医学人类学角度，两者传达了不同的含义和语境：①疾病（disease）是指在病因作用下，身体发生病理性改变而出现的异常生命活动过程，即一种躯体的病变或生理的改变。在传统医学模式下，它通常是医护人员从专业技术角度对病症本质的判断。②患病（illness）是指患者察觉、感知和经历的一系列与疾病相关的体验，即一种行为的承受或内心的感受。它是患者从自身角度对病症的一种体验和感受。

2．"疾病"和"患病"的关系 疾病和患病两者既可彼此独立，又可相互联系。例如：对明确诊断的疾病，有时患者能感知到明显的不适，但也有一些患者处于疾病早期，完全没有患病感觉；反之，当患者感觉自身不适时，可能是躯体病变所致，也可能找不到躯体上的病理改变。

3．患者感受患病体验 "疾病"和"患病"差异是医护人员与患者容易出现矛盾的重要原因。因为医护人员在判断疾病时，往往聚焦于疾病本身，而忽略了患者的患病心理；另外，患者由于没有专业临床思维，他们更重视自身的患病感受。患者一般会通过以下6个问题感知自身的健康状况，下面以一位办公室白领非特异性背痛为例，阐述患者对患病的理解：

（1）我发生了什么？（我的背痛得厉害，而且最近越发严重。）

（2）为什么会发生这种情况？（也许是上周我提过一袋米上楼？也许新换的办公椅有问题？也许是脊椎不好？）

（3）为什么会发生在我身上？（我妈妈也是这个年龄开始出现腰不好，应该是遗传；而且我工作时整天坐着，这对背部很不好。）。

（4）为什么是现在？（我已步入中年，可能是老化现象？）

（5）如果不采取任何措施，会发生什么？（它可能变得更糟，如果症状越发严重怎么办？我可能会瘫痪，甚至像妈妈一样只能坐轮椅）。

（6）我该如何应对这种情况？（我该自我调整吗？我知道自己心脏不好，而且体重超重，所以或许我应该多运动或者去看医生？）

（二）"疾病-患病"信息收集模式

"疾病-患病"信息收集模式是一种相对较为全面的信息收集方式。它最初由美国西安大略大学McWinny教授团队于1989年提出，当时用于转化临床方法，以替代传统的医疗信息收集的过程。此方法不仅需要医护人员了解患者的疾病，更需要了解患者的情感。因此，又将其称为以患者为中心的医学沟通模式，以区分传统的以医疗为中心的医学沟通模式。

疾病模式就是从病理生理角度解释疾病的生物医学病因。事实上，早在20世纪80年代，就已经有一套经典的结构化信息收集模板，可以帮助医护人员通过潜在的疾病症状和体征，做出疾病诊断，包括：主诉、现病史、既往史、治疗史、过敏史、家族史、个人和社会史等。毫无疑问，该问诊体系对现代医学科学发展起到了重要的推动作用。但同样，这种近乎超然的客观性，很容易忽视将患者视为整体的人这一事实，因为它无法了解疾病对于患者的意义，或者将疾病置于患者的生活和社会背景中。相反，患病则是患者独特的病痛的体验，每位患者的感知、理解和应对不同，患者的看法可能并不像医生那样系统和结构化，它们更多会结合自身的感受、想法和顾虑，以及疾病对生活产生的各类影响。

"以患者为中心"的会谈模式的要点在于护理人员必须将患者对患病的理解纳入考虑范畴，即"疾病-患病"信息收集模式的应用（图10-3）。

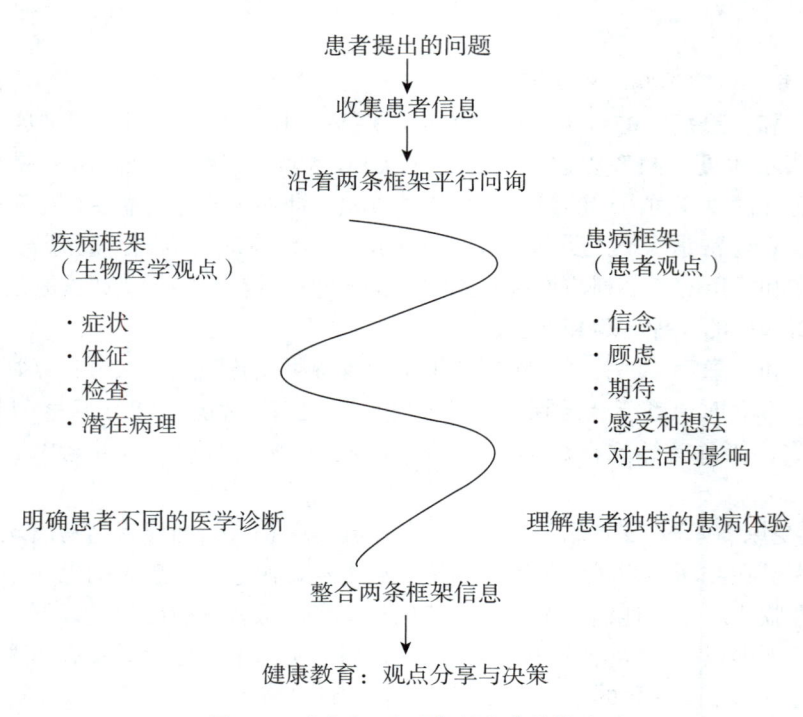

图10-3 "疾病-患病"信息收集模式

运用"疾病-患病"信息收集模式收集患者信息具有诸多优势。它有助于促进护患间相互支持、理解，建立良好的护患关系，同时能完善传统疾病模式中不能解释的问题，为临床护理人员解释并计划下一沟通过程打下基础。最重要的是，这种信息收集模式有助于帮助护理人员发现患者的内心想法，有助于疾病的诊断，增强沟通的效果，达到事半功倍之效。

（三）基于"疾病－患病"信息收集模式的信息收集模板

"疾病-患病"信息收集模式分别从生物医学观点、患者患病观点和背景信息三条脉络提供信息收集框架（图10-4）。生物医学观点，即收集患者患病经过、相关症状和其他系统问题；患者患病观点，即收集患者对疾病的理解、顾虑和期待等；背景信息，即了解患者目前问题所发生的具体情境，如：既往史、药物和过敏史、家族史、个人和社会史等。在信息收集时，"WWQQAA+B"模式是一套系统化的信息收集模板：①"Where"位置：不适症状的位置或辐射性位置；②"When"时间：不适症状开始、变化和持续时间；③"Quality"性质：不适的感受；④"Quantity"特征：不适的强度、范围、程度；⑤"Aggravating/alleviating factors"加重或缓解因素；⑥"Associated manifestations"相关临床表现：其他症状；⑦"Beliefs"信念：关于不适症状的理解。

信息收集的沟通技能
- 患者的陈述
- 问诊技术：从开放过渡到封闭的螺旋环
- 积极倾听
- 促进性应答
- 听懂弦外音
- 澄清
- 时间规划
- 阶段性概括

信息收集的内容

生物医学观点——疾病
- 事件发生顺序
- 症状分析
- 相关系统回顾

患者患病观点——患病
- 观点和信念
- 顾虑
- 期望
- 对生活的影响
- 感受

背景信息——环境
- 既往疾病史
- 药物史和过敏史
- 家族史
- 个人及社会史
- 各系统检查

图 10-4 "疾病-患病"信息收集框架

二、挖掘患者的问题

挖掘患者的问题，并非指通过护理人员主导对话以寻找患者的问题，相反，建议护理人员主动"退居二线"，将患者置于主动位置，通过鼓励，引导患者自我表述。在挖掘患者问题的过程中，常见的沟通技能包括：鼓励表达、提问技巧、倾听与促进、辅助性回应、听懂患者的弦外音、澄清、适时概括等。

（一）鼓励表达

可以采用开放式提问技术，在沟通初始阶段鼓励患者用自己的语言主动表述问题。例如，"您能具体描述一下头痛问题吗？"或者"给我讲讲您的患病经过好吗？"。上述提问方法是利用时间顺序了解患者的患病过程，是一种比较自然的信息收集方式，能使事件的发生发展清晰显现，有助于护理人员快速、有效掌握并理解患者的看法。

案例 10-3

患者，女，因胸闷、心慌、怕冷、乏力入院。护理人员通过观察发现其反应迟钝、表情淡漠、面色苍白、眼睑水肿、唇厚舌大、毛发及眉毛稀少。进一步检查结果显示，血 TSH 升高，T_3、T_4 降低。询问得知患者在 6 年前行甲状腺瘤切除术，一直未复查甲状腺功能，也未遵医嘱坚持服药，但患者从未说明原因。

于是，护理人员耐心询问："能否谈谈您患病以来的经历？"鼓励患者表达自己的想法。患者终于说出了不定期复查和不按时服药的真正原因——患病后，患者感觉周遭同

案例 10-3（续）

事、朋友对其的态度发生了转变，大家开始回避与她交谈，同事关系渐渐疏远，朋友也始终用同情的目光看待她。这些变化，让患者感到自己患病的情况影响到了日常工作、生活与社交，为了能够恢复患病前的状态，患者在手术后就再也没有进行相关的治疗和检查。

请回答：
1. 护理人员运用了哪种提问方式引导患者主动叙述患病经历？
2. 从本案例中，你获得了哪些启发？

（二）提问技巧

提问是护理人员收集并验证患者信息的重要途径，也是维持沟通内容始终围绕主题展开的基本方法，可分为封闭式提问和开放式提问两种方式。

1. 封闭式提问（close-ended questions） 是将问题限制在一定的范围内，可用"是"或"否"作为预期回答的提问，回答者的答案因此也被限定在相应的范围内，无须进行自由发挥。其优点在于能使患者直截了当地做出回答，以在较短的时间内获取大量的信息。但这种提问方式的缺点在于会使患者处于被动状态，缺少主动性，且其回答的答案比较制式死板，因而无法充分表达自己的思想和情感，回答的范围也较小，加大了护理人员获取其他信息的难度。封闭式提问适用于互通的信息交流，尤其是对患者具体项目及个人资料的收集。

2. 开放式提问（open-ended questions） 是指不对回答的范围进行限定，给予患者充分的自我表达与发挥的空间。其优点在于能使患者处于主导地位，使护理人员能够从患者那里获得更全面、更真实的信息。但是会谈时间较长是这一方式的主要缺点。开放式提问适用于评估性的会谈，尤其是心理评估。

3. 从开放到封闭的锥体（open-to-closed cone）的提问模式 这是一种比喻的提问模式，即通过一个上宽下窄的圆锥体，描述提问由开放性问题开始，逐渐过渡到封闭性问题。护理人员应学会交替使用两种提问方式，即首先采用开放式提问技巧，从患者角度获得较为广泛的患病信息；继而，逐步锁定特定的问题，最终使用封闭式提问，更直接验证信息，引导患者补充可能忽略的细节（图 10-5）。

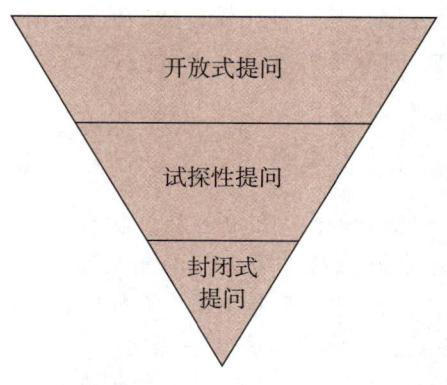

图 10-5 从开放到封闭的锥体的提问模式

（三）倾听与促进

1. 倾听 当患者在讲述自己的经历时，护理人员应专心倾听，在沟通时间充裕的情况下，尽量不要打断患者。例如：通过主动聆听，应用从开放到封闭的锥体的提问模式，使用开放到封闭的问题，促进和总结。

2. 促进 指沟通者的评论或行为，这些评论或行为将鼓励患者顺着医护人员的引导方向进一步展开表述。当医护人员向患者简要重复迄今为止收集的信息时，将进行总结，这确保了所有信息都被正确理解，并为患者提供了澄清细节、进行更正或添加更多信息的机会。

（四）辅助性回应

在专心倾听患者叙述的同时，护理人员适时地给出一些辅助性的回应（包括语言性和非语言性的沟通技能），如鼓励、沉默、重复、复述、向患者分享自己的想法等，以此鼓励患者继续叙说。

1. 鼓励 在护患沟通的过程中，护理人员在专心倾听的同时，可以增加非语言性沟通技能，如：点头动作和面部表情的运用，以及语言性沟通技能，如口头鼓励，给患者支持性暗示等，使患者有信心继续讲述。例如，"嗯 / 哦……/ 是啊 / 接着讲 / 我明白了"。

2. 沉默 在护患沟通过程中，适当的沉默或停顿可以促进患者提供更多有价值的信息。如果患者在表述过程中遇到困难，或看上去陷入某种情绪困境时，延长沉默时间也是必要的。此举的目的在于引导患者表达出其内心正在发生的想法或感受。例如：患者："我有时会想，我以后是不是也会得癌症。"护理人员（沉默），患者继续："其实，我会这么想都是因为当年我爸就是因为肺癌去世的。"

在某些特定的情况下，患者进行叙述的目的并不在于得到回应，而只是想要通过语言表达来宣泄内心不良的情绪与情感。此时，护理人员最明智的做法就是保持沉默。

3. 重复 推荐一种具体的做法，即护理人员通过重复患者所说的最后几个字，可以加强患者诉说的信心，使其感受到自己的诉说正在生效，从而受到鼓励，继续进行讲述。

4. 复述 复述是指当护理人员发现信息背后有潜藏的内容或感受时，采用更为直接的语言表达出来，以验证护理人员对患者真正意图解读的准确性，其作用比"重复"的技能更能使内容清晰明了。如，患者："我总觉得我现在和我爸当年患肺癌时的情形一模一样，所以才会一直担心自己得了这个病。"护理人员："您是在担心您会得癌症。"患者："是的，因为我朋友都说肺癌是会遗传的。"

5. 向患者分享自己的想法 护理人员通过与患者分享自己的所思所想，间接告诉患者提出这些问题的原由，也是促使患者参与回答的一种可行途径。

下文通过一则案例，展现护理人员在临床工作中应用这些沟通技能的具体方法。该患者主诉胸部疼痛，尚未进行相关检查，现由接诊的护理人员收集该患者的相关信息，对话如下：

护理人员："和我谈谈您最近的胸痛问题吧。"（开放式提问）

患者："胸痛是最近几周才严重的。我一直有消化不良的问题，但都没这次这么严重。我感到这里刺痛，还老打嗝。"

护理人员："是吗？还有呢？"（鼓励）

患者："我怀疑这是不是因为我吃了治疗关节炎的药引起的，我吃过布洛芬。我最近关节炎犯了，必须吃药，因为我要走路，要照顾我儿子。"

护理人员：沉默（目光交流，微微点头）

患者："护士，我儿子身体也不好，如果他的问题再严重的话，我真不知道该怎么应付。"

护理人员："您考虑怎么来应付呢？"（重复）

患者："我答应他不再让他住院了，但现在我不知道还能不能做到。"

护理人员："您在想，如果儿子病情加重，您的体力不能胜任在家照顾他？"（复述内容）

患者："体力没有问题，可是如果他24小时都需要我，怎么办呢？"
护理人员："也就是说，您担心您无法照顾好儿子。"（复述感受）
患者："是啊！"
护理人员："有时候，压力也可能会引起胸痛，我怀疑您是不是因为感到压力而出现这种情况呢？"（分享想法）

在本案例中，护理人员通过将开放式提问、鼓励、目光接触、肢体动作、重复、复述等沟通技能灵活地运用于与患者沟通的过程中，系统全面地获悉了患者胸痛的症状体征、可能的原因及患者的心理状况及情感体验，最终提出"胸痛可能是由于压力所致"的观点。本案例尽管无法对护理人员与患者所分享的想法的正确性进行评判，但在整个沟通的过程中充分体现了在挖掘患者问题时护理人员如何通过各种沟通技能的综合运用达到最终目的的途径。

（五）听懂患者的弦外音

患者往往十分渴望告诉护理人员他们的想法和感受，但这种述说常常是通过间接或某种程度的语言暗示表达出来的，也有患者的表现是通过改变一些非语言行为来表达诉求，所以学会如何透过表面了解患者的真实意图对于护患沟通十分关键。

科研小提示

Levinson 等的研究表明，捕获患者弦外之音，并作出回应，可以缩短就诊时间。当医生错过了回应患者弦外之音的机会，其就诊时间要比积极回应长 3.5 min。

（六）澄清

澄清是指将具有不确定性的、不完整的陈述通过描述使其变得更为清楚、具体，并与患者核实，确保获得的信息是准确的。通常采用开放式提问，例如，"您能描述一下头晕的具体情况吗？"但有时也可使用封闭式提问，例如，"您所说的头晕是感觉房子在旋转那样的吗？"

（七）适时概括

适时概括是护理人员有意识地主动采取的一种沟通技能，可以在整个沟通过程中反复进行，确保信息的准确性并辅助患者进一步回应。适时概括的优点：①能清晰地表明护理人员正在专心倾听患者的陈述；②能表示护理人员对患者的言语感兴趣；③能以合作的方式解决问题；④能给予患者纠正护理人员的理解偏差及遗漏的权利；⑤能对患者所言的正确性进行核实；⑥能给予护理人员空间去回顾之前的信息内容；⑦能使护理人员的思考更具序惯性，便于之后的信息整理；⑧能使护理人员区分疾病和患病，从两个方面同时思考。如：

护理人员："好的，可以看一下我的理解是否正确？——您以前有点消化不良，但最近几周出现了一些新问题，觉得前胸刺痛，有点嗳气，您怀疑是否是因为止痛药引起的，对吗？"
患者："是的，但我现在不能病倒，因为我还要照顾我儿子。"

三、理解患者的观点

（一）主动了解患者

护患沟通的目的之一是获取与患者相关的具体信息，包括：了解患者对疾病的看法、顾虑和期待。只有护理人员真正做到积极主动地了解患者的情况，才能更好地完成后续的沟通过程。当然，这里的"积极主动"并非指护理人员要占据沟通的主导地位，而是以配角的身份通过积极的引导，促进患者表达。

1. 了解患者对疾病的看法 有时护理人员会认为，患者对疾病的看法具有个人主观性，不能作为客观信息采纳。事实上，这些信息可以为护理工作带来重要提示和帮助。询问患者认为的问题，不仅可以全面了解患者的看法，还可以鼓励患者分享更深层次的情绪和对潜在诊断的恐惧。例如："您觉得您是什么问题？/这个问题您怎么看？/您为什么会这样认为呢？"值得注意的是，要真正了解患者对疾病的看法，仅仅通过患者的语言评判是不够的，还要结合患者的肢体语言、面部表情、语音语调等进行全局观察和解读，并向患者核实。

2．了解患者的顾虑　护士可以通过直接提问了解患者的顾虑，如："您担心什么问题？/有什么特别或具体的事情让您操心的吗？/您认为什么事是目前最让您担心的？"沟通中，患者往往会以一种微妙的方式或旁敲侧击地表达自己潜在的顾虑，看似已经偏离了谈话主线，事实上，从患者提到的关切问题或其他因素，可以进一步洞察患者的症状。此时，护理人员需要敏感地识别谈话中出现的可能需要进一步探讨的话题，调整沟通顺序。研究显示，当医护人员错过了患者认为重要的提示时，患者很可能会在后续对话中重复提及，医护人员应及时发现和解决。

3．了解患者的期待　医护人员和患者对沟通的期待往往是不同的。患者的期待通常不只是如何缓解症状，可能还包括：讨论替代治疗方案、明确诊断、得到医护人员的承诺、验证自己的观点，甚至是表达悲伤或愤怒的情绪。相反，医护人员则更希望讨论检查手段以明确诊断或鉴别诊断、提供对症治疗措施，或是讨论治疗方案。了解患者对沟通的期待："您希望我们能帮您做些什么？/您希望接下来首先解决什么问题？"当医护人员和患者对沟通的期望不一致时，需要协商讨论，以更有针对性地满足患者的需求，提高工作效率。

4．了解症状对患者生活的影响　当疾病导致功能障碍时，对大部分患者都会带来生活影响，尤其是当疾病可能威胁到患者的经济收入或正常生活时。因此，护理人员不仅要评估疾病对患者功能造成损害的程度，更需要评估功能损害对患者在情感和心理层面的影响。这种潜在的威胁会下意识地从多方面影响疾病。例如，如果患者担心出现的问题会导致其失去工作能力，则可能会因为害怕失去工作而选择回避或否认症状。在可能的情况下，为患者提供医疗支持资源，将患者转介给其他专业人士，如作业治疗师、物理治疗师、心理治疗师、社工等，以实现症状最优管理，恢复其正常功能。

（二）鼓励患者表达感受

以护理人员为主体，"积极主动并适时地探析及理解"是通过问询，单向索取患者的观点的行动。理解的达成需要护患双方的协作，患者能主动表达自己内心的感受，对彼此达成共识尤为重要。然而，由于每位患者的性格特点不尽相同，尤其对于个性内向的患者而言，主动表达内心的感受并非易事，这就需要护理人员对其进行必要的鼓励与支持，促进患者的表达。

1．提取并验证线索　在倾听过程中，患者的所感所受、所思所想即为线索，需要护理人员通过分析提取其背后的真实意义。它的表现同样可分为语言性和非语言性的。语言性的线索如：暗示、重复等；非语言性的线索如：肢体动作、声音、面部表情。随着沟通过程的推进，护理人员应正确而及时地提取出这些线索，并向患者验证线索的准确性。例如："您说您感觉自己很苦恼，您可以和我具体谈谈这方面的问题吗？"

2．适时重复　重复患者语句结尾处的字词，是另一种能有效鼓励患者表达的沟通技能。研究显示，当面对这种类似于回声的重复时，大部分医护人员会感受到各种挑战，但对患者而言，却更乐意接受这种沟通方式。"重复"的目的是鼓励患者从所重复的字词开始继续陈述，因此对具体问题而言，它比"鼓励"和"沉默"更有针对性和指导性，例如：

患者："我最近有（停顿）一个苦恼。"

护理人员："苦恼？"

患者："是的，就是我总觉得自己生了病之后，别人好像总是用一种同情的眼光看我。"

3．提取并回应弦外之音　当问题涉及患者隐私信息时，患者往往倾向于采用更隐秘的、暗示性的语言进行陈述，这种隐藏的表达无形中增加了护患沟通的难度。因此，如何从字面内

容中提取出背后的真正意义是护理人员所面对的挑战，这需要护理人员具有丰富的经验累积，通过对以往的护患沟通不断总结、更新自身的沟通知识，累积沟通经验。例如："提到您儿子时，我似乎能感受到您非常紧张他的身体情况"或"我明白这件事对您来说打击很大"。

4．进入情感领域　临床环境中，患者的情感领域往往是护理人员所忽视的部分，它也无法通过传统临床方法得以探究。因此，如何做到于无形间"进入患者的情感领域"一直以来都是护理人员面临的难题。常用的沟通策略：①直接提问，例如，"您能告诉我您感觉怎么样吗？"②运用接受、共情、关心、理解，使患者感受到护理人员对其感兴趣，例如，"我明白那件事对您来说很困难。"③尽早提及感受到的问题，表明护理人员对此话题的兴趣。④询问患者更具体的事例。例如，"您还记得您出现这种感受时发生了什么事情吗？"⑤在进入患者的情感领域前需征得患者的允许。例如，"您能告诉我，您感觉如何吗？"⑥正确、恰当地对相关感受的讨论进行结尾。例如，"谢谢您能告诉我您的感受。这对我了解您的情况很有帮助"或者"我觉得我已经对您的感受有了一定的了解，现在让我们一起来看看，有没有能帮您一起解决实际问题的方法。"

第三节　健康教育阶段的技能

健康教育阶段对临床护理人员而言，在整个护患沟通过程中是至关重要的，它类似于传统照护过程中制订护理方案及健康教育的环节。倘若患者无法理解或并不认同护理人员所制订的护理方案，将直接导致患者依从性差的后果。即使护理工作人员在之前"信息收集阶段"成功挖掘到了患者希望讨论的内容，但若在护理方案执行阶段无法实施，那之前的努力即意味着付之东流。因此，健康教育阶段的沟通技巧，作为信息采集阶段沟通技能的延续，两者紧密相连。同样，它既需要基于护理人员对患者疾病的了解，也需要将患者的想法和情绪状态纳入考虑范围，从而保证患者治疗照护过程的完整性及有效性。

一、提供合适的信息

护理人员在解释和计划阶段的一项重要任务是向患者"提供合适的信息"。这个环节的沟通关键问题包括：如何评估和判断向患者提供哪些信息？如何在信息不足和信息过量之间衡量准确的平衡点？如何了解每位患者的个性化需求，以此调整支持方案？

> **科研小提示**
>
> Waitzkin 的研究显示，在 65% 的医患面谈中，医护人员低估了患者的信息需求愿望；而在 6% 的病例中，医护人员则高估了患者的信息需求愿望。

（一）信息分解并确认

"信息分解并确认"就是将需要提供给患者的信息分解为几个不同的步骤，分别分次告知患者，并在传达的进程中适时停顿，确认患者是否能够理解每个步骤的内容，并根据患者的反应随时调整沟通计划。"信息分解并确认"是护患沟通中解释和计划阶段的重要沟通技能，这不仅可以评估护理人员给予患者的信息数量是否合适，还有助于促进患者对信息的准确记忆，从而达成护患间的理解和共识。具体的运用案例如下：

护士："张女士，根据您刚才描述的症状及活动后晚上出现喘息加重的表现，医生基本认为这是哮喘的症状，所以考虑给您一些治疗，现在我先给您吸氧气，缓解一下您的气喘。"（停顿)"可以吗?"

患者:"好的。"

护士:"接下来,我们尝试改变一下卧位可以吗?哮喘发作时半坐卧位可以使您呼吸更顺畅。"

患者:"好,那就试试吧。"

在上述沟通案例中,护士通过停顿和分块,将想表达的内容分成两个部分,并给予患者思考和理解的时间,使患者能够理解吸氧和半坐卧位的作用,同时感受到护理人员的真诚和关心,有利于患者更好地配合护理干预,也有利于护理人员展开护理工作。

(二)寻求沟通的切入点

1. 评估患者已知的疾病相关知识 评估患者已知的疾病相关知识是寻求沟通切入点的核心技能。如果护理人员不主动询问并获悉患者对疾病理解的基础,就无法确定应当提供何种层次的专业知识和信息。例如:同样是新诊断糖尿病的患者,护理人员需要向一位大学教授和一位手工匠解释这个诊断,沟通的策略显然不能完全一致,因为他们的理解水平和处理信息的潜在能力显然不同。这时,就需要通过评估患者已知的疾病相关知识,寻求沟通的切入点。这里需要强调的是,护理人员切不可根据自己的经验和理解不经询问就主观假设。因为有可能的事实是:这位大学教授对糖尿病的疾病知识了解甚少,他只知道糖尿病会导致失明,并威胁到他的职业生涯;而手工匠的父母可能都患有糖尿病,他从小成长在这个家庭并至今承担照护家人的角色,因此对糖尿病有很多了解。由此可见,在进一步向患者提供解释之前,了解患者对基本知识的掌握情况至关重要。具体的运用例如:护士:"不知道您对糖尿病了解多少?"患者:"我知道的不多,我在大学里最好的朋友得了这个病。"护士:"如果我能大致了解您对于糖尿病所掌握的知识,那我就可以更有针对性地给您指导。"通过评估,护理人员能了解患者对糖尿病的了解程度和背景,从而可以采用更贴合患者需求的方式进行相应的健康教育和指导。

2. 了解患者对信息获取的意愿程度 虽然大部分患者愿意从专业角度获取更多信息,但也有相当一部分患者出于各种原因,并不希望如此。如何发现面对的患者到底是信息的"探求者"还是"回避者"?护士应用类似评估患者已知的疾病相关知识的询问方法。例如:护士:"张先生,鉴于帕金森病的诊断,会涉及不少专业的护理知识,我有许多信息想和您分享。当然,有些患者愿意了解这些,有些患者则可能一时无法接受太多。我想知道,您目前更希望了解哪些?"患者:"说实话,我对这个病一无所知,我现在只希望能赶紧控制症状,或许,我先回家吃一段时间的药,等下次门诊的时候我和妻子一起来,再向您请教,可以吗?"Jenkins等对2331名癌症患者进行的一项大型研究表明,87%的患者想要尽可能多地获得信息,而13%的患者更愿意把细节披露留给医生。许多其他的研究也表明,患者可以分成对信息的"探求者"(约80%)和"回避者"(约20%)。其中"探求者"能够较好地应付更多信息,而"回避者"能应付的信息则相对较少。Steptoe等的研究表明,信息"回避者"比信息"探求者"对医患沟通会表现出更好的理解和满意度,但矛盾的是,事实上,他们对信息的理解较"探求者"更差。信息"探求者"尽管已经对信息有较好的理解,但他们往往对医患沟通并不满意,并希望获得更多。

> **科研小提示**
>
> Tuckett等的研究显示,19%的患者不会主动向医生提问,因为他们对了解更多医疗问题不感兴趣。

（三）询问患者的信息需求

护理人员根据主观经验判断患者需求的方式并不可取。因为每位患者的个人经历和社会背景不同，个人需求也千差万别。因此，为了更有针对性地满足患者信息获知的需求，建议护理人员在提供专业信息之前，采取直接询问的方式，例如：

护士："您还有什么问题需要问我吗？或者，还有哪些问题我没有提到？"

患者："我的病会传染给别人吗？我的意思是——我是否需要从此和妻子分餐？"

这样的询问，往往会收获到被医护人员所忽略的患者的顾虑，譬如上述案例中，患者因为对自身疾病的不了解而过度的紧张和不安，一旦获取了这个信息，护士就能有针对性地给予合适的信息补充，消除其不必要的顾虑。在病痛面前，患者常常会经历恐惧和无助的体验，他们需要医护人员用专业的知识和耐心的态度去缓解他们的负性情绪，在其需要信息支持的时候充分提供，对医护人员而言这些微不足道，但对患者的帮助可能是极大的。事实上，Helman 的研究显示，比起治疗相关信息，其实患者更期待获知的信息包括：我到底发生了什么？为什么会发生？为什么是我？为什么现在发生？如果不作处理会怎样？但往往医护人员更关注疾病本身的信息，而忽略这些患者真正需要的信息类型。

（四）选择时机进行解释

健康教育阶段，如果护士给患者提供各类建议、信息或保证的时机不对，无论是过早还是过晚，都会降低沟通的效果。因此，当医护人员对某一现象解释选择时机时，应该等完全了解并掌握了所需要的患者信息之后，再对其进行相关的解释，可在较大程度上避免出现时机错误的可能性。

> **人文关怀小故事**
>
> **提供合适信息缓解患者疾痛**
>
> 一位家庭护士曾经分享一例成功的"提供合适信息"的案例：有一位患者，因为患带状疱疹并留下了后遗症——神经痛，曾经 6 个星期不能坐卧。她内心极度恐惧，疲惫不堪。护士连续 4 天去看望她，仔细向她解释可以尝试硬膜外麻醉以缓解疼痛，包括如何实施，可能经历的体验，以及医护人员将如何帮助她处理这些状况。在护士的解释下，她终于慢慢放下了紧绷的神经，开始慢慢接受硬膜外麻醉这种治疗方式，并且同意接受其他治疗。在为她注射药物 5 分钟后，她睡着了。醒来后，她激动地告诉护士她从来没有睡得那么沉，她紧紧地拥抱了护士，感谢护士改善了她的生活质量。

二、协助患者记忆

临床护理中，患者常常不能记住护理人员提供的所有信息，或者出现对某些信息理解困难等情况。此外，也会出现患者无法把握护理人员所提供的关键信息，甚至并不认同医护人员的观点。因此，协助患者有效记忆，是在健康教育阶段促进患者更好地记忆并理解信息的另一个重要沟通技能。结构组织性技能可以使信息的提供更为有效，这些沟通技能包括：信息分类与使用提示标志、使用语言提示标志、使用重复和概括。除此之外，使用简明易懂的陈述、避免使用专业术语，应用可视手段传达信息，确认患者是否理解，这些技能也有助于护理人员在为患者传递信息的过程中，提高自身的理解程度。

（一）信息分类与使用提示标志

信息分类与使用提示标志要求护理人员在向患者提供具体的信息之前，预先将信息按一定逻辑进行分类，并提前告知患者这些类别，然后再按类别依次讲解相应的信息。通过告知患者沟通内容的基本构架，能减少患者对疾病的不确定性和焦虑感，而这种不确定性和焦虑感正是阻碍护患间有效沟通、降低患者理解和记忆的重要因素之一。Ley 的研究证明，采用信息分类的方法，无论在实验室还是临床试验中，都会使患者的记忆水平有所提高，记忆率可从 50% 提高至 64%。具体的运用例如：护士："我有三件重要的事需要和您解释。第一，我想和您解释一下我们对您疾病的理解。第二，接下去可能还需要做的一些检查。第三，如果确诊后，您可能需要接受哪些治疗。那么，首先，……"在上述语言表达中，有两个处理过程：第一，将信息分类，使要传达的信息被分成若干部分，并使各部分之间遵循一定的逻辑顺序；第二，把信息分类的情况清晰地告诉患者，即语言提示。

(二) 使用语言提示标志

通常，人们对最先听到的信息往往记忆最深刻，这被称为"首因效应"。Ley 关于记忆测试的研究发现，参与实验的志愿者相对于后提供的医疗信息，对于先提供的信息往往能记住更多。"首因效应"在护士提供信息过程中同样起着至关重要的作用。在某项特定的信息上标有"重要"的标签，会有助于提升患者对医护人员观点的认识："非常重要的是，您要记住这个……。"

类似 Ley 关于应先提供"重要"信息的结论，护理人员在告知患者健康信息时，应首先提供照护方案及建议，其次说明原理。但这一观点并未得到公认。原因是，如果仅仅加强患者对某一项护理措施的记忆，便会造成其对原理的记忆下降。尽管记住护士提供的护理措施非常重要，但未理解其原因，则会导致患者的依从性有所下降。例如，患者："护士告诉我这种类固醇吸入剂要一直坚持一天两次使用。但我现在很好，所以不需要任何药了。"该类患者记住了护士提示的用药方式，但由于对自身病情及护士告知的用药原理不太了解，因而未完全遵从医嘱。

(三) 使用重复和概括

1. 护士对重点的重复　护士对重点的重复能帮助患者加强记忆。例如，护士："好，我重复一下。您的真菌感染需要用药膏来治疗，您每天涂抹两次，连续用两周。如果不见好，再来医院看门诊。"

2. 患者对信息的复述　通过要求患者用自己的语言复述他们的理解，可以检验患者对信息的理解，必要时护士应予以纠正。例如，护士："我知道今天和您说了很多信息，我担心可能没有表达清楚。如果您能就我们目前达成共识的部分复述一下，将有助于我们确认沟通的有效性。"

> **科研小提示**
>
> Kupst 的研究显示，患者的复述结合医护人员的重复，可使患者的即刻记忆达到 91%。

(四) 使用简明易懂的陈述，避免使用专业术语

在医疗环境中，使用专业术语是护理人员在日常沟通中的一种语言习惯。但在与患者的交流中，使用专业术语会影响沟通效果。在沟通中，只有当患者接收的信息与护士发出的信息一致时，沟通才有效。例如：护士："请问您有没有鼻衄的症状？"事实上，多数患者并不能明白"鼻衄"是什么。然而，患者即使没有清晰地明白信息，也会因为担心显得无知而很少主动要求护理人员就信息进行补充解释。因此，医护人员在与患者沟通的过程中，应主动提高避免使用专业术语的意识，用词要通俗、准确、明晰，尽量使用口头语言形式，即根据患者的认知

和接受水平，用生动的语言、贴切的比喻，向患者进行相关知识的传授。当然，若不可避免，应同时加以解释，可使用短词、短语、短句。

（五）应用可视手段传达信息

沟通时配合使用图表、模型、书面信息和说明书，通过视觉感官的补充刺激，能够增强患者对知识的记忆程度，并提高依从性。采用录音、录像材料时，需注意以下事项：①书面或视听材料单独使用，或作为与患者互动的代替物时，作用不佳；②如果患者对材料中所使用的语言不熟悉，那么材料可能并不适用；③切勿为文盲患者提供类似文字的书面材料。

（六）确认患者是否理解

无论使用结构组织性技能还是言语类技能，当护理人员将信息传达给患者后，还需要向患者确认其是否已经理解这些信息。结构组织性技能可以帮助护理人员根据患者的反馈，及时调整下一步沟通方案。需要患者确认的，可以是疾病或健康相关知识，也可以是对某个护理问题所制订的护理计划。在健康教育阶段，在提供患者充足的信息反馈机会的同时，也能使护理人员更清晰地发现患者的其他需要。

三、促成护患共识

在许多医学信息中，医护人员认为重要的内容，往往与患者的认知并非一致。所以，护理人员除了向患者"提供合适的信息"，并"促进患者记忆"外，最终需要就一些重要的内容与患者达成共识，消除护患间信息不对称和认知的差异，这将对后续照护方案的实施起到重要作用。

（一）解释应结合患者观点

收集信息阶段的沟通强调挖掘患者的想法、顾虑、期望和感受非常重要。在健康教育阶段，同样要求护理人员结合患者的个人观点、期望和顾虑进行信息沟通。如果未能做到这点，则可能会使患者对沟通的满意度及依从性受到影响。结合患者观点解释的具体运用，例如：护士："您刚才提到，您担心自己可能是心绞痛……我明白您的想法，但实际上我认为，这更像是肌肉的疼痛……让我来解释一下这是为什么。"在上述沟通中，护理人员通过表达对患者观点的理解，同时分享自己的看法，并进行解释，能有效提高患者对沟通的满意度，使护理人员的解释更具说服力，最终提高患者的依从性。

（二）创造机会，鼓励患者参与

促成护患共识的第一阶段任务要求护理人员在解释中结合患者的观点，在第二阶段中，则要求护理人员在健康教育时为患者创造机会，鼓励患者参与发表自己的想法和感受。例如：护士："您还有什么问题吗？还有什么事情我没有谈到或没解释清楚的吗？"对患者的回答，护士必须做出恰当的回应，使患者感受到护士对他的关注，以及重视他的意见和问题。如：护士："是的，这是非常重要的问题，您提的非常好。关于这个问题，我想这么和您解释……。"

（三）捕获患者语言及非语言的弦外音

在健康教育阶段，护理人员也会遇到一些患者间接、含蓄地暗示他们的疑问和问题。同样，医护人员必须及时捕捉这些细微的线索，以期理解患者的真实想法，例如："王先生，您好像整个下午都不太高兴……是因为担心明天的手术吗？"

（四）重视患者的信仰与感受

患者的个人信仰和感受是影响护患间达成共识的重要影响因素。决策前，护理人员应充分了解患者的信仰，考虑患者的情绪和感受，这将有助于为患者提供更有针对性的照护，同时舒缓患者的情绪。例如："您知道消息之后的感受如何？"或"那个消息让您产生了什么担忧或疑惑吗？"

四、重视共享决策

共享决策（shared decision-making，SDM）最早在1982年由加拿大Mc Master大学流行病学与统计学专家Charles等提出。SDM是一个合作的过程，即医护人员与患者及其家属共同参与健康决策过程，根据临床证据和患者的个人偏好、健康信仰和价值观，选择筛查、治疗、管理或支持方案。包括通过讨论和信息共享，确保患者对不同照护方案选择的风险、获益及可能产生的后果有充分的知情了解。

SDM已成为当今全球卫生机构普遍倡导的理想的医疗决策模式。它避免了健康决策过程的两个极端，即完全由医生主导的家长式决策或完全根据患者主观偏好的决策。患者参与健康决策，可以对自身的疾病管理掌握一定的自主权，由此形成的照护方案不仅基于循证决策，同时符合患者的价值观与偏好，可以实现健康决策的个性化。通过SDM，可以促进患者对疾病情况和治疗方案的知情，增加对治疗风险的认知，降低医患双方由于信息不对称导致的误解，从而减少医患双方对照护方案和健康结局期望的不匹配。另外，这种以患者为中心的沟通模式也可以增进患者对医护人员的理解与信任，可有效减少患者因不理解而产生的抱怨与投诉，在一定程度上保护医护人员。

（一）适时分享个人想法

适时分享个人想法是指在健康教育阶段，护理人员选择恰当的时机与患者分享自己的思考过程、对现象的看法及面对的问题等，是对促进护患关系有益的沟通策略。它可以降低患者的不确定性，是建立护患间相互理解的基础，同时可以促进患者贡献自己的观点，促使医护人员在提供信息时更条理分明、清楚有序。例如："您的症状有两种可能的解释——溃疡或胆结石。但根据您目前的检查项目，还不能确定是哪一种，所以医生可能还需要做一些化验检查，以进一步明确诊断……。"

（二）请患者参与决策

1. 提供患者建议和选择 基于疾病-患病模式中平等的护患关系，当护患双方信息不对称时，护理人员在为患者提供照护方案前，首先应就患者的问题提供不同的建议，使其知情，并做出选择。与传统的认知不同，在照护性方案决策中，护理人员的作用并非倾向性地建议某一特定的行动方案或者代替患者决策，而应仅仅是为患者提供专业性的信息，分析和说明各种方案的益处和风险，协助患者在了解相对全面的信息后，能做出自己的选择。例如："您目前的营养状况不太乐观，所以我们考虑提供给您两种改善的方案：一种是通过治疗性饮食来调整；另一种是通过静脉营养支持。"在这个过程中要注意避免采用命令式语气。

2. 鼓励患者贡献自己的观点 许多患者在面对医护人员时，因为担心自己的想法不成熟或不专业而被医护人员轻视，因而不会直接表露他们的看法。另外，也可能患者已经有了其他选择而护理人员并没有考虑到。这就需要护理人员通过语言、面部表情和肢体语言等，明确表露有兴趣了解患者的真实想法，促进患者有信心进一步交流，表达自己真实的观点和想法。"鼓励患者贡献自己的观点和建议"不仅有利于护患间沟通层面的深入，同样有利于患者感觉受到尊重和双方平等的地位。例如：护士："关于改善机体营养状态的方案，您可能之前也自己做过一些了解，我刚才和您介绍的这些护理措施和您想的一样吗？您有什么其他想法吗？"

3. 共同探讨照护方案 请患者参与决策的过程中，护理人员通过向患者提供建议和选择、鼓励患者贡献自己的观点，即可获得患者对这些信息的真实想法和感受。护士："刚才我和您简单介绍了两种您可以选择的照护方案：通过治疗性饮食或者选择静脉营养支持，现在我们讨论一下这两种方案的利弊好吗？"

护患双方共同决策的模式在本质上具有交互性。它是护患间信息的双向交换（包括护理人员向患者传递专业信息，患者向护理人员表达自己的意见、担忧和期望等）。只有当护患双方充分表达了各自关于照护方案的倾向性意见或优先选择后，才会认同即将实施的决策，从而达成一致意见，使双方的关系更为紧密，也有助于患者病情的缓解和康复。

（三）确定患者期望参与决策的程度

"确定患者期望参与决策的程度"其目标是让患者自己选择参与决策的程度。即使患者并没有参与决策的意愿，护理人员也应将其作为一项任务，主动向患者问询其参与共同决策过程的意向。因为这样的讨论也会提醒患者，是否参与或多大程度上参与共同决策都是合理且可选择的，并不会受到医护人员的排斥。了解患者是否期望参与决策可以直接询问，无需凭空猜测。护士可以明确每一个患者参与决策的意向，并相应调整与其沟通的方式，然后再进行个性化指导。例如："有几种方法我们可以尝试，每种方法如我所说，各有利弊。您有什么优先考虑吗？"或者"在治疗帕金森病时有几种选择——什么时候开始治疗，使用什么药物，是否看专科医生。有的患者愿意参与这些决定，也有患者更倾向于由医生作主。您是怎么想的呢？"

> **科研小提示**
>
> 根据2019年英国一项全国性住院患者调查显示，超过45%的住院患者希望更多地参与到自己的照护决策中。

（四）商讨护患彼此能接受的计划

1. 权衡利弊，理性选择 在共同决策模式中，护理人员需要与患者讨论各种方案的利弊及可能存在的风险，了解患者在决策中优先和喜好考虑的问题，并明确表明他的想法与医护人员的想法同样重要，并告知患者的地位与医护人员同样重要，通过这种途径达成的共识更易被患者认同和接受。

2. 尊重患者的意愿 基于疾病-患病模式中的共同决策模式，要求护患双方的观点都能被表达和理解，同时，也要求护理人员谨慎地向患者提供意见建议以供其参考，并注意倾听患者的意见、观察其反应。例如："刚才我提了自己的建议……但不知对您是否适合？我们需要再考虑一下……请告诉我您是怎么想的。"

（五）与患者核对验证

在制订计划阶段的末尾进行最后的确认，以确保患者对护理决策是否接受、是否满意，以及患者的想法、顾虑和期待等是否均被充分考虑。例如："现在，我能否知道您对这个计划还满意吗？"

五、健康教育的注意事项

护患交谈时，在注重运用各种交流技巧的同时，也要关注和重视如何去实现护患沟通时必要的解释和计划沟通的内容。

(1) 交流要有清晰的结构，使患者明白护士交谈的方向。
(2) 交流中使用患者能够理解的语言或专业术语。
(3) 护士输出的信息不能高于或低于患者目前能够理解的水平。
(4) 避免给予患者过多或过少的新信息，导致其记忆不能或无法理解。
(5) 避免沟通速度过快，患者跟不上节奏，导致信息遗漏，从而导致整个谈话无法被理解。
(6) 避免护士对患者的个人需求做出错误的假设，导致患者关心的问题没有被提及。
(7) 避免交流结束后患者也没能确定护士所要讲述的内容。

有效的沟通才能够使患者更好地接受护理人员输出的信息，才能够让患者更有效地记住和理解护理人员所传达的信息，从而有利于护患之间的互动、反馈与合作。

第四节 沟通收尾阶段的技能

良好的护患沟通，结束语是重要环节。研究表明，在临床环境中，医护人员很容易忽略收尾阶段的沟通，但事实上，收尾阶段的结束语对护患沟通的满意度、患者依从性乃至患者健康结局都起着重要作用。在沟通收尾阶段，医护人员应对整个沟通过程进行简单总结，明确通过共享决策制订的护理方案，确认患者是否还有尚未解决的问题，同时表现出对患者的关怀和共情。沟通收尾包括两部分，即前瞻计划（forward planning）和适时收尾（ensuring an appropriate point of closure）。前瞻计划包括与患者确认下一阶段的治疗及安全咨询；适时收尾应首先简短概括对话主题，最后确认患者对本次沟通是否满意。

一、前瞻计划

（一）与患者达成协议

在沟通收尾阶段，护患双方共同协商，明确下一步计划，澄清彼此的角色和责任。护理人员需向患者说明各种治疗和护理方法的结果，教会患者如何处理和应对，同时，与患者确认是否认同该照护方案。与患者达成协议的步骤，提供一个概括、强化、认同和进入沟通最后阶段收尾的机会。通常有两种讨论方法：安排进程和最后问询。

1. 安排进程 安排进程包括 4 个步骤：护理人员提议、患者接受/不接受、护理人员要求确认、患者确认。如果患者不接受护理人员的提议，就需要与患者再次协商，直到护患达成共识。如果护理人员在沟通过程中有意识地运用共享决策技术，那么安排进程技术在沟通收尾阶段通常会非常顺利。在不接受的情况下，会引入一个谈判阶段，直到达成共同协议。例如：

步骤1：护理人员提议"就像前面说的，您的拇指要放在夹板上固定，这样可以避免活动，起到保护作用，坚持几天就会恢复正常。医生也给你开了一些止痛药，可以按医嘱服用"。

步骤2：患者接受/不接受"好的，这阵子正好工作不忙"。

步骤3：护理人员要求确认"对，我们再强调一下，避免使用拇指，坚持一周。夹板不要拿掉，除非偶尔洗澡弄湿的情况需要更换，这些可以做到吗？"

步骤4：患者确认"是的，当然"。

2. 最后问询 最后问询时，护理人员对双方已达成的共识进行总结，要求患者最后确认是否理解，对患者不确定的问题予以适当解释。最后再询问："你还有什么问题吗？"如果患者回答"没有其他问题了。"即可进入沟通最后收尾阶段。一旦此时患者提出任何问题，护理人员不可直接忽略，应对这些关切予以回应，直至患者不再有任何问题。

（二）安全咨询

为患者构建安全网络，即向患者交代在离院环境下可能出现的与病情有关的情况。安全咨询旨在解决疾病管理过程中可能的不确定性，使患者获得健康信息和应对突发事件，协助其做好疾病的自我管理。安全咨询的内容应包括：与患者沟通疾病的不确定性、告知哪些症状属于病情变化的提示、哪些情况需要紧急处理、告知预期的病程、何时及如何寻求后续医疗资源、安排随访及随访检查项目的临床意义等。例如，护理人员对出院患者进行健康教育时说："你目前嗓子疼，是因为扁桃腺发炎还未痊愈，你现在服用的青霉素，效果会很好。"但是，如果患者用了几周青霉素并未如期起效，患者只能再去医院，结果被诊断为传染性单核细胞增多症。这时他就会对出院指导的护士感到不满，认为她耽误了自己的病情。但如果护士在出院宣教时能告知患者一旦青霉素治疗无效，应及时复诊检查血象，这样患者对她的看法就会完全不同。

二、适时收尾

（一）澄清、总结、最后确认

收尾环节的沟通技术包括：澄清、总结和最后确认。如果前序沟通内容相对全面，只需要简短的收尾就能结束。通常，护患沟通的收尾阶段是比较轻松的过程，护患间会有一些幽默和社交互动，护理人员对患者表现出关心的态度，可加强彼此融洽的关系，该阶段的沟通应更重视鼓励和安慰，使患者感受到被倾听、被理解、被优先考虑和被关注。

（二）临门关切

所谓临门关切是指患者在沟通临近尾声时，临时提出的问题或要求。这类问题往往出现在沟通收尾阶段，是非计划性的。例如，在护理人员最后提问"您还有什么问题"的时候出现。患者开口前，可能会有短暂的沉默，并以"……嗯""那个……""还有件事儿……"等开头。

临门关切是护患沟通中的常见现象，在门诊中的发生率为15%～40%。虽然这种意外情况可能会干扰护理人员的时间安排、增加其工作压力，但切勿忽略其潜在意义。研究显示，有36%的结束进程被打断，而在23%的结束进程中会出现新的问题。打断甚至在开放式结尾问题的开始以及在医生询问患者担忧的早期就会发生。患者在最后短暂时间里提出的往往都是重要关切的问题，应予以耐心回应和解决，必要时安排复诊。

护理人员通过使用一些沟通技巧、合理安排沟通内容等方法，可以适当减少临门关切现象的发生。首先，确保在交流中提供足够的机会给患者表述问题，例如，在沟通初始阶段，通过议程安排询问患者关切的问题。其次，认真倾听患者的叙述，敏感地发现患者的弦外音，对潜在的问题进行早期干预和处理。最后，必要时可通过另外安排时间来解决新问题。

第五节　全程沟通技能

全程沟通技能包括管理沟通结构的技能和发展护患关系的技能。全程沟通技能作为贯穿沟通所有阶段的技能，在护患沟通乃至护理工作中都承担着重要作用。它不仅可对护患沟通产生实质性的影响，也会为护理工作带来同样不可忽视的改变。因此，护理人员只有完全掌握此项技能，才能更加自如地把控整个护患沟通的过程。

> **案例 10-4**
>
> 实习护士小张刚进入临床不久，平时收集患者信息时总有遗漏，七零八落的信息内容导致她在书写护理个案时困难重重，这使她十分气馁。在经历了几次失败的作业后，她决定虚心请教带教老师。带教老师其实早已发现小张的症结所在，但她并未直接把原因告诉她，而是亲身示范与患者沟通的过程，并让小张在一旁仔细观察，并找出自己的问题所在。
>
> 请回答：
> 1. 请结合自身经历，反思自己是否存在与小张护士类似的问题？
> 2. 哪些沟通技巧有助于提高护患沟通的条理性？

一、管理沟通结构的技能

管理沟通结构的技能主要分为梳理沟通脉络技能、沟通逻辑和时间管理技能。

（一）梳理沟通脉络技能

1．概括技术

（1）概括的定义：概括是指在沟通的必要阶段，护理人员用简略的语言将对方谈话内容的主要含义概括地表达，从而达到核实自己判断的目的。概括尤其在护患沟通过程中信息采集阶段和健康教育阶段起着关键作用。它主要分为两种：①阶段性概括：即针对沟通中某一具体的内容或在特定主题的结尾处进行归纳总结，从而确认理解的正确性。②终末总结：简明、扼要地归纳整个沟通过程。

（2）概括的作用：概括的主要作用包括：①归纳并回顾目前为止所听到的内容；②将信息有序地整理到"信息收集模板"中；③识别还需获得或澄清的信息；④获得时间来考虑沟通下一步的方向；⑤区分疾病和患病两方面。

当护理人员在沟通过程中出现一时卡顿，或未能捕捉患者已经提供的信息时，则可以通过"概括"技巧争取思索时间，能引导护理人员寻找到合适的谈话路径，从而避免尴尬或明显的冷场。

例如，当护理人员正在与患者就关节问题进行沟通时。

护理人员："我简单回顾一下，不知是否正确理解了您刚才说的内容——您的双脚已经疼了好几个月了，尤其走路的时候更为明显。近两周您注意到，早晨您全身的关节都很僵硬，而且还常常觉得疲劳，对吗？"

患者："是啊，就是这样。我感觉现在照顾孩子已经越来越困难了。"

本案例中，沟通已经推进到一定阶段，护理人员掌握了患者的基本情况，就容易出现思绪断层，使沟通场景陷入安静，造成双方长时间冷场的尴尬。此时，适当的"概括"可以起到承上启下的连接作用。

另外，在交换信息时，信息传递的每个环节都可能会造成理解上的偏差，这些误解会直接或间接导致护理人员信息采集不准确、护患沟通障碍等，通过适时的概括反馈，能确保信息的准确性，从而达到护患沟通的目的。

2．过渡标识

（1）过渡标识的定义：过渡标识是指借助过渡性的陈述与表达，从一个阶段自然地进展到另一个阶段，同时为下一阶段做铺垫。

（2）过渡标识的作用：①将患者的注意力转向即将要讨论的内容，即告知患者沟通的下一步要做什么，并且邀请患者共同思考、填补缺漏。②如果护理人员自己的理解出现了偏差，也能及时得到纠正。③灵活地应用过渡标识进行询问、陈述，能减轻患者在被问及敏感问题时的不安与反感。例如，"我能确认一下您是否……如果有遗漏的话请告诉我……"。如果患者表示否定，则应及时纠正错误并再次进行验证；如果患者给予肯定的答复，就能再次使用过渡标识，使沟通从当前状态进入下一阶段，同时解释进入下一阶段的缘由。

（3）过渡标识语言：例如"您提到了两点非常重要：第一是关节问题，第二是将来怎样照顾孩子。我们可以先讨论关节痛的问题吗？这也许能使我明白您关节痛的原因，然后我们再讨论照顾孩子的问题。这样可以吗？"

"因为您刚入院，我对您的情况还不太熟悉，而了解一些您过去的病史能帮助我为您制订更合适的照护方案。现在您可以谈谈您的情况吗？"

"我明白了您有些不舒服，但我需要了解您的医生给您开了哪些药，然后做个简单的检查，以便找出问题所在。"

可见，护理人员在两个阶段之间使用过渡标识有助于使患者了解沟通进行的现状及原因，与患者分享护理人员的需求与想法，请求患者的同意，为护患双方提供清楚明了的沟通结构。

3．概括与过渡标识的共同作用 概括与过渡标识的共同作用包括：①促成护患之间的合作性关系，是沟通的关键技巧；②使沟通结构清晰，易于患者的理解；③使护患双方都能明确沟通下一步的内容及原因；④表明护理人员沟通方向的转变；⑤增进护患双方的互相理解，减少患者造成的不确定性。

（二）沟通逻辑和时间管理技能

1. 沟通逻辑　当护患间明确沟通的任务及逻辑顺序并达成共识后，护理人员有责任实施引导，确保随着沟通的展开，始终围绕着能让患者理解的逻辑顺序进行。对于护理人员而言，达到此目的的关键方法是在头脑中始终保持清晰的沟通结构。通过运用概括和过渡标识，使沟通的一个阶段正确而连贯地转至另一个阶段，在帮助护患双方实现准确且高效的信息收集的同时摆脱定式，增加沟通的灵活性。

2. 时间管理　在沟通过程管理中，护理人员需要运用的重要技能就是时间限定。时间管理是医护人员的一大难题，如何利用有限的时间，最大程度而且高效地完成沟通任务，绝非易事。护理人员在倾听患者表述时不宜贸然打断，但若患者的表达过于冗长，又会大大降低护患沟通的效率，将时间浪费在无效的赘述上，为日常护理工作造成困惑。因此，护理人员可以在患者某一部分的陈述结束后，立即接着话尾，将沟通的主干重新拉回到原来的轨道上。例如，"那您之前提到说，会经常感觉到腹部疼痛是什么情况？"。护理人员在开始沟通前要对整个沟通时间具有一定前瞻性和规划意识；在沟通过程中要有效地管理时间，合理安排各阶段的时限，从而达到一个较为平衡的时间使用状态。

二、发展护患关系的技能

护患关系是指在医疗护理实践活动中，护理人员与患者之间确立的一种人际关系。广义上的护患关系是指护理人员与患者及其家属、陪护人、监护人的关系。狭义上的护患关系则是指护理人员与患者之间的关系。

第一，护患关系是一种工作性质的关系。建立并发展良好的护患关系是护士的职业要求，作为一种职业行为，具有一定的强制性，护理人员都应努力与患者建立好这种关系。第二，护患关系也是一种信任性的关系。护患间应该相互尊重、换位思考并彼此信赖。患者出于信任，将自己的疾病信息甚至个人生活方式和隐私毫不保留地告知医护人员，同样，医护人员也应尊重、信任患者，为患者提供支持性服务。第三，护患关系还是一种治疗性关系。良好的护患关系能有效减轻或消除患者对环境、诊疗过程及疾病本身的压力，有助于治疗和加速疾病的康复进程。第四，护患关系是一种契约性的关系。护患双方都是具有各自权利和利益的独立人格，以尊重彼此的权利与履行各自的义务为前提，在法律的框架下以契约的方式忠实于彼此的承诺。

> **名人名言**
>
> "护理人员工作的对象不是冷冰冰的石块、木头和纸片，而是有热血和生命的人类。"
>
> ——南丁格尔

（一）巧用非语言技能

非语言沟通（non-verbal communication）指的是以人体语言（非言语行为）为载体，即通过人的眼神、表情、动作和空间距离、身体移动、（人体动作学）姿势、饰品服饰等来进行人与人之间的信息交流。

在沟通中，信息的内容往往通过语言表达，而非语言则作为提供解释内容的框架，来表达信息的相关部分。因此非语言沟通常被错误地认为是辅助性或支持性角色。事实上，在人际交往及护患关系中，非语言沟通具有非常重要的地位，是人际沟通的重要形式之一。据调查显示，非语言沟通占所有沟通形式的65%，它能表达个人内心的真实感受，可表达个人很多难以用语言表达的情感、情绪及感觉等。

> **知识链接**
>
> **信息的效果**
>
> 美国心理学家艾伯特·梅拉比安提出了一个公式：信息的全部效果=表情（55%）+语调（38%）+语言（7%）。可见，非语言沟通能反映的思想和感情远远大于语言沟通。

1. 非语言沟通的方式

（1）恰当的非语言沟通行为：一方面，护理人员应从患者的表达方式、面部表情、情绪情感和肢体语言中识别出非语言信息，并及时验证；另一方面，也要注意自己的非语言行为，恰当运用眼神接触、注意身体的位置、动作、举止、面部表情和声音，有针对性地将正确的信息传递给患者，积极影响护患之间的沟通，使患者接收护理人员的意见和建议，表达出自己的问题，并积极配合医护人员的治疗。常见的非语言沟通如表10-1所列。

表10-1 常见的非语言沟通

类型	具体内容
姿势	坐、站、挺直、放松
距离	空间的使用、交流者之间的空间距离和位置
接触	握手、抚触，体检时的身体接触
身体举动	手和胳膊的姿势、坐立不安，点头，脚和腿的移动
面部表情	扬眉，皱眉，微笑，哭泣等
眼部行为	目光接触，注视，瞪视，斜视，藐视等
声音弦外音	音调，语速，音量，节奏，沉默，停顿，语调
时间的使用	早，晚，按时，超时，匆忙，延迟应答
仪表仪容	衣着，打扮
使用笔记	若要读写笔记或使用计算机，注意避免干扰谈话或影响和谐的气氛
环境线索	地点，家具布置，灯光，温度，颜色

（2）目光接触：在护患沟通过程中，护理人员往往会同时翻看患者病例或其他资料。此时，容易忽略与患者的目光接触。作为非语言沟通中的一项重要技能，目光接触可以使患者感受到医护人员的注意和倾听。因此，在目前网络电子设备普及的背景下，护理人员需要控制目光离开患者的时间，把握与患者目光接触的持续性和间断性的平衡，以确保沟通信息的有效性和准确性。

（3）捕获非语言弦外音：捕获非语言的弦外音不仅有利于护理人员了解患者所患疾病对其情绪上的影响，而且对于整个照护过程也有着重要的意义。通常，非语言表现出的情绪问题才是躯体体征的根本原因。

2. 非语言沟通的作用

（1）验证信息：医院的环境常常会使患者及家属产生恐惧或不安的情绪，作为一种补偿性的缓解方式，他们会特别留心周围的信息，对医护人员的非语言行为极为敏感。尤其是当医护人员的表达无法使其理解，或者当怀疑医护人员掩盖真实病情等情况时，患者往往会将注意力集中在观察医护人员的非语言行为上。因此，医护人员通过注意自身的语言表达，有助于缓解患者的这种心理压力。

例如肿瘤患者在焦急地等待检查结果时，护理人员说话的面部表情便会带给患者很多信息，患者会通过这些信息预判和验证检查结果的好坏；怀疑肿瘤未被切除干净的患者，往往会仔细观察医护人员的言语和神态，来判断自己想法的正确与否；在注意自身非语言沟通的同时，护理人员也应当留意患者的语言和非语言所表达的信息是否一致。如果患者说自己没事，而额头上却冒着冷汗，并用手用力按压肚子，则可以非常明显地表达出他十分疼痛。

名人名言

"没有人可以隐藏秘密，如果他的嘴唇不说话，那他会用指尖说话。"

——弗洛伊德

（2）表达情感：非语言信号往往能够表达出人们的真情实感，甚至可以表达出某些需求。例如语言功能障碍的患者用表情来表达需要饮水或是排泄；家属在门口来回快速踱步、搓手则表达了其焦虑和不安；护理人员操作未一针见血，患者家属皱紧双眉则表达了其内心的不满等，这些都是通过非语言沟通来表达的。

（3）调解互动：非语言沟通具有传递各方信息、促进互动的作用。在医护人员和患者及其家属之间的沟通中，存在着大量的非语言沟通，例如皱眉、摇头、降低声音、靠近或远离对方等，这些行为调节着双方的互动行为。护理人员可以通过面带微笑地看着患者并点头，示意患者继续说下去；当听到患者突然压低声音时，则立即明白患者现在要表述的内容不想被他人听到等。

（4）显示关系：每个沟通都隐含着内容和关系的沟通。"内容含义"即说什么，"关系含义"即如何说。例如：当护理人员靠近患者听他讲话时，体现了护患双方平等的关系；和蔼体贴的表情则表达了热情和友好；护理人员开会时，会议桌边的入座顺序显示了与会者身份的关系和层次等。

在某些情况下，非语言交流是获得信息的唯一方法。例如，使用呼吸机的患者、婴幼儿等，不能用语言与医护人员进行沟通，只能依靠表情和姿势的变化来表达自己的感受等。

在医护人员内部的相互交流中，非语言沟通也有其独特的作用和意义。在特殊情况下，如抢救患者时，医护人员之间常通过快速交换目光或点头示意等非语言进行交流，抢救工作配合的默契能使抢救变得更加高效。因此，非语言沟通也是护理人员获取信息的重要途径。

（二）构建沟通氛围的技能

1. 接纳 在信息收集阶段的介绍中，强调了理解患者想法的重要性。护理人员需要了解患者的想法，包括他们的见解、期望和顾虑，以及他们感受的需要。在 Briggs 和 Banahan 提出的"接纳"这一概念中建议：对患者所表达看法的最初反应不应该是立即安慰、反驳批判或者是同意，而应该对于患者的表达给予一个"接纳性反应"。

（1）接纳性反应：又称"支持性反应"或"认同性反应"，是一种实用且特殊的沟通方式。接纳性反应要求认同并接受患者的情绪和想法，无论这些想法或情绪出自何处，也无论它们是什么。但是，接纳并不意味着盲目认同患者的想法，而是应该去主动倾听并认同患者的情绪或观点。这种方法对建立护患关系很有效，因为理解患者的看法，是护理人员和患者之间建立信任的基础。接纳是信任之源，而信任是成功的护患关系的基石。

（2）接纳性反应的技巧：护理人员沟通的初始阶段就以一种完全不加评判的状态接受患者的想法和感情可能并非易事，尤其是当自己的认知与患者并不一致时。因此，护理人员应该尝试认同和重视患者的观点，而不是立即反驳，以此支持患者，增进彼此关系。"接纳性反应"的核心是承认每一位患者都有权拥有自己的想法和感受，这有助于患者理解对疾病有自己的想法和情绪不仅是合理的，而且将这些想法和情绪及时向护理人员表达出来也是很重要的，这样就能意识到并重视患者的想法和需求。

接纳性反应的表现方式可概括为三步：首先，不作评判地接受患者所说的话；其次，认可患者拥有自己的想法和感受的合理性；最后，分享自己对问题的看法，同时重视患者的想法。

（3）回应患者的情绪：接纳性反应不仅需要接纳患者的看法，接纳患者的情绪也同样重要。例如，一个丧偶的老妇提及她去世的丈夫时说："我很生气，他怎么可以这样丢下我不管？甚至连遗嘱都没留下"。此刻，护士可以考虑运用接纳性反应："所以，您因您先生的突然离世，而且没留遗嘱而生气。我能明白，这一定让您非常伤心。"（暂停，给患者时间和空间继续诉说）患者："是的，是这样。我现在很孤独，而且很生气他丢下我就去了，后来，我又为生他的气感到内疚。我是不是疯了？"护理人员："您出现这些强烈的情绪，或许我们可以为您提供一些心理调适的方法，我很高兴你能自己表达出来。"

（4）接纳并非同意：区分"接纳"和"同意"的概念，类似"承认患者想进一步手术治疗的想法和同意实施手术"不是一回事。护理人员需要先承认患者的想法，不要立即予以反驳，这可以留下时间尝试去理解患者，而不会从一开始就产生心理抵御。如果患者与护士的想法不一致，那么在沟通一个阶段后，经过适当的考虑，再提出想法，说明和纠正误解。具体运用参考如下：

患者："护士，我最近总是胃肠胀气，我会不会肠癌复发了？"

护士："你担心胃肠胀气可能是由于癌症引起的？"（暂停）

患者："是的，我妈妈就是在40多岁死于肠癌，我记得她就是经常腹胀。"

护士："我明白你在担心什么了，不妨我为您安排一位医生，您告诉他其他的症状，然后请他给你做一些必要的检查诊断，可以吗？"

在上述过程中，特别强调认真倾听患者表达担心和顾虑的重要性，不要立即反驳患者的观点或过早地给予苍白的安慰。即使患者存在错误的认识，也不要立即反驳，请务必待沟通一个阶段后再给予解释和纠正。

"接纳"使护理人员能够保持一种对患者开放的状态，它排除了判断性的评论，强化了内心试探性的框架，避免在未完成全面的沟通前就已经结束或使患者产生防御性反应，并能促进建立起护患双方相互理解的桥梁，为最后的变化留有余地。

2．共情 共情（empathy），又称同理心、同感、共感、移情、投情等。它是指通过沟通，设身处地理解和认同患者的感受或处境的一种行为方式。按Rogers的观点，共情能体会他人的精神世界，如同体验自身内心一样的能力。美国心理治疗师欧文·雅洛姆将共情概括为：共情，从患者的视角看世界。需要强调，共情不是同情。同情是对他人的关心、担忧和怜悯，是个人对他人困境的自我感情的表现，而共情是从他人的角度去感受、理解他人的感情，是分担和分享他人的感情而不是表达自我感情。

名人名言

"什么是共情的实质？就是把你的生活扩展到别人的生活里，把你的耳朵放到别人的灵魂中，用心去聆听那里最急切的喃喃私语。"

——美国著名心理学家 Arthur Ciaramicoli

共情是良好护患关系的切入点，是全部护患沟通的精髓。共情可以帮助护理人员准确地感知患者的内心世界，例如，当患者病情危急时，简单一句"别紧张……"给患者的感受是空洞的安慰，而"我完全理解你此时的感受"则是一种与患者同步的情感，使患者获得认同和尊重。共情有助于护理人员从患者的需要出发，为其提供及时有效的照护策略，从而提高患者的满意度和护理质量。

（1）共情的阶段

1）积极倾听：共情的首要条件是倾听。投入地倾听患者的表述，不仅要注意他的言语内容，还要注意非言语线索所传递的情感信息。护理人员倾听患者表达的内容和隐含的弦外音，才能完全理解患者，与其感受产生共鸣。

2）设身处地：设身处地假设自己"变成"患者，用患者的肢体、认知、思维来体验患者。设身处地的实质是护理人员要尽可能排除自己的知识经验、价值观、人格特点、兴趣爱好等干扰，用关切、体察的态度去接触患者的内心，达到感同身受。这样，患者才会愿意让护理人员进入自己的内心世界，并尝试将个人的看法和感受传达给护理人员。成为"患者"之后，真正发自护理人员的共情才会产生，此时，护理人员就会如同自己出现了问题一样产生解决问题的动力，并利用这个动力解决投射到自己身上的如同这个患者的问题。

3）敏锐思考：护理人员回到自己的世界，同时询问自己有什么地方患者还未察觉到，这往往是问题的症结。敏锐的思考应该把事实内容与情感内容分开，将事实内容之间的逻辑关系找出来，再识别、分辨这些情感内容，找出情感反应与事实内容之间的联系。

4）准确回应：准确回应是护理人员表达患者未察觉到的、自己真实的情感感受。如果护理人员未能回应患者的感受、想法和顾虑，患者则可能认为护理人员忽视了自己的感受。以理解和接纳的态度回应患者的感受，达到使患者感受的最低限度。回应患者时，可以用自己的话或者巧妙地引用对方所说过的话，也包括使用适当的身体接触给对方以情感支持。护理人员恰当的非言语回应，会使患者感到被理解与接纳，从而很好地促进共情。

5）引发领悟：共情的重要价值在于唤醒患者的内心世界，帮助患者正视自己的能力和经验，真实地领悟自己的情绪感受和思维方式，从而促进其自我分析、自我感悟、自我认知和自我成长的能力。因此，护理人员通过共情，最终应使患者对自我有更新的认识，达到自我领悟。

（2）共情的运用

1）超语言方面的共情：共情并不是完全进入他人世界而迷失自己的过程，只是体验他人的感觉，并未失去自身的独立性。护理人员在体验了患者的个人世界后，经过适应，达到了客观的心理状态。然后回到本心，证实他们对患者的感受、制订计划，从而更准确、有针对性地帮助患者。

2）语言方面的共情：共情的语言技巧表达了护理人员对患者的情感的理解，指出他们产生该情绪的原因，从而提供准确的语言表述，而非扩大或是缩小语义。共情不应逐字重复别人说的话，单纯重复只会使患者感到恼怒。在共情表述时，应该选择自己的话，准确、尽可能详细地表达出自己理解的患者的意思。例如：

"我能体会到要你谈这个话题有多困难。"

"我能感受到你对自己的疾病有多烦恼。"

"我能看得出你被这个疾病搞得非常心烦。"

"我能理解，知道疼痛还可能不断反复，对你来说一定很害怕。"

"我能看出，你丈夫的记忆丧失让你难以接受。"

3）非语言方面的共情：非语言的共情与语言的共情同样重要。只有当共情伴随着真实的情感，才能让患者真正获得护理人员的关怀和关心。共情不是对他人的情感上的遗憾，也不是表示慰问，而是一种中立的价值观，表示护理人员了解对方的观点。例如，一位刚结婚6个月的年轻女性患者描述自己患宫颈息肉的经历。当她述说时，可以看见她紧皱的额头，眼眶中闪着泪花。她迟疑地说："你能告诉我……我的意思是……我真的爱我的丈夫……这些息肉……我的意思是，我希望仍然能有夫妻生活……"注意这位年轻患者的几个反应，她结结巴巴和小声话语，提示她对这个话题明显比较窘迫。护理人员可以在回答时缓解她的窘迫。护理人员："我了解，您是在担心子宫颈上的息肉会影响您和丈夫的性生活，那让我解释一下宫颈息肉吧，我想这样可以消除你的顾虑。"

让他人感受到真诚的共情至关重要。如果不去关心患者的感受，就使用共情，会显得不太真诚，即使语言是正确的，但非语言部分也会泄露出你没有真正关心他人。没有真正的关心，热情就会降低，会使患者感受到护理人员的表现是虚情假意的，从而失去对护理人员的信任。

名人名言

"在我们的个人生活和职业生活中，经常需要面对人际关系中难以抉择的困难。很多时候，他们不需要更多的信息，当然也不需要判断立场，他们可能也不想要答案或决定，他们需要的是我们的支持和给予他们做出决定的勇气。"

——Marsden

（3）提供支持

1）表达关心、理解、协助的意愿：患者在医院都会产生一定的心理压力。他们会通过观察医护人员的言语、行为甚至面部表情，来猜测、联想自己的病情。如果护士能主动提供关心，表达对患者的理解，并愿意提供协助，则会大大减少患者的恐惧及焦虑，帮助患者增强战胜疾病的信心和勇气。例如：

"你的胳膊现在由绷带固定着，我担心今晚你回家后，一些生活琐事可能无法处理。"（表示关心）

"我非常理解您对于医院取消了您的手术有多生气。"（表示理解）

"如果还有什么我能为你做的事情，请随时告诉我。"（协助意愿）

2）认可患者：认可患者在疾病治疗过程中所付出的努力，鼓励并肯定患者的自我照护能力。例如："我认为，这个伤口的换药，您在家里已经处理得很好了。我今天再教您一些更专业的知识。"

3）建立合作性护患关系：护患之间的关系，不仅是护士提供照护和患者接受治疗，而是双方共同参与治疗的关系。护士在与患者的交流中，可以如此表述："让我们一起努力来战胜疾病吧。我们先看看有哪些治疗方法。"

3. 敏感回应　不同文化背景的人们，对疾病的看法、价值观和信念会存在差异，因此，护士在沟通时需要具备敏感性，即敏锐地发现患者的情绪变化，对不同背景的患者表现出尊重和理解。尤其应谨慎处理可能导致患者尴尬、烦恼的话题。例如："我注意到您刚刚皱了下眉，是否有什么不适，可以告诉我吗？"

（三）鼓励患者参与沟通的技能

1. 分享想法　护患间的相互理解非常重要。护士可以在收集信息时适时进行概括，以及在信息给予中进行核对和理解，不仅能够确保信息的准确性，还可以使护患沟通成为一种互动，直接促进帮助关系。鼓励患者参与到沟通中，而非单方面地传递信息，这样也有利于鼓励患者敞开心扉。

适当与患者分享想法能鼓励患者积极参与照护过程，例如：

护士："我在想，您这只胳膊的疼痛到底是因为肩膀还是脖子引起的。"

护士："有时候很难判断腹痛到底是由于身体疾病还是精神紧张引起的。"

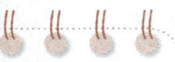

患者："护士，您刚才说腹痛也许是紧张引起的，我想这可能是对的，最近我和我儿子的关系很紧张，我不知道该怎么办。"

这种分享想法的方式，不仅能使患者理解护理人员提问的原因，也有助于挖掘更多患者的信息。护理人员向患者表达自己的看法可以为患者解决问题和作出决定提供一定的依据，不仅有助于丰富患者对自己身体健康状况的认识，也给患者提供了选择治疗方式的思路，护士在帮助患者做出决定的同时，也在一定程度上避免了患者对护理人员的过度依赖，或者由于对护理人员提出的方案不满意而产生误解。

2．解释疾病信息　解释疾病信息可以缓解患者对于自身疾病的不确定性，同时也能使患者更好地理解医护人员安排的检查和操作，避免主观臆断。例如：护理人员在了解一位有胸痛病史的患者时，问："您睡觉的时候垫几个枕头？"这对于患者来说显然完全不着边际。护理人员为什么询问睡眠习惯问题呢？可采取策略性地询问："你晚上躺平的时候会觉得喘不过气来吗？"如果有必要，再紧跟一句："你是不是得垫好几个枕头才觉得好受一些？"这样的清晰提问可以向患者解释疾病信息。

3．检查和操作征求允许　护理人员在实施体格检查和每项护理操作前应征求患者允许，并进行一定的解释。这不仅是一种基本的礼貌，而且还能向患者表明护理人员能敏感地发现他们潜在的困惑，有利于促进护患关系的发展。例如："您好，我是您的责任护士×××，由于……我需要给您做一些检查，这样能够……，可以吗？"

案例 10-5

患者因为胃肠胀气，医生建议进行肠镜检查。患者对此表现得非常害怕，不断询问护理人员："护士小姐，做肠镜会不会把肠子戳穿啊？会不会特别疼……"由于护理人员正忙着处理文书，便简单地回应："不用担心，不会有事的。"这样的回答并未让患者放心，最终，当肠镜进入 40 cm 后，因患者无法耐受而终止。事后，患者因自己的感受与护士的保证不一致，而产生不满。

请回答：
1．该护士的回应存在什么问题？
2．如果你是这位护士，在面对该患者时，可以如何回应？

小　结

有效的护患沟通是高质量护理的关键组成部分，并会对患者的健康结局产生积极影响。本章主要将卡尔加里-剑桥沟通指南结合临床护理实践，从护患沟通的四个过程：如何与患者开启沟通、如何收集信息、如何开展健康教育及如何沟通收尾，进行科学地分析有效沟通的技术，同时，从护患沟通的全程技能切入，明确护士学会管理沟通结构，可以使沟通具有条理性和流畅性，通过概括技术和使用过渡标识可以使沟通结构脉络更清晰；通过逻辑梳理和规划时限等明确沟通流程顺序的策略，可以使沟通结构更完整。护士是沟通的主导者，与患者发展良好的护患关系需强调以患者为中心的照护理念。

思考题

1. 在开始一段新的护患沟通时，哪些策略有助于建立最初的护患关系？
2. 与经典的疾病问诊模式相比，"疾病-患病"信息收集模式具有哪些优势？
3. 请举例说明在护患沟通过程中，有助于协助患者记忆的沟通技巧。
4. 在结束一段交流时，如何避免虎头蛇尾的沟通困境？
5. 患儿，男，2岁，支气管哮喘。入院后，护士遵医嘱准备给患儿静脉采血化验，患儿父亲满脸纠结地对护士说："护士，我家宝宝这么小就抽血，我们实在心疼。他这个病不是第一次了，每次都这样。我知道你们抽血是例行公事，其实对我们没有多大意义。你能不能不抽，我们钱照付，我也愿意签字自动拒绝，你看可以吗？"如果你是责任护士，会如何处理？

（袁晓玲）

第十一章 护理工作中与特殊患者的沟通

 **导学目标**

通过本章内容的学习，学生应能够：

◆ **基本目标**
1. 描述各种特殊疾病患者的特点。
2. 陈述焦虑、抑郁、抱怨、愤怒、烦躁、激动及敌对7种不良情绪的特点。
3. 说明各种特殊疾病患者的需求。
4. 辨别疾病特殊时期患者的需求。
5. 区分不同特殊情绪状态下患者的特点。
6. 针对各种特殊疾病、疾病特殊时期、不同情绪状态下患者的特点进行有效沟通。
7. 综合运用沟通技巧处理不同情绪状态下患者的不良情绪。

◆ **发展目标**
1. 能够与特殊患者建立良好的护患关系。运用沟通技巧，提高各种特殊患者的诊疗护理依从性。
2. 运用所学的护理沟通方法，能够有效协调和处理特殊患者的人际冲突。

临床护理实践中，护理人员的沟通能力直接影响患者的诊断、治疗与康复。护理人员除应遵守沟通的基本原则和规范外，还必须结合临床特殊病情患者的疾病特点及其身心需求，了解常见的沟通问题以及解决方法。

案例 11-1

患者女性，27岁，大学本科，满族，某银行职员，未婚。患者为乙肝病毒携带者，实验室检查：HbsAg（+）、HbeAg（+）、抗HBc（+），家中母亲和一弟弟也是乙肝病毒携带者，入院前已有男朋友。此次为乙型肝炎初次发作，表现为转氨酶升高和黄疸，伴有乏力、食欲下降。患者入院后经相应对症治疗，对病情改善较满意。住院初期患者对疾病的治疗非常配合，男朋友也天天前来探望，并且还会带来一些患者喜欢的食品给患者加强营养，两个人的感情很不错。可是随着住院时间的推移，患者常常愁容满面、不思言语，照顾其生活的母亲也常常流泪，更见不到男朋友前来探望了。经过询问，护士

第十一章 护理工作中与特殊患者的沟通

案例 11-1（续）

了解到，患者男友及其家长由于害怕患者病情的反复会对工作和今后的生活质量及后代产生影响，故提出分手。

请回答：
1. 患者此次患病过程中会出现哪些心理问题？
2. 针对这些问题，护理人员应如何与患者及其男友、家人进行沟通？

第一节 与特殊病情患者的沟通

护士在临床工作中常常会遇到一些特殊病情的患者，如传染病患者、肿瘤患者及精神疾病患者，他们有的病情顽固，难以治愈；有的心情复杂，特别敏感、自卑；而有的不能用语言正常表达与沟通。当护士面对这类患者时，应积极了解患者的特点及个人需求，从而做到有效沟通。此外，护士面对这类特定患者时需付出更多的细心与耐心，同时也必须掌握特定的沟通技巧，针对不同的特殊病情进行相应的沟通，以便更好地为患者服务，做到护患有效配合，从而达到更好的治疗效果。

一、与传染病患者的沟通

传染病是指由病原体，如朊病毒、病毒、衣原体、立克次体、支原体、细菌、真菌、螺旋体和寄生虫感染人体后产生的具有传染性、在一定条件下可造成流行的疾病。因传染病自身的特殊性，传染病患者不但承受着疾病的痛苦，还会因为疾病的特殊性而产生不同程度的心理负担和压力，有多疑、忧虑、恐惧等心理状态。无数事例说明，传染病患者最怕自己的疾病会危及家人和社会，同时也担心因为疾病被家庭和社会所疏远和嫌弃，因此容易出现一系列心理、生理行为的反应。这就需要医护人员具有良好的沟通技巧，帮助患者建立对医护人员的信任感，以自身的知识和经验，通过有效沟通，达到促进传染病患者积极配合治疗的目的，进而取得满意的治疗和康复成效。

（一）传染病患者的特点

1. 多途径传染性 传染病是由病原体感染人体后产生的具有传染性的疾病。传染病的基本特征之一就是具有传染性。传染的途径有：传染性气体、飞沫、尘埃等经呼吸道传播；通过污染的水、食物或蚊虫等经消化道传播；日常生活接触如手、用具、玩具也可传播疾病。此外，有些疾病可通过血液、体液及血制品引起血行传播；有些还可通过虫媒、土壤传播。不同的传染病具有不同的传播途径，传播途径多且病种复杂，这就要求传染科的护士不仅要随时发现病情的变化，还要做好隔离工作。

2. 年龄跨度大 婴儿自出生起即开始接触微生物，随时都有被感染的可能。人的一生中或多或少都被病原体感染过，只是有的表现为病原体被清除或隐性感染状态；有的表现为显性感染或病原携带状态；还有的表现为潜伏性感染。不同的年龄段被感染的疾病谱也有所不同。如麻疹、风疹、流行性脑脊髓膜炎等多见于婴幼儿、儿童等。可见，传染病患者覆盖了所有年龄段的患者，年龄跨度大，由于不同年龄段患者的身心需求、沟通偏好和人际能力不同，所以需护士针对每一位传染病患者进行个性化沟通，从而实现沟通目标。

3. 参与诊疗意识较强 慢性传染病患者的治疗是一个长期、多次、反复的过程，为了取得患者对疾病治疗的配合，充分尊重患者获知病情、获知医疗措施、获知医疗风险等的相关权利，以及在充分了解病情的前提下选择治疗方案的权利，医生往往需要告知患者其病情和治疗方案。传染病患者因为疾病的特殊性，参与诊疗意识较强，这种强参与意识对于护患沟通的影响存在两面性：有利的一面是患者沟通更积极、更容易配合；不利的一面是他们容易自行改变治疗方案，增加护理人员沟通的难度和沟通的工作量。护理人员要有效利用患者的参与意识，提高沟通的效果，更好地帮助患者康复。

> **人文关怀小故事**
>
> **"方舱医院"中的沟通力量**
>
> 在有关方舱医院的一系列新闻报道中，不乏"医患共跳广场舞""大妈帮忙维持方舱秩序"等一系列正能量社会现象，这些均直接或间接地体现了医务人员良好的医学人文素质，在这种特殊时刻，医患沟通所体现出来的效用不言而喻。

4．自卑心理强 传染病患者往往有着矛盾的心态，既怕自己的病传染给亲朋好友，又怕自己受到其他传染病的传染而加重病情，同时，又担心别人因为自己有传染病而疏远自己。在和亲人、同事或朋友的相处过程中，有些人对这类患者有恐惧心理，不敢与他们共进晚餐，对于患者接触过的物品也不敢去触摸，甚至不敢和这类传染病患者说话，所以，患者可能既自卑又孤独，并对治疗失去信心。

（二）传染病患者的需求

1．了解病情的需求 传染病患者最怕的就是传染，既怕自己的病传染给家人、朋友，又怕别人的病传给自己。但由于病种的不同，其传染途径也有所不同，如患者不知传染病的传播途径或病情的程度，会产生恐惧心理，甚至会凭空想象，把自己的病情想得更加严重，并且更加自卑、封闭，甚至拒绝治疗，产生不良的后果。因此，护士告知患者真实病情尤为重要。

2．心理需求 传染病的重要特点是其传染性，因传染病的特殊性而造成患者的心理反应错综复杂、心理压力较大，患者亲友的心理状态也会受到患者的严重影响。首先，传染病患者往往充满忧郁、感到沮丧，过分关注自身身体状况的细微变化而紧张不安，同时，又担心别人因为自己有传染病而疏远自己。其次，传染病患者因住院离开了家庭，身处陌生的环境中，又限制了外出活动，久而久之可能产生悲观绝望的心理。因此，护士在与传染病患者进行沟通过程中了解患者的心理需求很重要。

（三）传染病患者的沟通技巧

1．引导患者之间的联系 传染病患者在住院期间，护士可有意识地安排心情开朗、对自己病情有正确认识的传染病患者主动与其他传染病患者进行交流，患者之间因相同的疾病和相同的经历会有共同语言，相互沟通常常能起到减轻和消除患者心理压力的作用，尤其是传染病患者之间的交流可以消除患者自卑、孤独的心理，使传染病患者有归属感，不用担心交谈者会因为自身有传染病而"歧视"自己，让自己重建信心，从而互相交流，互相鼓励。同时护士给予定期指导，能够使患者正确认识传染病，从而更好地配合治疗。

2．告知患者病情与治疗方案 医患矛盾的加深，往往是医护人员与患者沟通不够，患者及家属对疾病的风险认识不足所致，尤其是传染病患者，对自身的现状、治疗以及康复效果更加关注。护士要充分尊重患者的知情权，及时告知传染病患者及其家属患者所患的疾病、病情发展的程度、有哪些医疗措施可以选择以及各有什么利弊，使传染病患者及其家属做到心中有数，以免遇到问题时，因毫无准备而产生怨恨、怪罪。同时，根据传染病患者的病情、经济能力等，帮助患者制订合理的治疗方案，及时与传染病患者及家属进行沟通。

3. 取得传染病患者的信任 要取得传染病患者的信任，需要护士针对不同的人群采取不同的方式。文化层次较高的传染病患者，生病以后往往会去翻阅书籍，上网查阅资料，或通过网络和病友交流，对每天病情的演变和医嘱的调整非常敏感，沟通中应对医嘱的变动和患者的提问做出合理解释，并适当运用简单易懂的专业术语，必要时告知患者目前此类疾病的国际、国内进展状况，显示医院的专业实力和对疾病的把控能力，取得患者的信任和对疾病治疗的配合；对文化层次较低或缺乏医学常识的患者，在沟通中则尽量少用术语，用通俗易懂、简单明了的语言与患者进行交流，使患者清楚了解自身的病情及治疗措施，以积极配合治疗。

4. 充分理解和关心患者 传染病患者特别是慢性传染病患者，在社会上往往已受到别人的歧视，如果再得不到护士的理解与关心，将会使他们更加悲观。因此，在治疗过程中，护士要充分尊重、理解患者。患者由于心理压力大，不愿与人交谈，故医护人员应主动与患者打招呼，介绍自己的姓名，并记住患者的姓名。基于传染病患者的敏感心理，称呼显得很重要，应避免直呼床号，并对一些具体问题做出合理告知，有针对性地进行交流，消除患者的顾虑，将患者引向正常的交往状态中。护士要运用共情能力，在与患者及家属沟通时，站在患者的立场去考虑问题，拉近护患之间的距离，使传染病患者感到被理解和被关心，以便能够敞开心扉，及时反映自己的病情和想法。

5. 加强健康教育 传染病患者有其特殊性，护士在与其沟通时的健康教育尤为重要。健康教育的对象，不仅是传染病患者，还应该包括患者的亲朋好友。健康教育内容包括疾病的传播途径及防护知识，平日的饮食起居，如何与他人正常相处。当然，护士也要告知患者自己在特定的条件下会构成对他人的传染，在日常生活中对各类传染性疾病的防护要求，应尽量避免与他人共用餐具、牙具、剃须刀等日常生活用品，开导传染病患者正确面对传染隔离的要求，使传染病患者放平心态，理解他人对传染病患者存在的恐惧心理。

> **科研小提示**
>
> 目前针对传染病患者，有许多涉及心理护理的相关研究，可以查阅文献，借鉴心理干预措施与方法。

二、与精神疾病患者的沟通

精神疾病患者是一个特殊的群体，精神科的护患沟通除了具有一般的沟通共性之外，还有一些特殊之处。护理人员在护理中不仅要保障患者的康复，还要保障自己的安全，重点是要时刻注意观察患者的心理动态，精神病患者细微的心理波动就有可能引发一些危险的行为。所以接触精神疾病患者更要讲究沟通的方法与技巧。有研究表明，积极、有效的沟通可以在一定程度上改善精神疾病患者的病情，并且对于精神疾病患者来说也是一种心理的干预过程。

（一）精神疾病患者的特点

1. 精神疾病患者思维混乱，行为严重脱离现实生活 在精神疾病患者的症状中，患者不能区分主观臆想和客观现实，也可以说精神疾病患者的现实检验能力严重受损，往往分不清现实和自己的妄想，如坚信自己就是"皇帝"，是"亿万富翁"，或是把往日的同事、朋友视为敌人，甚至把路人的言行视为在议论自己、在指桑骂槐地斥责自己、在陷害自己等。

2. 社会功能严重受损 精神疾病患者具有严重的心理障碍，患者的认识、情感、意志、动作行为等均可出现持久的、明显的异常；不能正常工作、生活、学习；动作行为也难以被一般人理解；在病态心理的支配下，有自杀或攻击、伤害他人的动作行为。精神病患者在发病时，不能和正常人一样从事正常的工作和生活及各种社会活动，严重时还会妨碍他人的工作和

3. 缺乏自知力 自知力是指患者对其自身精神状态的认识能力，即能否判断自己有病和精神状态是否正常。精神疾病患者在发病时不清楚自己的言语和行为，对自己的症状缺乏认识和判断，不能分辨哪些思维和言行是适当的，哪些是脱离现实、违背事实的，是病态的。精神症状的出现通常不受患者意识的控制，各种异常的"想法"被硬塞进脑中，即使患者努力摆脱，也不能使这些意识消失。患者的精神症状一旦出现，就难以通过转移注意力而使其消失，精神活动的内容与周围客观环境极不相称。

（二）精神疾病患者的需求

1. 精神疾病患者对健康教育的需求 恢复期的精神疾病患者心理变化和心理负担是多方面的，这与患者的知识水平、年龄、性别、职业、社会地位、经济状况、性格、治疗程度以及患者对疾病的态度等有密切的关系。当精神疾病患者处于恢复期时，往往会考虑康复后能否恢复正常智力、原来的学习和工作，以及出院后如何注意相关护理情况，并且精神疾病患者非常担心疾病的复发情况。所以，精神疾病患者对相关健康教育的需求很强烈，护理人员应以多种形式向患者及其家属提供疾病的相关知识，使他们了解精神疾病的特点、注意事项及疾病的预后，进而正确认识精神疾病，改善精神疾病患者的不良心态。

2. 精神疾病患者对生活护理的需求 由于精神疾病的影响，精神疾病患者的行为紊乱，患者不知清洁，甚至不能料理个人卫生，有些精神疾病患者由于受精神症状的影响，常出现拒食、乱食、暴饮暴食等现象。患者在住院期间，大多数时间为无家属陪伴状态。所以对于精神疾病的患者，护理人员应更关注他们的基本生活护理。在住院期间不仅治疗工作由护理人员负责，而且饮食、睡眠、洗漱和娱乐等都需要在护理及督察协助之下完成。

（三）与精神疾病患者沟通的技巧

1. 注重与精神疾病患者家属的沟通 护士需要注重与患者家属的交流，精神疾病患者在诊断、治疗或者康复的初期，其意识和行为活动经常处于不正常的阶段，往往难以获得有效的信息。因此，护士与家属的沟通交流可以对了解患者的病情、生活环境、是否有家族史等有十分重要的帮助。同时，在患者的治疗以及康复护理中，家属也扮演着有重要意义的角色。家属可以成为护理人员与精神疾病患者交流的桥梁，促进患者的康复以及增进护患关系。除此之外，家属参与治疗以及康复护理可以大大降低医疗事故的发生率。

2. 注意与精神疾病患者的语言沟通方式 精神疾病患者具有特殊性，其动作行为和心理活动均可出现持久性的明显异常，所以，护士要特别注意与精神疾病患者沟通时的语言方式。护士要多采用柔和的劝说性语言，避免带有刺激性的言语。精神疾病患者的敏感程度远远高于常人，所以护士说话的语气、语调也要更柔和，避免刺激患者，导致其发生异常危险行为。对待精神疾病患者，在心理方面的转变必须缓缓而治，语言有娓娓道来的感觉，在患者不能察觉的情况下扭转其观点。温和的语言会给患者以安全感，患者如果有安全感和被重视的感觉，会心情愉悦，有坚定生存的信心。护士在回答患者提出的问题时也要提供积极的暗示，尤其是患者对有关病情及治疗护理效果的提问，应避免消极暗示或明确告知负面性的信息，以防患者有绝望的心理和过激的行为。

3. 用心倾听，增进与患者的信任度 与精神疾病患者沟通时要用心倾听。倾听可以使患者倾诉压抑在心中的苦恼，将其内心的感受全部外显。尤其躁狂症患者更喜欢表达自己，有很强的向他人展示自己的愿望，护士要鼓励他们学会用适当的方式表达自己内心的情感，也应通过用心倾听来捕捉有效信息，给予患者安慰和帮助，要言而有信，使患者相信自己，明白护理人员希望他们尽快恢复健康，愿意向护理人员说心里话，从而建立相互信任、轻松愉快的氛围，为进一步治疗做好心理基础。

4. 淡化患者过度不实的行为 精神疾病患者会由于症状的干扰而出现一些越轨行为，可能有粗鄙、性骚扰、大声命令、操纵或破坏性行为。护士需了解其原因，尽量淡化，不要羞辱、指责患者，因为当患者病情得到药物控制并恢复健康时，这些行为就会缓和或者恢复正常。在精神疾病患者出现幽默、夸大的言行时，护理人员应以中立的态度应对，注意转移患者的主题，若此时听其高谈阔论而跟着参与，则容易导致患者更加兴奋。患者有夸大妄想时，不应讥笑或泼冷水，以免引起无意义的争论。

三、与肿瘤患者的沟通

恶性肿瘤是当前危害人类健康的主要疾病之一，在传染病得到基本控制的国家，心脑血管疾病和恶性肿瘤已分别列居死亡原因的第 1 位或第 2 位，随着我国人口老龄化进程的发展，以及工业化的进程加速，恶性肿瘤已成为威胁我国居民健康的主要问题。肿瘤的难治性和严重性使得肿瘤患者容易产生较大的精神压力，甚至出现心理障碍。护患之间的沟通要帮助肿瘤患者克服心理压力和心理障碍。所以，肿瘤患者作为特殊的群体，更需要护士重视满足其生理、心理及社会各方面的需要，以减轻肿瘤患者的身心痛苦，提高其生活质量。因此，与肿瘤患者的沟通越来越受到专业人员的重视。

（一）肿瘤患者的特点

1. 肿瘤患者及其家属对肿瘤的认知水平较低　绝大多数肿瘤患者及其家属不具有肿瘤医学知识。目前尚未完全了解肿瘤疾病的发生发展过程，肿瘤疾病的治疗方法也较为复杂。出于尽快攻克威胁人类健康的肿瘤疾病的愿景，有关肿瘤治疗的研究已成为发展最为迅速的领域之一，涉及多学科的知识。然而，肿瘤患者及其家属很难认知自身的病情及诊治方案。

2. 肿瘤患者及其家属对治疗的期望值过高　由于肿瘤疾病的特点，肿瘤患者在治疗阶段会承受恶性肿瘤诊断和治疗的双重精神压力，自身在承受着疾病的折磨时，更盼望有特效药可以减轻痛苦。恶性肿瘤患者预期生存时间较短，但患者及其家属对诊疗效果的期望值却很高。患者一旦出现疾病反复，就容易引起医疗纠纷。

3. 肿瘤患者"病急乱投医"　众所周知，恶性肿瘤疾病是目前医学上尚待解决的一大难题，患者及其家属往往会陷入"病急乱投医"的状况，这种情况会导致病情的进一步恶化，使治疗过程复杂化，加之媒体及网络的一些不科学的宣传，容易误导肿瘤患者，也是临床上导致肿瘤患者发生误诊误治、延误病情的一个重要原因。

4. 肿瘤患者的心理特点　肿瘤患者在患病期间往往会出现愤怒、忧郁、退缩、恐惧，认为自己的病为不治之症，久治不愈而迁怒他人，不愿意多说话，感到孤独难忍。不同时期的肿瘤患者有不同的心理特点，肿瘤早期主要表现为恐惧、焦虑、精神紧张、情绪不稳，希望能否定恶性肿瘤的诊断。肿瘤治疗阶段主要表现为愤怒、绝望、情绪稳定与悲观厌世想法的出现。肿瘤晚期主要表现为忧郁、恐惧、孤独、消极等待、倒退和依赖。

（二）肿瘤患者的需求

1. 肿瘤患者对疾病知情权的需求　临床调查发现，绝大多数患者及其家属对"病人"这一角色的转换都有一个心理准备过程，特别是恶性肿瘤患者的心理变化非常复杂。临床常见由于家属害怕患者知情后有不利影响，而对患者隐瞒病情，进而导致患者不能主动参与治疗，没有选择权，容易造成误解，甚至引起家庭纠纷或医患纠纷。目前有资料显示，越来越多的患者希望被如实告知病情。同时，临床实践表明，肿瘤患者的知情权对患者的治疗起到了非常重要的作用，它可增加肿瘤患者的治疗依从性，促进护患沟通，从而提高护理满意度。另外，也有利于患者掌握对自己疾病治疗的主动权，并对自己的病情有客观认知，能够主动地处理好相关的社会及家庭事务。

> **知识链接**
>
> **患者知情权**
>
> 《医疗事故处理条例》中规定，医疗机构及其医务人员应当将患者的病情、医疗措施、医疗风险等如实告知患者，及时解答其咨询的问题；但是，应当避免对患者产生不利后果。在中国传统文化背景下，基于医学伦理，医护人员对患者疾病的告知，需要视患者的心理承受情况而定，但必须如实详细地告知患者家属，如果家属不希望告知患者，医护人员应该尊重家属的意见。

2. 肿瘤患者对心理护理的需求 伴随着肿瘤疾病的进展、复发，患者要不断忍受治疗带来的痛苦，如手术所带来的器官缺失、生理功能异常；化疗、放疗后食欲下降、自我形象紊乱、造血功能下降等，并且随着病情的恶化、肿瘤复发、化疗效果不良等的相继出现，少数患者易陷入抑郁、绝望而拒绝与医护人员配合。所以，肿瘤患者的心理呵护需求更高。

（三）与肿瘤患者的沟通技巧

1. 肿瘤患者不同时期的沟通技巧 肿瘤患者在早期阶段，护士应主动发挥对肿瘤患者的咨询和支持作用，多给予理解和照顾，并注意保护肿瘤患者的隐私。肿瘤患者在治疗阶段，护士应主要采用疏导方式消除患者的恐惧心理，增强其战胜疾病的信心，认真做好解释工作，使肿瘤患者理解治疗的作用、简要步骤、可能出现的副作用和需要配合的事项。鼓励患者适时恢复部分工作，可使患者体会到自身的价值及在社会中的作用，从而重新振奋。肿瘤患者在晚期阶段，护理要更注重保持患者的尊严，重视患者的微小愿望，尽可能满足患者的生理、心理和社会需要；应多给予关心，注意防止发生意外。

2. 告知肿瘤患者病情的技巧 护理人员应寻求恰当时机，使患者获得疾病知情权，使患者、家属、医护之间能够更好地沟通配合，消除误解，使患者能更积极地参与治疗。向肿瘤患者告知病情时应根据患者的心理承受能力、性格、受教育程度、应对方式、病情轻重、对肿瘤的认识等具体情况加以区别对待，审慎灵活地选择时机和方式，运用语言技巧，如把"效果差"说成"不够满意"，把"无法治疗"说成"好得慢些"。对那些心理承受能力强、性格开朗、病情较轻的肿瘤患者，可以直截了当地告之病情；对那些心理承受能力较差、性格内向、病情严重的患者，应注意由轻到重地逐步将信息传递给患者，给予其足够的时间使其接受罹患肿瘤这一事实。

3. 引导肿瘤患者科学认识疾病 肿瘤患者的许多消极心理反应均来自于"肿瘤是绝症""罹患肿瘤等于死亡"的片面认识，因此，护士应当加强对肿瘤科普知识的宣传教育及健康教育，帮助患者建立对肿瘤的正确认识。向患者宣传肿瘤治疗的知识，以及先进的治疗方法，介绍治疗效果好的病例，使患者有积极治疗的期望，以最好的心态对抗肿瘤，树立战胜疾病的信心。另外，有些肿瘤患者在治疗期间会对一些治疗检查心存疑虑，护理人员应及时与患者沟通，给予患者指导，如放疗时的注意事项、康复护理等情况，使患者消除疑虑，积极应对。护士在与肿瘤患者沟通时要使其相信，只要早发现、早诊断、早治疗，保持乐观的心态，肿瘤是可以战胜的，要使患者明白，即使不能痊愈，也可长期带肿瘤生存。

4. 治疗过程中及时沟通 肿瘤患者及其家属较为突出的心理特点是对治疗效果的担忧。肿瘤患者治疗周期长、病情变化快，治疗方法随着病情的变化需要不断进行调整，这就要求医护人员保持与患者及其家属的密切、及时沟通，尤其是当治疗方案调整时，将患者的病情、治疗方案、医疗风险、医疗费用、预后以及它们之间的相互关系与家属进行全面、仔细的沟通，尊重家属意愿，并取得家属的认可。护患沟通时必须要有诚信、同情心和耐心，尊重患者，关注患者的情绪状态、沟通感受,避免强求其实时接受事实,避免用刺激性语言,避免使用患者听不懂的专业术语,采取以预防问题发生为主的针对性沟通,用言行影响患者,取得患者的信任,以达到良好的治疗效果。

5. 提供人性化的服务

(1) 在医疗条件允许的情况下,尽量满足患者的合理要求,给患者家属充分的陪护时间,做好患者的心理护理。同时,护理人员应理解患者因患病而产生的身心痛苦,了解患者愤怒的原因,对患者遇到的困难予以解决,满足患者合理的需要,减轻患者愤怒的情绪,使患者身心恢复平衡,尽可能按照肿瘤患者的特点提供人性化的服务。

(2) "以患者为中心",护士除了要有敬业精神外,还要学会换位思考,增强全方位服务的意识,正确认识患者对护理服务的需求,满足患者的心身需要,使其树立战胜疾病的信心。

随堂测 11-1

第二节　与疾病特殊时期患者的沟通

护患沟通是护理工作中的一个重要环节,良好的护患沟通可以使护士了解更多有关患者的情况,满足患者心理、生理、精神等多方面的需要,促进患者康复。处于疾病特殊时期的患者,除了有躯体上的不适外,心理上和精神上也面临着创伤和应激失调。了解患者的躯体及心理情况,促进护患沟通,有助于处于特殊时期的患者就医,创造良好的护患关系,营造优良的治疗环境,对增强患者的自信心、安全感,提高患者的生存和生活质量至关重要。

> **案例 11-2**
>
> 急诊室护士接到电话通知,有一位眼外伤的患者急诊入院,护士做好了一切准备工作迎接患者入院。患者表情痛苦,畏光流泪,诉不能视物。此时,护士面带笑容地对患者家属说:"请不要着急,我马上通知医生为患者检查。"说完不慌不忙地走了出去。
>
> 请回答:
> 1. 指出护士在接诊过程中肢体语言的不妥之处。
> 2. 护士采取这样的接诊方式会造成什么后果?
> 3. 假如你是值班护士,面对这个案例你将如何处理?

一、与急诊患者的沟通

急诊患者大多数是急性病、慢性病急性发作、外伤、急性中毒、急腹症、高热等急危重症患者,患者或陪送人员多因病情重、医院环境陌生而心烦意乱,如何尽快了解患者的心理状况和所需的信息,减轻患者身心痛苦,缓解矛盾,对提高抢救成功率、减少护患纠纷具有十分重要的意义。

(一) 急诊患者的特点

1. 焦急和期盼救治　急诊疾病往往见于意外事故、突发疾病或慢性病急性发作,如车祸、火灾、溺水、急性心肌梗死、急性脑血管意外等。发病急、病情重、变化快、病势险恶,患者和家属缺乏思想准备,对疾病的预后不明确,患者可能处于死亡的威胁中,往往会产生焦急的心理和强烈的求生欲望。他们希望医护人员不仅要具备高超的医疗技能,及时为他们解除躯体上的痛苦,而且希望医护人员以良好的服务态度和行为来表达对他们的真诚关心,并且提供快速有效的救治。

2. 疼痛和不适 无论是意外事故还是突发疾病，对机体组织的损伤都不可避免。伤口疼痛和器官病变除可直接引起患者痛苦，影响患者休息、睡眠和饮食外，还会影响一些器官的正常生理功能，使患者感到不适。

3. 不良情绪明显 有的急诊患者由于自己的过失造成身体的伤害或伤残，他们往往悔恨交加，十分懊恼，情绪低落，呈抑郁状态。慢性病的急性发作和服毒患者，由于对疾病的绝望及对生活失去信心，从而产生悲观厌世心理，表现为不与医护人员合作，拒绝各种治疗和护理。有些患者因为疾病的意外打击，表现为表情淡漠，情绪极度低落，沉默寡言，对周围刺激无反应，不愿被别人打扰，甚至产生绝望、轻生行为。

（二）急诊患者的需求

1. 抢救及时、有效 急诊患者大多是急危重症患者，抢救工作必须争分夺秒，这就使得急诊医护人员时刻处于一种紧张的待命状态。为了做好急诊救治工作，特别是突发事件中成批患者的救治工作，急诊医护人员需要具有快速的反应、应急应变能力，工作紧张而有序。疑难危重患者的抢救和治疗需要多科室的协作，各科室之间要密切而有效地配合，确保抢救及时、有效。

2. 消除焦虑、紧张心理 护士接诊时，应积极主动地观察患者的病情，同时了解其心理状态，使患者尽快适应急诊环境，放下思想包袱，以积极的心态接受治疗。抢救工作要做到忙而不乱，有条不紊，医护人员要在患者面前沉着、冷静，动作敏捷到位，以消除患者焦虑、紧张的心理。

3. 患者及家属的心理疏导 尊重和理解患者，使患者倾诉苦衷，解除紧张和焦虑情绪，使其从烦躁易怒、消极悲伤的痛苦中解脱出来，积极配合治疗。急诊患者大多病情严重，家属常表现为惊恐，不知所措，烦躁不安。护士在抢救患者的同时，要重视患者家属的心理需求，给予适当的安慰和必要的心理疏导，使其积极配合医护人员，保证抢救工作的顺利进行。

（三）与急诊患者的沟通技巧

1. 理解、宽慰患者及家属 有些患者因突发疾病或病情恶化，预后不佳，常常不能接受事实，乱发脾气，不接受护理和治疗。对此，护士应给予充分的理解，尽可能保持自身平和的心态，稳定患者的情绪，并用娴熟的操作技术和严谨的工作作风给患者以心理暗示，使其有被支持、鼓励和依靠的感觉，进而感到护士可信、可靠，从而获得安全感。如遇到患者失去理智、情绪难以自控，护士应控制情绪，绝不可与其争吵导致激发矛盾，应待其情绪基本稳定后，再进行耐心、细致的解释。同时，护士还应向患者家属或其亲友说明情况，与医护人员合作，共同帮助患者渡过难关。

2. 通过及时救治赢得信任 由于急诊患者病情的危重性、突发性、紧迫性，患者及家属往往心情急切，希望立刻得到救治。医护人员应积极果断，分秒必争，迅速投入急救工作中。在询问病情、查体和安排相关检查时，尽可能迅速、准确。医护人员紧张而有序地实施各项救治措施，才能满足患者急诊的迫切需要，及时挽救患者的生命，赢得患者及家属的信任和尊重。

3. 及时交代病情，避免纠纷发生 急诊科是医患矛盾较为突出和尖锐的场所，因而医护人员要充分认识到急诊工作中潜在的纠纷和法律问题，提高执行各项规章制度的自觉性，要以高度的责任心投入工作。工作中的语言和表情要得当，要采用恰当的语言，以认真的态度及时向患者家属交代病情的变化情况和治疗方案，取得患者家属的理解和配合。同时，要及时、如实地记录抢救经过和措施。注意尊重患者的知情权和选择权，对于重要的检查治疗和危重病情的交代，不仅要有书面记录，而且要有患者或家属的签字。

4. 讲究沟通艺术，注重人文关怀 急诊护理服务除了要做到更快、更有效，还要求能更舒适、更人性化。在患者病情严重或处于危重状态时，护士与患者的沟通应尽量缩短时间，以免增加患者负担。提问以封闭式问题为宜，或更多地使用非语言的方式进行沟通。护士应表现出愿意与患者接触、愿意提供帮助，对患者的情感、需求、行为和态度也应关注，使患者感到被尊重、被关心和被重视。对意识障碍的患者，护士可以尝试以同样的语调重复同一句话，以观察患者的反应。对昏迷患者可以根据具体情况增加刺激，如触摸患者、与患者交谈，以观察患者是否有反应。对重症绝望的患者，医护人员要耐心疏导，用自己的言行去感化患者，理解、尊重患者，做好心理护理，消除其心理负担，促进患者早日康复。对意外死亡患者的家属，医护人员要用亲切的语言和温和的态度去关心帮助他们，使其感受到被理解和关怀，从而更好地度过居丧期。

> **知识拓展**
>
> **急诊护理人文关怀标准**
>
> 2000年美国阿克伦通用医疗中心的Kipp结合急诊特点，制定了以患者为中心和以团队为中心的急诊护理人文关怀标准，包括分诊时、治疗前、治疗中、当被问及药物或有关治疗问题时、患者入院和出院时等护理服务各个环节的关怀标准：
> (1) 护理人员能与患者、家属、医生及医院其他服务人员及部门进行有效的沟通和交流。
> (2) 护理人员应表现出礼貌周到、尊重和细心。
> (3) 护理人员能促进患者的安全和舒适。
> (4) 护理人员关怀的对象应扩展到包括患者、家属、医护人员、医院其他工作者甚至每个人。

二、与临终患者的沟通

人体因各系统和器官生理功能减退、衰老，达到不可逆转的程度，或因疾病的严重程度已经达到不可治愈，距离生命过程的结束预期少于6个月，一般称为"临终"。临终也是生活，是一种特殊类型的生活，正确认识和尊重临终患者最后生活的价值，提高临终患者的生活质量，是每位医护人员崇高的使命。

（一）临终患者的特点

临终患者的心理状态极为复杂，美国死亡学研究的开拓者之一库布勒·罗斯在《死亡与临终》一书中，将大多数面临死亡的患者的心理活动变化分为五个阶段。

1. 否认期 否认是防止精神受伤的一种自我防御机制。临终患者往往不愿承认自己病情的严重性，对可能发生的严重后果缺乏思想准备，总希望有奇迹出现以挽救死亡。有的患者不但否认自己病情恶化的事实，而且还谈论病愈后的设想和打算。也有的患者怕家人悲痛，故意保持欢快和不在乎的状态，以掩饰内心的极度痛苦。

2. 愤怒期 临终患者度过了否认期，知道生命岌岌可危了，但又心有不甘，往往埋怨自己的命运不好，为什么这种疾病会落在自己身上，表现出悲愤、烦躁、拒绝治疗，甚至敌视周围的人，或是通过家属和医护人员出气，借此发泄自己对疾病的反抗情绪，这是患者失助、自怜心的表现。

3. 妥协期 临终患者接受了现实，由愤怒转为妥协，不再怨恨而是乞求家人和医护人员想尽一切办法挽救其生命，幻想出现奇迹，此时患者心理状态较为平静、安详、友善，沉默不语，能顺从地接受治疗，要求生理上得到舒适、周到的护理，希望能延长生命。

4. 忧郁期 随着病情的进一步恶化，当临终患者意识到自己将会永远失去其所热爱的生活、家庭、工作及宝贵的生命时，会产生巨大的失落感，表现出极度悲伤，出现全身衰竭、表情淡漠、心情忧郁，或暗自流泪，或沉默无语，尤其当知道同种疾病的患者死去时，会加剧其思想压力。有的急于安排后事，留下自己的遗言，希望多见些亲戚朋友，得到更多人的同情和关心。

5．接受期　接受现实是临终患者的最后阶段，患者深知病情加重，将面临死亡，对死亡有了充分的心理准备，显得很平静、安详，不心灰意冷，更不会抱怨命运，对死亡已做好充分准备，似乎需要时间独自思考和回忆往事。有的患者在临终前因疼痛难忍而希望快些死亡，有的患者病情虽很严重，意识却十分清醒，表现出留恋人世，不愿离去。

知识链接

中医文化与"临终关怀"

中医文化汲取了传统文化中儒家、道家、佛家的思想精髓，其中蕴含着丰富的伦理思想，并富有中国特色，为我国推进临终关怀发展起到了伦理关照的作用。中医伦理思想中"万物悉备，莫贵于人"的生命观和"内存仁心，善待病家"的道德观对临终关怀的启示在于生命神圣与生命价值的统一；"顺应自然，过犹不及"和"阴阳自和，因势利导"的自然观提示了顺应自然规律、通过自然疗法代替过度医疗，减缓临终患者的痛苦，提高临终生命的舒适感；"形神一体，身心兼治"的整体观和"病同人异，因人制宜"的辨证观要求对于临终患者及其家属要身心兼顾，给予家属照顾和情感支持，减轻其照护压力和哀伤情绪，并且针对不同临终阶段、年龄、心理状态等因素因人而异地给予临终患者个性化呵护。

（二）临终患者的需求

1．舒适、安全的环境　临终关怀的目标已由以治疗为主转为以对症处理和护理照顾为主。护士最需要提供给患者的是身体舒适、控制疼痛、生活护理和心理支持。因此，护士应态度和蔼、细心观察、精心护理、尽职尽责，及时给予患者心理援助和疏导。同时，要尽力满足患者的生理需要，给予精心照护，帮助患者做好基础护理，减少其身体的痛苦，促进舒适。

2．坦诚、开放的态度　在与临终患者沟通前，护士自身必须有正确的死亡观，能够自然而平静地谈论死亡，倾听患者所要表达的愿望，鼓励患者坦诚地说出其内心的真实感受，协助解析其潜在的担心和焦虑，分析晚期患者的问题和需要，当患者不愿谈论死亡时，临终关怀工作人员不能执意坚持，要谨慎权衡患者的接受程度，适时进行。

3．维护个人尊严　患者虽然处于临终阶段，但个人尊严并不应该因生命活力降低而被忽视，个人权利也不可因身体衰竭而被剥夺。医护人员应维护和支持其个人权利，如保留个人隐私和自己的生活方式、参与医疗护理方案的制订等，协助患者安详、有尊严地离开人世，使患者家属得到安慰。

4．获得家属的支持　临终患者往往会出现害怕被人冷漠和抛弃的孤独感，他们希望子女、配偶陪在身边，给予其力量、亲情。护士应重视患者的愿望，允许和鼓励亲友多探视，使患者同亲人一起度过不可多得的时光。家属或亲友的陪伴，不仅能够满足患者对亲情的需要，减少患者内心的不安，消除孤独感，减轻对死亡的恐惧感，还能够与患者进行有效的沟通，协助临终关怀工作人员和医生获得真实、可靠、全面的患者资料，以便于医护人员为患者提供更有效的医疗护理措施。

5．疏导家属的悲伤　临终患者最难忍受的是孤独，最难割舍的是与亲人的感情。家属不

第十一章 护理工作中与特殊患者的沟通

但经受着感情上的痛苦折磨，还要承受夜以继日照料患者的劳累，有时会抱怨医疗效果不佳、护理不当。护士应理解患者家属的心情，主动进行劝慰，帮助患者家属解除因患者即将死亡造成的忧郁，使其积极配合护士的工作，共同做好临终患者的安宁疗护。

（三）与临终患者的沟通技巧

1. 充分理解患者，减轻其心理压力 临终患者最大的压力莫过于心理上的，所以与临终患者沟通的首要原则就是减轻和缓解患者的心理压力，这样才可能很好地和患者进行沟通与交流。理解是与临终患者沟通的必要前提，护士要充分理解临终患者，不能因为其即将离开人世而忽略、远离甚至漠视患者，准确评估患者对死亡的理解，根据患者所处的不同心理阶段，采取不同的沟通技巧。

（1）否认期：面对该阶段的患者，护士不要急于告知患者实情，应根据患者的接受能力和心理准备情况选择合适的时间、场合和方式告知其病情。面对患者的疑问，护士应温和、认真地回答，并与其他医护人员及患者家属保持一致。

（2）愤怒期：愤怒是患者的一种健康的适应性反应，护士在沟通时要忍让、宽容患者的一切粗暴言辞，表达自己对患者的理解和同情。在这个阶段，护士应主动提供时间和空间使患者表达害怕、恐惧的心理和对愤怒的发泄，应给予关心、陪伴和心理疏导。

（3）妥协期：处在这一阶段的患者能够很好地与医护人员合作，配合治疗。护士应主动关心、安慰患者，让患者认识到接受治疗的意义。在交谈中还应鼓励患者说出内心真实的感受，尽可能满足患者提出的各种合理要求，并给予真诚的帮助。

（4）忧郁期：此时患者的忧郁和沉默会对沟通产生消极影响，护士要注意不必打断患者的沉默，也不要机械地破坏这种沉默。忠实的倾听是这一阶段最好的沟通方法。护士和患者家属要多陪伴在患者身边，给予心理安慰，缓解患者的悲伤情绪，注意防范患者的自杀心理倾向。

（5）接受期：此期患者做好了一切准备去迎接死亡，护士应尊重患者，不要强迫与其交谈，给临终患者提供一个相对安静的独处空间，减少外界的干扰。同时，应尽可能帮助患者完成未了的心愿，不让患者留有很多遗憾。

2. 选择合适的沟通时机 临终患者常常既要受到病理性疾病引起的各种症状的困扰，还会受到因死亡而引起的各种心理变化的影响。在这种情况下，沟通的时机显得相当重要。护士不能仅仅从个人工作的便利和个人的情绪状态出发，主观想象或猜测，随意安排时间与患者进行沟通，而是要根据患者的生理状况、心理感受、习惯、喜好及承受能力，找准时机，选择患者最乐于接受和最需要的时间进行沟通。

3. 采用恰当的沟通方式 在与临终患者的沟通过程中，方法是至关重要的。对各种不同情况的患者，在不同的时机应采用不同的方法，才可能取得良好的沟通效果，并对患者的心理起到稳定和慰藉的作用。护士与临终患者沟通时，除了常用的口头语言、书面语言和体态语言方式外，还可以应用视觉沟通、触觉沟通以及倾听等特殊沟通方式。如关爱的眼神可使患者感到愉快，鼓励的眼神可使患者感到振奋，安详的眼神则可使临终患者获得安慰。触摸是一种无声的语言，是与临终患者沟通的一种特殊而有效的方式。护士坐在患者床旁，握住患者的手或者给予轻轻的抚摸，耐心倾听对方诉说，通过皮肤的接触满足患者心理的需求，向患者表达理解和关爱。

4. 与临终患者家属的沟通 临终关怀护理中，家属是护理服务对象之一。朝夕相处的亲人突然患病直到临终，家属的心情是十分复杂的，常常会出现难以克制的行为，他们会表现得十分痛苦，精神不振、情绪低落、意志消沉。患者家属的这些消极情绪会影响患者，给患者造成很大的心理压力，以至于会形成不良情绪的恶性循环。所以在与临终患者沟通的同时，护士还应注意做好患者家属的思想工作，给予家属同情、关怀与帮助，说明家属对患者的影响，帮助他们正确地认识死亡，有效地缓解心理压力。

5. 提高临终生活质量 死亡是每个人不可避免的，面对即将到来的严酷悲惨事实，患者把它看作是对精神和肉体上的痛苦解脱方式。护士应认真做好基础护理，每天坚持做到勤翻身、勤擦洗、勤整理、勤更换，积极预防压疮、坠积性肺炎和泌尿系统的感染等。特别注意对各种"管道"的护理，保持其通畅并定期消毒，防止感染等并发症。弥留之际的患者已无食欲，医护人员应以不增加患者的痛苦为原则，如不强迫患者吃东西，不坚持有创性操作，通过认真且及时的基础护理，增加其舒适感，提高临终患者的生活质量。

6. 维护患者的尊严 护士要尽可能地使临终患者了解自己的病情和进展，协助患者安详、平静、干净、整洁、有尊严地离开人世，使患者家属得到安慰。因此，当生命走到尽头的时候，护士应尽可能地按照临终患者意愿，维护临终者的尊严。有的患者来不及等到亲属到来就离开人世，护士要代替其亲人接受并保存好遗物，或记录遗言。

> **整合小提示**
>
> 临终关怀照护涉及医学、护理学、社会学、伦理学、心理学、宗教学、政治学、法学、管理学等多学科，作为护理人员，要拓展多学科知识，才能实施"临终关怀"的人文内涵。

第三节 与特殊情绪患者的沟通

疾病会给患者带来困难和挫折，护士在与患者的沟通过程中经常会遇到许多意想不到的特殊情况，如患者常会出现焦虑、抑郁、抱怨、愤怒、烦躁、激动甚至敌对等不良情绪，以致严重影响与他人的正常交流。护士应针对特殊情绪患者的心理特征，正确运用灵活的沟通技能进行有效沟通，从而与患者建立和发展良好的护患关系，更好地为患者服务，促进其健康。

一、特殊情绪患者的特征

（一）焦虑情绪患者的特征

焦虑是个体面临一种模糊的非特异性威胁而又不知所措的不愉快体验。焦虑普遍存在于人们的日常生活中，是一种保护性反应。当患者的健康和正常生活受到威胁时，自然的反应就是焦虑。

1. 焦虑情绪患者的特征 焦虑是临床患者最常见的情绪反应，主要表现在对未来的莫名担忧，唯恐受挫。适度的焦虑可以提高人体的兴奋性、记忆功能，有益于个体适应变化，但重度焦虑则会对身心健康造成不良影响，主要表现在对环境的关注和反应能力下降，同时可引起躯体症状，如心悸、出汗、口干、肠道功能紊乱、睡眠紊乱等，严重时可因伴发功能失调和障碍而使患者产生恐慌。

2. 焦虑分类 引起患者焦虑的原因多种多样，有学者根据不同原因将焦虑分为以下几类。

（1）期待性焦虑：面临即将发生但又未能确定的重大事件的不安反应。如未明确诊断、初次住院、等待手术、疗效不显著、担心失去事业、失去生活能力、失去家庭等。

（2）分离性焦虑：患者住院后与自己所熟悉的环境或心爱的人分离，便会产生分离感而伴随情绪反应，特别是依赖性较强的儿童和老年人容易产生分离性焦虑。

（3）阉割性焦虑：自我完整性受到破坏或威胁时所产生的心理反应。常见于手术切除某脏器或肢体的患者，有些患者甚至将抽血、引流等诊疗检查也视为对躯体完整性的破坏。

（二）抑郁情绪患者的特征

抑郁是一种消极的情绪反应，其发生与现实或预期的丧失有关，如丧失健康、家庭、工作、前途、经济收入等。正常人也经常以温和的方式体验这种情绪状态。抑郁的典型特征是情绪低落、反应迟钝、说话慢、动作慢、注意力不集中等。多见于身患重病、长期受疼痛折磨或久病不愈的患者。主要表现为轻重不等的消极压抑、抑郁寡欢、心境低落、悲观失望、自我评价降低、孤僻少语，严重者悲观绝望，有轻生意向和自杀行为。生理方面可伴有食欲和性欲减低、睡眠减少、自主神经功能紊乱。抑郁者总是想到事物的消极面，常因为一些小事而自责自罪，感到孤立无助。

（三）抱怨情绪患者的特征

抱怨是一种不满情绪的表达，抱怨情绪在初期不容易被有效鉴别与控制，容易诱发患者产生愤怒情绪，进而造成护患关系的巨大裂痕。

抱怨患者多因为各种原因的不满而不停地发牢骚，不愿正面面对问题，处于极度激动状态时，甚至会怒气冲冲，横眉冷对。实际上，抱怨的实质是对医院工作信息的反馈，对医疗质量有一定的促进作用，但抱怨之所以会让人们反感、回避、拒斥，是因为患者抱怨的方式（时间、表情、用语、动作）很容易让人产生负面情绪，同时患者的负面情绪也可传递给周围人员。

> **知识拓展**
>
> ### 如何有效地表达歉意——SORRY 法
>
> Speedy——及时，要向患者及时表达歉意，拖延会引发双方关系的破裂。
>
> Open——坦诚，诚恳的态度是表达歉意的基础，没有人会接受不真诚的道歉。
>
> Relevant——易懂，要使用简明的语言，不要过多使用术语，否则对方会有被耍弄的感觉。
>
> Responsive——充满建设性，要提出建设性的改进措施，尽量减少伤害。
>
> Yours——敢于承担责任，推卸责任解决不了任何问题。

（四）愤怒情绪患者的特征

愤怒是客观事物不符合个人需要或阻碍个人需要的满足而引起的不愉快体验。患者的愤怒情绪不仅会降低其对治疗护理的配合及医务人员的信任，影响疾病的治疗，而且容易加深医患矛盾，引起医疗纠纷，严重损害医院和医务人员的形象。

1. 愤怒情绪患者的特征 愤怒指个体因追求目标愿望受阻而出现的一种负面情绪反应，多见于患者患病的初始阶段、疾病迁延不愈、治疗和康复受阻时。愤怒情绪的患者易出现焦躁烦恼、敌意仇恨、自制力下降、容易激惹、行为失控等表现。

2. 患者愤怒的原因

（1）疾病知识缺乏，对检查治疗不理解。

（2）患病心情低落、情绪暴躁，容易无理取闹。

（3）对治疗结果期望值过高或认为费用不合理。

（4）对医务人员服务态度不满意，觉得未能及时满足要求，没有受到重视。

（五）烦躁情绪患者的特征

烦躁是心中烦闷不安，急躁易怒，甚至手足动作及行为举止躁动的一种情绪体验。这种情绪体验主要指示将来某种威胁或危机即将到来或立刻就要产生的感觉。患者由于身患疾病或病情迁延不愈，不仅身体上陷于危机状态，精神上也承受着很大压力。在治疗护理过程中所承受的种种痛苦体验如活动受限制、创伤性导管的刺激、疼痛以及医院环境和管理制度等因素，都可导致患者烦躁情绪的出现。

烦躁患者多具有内向性及不固定性，因注意力分散，多表现为小动作增多，好东张西望，坐立不安，甚至搓手顿足，撕扯衣物，容易激惹，对外界事物缺乏兴趣，常伴有躯体不适感。患者的内向体验为害怕，如胆战心惊、七上八下，有些患者甚至会感到有一种死到临头或立刻要虚脱、昏倒的感觉。

（六）激动情绪患者的特征

易激动的患者情绪较为不稳定，对周围的事物要求高，或者对治疗（检查）结果无法接受，稍有不满就会发脾气，与人争吵甚至发怒、指责他人。护理工作中会经常遇到这样的患者，对护理工作提出各种各样的要求，一旦不能满足就可能发脾气，甚至做出过激行为，如大喊大叫、拒绝治疗、拔掉输液管、破坏治疗护理仪器等。

（七）敌对情绪患者的特征

敌对情绪是一种心理缺陷，主要是指与他人心理不相容而敌视、对抗他人的消极心态，是处于攻击行为的潜在心理状态。

敌对情绪的产生主要是由于自尊低下、自我概念不良者感受到强烈不信任感和孤独感而引起的情绪体验。其目的在于从心理上给他人造成有害结果，使对方蒙受痛苦和不快。引发患者敌对情绪的原因有两个方面：一方面是因患者疾病本身的病理性反应，如某些身心疾病可导致患者情绪容易激惹，脾气暴躁等；另一方面是患者对医疗技术、医疗服务、医疗环境及医疗服务收费等不满意。

二、与特殊情绪患者的沟通技巧

（一）与焦虑情绪患者的沟通技巧

1. 正确判断患者的焦虑状况　帮助患者描述自己的感受并尝试分析和确定患者发生焦虑的原因。细致观察患者焦虑的体征和症状，判断其焦虑发生的轻重程度。

2. 认真倾听患者诉说　真诚地帮助患者，努力理解患者的感受。当患者因焦虑抱怨或发怒时，护士应避免紧张和对抗，应认真、积极地倾听患者的诉说，安抚患者，指导患者学会放松训练。

3. 正确运用沟通技巧　护士在病房要学会营造良好的关怀氛围，在患者入院时主动向其介绍病区环境和病友，减少其陌生感和孤独感。与患者沟通时，适当放慢讲话语速，内容表达简明扼要，避免生硬的话语，如"振作起来"或"你明天就会感到好一些了"。

4. 引导患者应对压力　分析患者发生焦虑的原因，引导患者描述其解决焦虑的方式，以正确评估患者的支持系统和先前的应对机制，不断调整护理干预措施。给予患者情绪支持和行为指导，分担患者的焦虑恐惧，减轻其焦虑症状。

（二）与抑郁情绪患者的沟通技巧

对情绪抑郁的患者，护士应以亲切和蔼的态度及实际行动关爱患者。

1. 态度热情真诚　与患者初次见面时，以热情、真诚、友善、尊重的态度接待患者，恰当地使用非语言沟通方式，如身体微微前倾、面带微笑、拍拍肩膀，必要时触摸患者，表达对患者的关心、体贴和安慰等，与患者建立良好的护患关系。

2. 语言简洁明了　与抑郁患者沟通时，语言应清晰、简洁、明了，语速宜慢，多重复几次，让患者听清楚，并及时给予回应。谈话中多倾听，讲话勿过多、过快，勿过大声或过急，不要催促患者回答，让患者感到有安全感。

3. 减轻患者压力　当抑郁患者沉默不语、独居一处时，护士可默默地陪伴患者，并引导、鼓励其说出内心的感受，护士可轻声地告诉患者："我看到你一个人坐在这里很久了，好像心情很沉重的样子，你愿意告诉我你在想什么吗？"鼓励并协助患者谈论其想法和感觉，使其感到被重视，提高自我价值感。当患者抑郁症状严重时，应以支持、安慰为主，避免过多鼓励，尤其避免要求患者依靠自己的力量战胜疾病，也不鼓励患者在此时做出任何重大的生活决策。

4．关注重度患者 护士应注意观察抑郁患者的症状，正确评估患者的抑郁程度。重点关注严重抑郁状态的患者，此类患者多表现为动力水平低，对日常活动缺乏兴趣，护士要密切关注患者任何自杀的想法或行为，一旦发现，立即给予干预，并对患者做进一步的专业评估和治疗。

（三）与抱怨情绪患者的沟通技巧

抱怨易使人产生负面情绪，人的本性使人不喜欢去直视苦相，倾听牢骚。但是作为一名医护人员，必须要学会正确处理抱怨。

1．稳定患者情绪 面对抱怨患者时，医护人员首先要管理好自己的情绪，保持冷静，以静制动、以冷制热。因为稳定情绪，保持心理平静，是有效处理患者抱怨的前提条件。

2．向患者道歉 如引起患者抱怨的责任在医院，医护人员应该诚挚地、及时地向患者致歉或者表达感谢，一方面可以让患者感觉被重视，获得情感上的补偿；另一方面可以让医护人员知道自己工作中存在的不足，有利于医院建设和提升服务品质。但要做到真正有效的道歉，要把握三个要素：承认错误、表达遗憾及表明愿意负责任的态度。

3．分析事件的严重性 通过倾听患者的抱怨，将问题的症结弄清楚，判断问题的严重程度，便于采取相应的对策。

4．了解患者抱怨的期望 如患者抱怨的目的是什么、有什么期望，在提出解决方案前要进行详细了解，充分考虑清楚。

（四）与愤怒情绪患者的沟通技巧

良好的护患沟通可使患者及家属较快地摆脱愤怒情绪，既能进一步配合治疗及护理，又能保证护士的安全。因此，护士要做好与处于愤怒情绪患者的沟通。

1．沟通开始阶段

（1）初步稳定患者（家属）情绪：找一个有利于沟通的环境，如安静、舒适的办公室或会议室；用积极的态度肯定患者的问题，并表示会立即为其处理。

（2）做好自我保护措施：注意沟通环境中可能造成伤害性的物件，如刀具、玻璃器具等；用固定、不能移动的凳子，护理人员靠门边入座。

（3）引导患者（家属）发泄不满情绪，寻找其愤怒原因：根据愤怒原因和对患者（家属）性格特征的初步了解选择应用技巧，缓解护患的对立情绪。①转移法：主动关心患者，询问患者一些高兴的事情，把患者从愤怒点上转移开；②控制法：对于无理取闹者，应采用过硬的专业知识争取主动权，控制患者的愤怒情绪；③解释法：对于对医护行为有疑惑的患者，立即向其进行耐心解释。

2．采集信息、确认需求阶段

（1）认真倾听，关心患者的问题，找到解决问题的切入点：倾听的同时适时给予反馈，可发"嗯""哦"等声音回应或身体前倾、保持恰当目光接触；谈话时与患者保持平视，不要产生居高临下的感觉，根据情况给予一些体触语（抚摸、握手、搀扶、拥抱等）。

（2）正确使用提问技巧：适时给予礼貌性的打断，把握患者（家属）情绪并诱导性地提问，鼓励其在最短时间内说出想解决的关键问题，如"这个问题我们一会儿再聊，现在主要是关于……"。

（3）应用共情技巧：确认和回应患者（家属）的感受，如用自己的语言重复解释患者的感受，必要时礼貌地让患者（家属）解释自己的意思，对患者的感受表示理解，并总结思考应对患者问题的方法，表情严肃、沉稳，态度亲切、友善。

3. 解释并建立关系阶段

（1）从专业的角度做理解性的解释：若有因自身错误或失误引起的愤怒，给予适当道歉和运用专业知识进行诱导性解释，取得患者（家属）理解（这件事给您造成了不愉快，我们深表歉意，之所以会出现这个情况是因为……；我们做这个检查或治疗的目的是……）。

（2）尊重患者，建立相互理解、信任的关系，共同制订解决措施：注意态度真诚，语言清晰、简洁，适时停顿，给对方反应的时间，随时关注患者情绪，多用安慰性、鼓励性语言。正确采取感化患者（家属）的措施，多给予关心、疏导，平息其愤怒情绪，取得其理解。

4. 沟通结束阶段

（1）共同确认解决方案：对患者愤怒的问题立即提出解决方法，并取得患者的认同，尽最大努力以最快的时间完成，让患者满意；对不能马上解决的问题，以真诚的态度取得患者的理解。

（2）确认有无其他问题：待患者提出的问题解决后，询问是否还有其他可以提供帮助的问题，以消除患者的其他顾虑。

（3）建立发展性的支持关系：沟通结束时适当进行健康教育，使患者了解医院，了解疾病，了解医务人员，提高自我护理能力，使医护患关系长远健康发展。

（4）沟通结束时表示感谢。

> **知识拓展**
>
> **自我管理愤怒情绪**
>
> 当遇到让你感到愤怒的事情时，试着使用下面这些对心理健康教育有益的语句来提醒自己。这些语句都是提醒你要掌握对自己的控制权，而不要任由愤怒情绪控制你。练习的时候，你可以想象一下最近发生的一次让你感到愤怒的场景，然后说出下面这些话，看看有什么效果。
>
> 我应该控制自己，而不是让情绪控制我。
> 在处理问题之前我先做几分钟深呼吸。
> 如果我是对方……我感觉……
> 我可以很好地处理现在的状况。
> 我还是先出去冷静几分钟比较好。
> 我现在很愤怒，所以要更加小心自己的言行。

（五）与烦躁情绪患者的沟通技巧

患者的烦躁情绪正日益受到护理人员的重视，当患者烦躁时，若不能与其进行良好、有效的沟通，将严重影响护患关系，甚至导致意外事件发生而危及患者生命。

1. 建立良好的护患关系 烦躁的患者常以要求的姿态提出需要或以讨价还价的方式出现，会使用粗俗的、挑拨的言语。此时护士应以平静、温和、诚恳、稳重及坚定的态度对待，与患者谈话时，注意语气、语调，避免冗长说理或大声命令的口吻，以降低患者的焦虑程度，增加安全感。

2. 确定问题，分析原因 重视烦躁患者的"主诉"，通过观察和与患者（家属）会谈等方法了解患者的心理状态，确定患者发生烦躁的原因，有针对性地采取有效措施，增加患者对医护人员的信任。

3. 放松、安慰干预 当患者出现烦躁情绪时，要尊重、理解患者，运用暗示性和鼓励性的语言，使其得到支持和安慰。可采用音乐疗法，缓和患者交感神经的过度紧张，促使其情绪平稳，抑制各种压力反应。

4. 慎对患者要求 对于患者的合理要求，给予满足。对于患者提出的过分且无理的要求，以诚恳的态度给予适当的限制或拒绝。当患者提出要求的次数过多时，护理人员应保持中立，不立刻作答，但仍应保持对患者的关怀或接受，不对其无理的部分提出批评，在适当的范围内使其获得满足。

（六）与激动情绪患者的沟通技巧

易激动的患者一般是在了解了自己所患疾病的真实情况之后，心理出现骤然变化，加上身体原有的痛苦，导致不良情绪的出现。护理人员要尽快使患者身心恢复平静。

1. 沉着冷静 面对情绪激动的患者，护理人员首先不能失去耐心，要保持沉着冷静，正确应对，不要被患者的言辞和行为激怒；要学会共情，站在患者的角度感受其当下的心境，理解患者。

2. 保持沉默 当患者情绪激动时，可适当任其宣泄不良情绪，此时护士可适时保持沉默，可默默陪伴，但要注意保护患者和自身安全，同时认真倾听患者的诉求。

3. 分析原因，安抚患者 通过与患者的积极交谈和倾听，了解患者情绪激动的真正原因。安抚患者，多用温和、正面的语言沟通，不谴责患者，使其情绪尽快恢复平静。

（七）与敌对情绪患者的沟通技巧

1. 非语言沟通 面对敌对情绪患者时，护士多用眼神、肢体语言等表达对患者的关切。让患者第一时间把要说的话及时表达出来，在患者述说完毕前，不中途打断患者，争取获得与患者情感上的一致。

2. 让患者发泄情绪 患者敌对情绪的产生，是期望值没有得到实现而产生挫败感后出现的不良应激情绪反应。为了缓和患者的敌对情绪，顺利解决问题，首先要冷处理。医护人员要尽量做到理解患者，接纳患者的感受，用"噢！原来是这样……"鼓励患者诉说心里话，允许患者适当发泄，而不要说："你没有必要对这件事感到生气"，同时做好疏导工作。

3. 应答患者述说 理解和明确患者的感受，以适当的情绪词汇来协助患者表达内心感受。对患者的述说进行应答，如"听起来的确让人感到难过""可以想象当时你一定十分生气"，同时观察患者在述说事情时的各种情绪和态度，以便采取应对措施。

4. 弄清问题所在 认真倾听患者的述说，分析产生敌对情绪的原因，可运用探究式反问沟通技能，认真了解事情的每一个细节，确认问题所在。判断问题的严重程度，为制订解决方案提供依据。

5. 协助患者疏导情绪 大多数情况下，倾听和有效回应可以疏导患者的敌对情绪。还可运用接受互换的技巧，帮助患者改变对医护人员的误解与偏见。使用艾利斯（Ellis）的情绪ABC理论，改变其非理性、不合理的观点，最大限度地减少其非理性观念所带来的情绪困扰的不良影响。

随堂测 11-3

> **知识拓展**
>
> **艾利斯（Ellis）的情绪 ABC 理论**
>
> 情绪 ABC 理论是由美国心理学家阿尔伯特·艾利斯于 20 世纪 50 年代首创的一种情绪调节法，又称 ABC 性格理论。艾利斯认为人既可以是有理性的、信念合理的，也可以是无理性的、信念不合理的，当人们按照理性去思维、去行动时，他们就会很愉快、富

有竞争精神及行动有成效。情绪是由人的思维和信念所引起的，每个人都要对自己的情绪负责。情绪 ABC 理论认为人的情绪的产生是一个被称为"ABC"的过程。A 指诱发性事件；B 指个体在遇到诱发性事件后产生的信念，即对这一事件的看法、解释和评价；C 指特定情景下，个体的情绪及行为的后果。通常观点认为 A 引起了 C，而艾利斯则认为 A 只是引起 C 的间接原因，更直接的原因是经历这一事件后个体对其不正确的认知和评价所产生的非理性信念（B）所直接引起的。

合理的信念会引起人们对事物适当和适度的情绪反应，而不合理的信念则相反。人们情绪困扰的产生正是由于常存在一些不合理的信念。当人们坚持某些不合理的信念，并长期处于不良的情绪状态时，最终将会导致情绪障碍的产生。因此，要想使事情往好的方面发展，一定要有积极的情绪和态度。当受到情绪困扰的时候，可以通过调节自己认识的方式来达到调节情绪的作用。

护理人员在工作中会面对不同年龄、职业、文化层次、心理状态的患者，要根据患者的特点选择最适合的沟通方法，促进良好护患关系的建立和发展，这不仅有利于患者疾病的治疗和康复，也能够为护理人员带来愉悦的心情和更高的工作效率。南丁格尔说："护理是科学和艺术的结合。"护理的艺术性从沟通角度看，就是通过对他人的感觉、听觉和想象的理解，来反映和呈现应对策略。无论是语言沟通还是非语言沟通，只有恰当地使用，才能提高患者满意度，提高护理质量。

知识链接

探究式反问

患者在敌对情绪中会说一些很绝对的话来否定对方的观点或建议，应对这种情况的一种有效方法就是在对方回答的基础上进行探究式的反问。探究式反问的目的是尽量减小对方语言的破坏性，把双方的谈话重新带回到建设性的沟通轨道上，从而朝着双赢的目标前进。患者："这种方法绝对不会有用的。"医生探究式反问："你觉得我们还需要什么样的条件才能使这种办法起作用呢？"

练习：请思考如何回应下面几种语言的挑战。

例1　患者："我想用最好的药物！"
　　　医生："你觉得什么样的药物对你来说是最好的呢？"
例2　患者："这是解决问题的唯一办法。"
　　　医生："那是一种可能的选择。你还能想想其他可能的解决办法吗？"
例3　患者："你竟敢这样对我？"
　　　医生："你能告诉我，我没让你满意的地方在哪儿吗？"

小　结

在临床护理工作中，护理人员与患者的交流沟通至关重要，建立良好的医患关系是做好护理工作的前提条件。护理人员会接触到不同的患者，每个患者所患疾病种类、经历、文化背景以及宗教信仰都存在差异，因此患病后的表现也千差万别，护理人员需要面对焦虑、抑郁、抱怨、愤怒、烦躁、激动甚至敌对等不良情绪患者的沟通挑战。护理人员要能够分析这类特殊患者的特征，运用处理特殊沟通问题所需要的沟通技巧，有选择地、巧妙并有意地将其运用于与不同患者的沟通中，与患者建立和发展良好的护患关系，及时满足患者身心健康的需要，使患者接受科学的、整体的、全方位的现代-心理-社会医学护理模式，进而使患者减少病痛，促进康复。

思考题

1. 与传染病患者沟通有哪些技巧？
2. 与精神疾病患者进行沟通的要点有哪些？
3. 与急诊患者进行沟通有哪些技巧？
4. 患者，男，50岁，业务员。因到外地洽谈业务，利用闲暇时间到市郊风景点游玩，不慎从山坡上滑下来，造成左脚脚踝严重扭伤，身体其他部位多处擦伤，眼镜和手机也被摔坏了，被紧急送至医院就诊。为了安全起见，医生建议其住院治疗，但是患者不同意，并对护士大发脾气，说："喂！护士同志，我是来这里工作的，不是来休养的，我不要住院！我的眼镜摔坏了，我什么也看不清楚，手机也坏了，真是倒霉透了。我的头好痛！这种医院！管什么用？我只需要一副眼镜，我要马上离开这个倒霉的地方！"

思考与分析：
（1）患者愤怒的原因有哪些？
（2）护士应如何处理？

（胡晋平　彭小燕）

第十二章 与儿童及老年患者的沟通

第十二章数字资源

导学目标

通过本章内容的学习，学生应能够：

◆ **基本目标**

1. 准确表述共情、真诚一致、积极关注的概念。
2. 总结儿童患者的就医特点。
3. 总结老年患者的心理特点。
4. 说明儿童护患关系的沟通技巧。
5. 说明老年患者护患沟通的基本原则。
6. 依据共情的含义，结合自身实际情况，制订改善自己人际共情能力的策略。
7. 依据老年患者生理心理与疾病特点，以某一种老年常见疾病为例，制订针对该疾病患病期间的护理沟通策略。

◆ **发展目标**

1. 运用积极关注的技巧与儿童患者建立良好的护患关系。
2. 基于对老年患者沟通原则的深入理解，开展良好的老年护理工作。

2021年第七次全国人口普查结果显示，截至2020年11月1日零时，全国总人口为141 178万，其中，0~14岁人口约为2.53亿，占17.92%；15~59岁人口约为8.94亿，占63.32%；60岁及以上人口约为2.64亿，占18.70%（其中，65岁及以上人口约为1.9亿，占13.50%）。与2010年相比，0~14岁、15~59岁、60岁及以上人口的比重分别上升1.35个百分点、下降6.79个百分点、上升5.44个百分点。从发展趋势看，少儿人口比重虽略有增高，但人口老龄化程度进一步加深，未来一段时期我国将持续面临人口均衡发展的压力。

随着社会进步与发展，护理工作在增益人们健康、促进病患康复方面的作用越来越显著。儿童与老年人在我国人口结构中占比较大，是医疗资源的主要覆盖群体。受自身年龄阶段特点的影响，儿童与老人患病风险较大，并有其独特的身心反应特点。在临床护理工作中，面对如此庞大体量的儿童与老年患者人群，有针对性地开展沟通工作，对于融洽护患关系、促进病患康复具有重要意义。

案例 12-1

患儿，女，5岁，因外伤致多脏器损伤术后入住监护室。四位家属神色紧张地用平车将患儿推到监护室门口。值班护士说："这里是监护室，家属只能一人入内。"安顿好患儿后，护士请家属离开监护室，并对患儿家属说："监护室内不能大声喧哗，不能抽烟，不能长时间停留，不能多人入室，不能陪护患者，每天两次探望时间，可以送适合患儿疾病所需的营养食品和可口餐食……"，此时，一位家属非常不满意地说："你能否少说两句，先去照顾我们的孩子。"

请回答：
1. 值班护士的哪些沟通行为引起了患儿家属的不满？
2. 护士应该如何与家属沟通？为什么？

第一节　与儿童患者的沟通

儿童（children）群体因其身心发育发展的不完全性质，在临床医护活动中具有一定的特殊性，需要医护工作者专门了解并有针对性地开展工作。

一、儿童人口的界定

1989年第44届联合国大会通过的《儿童权利公约》中，儿童被界定为18周岁以下的人群。在我国，不同领域甚至同一领域的不同部门，关于儿童人口的界定都存在差异，原因是特定领域需求导向使然。在法学界，《中华人民共和国未成年人保护法》界定18周岁以下的公民为未成年人；《中华人民共和国劳动法》界定童工为16周岁以下未成年人；《中华人民共和国刑法》规定未满14周岁的未成年人不负刑事责任；在教育学界，界定3~6周岁为幼儿、6~12周岁为儿童、12~18周岁为青少年；在医学界，法医学界定12周岁以下是未成年儿童，临床确定初生至14周岁为儿科就诊对象，儿科学、儿童护理学与儿科护理学均将胎儿期至青春期结束之前的未成年人作为研究对象。

综上，在某领域中，主要考虑儿童身心发展未成熟特征时，一般采用14周岁以下作为儿童的年龄界定；主要考虑儿童权益保障和作为科学研究对象时，一般采用较为宽泛的年龄界定，最宽至青春期结束；儿童作为临床医护对象时，因医药适用性和心身发育未完全而一般被限定在14周岁以下，即胎儿期至青春期刚开始。

二、儿童的心理发展特点

儿童患者就诊时，具有明显身心发育发展尚不成熟的特点，如依赖性、被动性、消极性等。分阶段考察儿童一般心理发展特点，有利于有针对性地进行患者沟通。根据儿童身心发育发展特点的相对不同，可以将临床服务儿童分为新生儿期、婴儿期、幼儿期、学龄前期和学龄期五个阶段。

（一）新生儿期

从母体娩出到第28天是新生儿期。新生儿基于胎儿期的生长发育，其大脑仍处于继续发育中，尚不完善，大脑皮质经常处于保护性的抑制状态，因此每天有大量时间处于睡眠状态，达到每天20~22 h。客体关系心理学家马勒（Margaret S. Mahler，1897—1985年）认为，出生2个月内的儿童心理发展为自闭阶段。新生儿的主要适应手段是先天非条件反射，比如吮吸反射。作为需求是否满足的反应，情绪表现是一个重要判断指标。所以情绪反应可以被作为新生儿的沟通手段，是连接亲子关系的重要纽带，但此时的哭大部分是本能性质的，尚不具有社会性。

（二）婴儿期

出生28天后到1周岁之间为婴儿期。婴儿期是人一生中第一个快速身心发展期。神经系统快速发育，大脑功能显著增强，为婴儿心理活动提供了充分的生理基础。在此阶段，儿童可以学会翻身、坐起、站立甚至行走，并能手眼协调地玩玩具。作为社会性互动的首个反应，开始出现微笑，意味着婴儿正在走出自闭状态。亲子互动、玩玩具作为婴儿的外部环境刺激，可以进一步促进神经系统和大脑功能发育。随着微笑、对厌倦玩具的摇头拒绝和对陌生人恐惧的出现，儿童的自我意识开始出现和发展。除了自发使用情绪和与作为依恋（attachment）对象的母亲进行沟通，婴儿还会很快学会使用简单语词、手部动作与人进行交流。随着自我意识的发展，婴儿需求的丰富性不断增加，除基本生理需求外，社会互动需求、情感交流需求、兴趣丰富需求不断增加。和母亲或主要照顾者形成的依恋关系，不断促成婴儿主观情感体验的发生发展。"我是好的，我是重要的，我是受欢迎的"等非理性体验成分作为自尊因素逐渐诞生并发展。"妈妈是好的，环境是安全的"等非理性成分作为信任因素逐渐诞生并发展。心理学家爱利克·埃里克森（Erik H. Erikson，1902—1994年）认为婴儿阶段的心理发展任务为基本信任对不信任。所以妈妈准确、及时、富有情感地给予婴儿需求反馈，并主动与婴儿互动，对于婴儿自尊和安全感的良好发展特别重要。

（三）幼儿期

1周岁到3周岁为幼儿期。幼儿期阶段是儿童生长发育的重要时期。由于神经兴奋和抑制过程不平衡，且通常兴奋占优势，所以幼儿自主性快速发展，表现为好奇心强烈、热衷探索未知和好表现，表扬需准确、适度、及时，有助于意志品质形成，不当的批评和否定可能助长害羞或怀疑等性格特点。2周岁之后，随着自我意识的进一步发展，面对不如意和环境挫折，幼儿会出现明显的反抗，会哭闹、发脾气或否认。如厕训练强化了幼儿的规则意识，分离实践会不断增强幼儿对负面情绪的承受能力。断乳、分离、重聚等经历使儿童在2岁时已初步具备成人的大部分情绪表现。幼儿期是儿童言语发展的关键时期，3岁时可以掌握一两千个词汇，能与家人进行一定水平的应答式沟通。面对儿童内心不断丰富的情绪情感体验，如开心、思念、委屈、愤怒、伤心、害怕等，家长给予及时、准确、有效的语言命名和交流，是实现幼儿高效情绪表达能力培养的关键。

> **知识链接**
>
> **依恋关系类型**
>
> 美国心理学家Mary. Ainsworth团队利用陌生人游戏室探索了不同依恋关系类型幼儿的行为反应，将幼儿依恋类型划分为三类：安全型依恋、回避型依恋、焦虑矛盾型依恋。安全型依恋的幼儿当母亲在场时急于探索游戏室，在母亲离去时出现不安，待母亲返回后能主动发起与母亲的亲密互动行为，并开始探索行为。回避型依恋的幼儿和母亲进入游戏室后会立即开始玩耍，没有注意或很少注意到母亲的离去，在母亲离去后仍能继续玩耍。当母亲回来时，会表现出对母亲的回避行为，不注视母亲，而是寻找玩具。焦虑矛盾型依恋的幼儿一进入游戏室就会表现出"痛苦"，对新奇环境相对没有兴趣。整个过程都担心着母亲的去向，在母亲离开后十分沮丧，待母亲回来时表现出矛盾行为，即寻求接触与接触抗拒，不容易平静下来，整个过程都表现出不安和痛苦。

(四)学龄前期

3周岁到6、7周岁之间为学龄前期。此期儿童已具备入幼儿园进行初级系统学习的身心发育水平。该阶段儿童神经兴奋和抑制逐渐平衡,语言发展获得质的飞越,自陈式表达明显增多,具体形象思维发展快速,出现初步逻辑思维和判断思维,具有较强的学习模仿能力。学龄前儿童会逐渐意识到性别的恒定性,出现性别差异意识,性别角色认同快速发展。儿童会有自己突然长大了的感觉倾向,独立意识显著增强,探索范围持续扩大。分离个体化任务基本完成,自我功能显著增强,稳定的防御机制初步形成。学龄前期儿童日常以游戏活动为主,游戏活动的创造性和想象性特征明显。同伴互动增多,交往范围扩大,儿童内心体验愈加成人化。"3岁看大,7岁看老",学龄前儿童人格结构性逐渐形成并渐趋稳定。

(五)学龄期

学龄期是指6、7周岁到14周岁之间的儿童。学龄期儿童身体发育处于平稳增长期,并在第二性征出现时步入青春期。学龄期儿童开始接受特定社会制度化学业教育,其品行具备极强的可塑性和易受环境影响的特征,应遵循基于尊重个性倾向和自尊心养成的循序渐进的规范化培养原则。学习活动成为此期儿童日常生活的主要内容和重要任务,自主学习、被动学习和强制学习相互交织。师生关系、同伴关系成为儿童心理发展的重要影响因素,依据埃里克森理论,针对品行的积极、准确的正反馈,有助于儿童养成自信和勤奋的品质。道德感、理智感和美感显著增强,但具有显著的他人评价影响特征,尤其是对于权威人物的评价。思维发展从以形象思维为主逐渐过渡到抽象逻辑思维为主,但仍有较大程度的以自我为中心的特征。道德认知从绝对服从权威逐渐转变为具有批判性思考特征。自我调控能力明显增强,但具有易受环境影响的特点。认知能力快速发展,但因缺少实践体验,知行不一现象经常发生。词汇量显著增加,听、说、读、写等语言使用能力显著提高,具备接近成人水平的口头语言沟通能力。

科研小提示

依恋关系一直是儿童临床心理治疗研究中的重点领域,著名学者有鲍尔比(John Bowlby)、安斯沃斯(M. Ainsworth)等人。

三、儿童患者的就医特点

(一)语言表达水平有限与被动性

对于儿童而言,语言表达水平主要涉及两个问题。一是自我意识的发展水平如何,即儿童对自己内心体验的了解程度如何,对自己心理和身体变化感受的准确程度如何;二是儿童充分、准确掌握清晰命名自己感觉与感受的词汇,并能表达的情况如何。上述两点通常可以交互作用,受儿童与其照顾者的沟通水平影响较大,所以儿童语言表达水平存在个体间和年龄段间的差异。与成年人相比,儿童的水平是有限的。

婴幼儿患者不会通过语言来表达其身体的不适和要求,多以哭闹等情绪和身体语言与外界交往。3岁以上儿童患者虽会说话,但尚不能完整、准确地自我表达需求和表述病情,常常借助肢体动作,并且经常需要家长代述。因此,家长对患儿病情的陈述往往是病史的关键部分,由于家长自身个性特点的不同,对患儿病情陈述的准确性也有很大差异,所以护士往往需要通过患儿的表情、手势、躯体动作、哭闹及体征等,了解患儿感受,并及时发现病情的变化。语言表达水平的有限性也决定了儿童患者在医疗救治活动和护患沟通中具有被动性特征。

(二)情绪控制能力较弱与感染性

情绪反应和情绪表达通常是低龄儿童与家长沟通的方式,满意则表现出平静或积极情绪,不满意则表现出烦躁等消极情绪。由于延迟满足能力有限,所以儿童还不能像成人那样,采用忍耐或者理性方式来处理情绪。就医过程中，儿童常常表现为哭闹、害怕、恐惧等负面情绪不受控的爆发，可迅速感染家长和医护人员，如儿童哭，家长也会感到焦虑和烦躁等，无形中营造了紧迫的救治情境。特别是3岁以下的婴幼儿患者，基本无法控制情绪反应。儿童患者入院后，由于环境陌生，容易产生紧张感，激发恐惧、焦虑不安的情绪。有些患儿不适应离开母亲，经常哭闹、拒食、拒服药。有的患儿在就诊时，一看见穿白大衣的医护人员，就立刻精神紧张、哭闹不安。这常使得护士和患儿沟通的难度增加。此时，护士要认识到，低龄儿童的情绪反应是其与他人沟通的主要手段，这种非理性手段具有较强的感染性。

（三）注意力不易集中与依从性弱

儿童患者年龄较小，注意力相对不集中，容易分散，且转移较快，缺乏自控能力，依从性低。医护人员询问病史时经常很难控制与他们的谈话，在体格检查和治疗时，部分患儿表现出哭闹、拒绝，所以医护人员必须要有足够的耐心，有时甚至需反复多次才能获得正确的检查结果。医护人员给患儿下医嘱或做健康教育时，由于注意力被病痛或其他环境刺激所吸引，儿童常表现为没有注意到，或者没有真正理解，这也降低了遵医的依从性。

（四）自信心易受影响与受暗示性

由于儿童人格尚处于形成发展中，存在较大可塑性，容易受环境反馈和遭遇变化的影响。疾病的应激与创伤反应可能会降低儿童的自信心。儿童生病后，因为躯体病痛的影响，其行为动作、社会交往甚至生长发育等都可能受到影响。有些疾病可导致患儿身体形象的改变，如药物副作用造成的脱发、满月脸、水牛背等，容易导致患儿自卑情绪的产生，使适应能力下降。同时患儿因住院而中断学习，因暂时失去学习知识与技能的机会，也会增加患儿的自卑情绪。此外，受暗示性也意味着有较好的可塑性。在医疗过程中，同龄病友榜样，医护人员的及时鼓励和赞扬，都可能增加患儿的依从性和配合度，尤其是对于学龄前和学龄期儿童。

（五）家属普遍参与与依赖性

城市化塑造了陌生人社会，老龄化和少子化加深了以儿童为核心纽带的家庭关系。儿童生病就医，常表现为家庭成员的普遍参与特点，即一人生病，全家上阵。儿科患者由于自理能力较低，患病就诊时均由父母或其他家人陪同进行，家长与患儿之间的紧张焦虑情绪会交叉影响，相互感染。患儿对家长的依赖性主要有两个方面：一是小儿生病后心理和行为上会有退行，增加了对家长的依赖；二是家长对小儿的心疼和对疾病的担心，导致过度照顾，也增加了患儿的依赖性。一些家长因心疼患儿而对医护人员提出过高要求，无形中增加了护患沟通的难度。一些患儿因病获益，习得生病可受到关怀与照顾，有时会故意夸大病情严重性，满足其对家长依赖的心理需要，表现为心理年龄与生理年龄不符，增加了医护人员客观了解和处理病情的难度。

> **知识拓展**
>
> ### 示范法
>
> 示范法包括生活示范、象征性示范、角色扮演、参与示范、内隐示范等多种类型。例如治疗对狗有恐惧症的患儿的操作方法：①现场示范法：让患儿在现实环境中，观看其他儿童如何与狗玩耍、相处。据报道，该法有效率达50%~67%。②参与模仿法：让患儿观摩示范儿童与狗玩耍，并让其在指导下逐步参与此种活动。有效率高达80%~92%。③电影、电视或录像示范法：让患儿观看示范者与狗相处的有关电影、电视或录像，使之逐渐模仿示范者的行为举止，消除对狗的恐惧。有效率为20%~30%。在运用示范法时，尤其应当根据患儿的能力来确定目标行为。示范过程中，患儿若能集中注意力，可以增加示范行为的呈现时间。在模仿行为产生之后，立即肯定其进步情况，确保强化效果。

四、儿童患者沟通的基本原则

（一）护士是儿童患者沟通的主动方和责任人

1. 护士是儿童良好护患关系建设的主动方和责任人　护患关系既是一种治疗性质的工作关系，也是充满人文关怀的人际关系，具有互动性特点。良好、温暖、信任的护患关系，有助于患儿降低紧张感，增加依从性，促进康复。儿童患者由于身心发育发展尚未成熟，自理能力和自护能力较低，儿童护患关系主要是主动-被动型模式。因此，护患关系建设的主要责任在护士一方，护士应该发挥主动性，采取有效沟通手段，建设温暖、亲和、信任的护患关系；应该主动了解患儿的病情和治疗体验，及时处置，促进配合，便于快速康复。

2. 共情是儿童护患沟通的核心原则　共情（empathy）是连接护士与患儿内心世界的桥梁。所谓共情，是指护士能够准确、及时地理解患儿的想法、愿望和感受，并能用恰当的方式传达给患儿。共情是一种基于经验的情感把握能力。受年龄限定，儿童自我意识发展水平较低，患儿对自己心理和身体变化的感觉不够准确，定位不够清晰；受语言表达能力的限制，患儿有时候无法用准确的语言词汇将自己的病情和主观感受表达清楚，这就要求在护患关系中，护士不仅是主动的、承担责任的，更要是能够共情的角色。只有准确共情，护士的主动才是有效的，即在主动接近和接触中，护士"成为"患病儿童，感受他们的感受，理解他们的所思、所想、所愿，做到真正的充分了解病情，并感同身受。共情其实是护理的核心人文精神——南丁格尔精神，是护理崇高职业感的根本来源。

> **名人名言**
>
> "所谓共情就是穿上患者的鞋子来感受和观察患者的体验（To "stand in the shoes" of the client and see and feel what the client is experiencing）。"
>
> ——奥地利心理学家阿尔弗雷德·阿德勒

（二）儿童患者是护患沟通的实质对象和受益人

1. 儿童患者是护患沟通的实质对象　在护理患儿工作中，护士需要与患儿沟通，也要与家长沟通，有时甚至要同时和几个家属沟通。护士与家长进行沟通是必要的，但护士始终不能忘记，儿童才是真正的患者，家属只是辅助作用。即使在沟通时间上和沟通主体上都是家长占据主要位置，但是沟通的核心内容需要围绕儿童病情展开，沟通的主要目的是快速了解病情，建立良好的护患关系。所以患儿才是护患沟通的实质对象。

2. 儿童患者利益维护与保障是护患沟通的根本宗旨　护患关系的实质是满足患者的合理需要，护理伦理要求护士在护患关系中是责任的承担者，患者是护患沟通的受益者。所以儿童护患沟通的根本宗旨是维护与保障患儿的合理利益，促其康复。

（三）儿童患者家属是护患沟通的重要参与者

1. 不断保持与家属的沟通和协商是儿童护患沟通的重要内容　临床儿科护理工作中，患儿配合度低，自我表述水平有限，需要家长辅助表达交流。所以，在对患儿的护理工作中，不断保持与家长的沟通与协商，一方面可以获得关于患儿疾病症状的有效资料，便于采取科学处置；另一方面，可以安抚家属情绪，使之保持冷静，便于看护患儿，使家属成为护士的助手，提高满意度。

2. 坚持科学原则与患者利益首位是护士与患儿家属沟通的重要原则　在护士与患儿家属的沟通中，由于家长爱子心切，患儿痛苦情绪的感染，导致家属在与护士的沟通中，有时会有急迫、激动、愤怒的情绪表现，甚至会提出不科学、不合理的非理性要求，使护士为难。此时护士应保持冷静，在人文关怀的氛围中坚持科学立场，避免发生不合理的承诺，说出不专业的言论，这样才是儿童患者利益至上的表现。患儿生病，家属急迫，护士可以理解，但是只有坚持科学性与专业性原则，才能真正帮助患儿摆脱痛苦，这是护士与患儿家属沟通的重要原则。

五、儿童患者沟通技巧

（一）环境的布置

洁白的病房环境会增加患儿对医院的恐惧，可将病房的白色墙壁换成浅颜色，如浅绿色、浅蓝色、浅粉色，或者在墙壁上涂绘一些卡通画。病室的小床、医护人员办公室的桌椅要根据儿童心理设计，把病房、检查室、候诊室变成一个儿童乐园，同时经常播放一些安宁轻松的儿童乐曲。儿科的护士服颜色可选择粉红色、淡蓝色或小碎花，给患儿一种温馨的感觉。这样的环境会使患儿感到舒适，为患儿创造家一样温馨的病室，使护患双方在感情上、心理上相互沟通。

（二）建设护患关系技巧

年幼儿童的依恋关系和安全感十分重要，针对就医儿童患者，护士的首要任务是建设良好的护患关系，这是各项工作顺利开展的基础。好的儿童护患关系应该具有安全、温暖、信任、平等、积极等品质和特征。

1. 温暖与热情　温暖是一种微弱缓慢的、有人情味的、让人感到舒适愉悦的感觉。沟通时保持微笑、语调语音柔和适度、动作体态温柔亲切，都能给患儿温暖之感，促进依恋关系氛围的形成。温暖可以使儿童放松警惕、舒缓紧张，令患儿感到安全。热情是稍微奔放一点的情绪外露，是一种积极态度，能感染儿童积极向上、提升信心。如，主动打招呼或关心，"小朋友早上好""今天感觉好点没有""小朋友加油"。热情比温暖热烈一些，在儿童康复期的后程，即将出院前，尤其在患儿厌烦了住院环境和各种处置时可以使用。温暖与热情既是感同身受的情绪情感体现，也是积极向上的生活态度表现，使患儿对医院与医护人员产生亲切感、友好感，能在无形中促使患儿积极面对疾病与生活。

2. 尊重　尊重是护士要以平等的姿态面对患儿。体现在两个方面，其一，患者和护士只是角色不同，但作为人是相同的；其二，虽然患儿是被治疗对象，护士占据专业优势，但在治疗与康复全程，患儿自身潜能是巨大的，是不容忽视的。护士不能因自己是医护领域专业人士而骄傲自大，把患儿看作完全被动的、听凭处置的，只有依从顺从，没有知情、质疑、辩论的资格，这种认知不是尊重的态度。因此，尊重是一种专业、严谨而谦虚的临床态度。对患儿要尊重，对双方共同面对的医护专业知识也要尊重。言语沟通中不能说下面的句式，如，"听懂了没有，怎么还不明白""怎么这么笨""小孩子能知道什么，听我说就可以了""你是护士还是我是护士"。

3. 共情　共情就是设身处地、感同身受和换位思考。共情的技巧主要体现在两个方面，一是要准确把握患儿的愿望、想法与感受，二是用恰当的方式传达给对方。

共情句式表达上，一般主语用第二人称，"你"或"您"，谓语和宾语是患儿的心理感受或想法等词汇，有尝试性的修饰词，语气要温和，表现出推断不一定准确，对方可以拒绝的态度。例如，"你是不是饿了""你是不是想妈妈了""你是不是有点不开心""宝宝是不是有点害怕"。

注意事项：不能以己度人，强硬地把自己的猜测当成患儿的所思、所想、所感。例如，"你这么哭肯定是饿了""你这么不配合治疗，是故意的吧""这么哭闹，你肯定是不想吃药吧"。这种表达句式语气强硬、武断，以护士自己为中心猜测患儿，强迫对方接受自己的想法和判断，在心理学上称为投射，会引发患儿的反感和敌对情绪。

4. 真诚一致　真诚一致是护士要表里如一、内外一致地对待患儿。操作要领是，护士将自己的想法坦诚地表达给患儿，无论正性的还是负性的想法或感受，只要有利于患儿的康复和成长，都要真情实感地表达。言语沟通的句式技巧是，语句以第一人称"我"为主语，谓语和宾语常是自己的真实想法、感受和体会，但不要评价。例如，"看到你这么坚强，我真是特别欣慰，为你的精神喝彩，给你点赞"（正性感受），"听你这么和妈妈说话，我感到很惊讶；妈妈在生病时照顾你，我感觉她很辛苦，你这样对待你的妈妈，我感到很难过"（负性感受）。

5．积极关注 积极关注是注意观察患儿身上积极的变化、闪光点，加以关注与表达，关注的方面和角度必须是真实的、值得肯定的，不能是虚假的、错误的。例如，看到患儿在病房内打闹时说："这个孩子真活泼"，这句话虽然关注到了患儿积极的一面，但是病房中有管理规定，同时还有其他住院患者需要休息，所以这就不是积极关注，而是错误引导。"小宝今天能开始按时吃药了，表现有进步了，阿姨给你一个赞""小明每次都把玩具放回箱子里，真是一个有自理能力的好孩子""进洗手间不要妈妈跟着，小宝（男患儿）懂得男女有别了"，这些表达都是正确的积极关注。一方面患儿具有受暗示性和可塑性，另一方面护士作为专业权威给予正面反馈，患儿会深受鼓舞，出现积极行为的概率就会增加。

（三）收集资料的沟通技巧

收集资料的沟通技巧是要求护士以患儿为参考框架收集信息，便于准确决策的技术。收集资料的沟通技巧的核心要领是整个沟通过程以患儿的信息作为参考框架，护士不能在沟通中有干扰、误导、诱导，甚至"污染"对方。

1．倾听 倾听技巧是要求护士充分了解和理解患儿。倾听时护士既要听患儿语言表达，也要观察其肢体反应、语气语调、体貌特征等非言语信息，既要听语言的表面含义，也要听语言背后的愿望、动机和情绪。倾听时，身体要倾向患儿，体态开放，表现出尊重、亲和与认真，配合使用鼓励方式，如言语表达"嗯，很好，接着说"，如肢体语言，目光注视、点头等。有时为了增强倾听的准确度，促进患儿深入表达，要配合使用重复或复述技巧，如患儿说："我特别的难受，真的不想在这里待下去了。"护士重复说："哦，很难受。"患儿说："我想妈妈了。"护士复述说："哦，宝宝想妈妈了。"

2．询问 询问就是提出问题，也包括对问题的追问和澄清。开放式询问有利于收集广泛的资料，更容易接近患儿内心的真实状态。例如"请说说你的想法""生病了，你有哪些感觉""关于治疗，你有哪些愿望"。封闭式询问对回答内容有限定，可以增加信息的准确性。例如，"你是肚子疼还是头疼""你是不想打针吗""你现在有怨恨医生的想法吗"。刚开始收集资料时，多以开放式询问为主，在确定有必要、也有方向时再使用封闭式询问，以澄清信息。患儿由于年纪小，回答问题通常比较模糊或含混。所以护士应该澄清和具体化这些问题，如查房时患儿说："我很难受。"护士可以具体化询问："你能具体说说是怎么难受吗？"有时候要进一步追问澄清，如患儿回答："肚子疼。"护士可以摸着患儿的肚子问："是这个位置疼吗？"

（四）影响性的沟通技巧

影响性沟通技巧是护士以自身作为参考框架，给予患儿积极影响的沟通技巧。

1．解释 解释是护士运用专业理论、知识、临床经验、阅历、学术前沿，结合患儿的身心特征、疾病特征，对患儿的心身反应、疑虑、症状、提问加以说明的沟通技巧。解释的时机和形式不一定要很正式，但是解释的内容要科学严谨；同时解释时使用的词语不能特别学术和专业化，要通俗易懂。如患儿问："都这么长时间了，我怎么还不能出院呀？"护士回答："药物发挥效果需要一段时间，就像你们小孩子，需要吃很多顿饭菜才能长大一样，都要有一个过程，所以你还需要一段时间，才能康复出院。"

2．指导 指导是护士采用护理领域知识、理论、技术，直接对患儿进行干预，或对患儿家属进行健康教育。如急诊科护士对发热患儿的家长指导冷疗方法："你回家后，可以用冷水湿透毛巾，再拧干，放在孩子额头降温，如果温度超过38.5℃，就考虑使用退烧药。"

3. 自我开放 自我开放是护士讲述自己的经历、情感、想法，以启发或帮助患儿或家属的沟通技巧。如护士对患儿说："我小时候生病了以后，也不能上学了，就只能自己看书学习，等病好了，回到学校，就追上同学们的进度了。"对患儿家属说："我也是一个妈妈，我孩子生病时，我也很着急，所以我特别能理解你们现在的心情。"

4. 暗示与鼓励 暗示与鼓励是护士可以采用直观的或间接的语言或非语言表达，使患儿受到积极影响。如护士举起拳头，用肢体语言直观暗示患儿要坚强；如护士用语言直接鼓励患儿："小明真是个坚强、勇敢的孩子，不怕疼。"如护士进入病房后，当着所有人说："今天隔壁病房的小朋友打针没有哭，我们真是佩服他。"以此间接暗示该病房的患儿。

5. 肢体语言运用 对于特别年幼的患儿，护士可以采用抚触、抚摸头部或手臂等肢体语言，来鼓励和关爱患儿，增加患儿的亲切感，使其减少恐慌，增强依从性。

（五）几种常见现象的处理技巧

1. 沉默现象及处理 在临床与患儿沟通过程中，有时候会遇见患儿不出声、不说话的现象，即沉默。常见的沉默情况有三种，一是抵触、不配合，二是正在思考或处于情绪体验中，三是头脑空白、茫然。针对第一种，护士可以进行解释、沟通，缓解其抵触情绪，取得其合作。如："医生不是只针对你才这样做的，这种病每个患者都是要这么处理的，这样有利于快速康复。"针对第二种，护士不要打扰，保持安静或者离开，给患儿独处空间。针对第三种，如果确定需要进一步沟通，护士可以启发患儿，如："孩子再好好想一想，你当时是怎么摔倒的，摔到了哪里？"

2. 与患儿家属的冲突及处理 儿童患病就诊过程中，因急迫性和情绪交叉感染性，有时护士与患儿家属双方会发生冲突。

（1）与家属有冲突时，护士首先要保持冷静，用真诚的态度和真情实感稳定双方情绪。

（2）坦诚交流，与家属讨论问题出在哪里，分辨家属的合理诉求和不合理诉求。

（3）护士要向家长进一步明确患儿康复是彼此双方的共同目标，与对方讨论如何实现这些诉求。

（4）护士可以坦诚地向家长说明自己的责任范围，对于超出自己职责范围的合理诉求，承诺及时向上级汇报解决；对于不合理诉求，护士应该坦诚陈述拒绝原因，并表达对这种诉求背后急迫心情与康复愿望的理解与支持。

> **整合小提示**
>
> 护理心理学中的心理干预技术部分的知识与技能，与护理沟通技巧在很大程度上是一致的，仅侧重点略有不同。

随堂测 12-1

第二节 与老年患者的沟通

> **案例 12-2**
>
> 护士小李到病房给6床王大爷发药，发生了以下情景：
>
> 护士小李："王大爷，您这两天化疗后恶心、呕吐，医生给您开了地塞米松，一次10 mg，每天1次，您要记得按时吃药。"

案例 12-2（续）

患者："嗯嗯，好的。"
上午巡视病房时，护士小李说："王大爷，您吃药了吗？"
患者："我吃了，刚吃上。"
护士小李："大爷您吃的哪个药？吃了几片呀？"
患者："就是你今天早上给的那个药，我吃了 10 片。"
护士小李："大爷，我今天早上说的是 1 次 10 mg，就是 2 片呀，这个 1 片是 5 mg 呀！"
患者："哎呦，那怎么办？我以为 10 mg 就是 10 片，我这个没啥大问题吧？"
此时王大爷很生气，觉得护士不负责任，大发脾气，小李怎么解释大爷也不接受。
请回答：
1. 你认为护士小李在沟通中是否有问题？出现了什么问题？
2. 如果你是护士小李，应该如何与王大爷进行沟通？

一、老年人口的定义及现状

老年人口（aging population）是指处于老年年龄界限以上的人口，年龄起点一般是 60 岁或 65 岁及其以上。国际上将 65 岁以上的人确定为老年人，中国界定 60 岁以上的公民为老年人。中国老年人口包括：低龄老年人口（60～69 岁）、中龄老年人口（70～79 岁）、高龄老年人口（80 岁及以上）三部分。

我国自 2000 年后正式步入老龄化社会，现阶段是全球老年人口数量最多的国家，也是老年人口增加最为迅速的国家。据预测，2025 年我国老年人口将占全国人口的 20%，至 2035 年，老年人口总量将达 4 亿人。失能、高龄、空巢、康养等将成为老龄社会不可回避的社会问题。2019 年，中共中央、国务院印发了《国家积极应对人口老龄化中长期规划》。因此，老年健康关系着老年人群的生活质量及社会的良好发展。2022 年，党的二十大报告明确强调，要实施积极应对人口老龄化国家战略。

二、老年患者的生理、心理和疾病特点

老年患者（gerontal patient）是一个特殊群体，相较一般患者有其特殊性。掌握老年患者的生理、心理与疾病特点，有针对性地开展老年患者沟通，减少护患矛盾，促进康复，具有重要意义。

（一）老年患者的生理特点

1. 机体衰退 随着年龄的增长，老年人的机体出现形态、功能的变化，器官组织的退化，神经系统的灵活性下降，免疫功能下降，听觉、视觉、嗅觉、触觉等功能减退。临床可见视力下降、听力减退、动作灵活性差、协调性差、反应迟缓、行动笨拙等生理功能的退化。

2. 记忆衰退、思维变化 老年人大脑功能自然衰退，记忆力下降、认知能力下降，对外界事物反应慢，不敏感，表情淡漠，处事冷漠，感觉能力降低，注意力不集中，以及对外界的反应能力降低，思维迟缓，近事记忆明显减退，远事记忆相对保持较好。

（二）老年患者的心理特点

1. 主观衰老感 老年人在衰老的过程中，由于生理特征出现变化，头发变白，健康衰退，

精气神不足，常常在主观上会产生衰老感，对老年人的心理状态也会产生较强的负面影响。

2．性格改变 老年人在衰老过程中，性格也会发生较大变化，由于长期形成的固有思维和生活习惯较难改变，因此常常表现出不愿接受新思想、新事物，容易以自我为中心，处理问题时趋向保守、固执己见，性格也变得越来越自闭、消极等。

3．情绪、情感变化 老年人由于社会地位及经济条件的降低，面对亲朋好友的生死别离等心理上遭受的打击、挫折，容易出现焦虑、恐惧、消沉、抑郁、烦躁、爱唠叨、爱怀旧的心理。这也使老年人的心理敏感度增加，承受能力降低，情绪变化快，易伤感，易激动，容易受到负面情绪的影响，有时情绪不能自控，不仅对当前事易怒，还会引发对过往事情受压抑的怒火爆发，事后又会产生懊悔。

4．适应性减退 老年人由于退休后长时间脱离社会而不能自觉适应周围环境，会表现出自我价值感低、孤独、空虚、无聊、自闭、无所适从等。久而久之引起神经内分泌失调，促使疾病发生。加之表达能力、知识水平、记忆力等诸多因素的影响，会使老年人变得心胸狭窄、吝啬、固执、急躁、适应性减退，严重影响老年人的社会适应性。

5．依赖感增加 老年人由于身体功能减退，出现做事信心不足，往往被动顺从、情感脆弱、犹豫不决、畏缩不前等，事事需要依赖他人去做，行动依靠他人决定。长期的依赖心理会导致情绪不稳，产生孤独、压抑、沮丧、悲观、厌世心理、焦虑不安、心神不宁等，严重影响老年人的身心健康。

6．睡眠障碍 老年人由于大脑皮质兴奋和抑制能力减弱，导致睡眠调节功能减退，会出现睡眠减少、入睡困难、睡眠浅、多梦、易醒、早醒等。这些睡眠形态对身体和心理也有很多不良影响，易导致老年人罹患多种精神障碍性疾病，如抑郁症、神经衰弱等。

7．怀旧心理 老年患者对过去的物品及记忆都有特殊的情结，喜欢将自己以往的记忆和经验与他人分享，怀旧过度会引起心理疲劳，增加寂寞、孤独、忧郁的情绪，重者还会造成神经系统功能紊乱，丧失生活的信心和勇气。因此护理人员对老人的怀旧情感要认同，并积极疏导，将其转化为生活趣事及希望的动力。

8．健康需求增加 人到老年，常会有恐老、怕老、惧老的心理，表现为害怕，有受惊感，严重时可出现心悸、呼吸加快、血压升高、尿频、厌食等躯体特征。随着年龄的增加，老年人不仅生理需要增加，希望有一个健康的身体，能够健康长寿，减少家庭负担，而且安全需求也更加突出，爱与归属的需要也更加迫切。

（三）老年疾病的特点

1．症状和体征不典型 有些老年疾病起病隐匿、进展缓慢，患病后病情也常隐匿，表现不典型。有些老年病常会出现症状和病情不符的情况，没有临床表现或者症状不明显。

2．多病共存 随着年龄的增长，老年人患病种类也逐渐增加，常会同时患多种慢性疾病，为疾病的诊断和治疗增加很多困难，同时也造成老年人生活质量下降，病死率增高。同时罹患多种慢性病，如患心脑血管疾病、内分泌系统疾病、代谢性疾病及肿瘤等，也会导致老年人的身心痛苦及安全危机。

3．病情变化快 老年人由于生理内环境的稳定性减弱，抵抗力下降，有些疾病病情一旦发生变化，其病情进展快、恶化程度重。如脑卒中的发病常常合并多脏器衰竭，病情进展快、恢复慢、病死率高。

4．并发症多 老年疾病由于多系统疾病共存，病情隐匿，症状不典型，发病常常以并发症的形式表现出来。如COPD常并发肺部感染、酸碱平衡失调、多器官衰竭等。

5．疾病对心理的影响 随着老龄化的进展，老年疾病尤其是脑血管疾病及神经系统疾病的发病率逐年增加，如帕金森病、脑动脉硬化使脑组织供血不足，引起脑梗死或脑出血疾病，不仅会损害患者的生理健康，还会影响老年人的心理状态。

6. 药物不良反应多 由于老年人机体衰老,导致生理代谢缓慢,更因为老年疾病大部分为慢性病而多病共存,不同疾病服用的药物种类和数量多,服用时间长,药物不良反应发生率高,在原有疾病的基础上,增加了药源性疾病的发生,相应也增加了治疗及护理的难度。

三、与老年患者沟通的意义

名人名言

"现实生活中有些人之所以会出现交际障碍,就是因为他们不懂得或忘记了一个重要原则:让他人感到自己重要。"

——戴尔·卡耐基(Dell Carnegie)

美国中华医学基金会(China Medical Board,CMB)提出的国家医学教育7项基本要求中的一项就是"交流技能",有学者认为,护士应具备的第一要素就是沟通技能。研究表明,老年人存在的沟通障碍严重影响着老年人的身心健康,威胁老年人的家庭和谐,甚至影响社会稳定。因此老年人作为一类特殊的沟通人群,根据生理、心理及疾病特点给予针对性沟通对老年护患和谐具有重要意义。

1. 满足老年患者需求,营造良好就医氛围 随着老龄化程度的进展,就诊的老年患者比例逐渐增加,加强老年患者的护患沟通日益受到重视,护理人员除了要掌握特定的临床操作技能,还需要提高与老年患者的沟通能力,通过切实可行的沟通交流,可以有效满足老年患者的需求与意愿,第一时间消除与老年患者之间的矛盾和冲突,为老年患者营造更加理想、轻松、和谐、彼此信任的友善氛围,提升患者就医体验和配合度,同时提高老年患者的依从性和满意度。

2. 减少护患纠纷,和谐护患关系 在加强与老年患者沟通交流的基础上,将患者的常规治疗及护理工作落实到位,不仅能够和谐护患关系,而且能够很好地处理护患矛盾,减少护患纠纷,为医护人员创造更加有利的工作环境,激发其工作热情,并且达到事半功倍的效果。

3. 疏解负面心理情绪,促进康复 沟通不仅仅是要用护理人员的热情和自信、积极平静的心态去营造良好的护患关系,让患者及亲属感觉到护理人员的尽心尽力、尽职尽责,更重要的是能够疏导并缓解老年患者的负性情绪与不良心理,从而促进患者康复,更好、更快地回归家庭。

四、影响老年患者沟通的常见因素

良好的护患关系不仅可以为护理人员创造愉快、舒心的工作氛围,也是和谐护患关系、提高护理质量的重要体现,但是临床上护理人员与老年患者沟通过程中也存在以下影响因素。

(一)环境因素

1. 环境的舒适度 环境中的噪声、温湿度、光线等,直接影响一个人的心理适应程度,舒适、安静、整洁、和谐的休养环境会使患者的心情愉快,提高就医体验,有利于疾病的康复。

(1)噪声的影响:有些老年患者的敏感性增加,对噪声的忍受力较弱,适应性差,少许声音都会影响老年患者的情绪,使患者感觉不舒适,产生烦躁不安的情绪,甚至出现眩晕、恶心、呕吐等躯体症状,严重时可能出现脉搏或血压等生命体征的改变。在这种环境中因为噪声干扰,会出现沟通困难,影响沟通的有效进行。在与老年患者进行沟通时,要尽量减少病房中的人数,排除病区内的噪声源,为老年患者创造安静、舒适的休养环境,这是确保护患沟通信息有效传递的必备条件。

(2) 温、湿度的影响：温、湿度过低或过高均会引发风湿、哮喘、腰腿痛、上呼吸道感染等疾病，还会使患者的神经系统受到抑制，出现情绪变化，影响有效的护患沟通，所以适宜的温、湿度在沟通中具有重要作用。

(3) 光线的影响：光线充足可使老年患者感到温暖舒适，但光线不能过亮，而且不宜直射老年患者的面部及皮肤，以免发生眩晕；光线过暗，则会影响非语言性沟通的效果。

2．环境的安全性　安全、和谐、支持性的就医环境，能使老年患者情绪稳定，减少老年患者由于疾病而造成的焦虑、孤独、猜疑等心理。增加老年患者的安全感，有利于发展良好的护患关系，有利于沟通的顺利进行。

3．环境的隐秘性　沟通的内容涉及老年患者的隐私时，一定要注意环境的隐私保护。保护患者隐私的社会环境，有利于护患关系的建立和沟通的深入，缺乏隐私条件会导致患者产生焦虑、恐惧情绪等，不利于沟通的进行。

4．环境的适宜性　与老年人沟通时要选择合适的时间、场合，家属探视、休息等情况都不适合沟通。不合时宜的时间、地点、场合不仅会影响沟通效果，而且会不同程度影响老年患者的沟通意愿。

（二）社会影响因素

1．社会角色的转变　老年期是人生的必经之路，也是一个重要的转折期，老年人退休后的社会角色发生重要转变，从社会人转变为自然人，从职业角色转变为家庭角色，曾经的社会地位、经济收入、人际关系都会发生巨大的转变。这些转变对老年患者的生理、心理会产生巨大的影响，甚至会产生负性影响，从而对患者身心健康造成一定的负面影响。

2．社会心理因素　老年患者的心理状态会受到多种因素的影响，好的社会心理因素，如自尊、亲密而忠诚的关系，内在的精神活动和受人尊重、爱抚和关怀等，对老年患者的身心健康大有益处。过多的精神压力、压抑、焦虑、敌对等不良的社会心理因素，对老年患者的身心健康影响较大。

3．社会环境因素　社会环境在不断地变化，引发了如大气污染、饮水安全、环境嘈杂、社会风气、社保发放、福利待遇等一系列社会环境问题，会对老年患者的生理、心理健康和家庭生活方式产生较大的影响。

（三）护理人员因素

1．护士角色模糊　护士综合因素将直接影响护患沟通的进行，如护士对角色的认识不能拓展，角色认知还停留在照顾功能上面，认为护士就是执行医嘱和简单地完成治疗护理操作，对患者的身心及社会需要不能全方面了解，就不能积极主动地与患者进行沟通。

2．专业技术不精　如果护理专业技术不精，语言失度，解释不到位，使用较多的专业词语或老年患者不熟悉的术语，在沟通中缺乏耐心和沟通技巧，就会使老年患者产生疑惑和不信任感。另外，护士自身素质及语言组织表达能力，以及协调能力等也会直接影响沟通的效果。

3．人文情怀缺乏　临床护理工作任务重而烦琐，存在一些护士忙于护理工作而不重视人文关爱和实践的情况。护士人文社会知识、人文实践能力的欠缺，会导致不能满足老年患者迫切需要的人文关爱。缺乏人文关怀的沟通是没有温度的沟通，不能达到有效的沟通，常常是"沟而不通"。

4．不良情绪影响　护理人员常常由于受到工作、生活上的压力等负性情绪的影响，在与患者交流时表现为冷漠、回避、烦躁或易怒，使护患关系趋于紧张而无法沟通。

5．沟通技巧不足　最主要是护士不能正确实施共情，也就是站在患者的角度考虑问题。护士在与老年患者沟通的过程中，如果能够站在老年患者的角度，设身处地地为对方考虑，从患者的角度去感受、理解其感情，耐心倾听患者的心声以及对护理工作的意见要求，尽力去满足，限于条件做不到的给予耐心、诚恳的解释，充分给予老年患者信任感、安全感和温暖感，那么沟通就会更加顺畅。

（四）患者自身因素

1. 心理因素 沟通常常受到认知、角色、情绪、态度等多种心理因素的影响，老年患者由于心理障碍或缺乏信息接受能力、缺乏对护理人员应有的信任感、期望与现实发生不同程度的冲突产生困扰、误解等，难于正确理解信息的内容，会导致护理人员错误地解释信息而引起患者如生气、焦虑、兴奋、紧张、敌对和悲哀等心理变化。

2. 身体因素

（1）生理功能衰退：老年患者或多或少会出现各种生理缺陷，如视力减退、听力下降、语言能力降低等，由此产生自卑心理，对社交产生恐惧，不愿与人沟通，从而为正常的护患沟通带来难度。

（2）暂时性的生理不适：老年患者由于疾病或其他因素的影响往往存在疲乏、疼痛等的困扰，此时与其进行沟通，老年患者的沟通意愿低，注意力无法集中，会造成一定的沟通障碍。

（五）文化因素

文化因素（cultural factor）是指患者的社会背景，如民族、语言、信仰、风俗、价值观和职业等，它调节和规定着患者的行为。不同的文化背景也影响着沟通的方式方法，护理人员面对不同文化背景的老年患者，不同的民族与风俗、不同的语言习惯、不同的宗教信仰都是影响与老年患者有效沟通的因素。因此在与老年患者沟通时，一定要考虑文化背景因素，尊重并接受患者的不同文化，避免语言不通、民族风俗不同等引起的沟通障碍。

（六）语言因素

1. 语调语速 为了协助老年患者更好地接受治疗，护理人员沟通时应注意控制语言的语调和语速，还要注意语气，投入感情，注重语言的表达。针对老年患者给予个体化的语言沟通，要避免将自身情绪带入护患沟通中，减少影响沟通的语言因素。

2. 表达方式 护理人员应注意语言表达技巧，选择相应的方法和时机，在语言沟通过程中注意树立"以患者为中心"的理念，以老年患者的意愿和身体状况为重心，注重语言沟通的表达方式，将人文护理落到实处，巧避讳语，对不便直说的话题用委婉的方式表达。

3. 语言内容 沟通中的语言内容也会影响沟通的顺利进行，应根据不同老年患者的沟通内容选择通俗易懂的语言，不可模棱两可，注意避免使用专业术语，主动、真诚、耐心地与患者交谈。语言无法表达的意思可以使用非语言沟通，以提高沟通效果。

五、与老年患者沟通的原则

（一）发挥首因效应

首因效应即第一印象。良好的第一印象对以后的沟通可起到事半功倍的作用，护士规范的仪容仪表展现了良好的精神面貌，正确的文明礼貌用语，能够营造友善、默契的氛围，为护患沟通建立一个良好的开端，沟通中对老年患者的称呼要有尊敬之意，掌握分寸，使其心情舒畅。

（二）以患者为中心

以患者为中心是护士的服务宗旨，也是沟通的重要前提。在不影响治疗的前提下，尽量尊重患者的生活习惯，尽量满足患者的需求，根据患者的实际需要为患者提供一切方便。在护理过程中应体贴、关心老年患者，态度和蔼、语言文明；安排老年病友交流病房中同病种、同年龄段患者恢复良好的例子，同时主动帮助患者家属给予家庭社会支持，促进亲人在感情及经济上提供支持。

（三）尊重、理解老人

根据老年患者的自尊心理，护士要学会尊重患者。护士举止要礼貌、谦逊，不可随意开玩笑。在护理过程中切不可违背患者的意愿，强行完成护理任务。对老年患者提出的疑问和要求，要耐心倾听，尽力解答，合理满足其要求。护理过程中不损伤患者的自尊，充分尊重患者的选择，为进一步沟通打下基础。

（四）重视心理沟通

护理人员需要在完成常规护理工作的基础上做好与患者的心理沟通，之后才能够准确把控患者的心理情绪，并通过心理护理对其进行规范引导。护理人员不仅要通俗易懂地为患者讲解疾病的发病原因、治疗手段及自我保健措施，鼓励患者积极配合护理治疗，帮助患者树立战胜疾病的信心，还需要做好与患者家属的沟通交流，告知其疾病的风险性，避免家庭成员对其刺激，促使其营造轻松、愉悦的家庭氛围。在条件允许的情况下，指导患者积极参与放松身心的活动，使其可以保持平稳的心境，进而促进疾病的康复。

（五）语言通俗易懂

沟通中要尽量使用普通话，将专业的医学术语转化为患者能够听懂的语言，从而降低患者的理解难度。在与患者进行沟通时，先了解患者的基本情况，结合患者的文化程度、家庭背景选择合适的沟通方式。语言沟通的重点是让患者对自己的病情有系统、全面的了解，进而提高患者的风险意识。护理人员要注意为患者讲清楚护理期间可能会出现的问题并注意措辞，以免给患者造成其他刺激。以此为基础，还需要通过正面、积极的语言鼓励，增强患者恢复疾病的信心。

（六）非语言助力沟通

虽说语言沟通在护患沟通中占据了主导地位，但非语言沟通更重要。非语言沟通最能够反映人的真实情感。护理人员可以在特定沟通情境下通过表情、眼神、手势、动作、触摸、拥抱、抚摸、握手等肢体动作来与老年患者进行非语言沟通。非语言沟通动作虽然简单，但只要运用得当，就可以达到缓解老年患者负面情绪的效果。需要强调的是，无论是使用语言沟通还是非语言沟通，护理人员都应当保持与患者的眼神交流，给予其充分的尊重和信任感。

（七）营造良好的沟通氛围

无论采取何种沟通方式，都应当营造良好的沟通氛围，这可以在原有基础上提升沟通效果。例如，护理人员在与老年患者交谈时可以多采用"我们"或"咱"一类的词汇，以亲切的话语氛围拉近与老年患者的距离。

（八）选择合适的沟通时机

在以患者健康为中心的护理服务工作中，护理人员处于护患关系的主导地位，运用恰当的沟通技巧是使患者产生安全感的基础，掌握有效沟通的相关因素是建立和谐护患关系的关键。与老年患者沟通时，除了需要掌握老年患者的心理特征和知识背景外，还需掌握沟通的场合和时机，才能真正取得患者的信任，使患者处于最佳的心态，成为患者的知心朋友，各种护理才能发挥最佳的疗效。老年患者只有感受到被尊重、被了解，疾病才能早日康复。

> **科研小提示**
>
> 阅读老年患者有效沟通技巧及和谐医患关系的探讨等文献报道，可以帮助护士提高沟通实践能力。

六、与老年患者沟通的技巧

（一）倾听

学会倾听是沟通中的一项重要能力。沟通中倾听患者和家属的内心，让患者尽量宣泄和倾诉，可以了解患者的心理及存在的问题，了解患者对治疗护理的期望。在倾听时护士应专心致志，抓住问题的关键点，边听边分析思考，在短时间内将信息加以综合分析。对患者感兴趣的谈话，不要轻易打断，而是要做出及时、积极的反馈，采用点头等方式表示赞同，使谈话更融洽、深入。

（二）微笑

面部表情之一的微笑在非语言沟通中占有非常重要的作用，微笑是沟通的敲门砖，也是护患双方所关注的部分。微笑可使老年患者消除陌生感，增加对护士的信任。

（三）抚触

抚触是非语言沟通的重要技巧，在不适合语言沟通的情况下，可用轻轻地抚触来代替语言，可为患者带来一种无声的安慰。当患者出现不适时，护士轻轻抚触患者的手或者轻拍患者背部，可使患者感到亲切和安慰，以减轻患者的不适感，消除孤独感觉，同时还能使患者感到护士的关爱。

（四）共情

共情也称为同理心，就是要考虑患者的感受，用换位思考的方法与患者交谈，从患者的角度感受和了解其情感，站在患者的角度考虑和分析问题，不要主观替患者做决定。

（五）与不同老年患者沟通的策略

1．与老年痴呆患者的沟通

（1）耐心尊重：老年痴呆患者由于疾病的原因不配合护理治疗，甚至会制造一些麻烦，有时会重复问同一个问题，护理人员应给予理解并反复地解释，耐心地重复回答，慢慢引导，不要与患者争论，更不能训斥患者，不要让他们感到没有尊严。

（2）语言简明：与老年痴呆患者沟通时，首先要向患者做自我介绍，用老年人喜欢的、合适的称呼，在谈话中采用简短及易懂的字句，要耐心等待患者的回答。在沟通时，一定要多了解患者想表达的意思，最好使用患者熟悉的方言，不能使用模糊语言，不要用代名词如"他"或"它"代表人物或物品，以免令患者感到迷茫。患者往往无法同时理解几个话题，应一次专注于一个问题。对于需要确认的问题，要确保患者可以用"是"或"否"等简单的语言来回答。

（3）亲切平和：与患者的沟通不仅需要技巧，更需要耐心和不断的交流、尝试。与患者交谈时语言要亲切、语速要适中、咬字要清楚，便于患者听清楚；语调要缓慢、平和，给予充分的耐心。沟通中多倾听、多陪伴、多谅解、多鼓励，不要以命令的口气与患者沟通。

（4）及时安慰：当患者出现情绪激动时，要注意倾听和安慰患者，尤其是当患者出现幻觉、妄想时，往往会有恐惧心理或行为，应及时解释，告知正确信息。

（5）实物示范：以手触摸或示范帮助患者理解，也可利用实物及图像，帮助患者记忆。要帮助患者寻找还能抓得住的回忆，利用老照片、老歌曲和患者一起回忆过去。

2．与视听障碍老年患者的沟通

（1）与视力障碍老年患者的沟通

1）语言礼貌：与视力障碍的老年患者沟通时，在距离1~2m远时，首先应有声音的提示，握手前应先进行语言提示，然后再进行交谈和帮助，语调应诚恳而平和。切勿大声疾呼或突然向其握手和拥抱，避免使其受到惊吓，当要离开时，须提前告知。

2）确保安全：在做好患者生活护理的同时，要确保患者安全，为有视力障碍的患者做好

检查指引,要询问他习惯扶握的是左边还是右边。引路时,要使患者扶握住护理人员的胳膊肘部,引领患者自己行走。此外,要使用描述性的语言,及时提醒患者注意避险。为患者开门要完全打开,半开的门和弹簧门很容易碰伤患者。在光线昏暗的环境中,患者看不清楼梯的高度、地面的水和玻璃门等,护理人员应给予及时的帮助,防止患者跌倒。

(2) 与听力障碍老年患者的沟通

1) 加强非语言沟通:首先应评估老年患者的听力情况,讲话时选择听力好的一侧,交谈时应面对患者,使患者能够看到护士讲话时的口型与表情,运用唇型和面部表情来增进沟通效果,增加肢体语言的表达,融入更多的关心和体贴,使患者在无声世界里感受到护士的耐心和爱心,以弥补由于听力障碍所引起的沟通困难。若患者不能理解护士所用的词汇,可以利用轻轻地抚摸或轻拍患者等肢体语言,使患者能够理解所要表达的意思。

2) 选择安静的环境:与听力障碍患者交谈时应选择安静的环境,适当放大声音进行交谈,也可近距离与患者耳语交谈,但应避免大声吼叫,以免使患者产生误会。

3. 与心理障碍老年患者的沟通

(1) 与焦虑老年患者的沟通

1) 建立良好的护患关系:老年患者一旦身体出现不适,就会担心、焦虑、产生恐惧感。护士首先应建立良好的信任关系,要给患者一种安全和信任感,鼓励并引导患者倾诉焦虑的原因,鼓励其说出焦虑的感受:"您哪里不舒服吗?""您有什么担忧吗?"认真解答患者的疑问,及时做好入院和疾病健康宣教,关心、安慰患者,及时消除其紧张和焦虑的情绪。

2) 积极应对焦虑:引导患者自行评估并识别自己的焦虑行为,查找压力源及诱因,帮助患者找到较好的应对方式,给予情绪的支持和行为的指导,通过聊天、运动、听音乐、游戏等,分散患者的注意力,减缓其内心的焦虑。

(2) 与抑郁老年患者的沟通

1) 心理支持:老年患者抑郁非常常见,至少有25%的老年患者有抑郁情绪,这与年龄有明显的关系。患者具有反应迟钝、动作迟缓、说话费力、不愿意交流等特点。所以护士应随时掌握患者的心理变化,为患者提供相应的心理支持,给予充分的耐心、爱心和同情心,认真倾听患者,鼓励患者说出心中的感受,以同理心感知患者的心理,使他们感到并没有因为年老而受人讨厌和嫌弃。对患者的反应要及时给予回应,必要时可多次重复沟通中的主要内容。

2) 主动沟通:患者不愿与人接触,躲避别人的目光,护士应主动与患者打招呼,以关切的态度询问患者的需求,耐心与患者交流,在交谈时语速平缓、轻柔,不要随意打断或催促患者。在沟通时加入非语言沟通,多给予眼神交流、抚摸等肢体语言,真切地关心患者,使患者在住院期间身心愉悦。

(3) 与易愤怒老年患者的沟通

1) 正面回应:有些老年患者情绪变化快、易激惹、愤怒,有时会突然发脾气,护士可能会采取回避的态度,以暂时缓解其情绪。这种回避的态度暂时可以缓解矛盾,有时却更容易激发患者的愤怒情绪。因为有些患者的愤怒行为在一定程度上就是为了引起护理人员的关注,如果对他们采取置之不理的态度,患者就会表现得更暴躁。护士应将患者的愤怒、生气看作是一种适应反应,给予正面回应。

2) 引导发泄:护士应主动倾听老年患者的心声,了解和分析患者激动的原因,并根据情况采用适当的方式安抚患者。对患者遇到的困难及问题及时做出理解性的反应,即用共情的方式对患者表示理解。如对患者说:"我能理解您现在的心情。"以缓和患者的情绪,并为患者创造一个较为安静的环境,尽可能地满足患者的合理需求。

3) 宽容友善:有些老年患者会突然出现情绪失控、大喊大叫、拒绝治疗、甚至摔东西或谩骂、殴打护理人员,以这种方式来发泄自己的情绪。面对这种情况,护士先要稳定自己的情绪，以冷静的态度对待患者的行为，给予患者最大程度的宽容和友善。作为护理人员，应站在患者的角度，主动理解患者愤怒的真正原因，并用尊重、关注、委婉的语言，帮助患者认清现实，重视问题，恢复自我控制能力。如果患者因为护理人员的原因而引发愤怒，应及时、主动向患者诚心诚意地道歉，并在短时间内化解矛盾，缓和患者的激动情绪。

(4) 与固执老年患者的沟通

1) 耐心解释：老年患者由于其生理特点，大脑功能衰退，思维固化，不容易接受新鲜事物。与固执的老年患者沟通比较困难，患者出现问题时容易缺乏耐心，容易坚持己见，此时护理人员要给予充分的耐心、细心，在治疗护理中，尽可能满足患者的合理需求，及时发现患者的情绪变化，并给予患者耐心的解释说明，及时消除患者的负性情绪，积极配合治疗。

2) 达成共识：与老年固执患者沟通时，护理人员应对固执原因进行判断和分析，努力尝试多与患者进行面对面沟通，设身处地从对方的角度思考问题，患者需要的是理解与关怀，而不是不满和指责，可以以讨论的方式对出现的问题进行不断的修正，达成共识。充分理解是沟通的基础，从改变护理人员的沟通方式做起，才能做到有效的沟通。

4. 与有睡眠障碍老年患者的沟通

(1) 评估睡眠情况：老年患者住院后到了一个陌生的环境，原有的规律作息被打破，严重者会造成睡眠障碍，从而影响休息。护理人员要积极与患者家属沟通，全面了解患者的睡眠状况，并针对不同作息习惯的老年患者合理安排相应的房间，以便老年患者能够在生活作息习惯相似的情况下就医康养。

(2) 创造安静环境：护理人员应为老年睡眠障碍的患者提供安静、舒适的睡眠环境，在治疗护理过程中做到"四轻"，即走路轻、说话轻、操作轻、关门轻。护理人员要及时了解老年患者睡眠中任何不舒服的情况，积极为患者解决存在的问题，同时，睡前指导患者泡脚、喝热牛奶，房间定时通风换气，为老年患者创造温馨、适宜的居住房间，以提高患者的睡眠质量。

(3) 指导规律生活：在与睡眠障碍的老年患者沟通时，鼓励患者保持与外界环境的接触，包括与同龄老年患者主动沟通、看电视、参加相关的娱乐休闲活动等，这样不仅可以丰富患者的精神生活，还可以及时调整患者的行为，以便更好地适应环境，使患者学会安排规律的生活，促进更有效的睡眠。

5. 与患一般疾病老年患者的沟通

(1) 评估病情：对患一般疾病的老年患者，在沟通之前，首先要了解这一疾病的相关知识，其次要了解老年患者的患病情况，诸如：所患何种疾病，此种疾病的性质和症状如何，如何缓解病痛，如何进行康复训练等知识，以便更加专业地为老年患者提供服务。

(2) 举止得体：良好的沟通举止行为从接触老年患者的第一天起就存在。护理人员要注意自己的着装和精神面貌，如举止文雅、大方得体、面带微笑等，热情、耐心并细致地与每一位老年患者做好解释沟通工作，及时为患者解决实际问题，以增加老年患者对护理人员的信任，选择合适的护患关系模式。

(3) 善解人意：在与患者进行交流之前，护理人员应先主动介绍自己，语气温和、诚恳，语言委婉，通俗易懂，同时要做到善解人意。在沟通过程中多用"您好、请、谢谢、好吗"等文明语言，使患者能够感受到护士的亲切，切记不要使用会引起患者反感和增加其心理压力的语言和语气，诸如"您这个病很麻烦的""您这个病不好治啊"等语句。因此护理人员在进行沟通时应注意：当患者愤怒时，护理人员应先安抚并使其保持冷静之后再进行沟通；当患者不配合时，应在其心情较为舒畅时进行交流，在交流的过程中要注意察言观色，谈话时点到为止，以便妥善地解决问题。

(4) 善用非语言：在沟通中，护理人员可以采取适当的面部表情和身体姿势，如微笑、点头等非语言沟通给予反应，表明自己在认真倾听，可使患者内心的抵触情绪大大降低，同时注意观察患者的眼神变化，判断和了解患者的内心状态。提供"微笑"式服务，微笑是沟通最好的名片，当笑则笑，护理人员应该微笑面对患者，用自己的微笑和真诚去打开患者的心扉，取得患者的信任和配合，才能做到有效沟通。

（5）共情理解：护理人员需要站在老年患者的角度看问题，学会换位思考。在与患者沟通过程中要使患者意识到，护理人员非常理解其内心感受，并愿意与其沟通，也理解其患病状态下的糟糕心情，希望他们能够减少病痛的折磨。当患者情绪比较悲伤时，要在了解情况的基础上给予其相应的劝慰；当患者有倾诉的欲望时，要给予其倾诉的渠道和时间，通过对其表示理解和同情，缓解其心理压力，使护患双方的情绪、体验达到统一，构建和谐的护患关系。

6. 与临终老年患者的沟通

（1）尊重理解：与临终老年患者沟通时，尊重患者是有尊严的、完整的、独特的个体。沟通时要有充分的耐心和关心，态度要真诚，语气要平和、低缓，声音轻柔，做好心理上的慰藉和疏导。护士应充分尊重患者的权利，即在法律允许的情况下，充分理解、尊重患者对死亡时间、地点和方式的选择，使患者感受到护士发自内心的尊重和理解。

（2）认真倾听：与患者沟通时需要创造一个安静、明亮、整洁、舒适的沟通氛围，护士在护理过程中，要认真倾听患者的感受，鼓励患者准确表达疼痛，指导亲属陪伴，以聊天、听音乐、看电视等方式减轻患者痛苦。

（3）心灵沟通：晚期患者心灵痛苦大于肉体痛苦，肉体痛苦可以用药物控制，但是心灵与精神的痛苦则很难缓解，所以在治疗护理的过程中要充分尊重患者的知情权与隐私权，与患者用心交谈，以宽容理解的态度，认真倾听患者的诉说，从患者感兴趣的话题（如家人等）说起，感同身受，逐步诱导他们说出心理感受及需求，排解其心理顾虑，从而更好地帮助患者面对现实。

（4）死亡教育：责任护士与患者一起回顾生命，与患者进行深入心灵的谈话，适时对患者及家属进行死亡教育，使患者及家属对死亡有一个正确的认识，谈话时措词要恰当，态度要诚恳，可采用倾听、抚摸、沉默等方式与临终患者进行沟通，使患者表达对现在或未来的需求、愿望和担忧，并尽最大能力完成患者最后的愿望，使患者能够坦然面对、平静渡过死亡的过程，尽可能帮助患者减轻临终前的恐惧及痛苦，帮助患者平静、安详、有尊严地离开人世。

随堂测 12-2

> **知识链接**
>
> **安宁疗护**
>
> 国家卫生健康委员会于 2017 年 2 月 8 日制定了《安宁疗护实践指南（试行）》。安宁疗护（hospice care）实践以临终患者和家属为中心，以多学科协作模式进行，主要内容包括疼痛及其他症状控制，舒适照护，心理、精神及社会支持等。安宁疗护方式的开创者是英国人桑德丝（Dame Cicely Saunders）。安宁疗护也指姑息治疗，其理念是通过由医生、护士、志愿者、社会工作者、理疗师及心理咨询师等人员组成的团队服务，为临终患者及其家庭提供帮助，在减少患者身体疼痛的同时，更关注患者的内心感受，给予患者"灵性照护"，使患者有尊严地走完人生最后一段旅程，使逝者了无牵挂，生者能够坚强地继续自己的人生。

小　结

儿童患者因身心发育、发展尚未成熟，在人际沟通方面存在一些特点，如语言表达水平有限并具有沟通的被动性，需要护士主动观察；如情绪控制能力较弱并具有较强的感染性，需要护士温柔又不失冷静；如注意力不够稳定，需要护士善于沟通，稳定处置；如信心不足，易受暗示，需要护士及时鼓励，积极反馈等。老年患者因自身各项功能衰退，在人际沟通方面存在其独特性，如听力下降，需要护士与其沟通时，既要掌握语调高低的分寸，又不要惊吓到老年患者；如并发症或多种疾病共存，需要护士在与其沟通时，既要有足够的耐心，又要能够严谨、科学应答；如自理、自护能力普遍降低，需要护士在与其沟通时，既要能够耐心、细致地进行语言讲解，又要能够现场指导示范等。儿童与老年患者护理沟通的核心准则是共情，设身处地、感同身受，既是临床有效沟通的基本要求，也是护理人文精神的具体体现。

思考题

1．儿童患者的就医特点有哪些？
2．建设良好儿童护患关系的技巧有哪些？
3．与老年患者沟通的基本原则有哪些？
4．简述老年患者的心理特点。
5．小芳是一名新入职的护士，在护理刚入院的4岁患儿时，对患儿进行健康教育，"我给你下留置针，你要注意观察留置针周围是否有红肿和渗出，切忌感染，听懂了没有？"

思考与分析：新护士小芳在本次沟通中存在哪些问题？为什么？应该怎样沟通？

6．刘先生，67岁，主诉胃部不适半年，以"晚期胃癌"收住入院，丧偶，1子1女均在外地，患者入院后得知自己的病情，情绪波动较大，指责医护人员不尽力，抱怨子女不关心，在治疗护理中配合差。

思考与分析：
（1）患者的心理属于哪个阶段？
（2）针对患者的特殊心理反应，护士应如何护理？

（杨金伟　赵海丽）

参考文献

[1] 金正昆．职场礼仪［M］．北京：北京联合出版社，2013.

[2] 卢省花，徐玉梅．护理礼仪与人际沟通［M］．武汉：华中科技大学出版社，2013.

[3] 谢丽．护理礼仪［M］．武汉：武汉大学出版社，2012.

[4] 史瑞芬，史宝欣．护士人文修养［M］．北京．人民卫生出版社，2012.

[5] 刘芳印．护理礼仪［M］．南京：江苏科学技术出版社，2013.

[6] 单伟颖．医疗礼仪［M］．2版．郑州：郑州大学出版社，2014.

[7] 黄建萍．现代护士实用礼仪［M］．北京：人民军医出版社，2010.

[8] 孙宏玉．护理美学［M］．北京：北京大学医学出版社，2010.

[9] 刘义兰，翟慧敏．护士人文修养［M］．北京：人民卫生出版社，2022.

[10] 高燕．护理礼仪与人际沟通［M］．3版．北京：高等教育出版社，2014.

[11] 刘宇．护理礼仪［M］．北京：人民卫生出版社，2012.

[12] 史瑞芬，刘义兰．护士人文修养［M］．北京：人民卫生出版社，2018.

[13] 冯蕾，张杪，吴雷，等．医护礼仪与修养［M］．北京：学苑出版社，2016.

[14] 袁慧玲，韩同敏．护理礼仪与美学［M］．北京：人民卫生出版社，2016.

[15] 赵爱平，单伟颖．护理礼仪与人际沟通［M］．北京：北京大学医学出版社，2017.

[16] 熊蕊，杨光云．护理礼仪［M］．武汉：华中科技大学出版社，2011.

[17] 李春梅．护理礼仪［M］．成都：西南交通大学出版社，2019.

[18] 王晓莉，孙海娅，王淑芳．护理礼仪与人际沟通［M］．北京：高等教育出版社，2021.

[19] 解红，罗劲梅，李爱夏．护理礼仪（数字案例版）［M］．武汉：华中科技大学出版社，2020.

[20] 袁慧玲，赵全红．护理礼仪与人际沟通［M］．北京：人民卫生出版社，2020.

[21] 李辉，李嘉．护理礼仪［M］．北京：高等教育出版社，2019.

[22] 迈尔斯．社会心理学［M］．11版．侯玉波，乐国安，张智勇，等译．北京：人民邮电出版社，2016.

[23] 曾仕强，刘君政．人际关系与沟通［M］．北京：清华大学出版社，2016.

[24] Ronald B A，Russell F P．沟通的艺术［M］．黄素菲，李恩，译．北京：北京联合出版社，2018.

[25] 韩琳．护患沟通典型案例解析［M］．北京：人民卫生出版社，2018.

[26] Elizabeth C A，Kathleen U B．护士职业沟通技巧［M］．绳宇，等译．北京：中国轻工业出版社，2018.

[27] 曲巍，杨立群．人际沟通［M］．南京：江苏科学技术出版社，2013.

[28] 王锦帆，尹梅．医患沟通［M］．北京：人民卫生出版社，2019.

[29] 李功迎．医患行为与沟通技巧［M］．北京：人民卫生出版社，2012.

[30] 李峥．人际沟通［M］．北京：中国协和医科大学出版社，2013.

[31] Kurtz S，Silverman J，Draper J．Skills for communication with patients［M］．3rd ed.

Oxford: Radcliffe Medical Press Ltd, 2013.

[32] Kitson A, Marshall A, Bassett K, et al. What are the core elements of patient-centred care? A narrative review and synthesis of the literature from health policy, medicine and nursing [J]. Journal of Advanced Nursing, 2012, 69（1）: 4-15.

[33] Iversen E, Wolderslund M, Kofed P, et al. Codebook for rating clinical communication skills based on the Calgary-Cambridge Guide [J]. BMC Medical Education, 2020, 20（140）. Doi: 10.11186/s 12909-020-02050-3.

[34] Elwyn G, Edwards A, Thompson R. Shared Decision Making in Health Care: Achieving Evidence-based Patient Choice [M]. Oxford: Oxford University Press, 2016.

[35] 唐思哲，邵建文，王锦帆. 新冠肺炎轻症患者诊疗中医患沟通的作用及启示 [J]. 中国医学伦理学，2020，33（10）: 1210-1215.

[36] 赵若琳，杨放，常运立，等. 临终关怀的中医伦理关照 [J]. 医学争鸣，2021，12（1）: 65-70，75.

[37] 全国护士执业资格考试用书编写专家委员会. 2021年全国护士执业资格考试指导 [M]. 北京：人民卫生出版社，2021.

[38] 刘慧军. 医学人文素质与医患沟通技能 [M]. 北京：北京大学医学出版社，2013.

[39] 王彩霞. 医患沟通 [M]. 北京：北京大学医学出版社，2013.

[40] 罗芳，王琳. 护理人际沟通 [M]. 西安：第四军医大学出版社，2012.

[41] 王斌. 人际沟通 [M]. 2版. 北京：人民卫生出版社，2011.

[42] 赵爱平，袁晓玲. 护患沟通指导 [M]. 北京：科学出版社，2011.

[43] 曾琴，胡正委，李燕萍，等. 护士与愤怒病人沟通核心技能及标准化流程介绍 [J]. 护理研究，2013，27（8）: 2656-2658.

[44] 崔焱. 儿科护理学 [M]. 4版. 北京：人民卫生出版社，2011.

[45] 杨凤池. 咨询心理学 [M]. 2版. 北京：人民卫生出版社，2013.

[46] 马莹. 发展心理学 [M]. 2版. 北京：人民卫生出版社，2013.

[47] 杨艳杰. 护理心理学 [M]. 3版. 北京：人民卫生出版社，2015.

[48] 乔拉米卡利，柯茜. 共情的力量 [M]. 王春光，译. 北京：中国致公出版社，2019.

[49] 张翠娣. 护理人文修养与沟通技术 [M]. 北京：人民卫生出版社，2017.

[50] 王丽，李荔波，管云霞. 老年人沟通技巧 [M]. 北京：海洋出版社，2020.

中英文专业词汇索引

F

非语言沟通（non-verbal communication） 208
封闭式提问（close-ended questions） 194

G

共享决策（shared decision-making，SDM） 203

H

护理礼仪（nursing etiquette） 11

J

近因效应（recency effect） 126

K

开放式提问（open-ended questions） 194

L

礼节（etiquette） 4
礼貌（courtesy） 4
礼仪（manners） 5

R

人际沟通（interpersonal communication） 140

S

社会刻板印象（social stereotype） 126
首因效应（primary effect） 126

Y

晕轮效应（halo effect） 126

Z

职业礼仪（professional etiquette） 11